让我们一起追寻

Germany and the Holy Roman Empire

李启明 —— 译

德意志 与 神圣罗马帝国

〔英〕乔基姆·惠利
（Joachim Whaley）　著

第一卷

从马克西米利安一世到
《威斯特伐利亚和约》（1493～1648年）

MAXIMILIAN I
TO
THE PEACE OF WESTPHALIA,
1493-1648

—— 下 ——

社会科学文献出版社
SOCIAL SCIENCES ACADEMIC PRESS (CHINA)

下　册

第五部分

经营和平（1555～1618）

第二十七章

"教派时代"的概况

《奥格斯堡和约》开创了帝国内 63 年的和平。当大部分西欧国
家陷入斗争时——关于宗教或者主权，或者二者兼而有之——帝国
始终维持着大致的稳定。当德意志的邦国在 1618 年也陷入混乱之
中时，这是因为它们卷入了本质上并不是它们造成的问题之中。当
然，在多年的稳定之下也存在着紧张关系。16 世纪下半叶，整个
欧洲都有激烈的信仰冲突，德意志也远非免于这种冲突。在马克西
米利安一世和查理五世统治时期占主导地位的制度问题并没有失去
它们的影响力或者重要性。有时，政治争端会导致军事冲突。然
而，德意志的等级总是能够发现共识，至少足以避免重大冲突的威
胁并且暂时恢复和平。制度本身逐渐演变的性质、斐迪南一世和他
的继承者采取的政策，以及德意志等级对帝国和皇帝的态度，使上
述情况成为可能。

这种对 1555~1618 年德意志的历史谨慎积极的观点，需要一些
史学编纂方面的解释。在过去两个世纪，德意志的历史学者通常持
有更为消极的观点。对兰克而言，这段时间是德意志民族经受 16
世纪 20 年代统一整个民族的起义失败的惨淡结局的阶段。对特赖

奇克（Treitschke）而言，这是"德意志历史上最丑陋的阶段"，是诸侯通过教派冲突追逐他们一己私利的阶段。[1]最重要的是，对很多学者而言，看上去很清楚的一点在于，帝国处于没有希望且无效的混乱状态，并且《奥格斯堡和约》远远没有解决任何问题，只是创造了一个新的冲突的框架，在这个框架下教派的狂热最终在三十年战争中爆发出来。

　　这种观点直到最近依然盛行。这种观点是将 19 世纪的普鲁士福音教民族国家视为所有德意志历史的评价标准，并将德意志历史的发展置于欧洲舞台中心的思维方式的产物。即使在 1945 年之后，普鲁士福音教主导的历史叙述的支配地位逐渐衰落，关于德意志在 16 世纪晚期已经成为欧洲悲剧的中心的观点却仍然非常普遍。那个时代的教派分裂似乎预示着当时更多政治意识形态的分裂。与之相似，近代早期的军事冲突和近代的军事灾难之间能够被联系起来，而德意志民族一直是受害者。

　　事实并非如此戏剧性和悲剧性，但也是值得关注的。在 1555 年之后的几十年里，大部分德意志等级与皇帝合作，使《奥格斯堡和约》起效。国内的危机得到解决，大体上纠缠于帝国外的冲突得以避免。与此同时，帝国的体制和沟通机制也以新的形式得到发展。帝国的中央制度和区域制度逐渐扩展到过去与王室紧密联系的核心区域以外。行使帝国司法体系所保障的权利的帝国居民，其社会范围也呈现了显著的多元化，不仅限于贵族和诸侯，也包括城市居民甚至是农民。自 1495 年以来，在帝国立法和邦国发展中出现的帝国和等级的体制的各种元素，此时已经逐渐成形并且将在 1648

年编成法律。事实上，这个阶段第一次出现了描述与分析帝国和帝国法律的文献。[2]这篇文献认为帝国是基于一系列确定的基本法的统一且有效的政治体。这篇文献从当时的身份认同和起源的角度将帝国视为德意志帝国，与罗马帝国充其量只有微弱的联系。[3]

当然，1555 年后在帝国法律中得到确立和稳定的宗教分歧持续造成了严重的危机。没过多久，这一法律协定就经受了路德宗的扩张主义和天主教的反击的考验，其中天主教的反击在 1563 年特伦托大公会议结束后加强了力度并且获得了新的目的。在路德宗福音教徒内部出现的激烈分歧，也使形势变得更为复杂。这种局面的一个结果是出现了加尔文主义倾向的德意志归正宗教会，它的地位在 1555 年的法律下是模糊的，它在德意志诸侯和高级贵族中的政治支持者也受到了新的行动主义和国际主义的激励。

尽管政治上的教派斗争和教派激进主义明显加剧，然而这个时代是否真的应当被称为"教派时代"，这个问题仍然是需要质疑的。不可否认的是，1555 年之后的几十年里，在路德宗教会中出现了对更清晰定义的信仰体系的阐释和制度化，也出现了同样清晰定义的德意志归正宗信仰，特伦托大公会议也对天主教信仰进行了编纂。然而，一些德意志学者对宗教信仰作为推动因素的绝对首要地位的强调，以及对教派化和国家创建之间的联系的根本意义的强调，简化了更为复杂的现实情况。[4]政治是在宗教的世界观下发展的。然而很多统治者和他们的顾问，看上去也希望区分向他们的臣民强制推行宗教统一的需求与在帝国政治或者邦国关系中接受宗教缓和的需求。

341

这个时代对教派的专注是引人注目的，但政治层面不同的宗教观点之间缔造和谐关系的努力也是这一时期的关键特征之一。这种缔造和谐关系的努力，可能是通过推动和解或妥协，或者是通过寻求解决宗教问题的政治方案实现的。这不意味着对宗教的不关心，更不是无神论或者对宗教的排斥。如果说这指的是在宗教层面信仰或者不信仰任何教派的自由，那也并不意味着宽容。[5]这也不意味着世俗化，尽管这些态度从长期来看可能会推动世俗化。它实际上意味着对不同环境下宗教的很多功能和地位的意识逐渐增强。在邦国或者城市的环境中，如果没有宗教制度，政府的事务、日常生活的管理和秩序都无法推进。事实上，宗教秩序被视为社会结构的一部分。然而，在法院和政府的开支普遍上涨的推动下，对收入的永恒追求至少也是在政治上同等重要的推动力。

德意志邦国的统治者往往采取背离宗教认识的对外政策，这是健全的政府的众多元素之一。事实上，新兴的政治理论文献的一个主题，就是统治者保持灵活，愿意根据情况理解推动或者停止强制推行宗教统一的必要性。[6]自宗教问题在 16 世纪 20 年代第一次出现以后，伪装的艺术已经成了帝国议会的政治生活中的一个重要因素。到 16 世纪末为止，最先进的关于政治的著作，特别是尤斯图斯·利普修斯（Justus Lipsius）的著作，将其列为持重的政治家的重要美德之一。[7]

1555 年之后的几十年，一个总体特点是和平的愿望以及确保帝国继续生存的决心。这种特点保持了多久，学者对这一问题存在不同意见。一些人认为 1576 年马克西米利安二世的去世标志着一个

关键转折点。另一些人则认为 1586 年萨克森选侯奥古斯特
（1553~1586 年在位）的去世是决定性的。他是最具影响力的和平
阵营的诸侯以及忠诚的帝国拥护者。还有一些人强调，鲁道夫二世
在大约 1600 年开始的精神疾病导致了帝国机构的瘫痪，这加剧了
很多帝国机构在 17 世纪的第一个十年面对的越来越多的问题。每
个观点都有它的价值。然而，这些时间点是否真的代表一个不可逆
转的转折点，这远非显而易见的。在每一个阶段，大量的思想仍然
认同过去的统一与和谐的理念，并且相信和平将会占据上风。[8]

即使自 16 世纪 80 年代末期以后，教派冲突逐渐加剧时，这种
情况仍然是事实。由于整个欧洲逐渐紧张的形势笼罩着整个德意志
政治舞台，德意志的争端看上去呈现了欧洲的维度：一方面，很多
人倾向于注意到西班牙、罗马教廷和耶稣会；另一方面，加尔文宗
的改革者出现在每一个事件的背后。然而德意志等级面对的问题既
不是新的，也不是内在无法解决的。1555~1618 年，帝国内并没有
发生使一场旷日持久的战争变得不可避免的任何事情。

342

注释

1. Gotthard, *Religionsfrieden*, 623-6.
2. Stolleis, *Öffentliches Recht*, i, 48, 72-3.
3. Schmidt, *Geschichte*, 188-9.
4. 关于恩斯特·瓦尔特·策登、海因茨·席林和沃尔夫冈·赖因哈
   德的观点的讨论，以及相关的所有参考资料，可见：Ehrenpreis

and Heumann, *Reformation*, 62－7 以及 Gotthard, *Religionsfrieden*, 501-27。另见本书页边码 477~479 页。

5. Gotthard, *Religionsfrieden*, 560-78.

6. Tuck, *Philosophy*, 31－64; Siedschlag, *Einfluß*, 34－89; Schindling, 'Konfessionalisierung', 40-2.

7. Zagorin, *Ways of lying*, 123-4.

8. Schulze, 'Concordia'.

第二十八章

《奥格斯堡和约》后的皇帝、帝国官员和帝国等级

查理五世在 1556 年 9 月退位，给德意志留下了一个非常不同
的君主制。正式的转变是缓慢的。直到 1558 年春天，选侯才在法
兰克福的会议上接受查理五世的退位，并且正式宣布他推举的已经
超过 25 年的继承人斐迪南担任皇帝。他们的支持是有条件的，他
们要求斐迪南接受新的《选举让步协定》，其中明确包含了 1555 年
的和约，并且要求他作为皇帝宣誓捍卫和约。然而，实际上他们只
是正式说明了已经成为事实的东西。

通过与德意志等级建立的有力联系，斐迪南成功调解达成《奥
格斯堡和约》。他此时成为调解的皇帝，也是基于这些同样的联系。
从一定程度来说，他作为德意志统治者的优势来自他相对于查理五
世的弱势。斐迪南被剥离了西班牙、尼德兰和意大利（尽管米兰和
另一些北方领地仍然处于帝国的宗主权之下），只能依靠哈布斯堡
的奥地利世袭领地、波希米亚和匈牙利，因此他需要德意志等级的
支持以对抗土耳其人和其他外部侵略者。与此同时，他相对的弱势
意味着他不太可能像他的兄长一样，引起严重的国内反对。

从某种意义而言，斐迪南一世统治的国内和战略中心，与马克

西米利安一世在 1500 年前后的统治时期，而不是查理五世统治时期有更多的共同点。斐迪南的两个主要的国内目标是维持宗教和约以及保证他的儿子继承德意志王冠。这两个目标都要求他与选侯和广泛的德意志诸侯进行密切的合作。

至少在一段时间内，对他的继任的唯一障碍在于他自己推定的继承人。斐迪南的长子马克西米利安从个人的利益出发，对西班牙有着强烈的敌意。他非常不满意与自己的堂妹玛利亚在 1548 年 9 月结成的婚姻，因为除了在严密监控下的对西班牙的管辖权之外，这场婚姻没能给他带来任何实际利益，并且他深深地怨恨查理五世在 1551 年曾努力将他排除在德意志的继承之外。作为结果，马克西米利安热情地以德意志诸侯的身份自居，并且不错过在任何问题上代表德意志事业的任何机会。1551 年从西班牙返回之后，他同时与天主教和福音教诸侯建立联系。尤其是他建立起与一些有影响力的人物的友谊，例如符腾堡公爵克里斯托夫、巴伐利亚公爵阿尔布雷希特以及萨克森选侯奥古斯特，这三个人很快在 1555 年之后成为维持现状的支柱。

然而，马克西米利安的宗教观念是更存在问题的。[1] 1552 年之后，由于尼德兰、西班牙和意大利的天主教和福音教知识分子的存在，他在维也纳营造出一种异端的氛围。宫廷和大学之间的密切联系在此时也促进了一种异常丰富的文化生活。斐迪南使自己身边聚集了越来越多温和的人文主义者和意大利的艺术家，一个进步的并且更重要的是和平主义的人物的网络，这些人形成了维也纳新的帝国宫廷的核心。马克西米利安则更进一步。在他的宫廷布道士约翰·塞巴斯蒂安·普福泽（Johann Sebastian Pfauser）的影响下，他逐渐抛弃正统的天主教信仰，与此同时卡什帕·冯·尼德鲁克（Kaspar von Niedruck）为他收集了大量福音教的著作。同样有影响力的是雅各布·阿孔提乌斯（Jacob Acontius），他是特伦托枢机主教的秘书，和普福泽一样，他也质疑圣餐礼并且支持宽容的观点。不久之前，教皇就开始担心福音教徒在帝国内继承皇位的可能性。

这不只是罗马教廷的担忧。很显然，这样的结果无论对于马德里还是对于帝国内的天主教诸侯都会是不可接受的。在皇帝和他的儿子逐渐加剧的冲突中，德意志福音教宫廷的反应被证明是决定性的。1560 年，马克西米利安派遣他的议员尼古拉斯·冯·瓦姆斯多夫（Nicholas von Warmsdorf）执行任务，到那些他相信会支持他的政治活动的德意志福音教的宫廷，询问这些诸侯在紧急情况下是否会支持他。[2] 出于对皇帝的遵从，也因为他们担心会发生造成帝国不稳定的任何事情，甚至可能导致马克西米利安没有资格当选皇帝而有利于腓力二世，他们拒绝支持马克西米利安。

出于个人继承的原因，马克西米利安勉强接受了皇帝将普福泽驱逐出维也纳的禁令，并且在进一步谈判之后，在 1562 年 2 月 7 日，他同意庄严宣誓自己不会离开罗马教会。[3] 每年授予来自波希米亚的帕尔杜比采（Pardubice）的 25000 古尔登的收入，以及斐迪南在一定程度上公开承认了马克西米利安宗教信仰的真实性和力量的事实，减轻了这一打击。1561 年 10 月，斐迪南向教皇提出申请，希望获得允许马克西米利安饼酒同领的特许，教皇带着相当的担忧和一定程度的恶意授予了这一许可。

　　马克西米利安出于实用主义而接受天主教信仰，这已经足够确保他的继承。美因茨大主教怀疑他在伪装；普法尔茨选侯反对他，希望皇位的空缺可能真的会导致一名福音教徒的当选。然而，大部分选侯保持了对斐迪南以及 1555 年和约的原则的忠诚。福音教选侯——萨克森、勃兰登堡和普法尔茨——试图坚持在《选举让步协定》中插入正式的抗议内容，反对当选的罗马人的国王对教皇以及天主教会宣誓效忠的义务。结果，他们被说服接受了方案，但是在法兰克福的加冕仪式的这一环节期间，他们退到了圣器收藏室，这恰好使教皇的代表距离太远以至于无法听到宣誓的内容。

　　放弃亚琛作为加冕的地点也许是更有影响力的。帝国城市亚琛隶属于科隆大主教的教省，而科隆大主教一直以来正式负责加冕仪式，科隆大主教的去世为废除这一中世纪传统提供了一个偶然的理由。新任大主教弗里德里希·冯·维德（Friedrich von Wied，1562~1567 年在位）参与选举时还没有被祝圣。这就使美因茨大主教、帝国大首相丹尼尔·布伦德尔·冯·洪堡（Daniel Brendel von Homburg）主张在科隆大主教没有得到正式任命的情况下，他自己有权主持仪式，并且使他的建议占据上风，即为了不损害未来的安排，加冕仪式应当立即进行。[4] 前往亚琛的高额成本被列为原因之一，然而亚琛坚定的天主教信仰及其位于帝国边缘的位置也是同样重要的。法兰克福位于中心，但邻近帝国首相自己的邦国。此外，从某种意义上讲，法兰克福是一个体现了 1555 年精神的城市：这座城市以福音教徒为多数，天主教徒为少数，并且有修道院和宗教设施，这里的现状得到了宗教和约的保障，而和约正是选侯最希望保卫的东西。[5]

　　1562 年在德意志加冕几周之前，马克西米利安在布拉格加冕王冠。一年之后，他又收到了匈牙利王冠。到此时为止，马克西米利安对宗教信仰做出了私人的书面保证，因此教皇也确认和支持德意志的选举结果。[6]

　　无论在德意志人们表达了对他怎样的怀疑，1564 年之后作为皇帝的马克西米利安证明了自己和他的父亲一样忠于 1555 年和约。他也坚定地追求在帝国内持久和解的理念，并且他直到最后仍然是具有人文主义倾向的梅兰希通的仰慕者，在临终时拒绝了圣餐礼。[7]他对教皇的批判使他与大部分德意志等级意气相投，其中也许要排除掉教会诸侯。福音教徒因为据传他对福音教信仰的同情而得到鼓励，而很多天主教徒也乐于接受他忠于旧信仰的声明。即使是他对西班牙的亲戚们的态度，也因为在很多年中他或他的儿子继承西班牙王位的可能性而得到缓和，1568 年唐·卡洛斯的去世使他或他的儿子有可能继承西班牙王位，直到 1578 年腓力二世的儿子、继承了他的王位的腓力三世的出生才打消了这种可能性。[8]即使他与腓力二世经常发生激烈的分歧，特别是关于尼德兰和意大利的冲突，但马克西米利安仍然在 1563~1571 年把他最大的两个儿子——鲁道夫和恩斯特都送到马德里接受教育。

　　尽管如此，和过去的统治时期基本的延续性掩盖了根本的结构性转变。根据斐迪南一世的遗嘱，哈布斯堡的领地分为三个部分，346 其中马克西米利安获得波希米亚、匈牙利、上奥地利和下奥地利，他的弟弟斐迪南继承了蒂罗尔和前奥地利（福拉尔贝格和横穿阿尔萨斯的哈布斯堡的零星土地），另一个弟弟卡尔则继承了内奥地利（Inner Austria，施蒂利亚、卡林西亚和卡尔尼奥拉）。上奥地利和下奥地利的人口比内奥地利领地的人口更少，但对于他们的城镇和有权势的贵族而言是繁荣且重要的，并且这两个地区也使马克西米利安能够分别控制林茨和维也纳的宫廷核心地区。当然，除此以外，马克西米利安还拥有繁荣且有着大量财富和大约400万居民的波希米亚以及帝国外部的匈牙利。然而，因斯布鲁克（斐迪南二世大公）和格拉茨（卡尔二世大公）的新宫廷很快成了天主教复兴的中心，他们开展了与马克西米利安放任政策相反的行动，这最终导致了巨大的教派危机，这种教派危机自16世纪90年代起就折磨着哈布斯堡的领地。

然而，在短期内更重要的是，这些新的宫廷和行政机构的存在使马克西米利安的政策发生了偏离。维也纳突然看上去相对孤立于帝国，并且暴露在土耳其人的威胁之下。因斯布鲁克的新宫廷有效地阻止了通过南德意志和施瓦本的传统的影响路径。此时这些网络被蒂罗尔系利用，因为蒂罗尔系试图巩固对新领地的控制，并且承担了传统的哈布斯堡的竞争者角色，与巴伐利亚争夺区域主导权。[9]同样地，格拉茨的新宫廷也从南部切断了维也纳。这强化了维也纳和布拉格之间的纽带，自从哈布斯堡在1526年获得波希米亚王位时这一纽带就已经是潜在的，但是此时构成了帝国政府的真正基础。事实上，自15世纪早期以来，此时的布拉格第一次成为皇帝进入帝国的真正地点，而非维也纳。[10]

在这种背景下，鲁道夫二世的统治代表着对斐迪南一世和马克西米利安二世设立的模式的改变，尽管一开始并非如此，但这种改变是根本性的。1563~1571 年在西班牙接受的教育，使鲁道夫相比他的父亲对西班牙哈布斯堡和天主教整体上怀有更为积极的态度。[11]然而当他返回之后，他先后在 1572 年当选匈牙利国王，1575 年当选波希米亚国王和罗马人的国王。1576 年，24 岁的鲁道夫顺利地继承了皇位，和马克西米利安二世一样。事实上，他在帝国的政策也与他的前任没有什么不同。统治早期他将政府所在地正式迁往布拉格，并且在 1583 年使这一决定永久化。这一行为有时会被视为他从世俗退隐的第一阶段，而实际上只是展现了 1564 年斐迪南对奥地利世袭领地的分割中暗含的领地逻辑。[12]

　　鲁道夫二世的宗教信仰无疑与他的两位前任的信仰明显不同。斐迪南一世以及尤其是马克西米利安二世，都被灌输了伊拉斯谟的和解观点。无论回头看这种观念多么不切实际，他们确实真诚地相信在帝国内一些类型的教会改革能够让双方都满意，甚至也能让罗马教廷接受。从这种意义而言，如果说斐迪南和马克西米利安都是德意志的基督教徒，那么鲁道夫则更像是一个天主教徒。[13]这并不一定意味着对教皇的忠诚，甚至也不一定意味着遵从罗马教廷的仪式。他对待教皇的态度与对待天主教的态度是相反的，在绝大多数时候他对教皇充满敌意，并且他对教会制度的总体态度是彻底反教士的。他越来越少地出席宗教仪式，1600 年之后他似乎就没有再领圣餐。在波希米亚盛行的宗教多样性的影响下，他的宗教信仰朝着不同的方向发展，并且在布拉格的宫廷中他身边围绕着各种不同信仰的人，包括南部的（主要是来自意大利的）人文主义者、天主教

347

宗派主义者，以及西欧的（主要是福音教的）难民。总体而言，他避免天主教和福音教的教条的限制，并且仍然致力于普世使命的观念，致力于推动一种"第三条道路"，这条道路可以超越当下的冲突并且使基督教世界重新联合。

这使得我们很难将鲁道夫在帝国的继任看作帝国反宗教改革的开端。教皇的使者反复抱怨皇帝推动天主教事业的失败，他们一般会将这种失败解释为帝国政府的失败以及帝国分裂的症状。[14]鲁道夫并不像他在因斯布鲁克和格拉茨的叔父们一样怀有反宗教改革的热忱。在他自己的上奥地利和下奥地利领地，他的弟弟恩斯特担任总督并支持政府对重建天主教信仰的工作提供资助，这项工作由梅尔希奥·克莱斯尔（Melchior Khlesl，1552~1630）在1580年完全独立开展，他此时是帕绍的副主教（1581年之后正式成为下奥地利的副主教）。[15]在波希米亚，教皇的使者执行他们自己的特伦托会议的天主教复兴计划，并且他们常常为皇帝明显不愿意对反天主教的个人和团体采取坚决的措施而感到失望。

本质上，至少到1600年结束时为止，鲁道夫在帝国的政策仍然与马克西米利安二世采取的政策保持一致。事实上，即使在那之后他仍然任用福音教人士，例如年轻的安哈尔特的克里斯蒂安或者是利珀伯爵西蒙六世（Simon Ⅵ）担任宫廷官员，并且依赖福音教徒，例如扎哈里亚斯·盖兹科夫勒（Zacharias Geizkofler，1560~1617）在关键问题上提供建议。[16]鲁道夫二世由于优柔寡断受到批评，但他的措施也仅仅是采取谨慎的政策，因为在查理五世之后，成功的帝国政策恰恰不是果决和冲动的。然而，即使是这种政策也变得很难成功维持，因为自 16 世纪 80 年代晚期开始，帝国内的教派冲突和国际环境变得更加剧烈和动荡。最终鲁道夫的态度也遭遇了与斐迪南和马克西米利安同样的根本限制。遵循完全的政治原则会要求放弃皇位的宗教本质，哈布斯堡家族的成员中没有人愿意迈出这一步。

348

皇帝的观点在另一些延续性中得到反映和加强。起初在维也纳后来搬到布拉格的帝国宫廷，是由一些大体上支持调和的宗教观点的人物主导的。例如，拉扎鲁斯·冯·施文迪（Lazarus von Schwendi）是来自符腾堡的路德宗教徒，他在施马尔卡尔登战争期间为查理五世服役，并且在 1552 年之前一直是帝国的西班牙政策的支持者。[17]之后他改信了天主教并且直到 1561 年继续为查理五世和腓力二世服务，此时他逐渐相信在尼德兰和德意志，和解作为哈布斯堡统治基础的必要性。最重要的是，作为这一观点的推论，他也相信查理五世没能理解德意志爱国主义的力量，这种精神在教派分歧的双方中都是非常强烈的。在奥地利哈布斯堡的宫廷，直到 1584 年去世时，施文迪成了对他定义的"中间路线"的不知疲倦的拥护者。尤其是在圣巴托洛缪大屠杀（St Bartholomew's Day Massacre）之后，他在 1574 年和 1576 年写给马克西米利安的文章中，强烈主张宗教宽容以及官厅保证和平和稳定的义务。

在关于建筑设计、建筑物和艺术的事务上，自 1556 年起，曼托瓦的贵族雅各布·斯特拉达（Jacopo Strada，1507～1588）成了关键人物。[18]布雷斯劳的医师及梅兰希通的门徒约翰内斯·克拉托（Johannes Crato，1519～1585）也服务了 1555 年之后的三位皇帝，并且削弱了天主教宫廷布道士的影响力。他一直为和解的精神发声，而且稳定地支持帝国内的福音教等级。加尔文宗教徒荷兰人胡戈·布洛提乌斯（Hugo Blotius，1533～1608）的生涯可能是更令人惊讶的，1575 年之后他对帝国图书馆的改革执行了触怒耶稣会士的和平主义计划。这样一个与荷兰的唯灵论教派家庭派（Family of Love），与尤斯图斯·利普修斯以及其他斯多葛主义（Stoicism）和（政治上）掩饰的支持者都有着密切联系的加尔文宗教徒，他在哈布斯堡宫廷的存在，为这几十年里帝国宫廷异乎寻常的特点提供了强有力的证据。[19]

当然，这种掩饰只是意味着对宗教观点的隐瞒。围绕斐迪南一世、马克西米利安二世和鲁道夫二世的信仰的争论，也许反映了他们与主要的廷臣有着相同的在教派问题上模棱两可的程度，以及这些观念内化为他们个人的宗教信仰的程度。不过，宫廷的宗教文化也会转化为帝国内的政治路线，这种路线在观念上适合维持 1555 年和约。另外两个群体也为追求这一目标提供了帮助。

1559 年正式建立的帝国首相府，作为帝国副首相的办公地点，是皇帝和等级之间的一个关键联系。[20]第一批就职者，格奥尔格·西吉斯蒙德·塞尔德（Georg Sigismund Seld，任职到 1565 年）、约翰·乌尔里希·察修斯（Johann Ulrich Zasius，任职到 1570 年）、约翰内斯·韦伯（Johannes Weber，任职到 1576 年）以及西格蒙德·维豪瑟（Sigmund Vieheuser，任职到 1587 年），都是有着丰富经验的官员，并且最重要的是，他们都对现状有着坚定的信念。例如，塞尔德和察修斯都是忠诚的天主教徒，但是对教皇持有强烈的批判态度。[21] 当塞尔德坚持主张康斯坦茨和巴塞尔大公会议的决议持续的有效性时,其中规定公会议(也就是德意志主教)的权力高于教皇,他完全反映了斐迪南和他的圈子的观点。察修斯毫不客气地指责保罗四世是"衰老、执迷不悟且愚蠢的"。[22] 这些人物对帝国首相府有效的管理,保证了和解的氛围在帝国官员以及他们面对的邦国诸侯和议员中的传播。

诸侯和他们的议员本身就是 1555 年和约的另一批支持者。一个广泛的诸侯网络认同和平协定,反对查理五世的"西班牙"君主制,他们结合成帝国内一个强有力的和平同盟。在短期内,由普法尔茨、美因茨、特里尔、符腾堡、巴伐利亚和于利希-克莱沃-贝格在 1553 年组成的海德堡同盟,持续提供了沟通的框架。[23] 斐迪南本人也加入了这个同盟,然而将其建立为一个新的帝国同盟、作为 16 世纪 30 年代衰败的施瓦本同盟的替代品的努力最终失败。从根本而言,这是一个由等级组成的同盟,同盟唯一的目标就是阻止查理五世让腓力二世继承皇位的计划。正因如此,这个同盟无法轻易被转变为帝国政府的工具。1555 年后,同盟的大多数成员支持新的体制,但普法尔茨更激进的政治计划的形成导致其失去了在同盟中存在的理由,并且在 1556 年 9 月最终退出同盟。[24]

与此同时,斐迪南在 1556 年 6 月推动了与巴伐利亚和萨尔茨堡构建兰茨贝格同盟(Landsberg League),他打算将这个同盟扩展为超越教派的同盟,这个同盟致力于维持中德意志和南德意志的和平与稳定。[25] 班贝格、维尔茨堡和福音教的纽伦堡很快也加入进来。然而,符腾堡和普法尔茨拒绝加入同盟,他们担心这个同盟成员的身份可能会阻碍在他们的领地内完成改革。尽管他们与兰茨贝格同盟有着相似的态度，但这两个邦国很快就走上了完全不同的道路。

在弗里德里希二世（1544～1556年在位）和奥特海因里希（1556～1559年在位）统治时期，普法尔茨进行了迟来的路德宗改革，弗里德里希三世（1559～1576年在位）则转向了加尔文宗，这对普法尔茨在整体帝国内的政治有着剧烈的影响。与之相反，符腾堡仍然是皇帝重要的盟友。事实上，公爵克里斯托夫（1550～1568年在位）很快就成了普法尔茨路线的坚决反对者。确保帝国对邦国

350 宗教改革进程的许可，或者至少保护邦国免受帝国法院任何最终干涉的愿望，是一个重要考虑因素。同样的想法也适用于普法尔茨的事件对符腾堡的路德宗教会结构造成的可感知的威胁，普法尔茨在1559年之后的发展结合了主流的加尔文宗信仰与留存的上德意志茨温利派信仰的思潮。然而，符腾堡公爵无法像普法尔茨选侯一样采取这样一种独立的立场。尽管他被视作帝国的诸侯，但符腾堡仍然是哈布斯堡家族的封地，而非皇帝的封地。这一反常的情况是乌尔里希公爵在1534年恢复公国的条件。这保证了符腾堡长久的忠诚，至少部分原因是公爵希望，这种忠诚能够带来完全恢复原本作为帝国直属诸侯的地位的回报。[26]

即使如此，兰茨贝格同盟并不只是一个天主教同盟。福音教的纽伦堡仍然是成员之一，而且无论是斐迪南还是其他任何成员看上去都不希望失去同盟超教派的特点。诚然，巴伐利亚试图利用同盟推动自己的野心。出于使维特尔斯巴赫家族的幼子们获得北莱茵兰和威斯特伐利亚的主教辖区的愿望，巴伐利亚公爵阿尔布雷希特五

世在 1569～1570 年提议招募阿尔瓦公爵为同盟的一员。与此同时，他也试图招募萨克森选侯和其他福音教徒，目的在于预先避免福音教徒的反对，特别是普法尔茨。然而，到头来，同盟中无论是福音教诸侯还是天主教徒都不希望与西班牙的政策联系在一起。

在帝国北方更传统的关系网络的恢复也是同等重要的。这个地区的核心是萨克森选侯国和阿尔布雷希特系，阿尔布雷希特系在1547 年从被废除的恩斯特系手中获得了选侯国，此时则试图巩固这一头衔。[27] 1553 年，选侯莫里茨说服了好人约翰·弗里德里希（John Friedrich the Good）公爵加入，重新签订在勃兰登堡、黑森以及恩斯特系和阿尔布雷希特系萨克森王朝之间传统的相互继承协定。在 1555 年 3 月瑙姆堡的会议上，莫里茨的继承人选侯奥古斯特一世再次延长了继承协定，在传统的区域安全的相互承诺中增加了对宗教-政治协定中所追求的目标的协议。[28] 此外，由于担心恩斯特系公爵与斐迪南一世恢复良好的关系，奥古斯特在 1557 年采取了又一个重要措施，恢复了萨克森和波希米亚王国世袭的联盟。与此同时，由于他希望实现对迈森、梅泽堡和瑙姆堡主教辖区的世俗化和整合，他也迫切需要确保皇帝的善意。直到 1586 年奥古斯特去世，阿尔布雷希特系萨克森选侯国与皇帝的同盟始终保持稳固。他对福音教等级普遍的领导，是 1555 年后帝国内最有效的维持稳定的力量之一。

当然，这两个并存的关系网络没有将支持新的帝国体制的所有诸侯都包含在内。在下莱茵地区，斐迪南的女婿于利希-克莱沃-贝格公爵威廉五世仍然在他自己的领地采取和平主义路线，并且积极

351

支持斐迪南和马克西米利安。[29]1567 年之后，公爵的长期精神疾病发作，以及邻近的尼德兰的冲突对公国的稳定性造成越来越大的威胁，这种情况才发生改变。不久后，有效的政府变得不可能了；宗教改革的传播放缓下来；天主教官员变得更具影响力，而且反宗教改革的力量逐渐发展壮大。作为结果，于利希-克莱沃-贝格在帝国政治中不再扮演活跃的角色。

另一些邦国，如果没有遭遇王朝的问题，并且没有受到邻近的冲突威胁，就能够采取坚定的忠于皇帝的路线。因此，荷尔斯泰因、梅克伦堡和波美拉尼亚都支持 1555 年和约。当然，他们与萨克森选侯国一样，对皇帝的忠诚与他们接管邻近的主教辖区的野心是契合的。不伦瑞克家族的情况更为复杂，在四个主要的支系中，有两个是福音教的，两个是天主教的。每个支系都经历了不安全的状态，这也导致他们或多或少采取热情忠于皇帝的立场。在 1568 年之后，不伦瑞克-沃尔芬比特尔的第一个福音教公爵尤利乌斯（1568~1589 年在位），以及亨利·尤利乌斯公爵（1589~1613 年在位）才真正成了帝国中间路线（via media）的热情支持者。[30]

1558 年选侯团（Kurverein）的恢复，是自 14 世纪以来一系列部分或者完整的选侯团中的最后一个，也是最为持久的一个。[31]和它的前身一样，这个选侯团也是在关于帝国选举的初步谈判中形成的，而且它的目标是维持选侯在帝国内的"优越地位"。尤其是，选侯再次确认了《金玺诏书》和宗教和约的有效性，并且一旦选侯中有人受到攻击或者帝国内爆发骚乱时，选侯们决心共同采取行动。他们也再一次公开要求积极参与帝国政府，这个主张立即得到了斐迪南一世的承认。1555 年后，六个非哈布斯堡选侯（波希米亚选侯国只有在帝国选举中才发挥作用）在天主教（美因茨、特里尔、科隆）和福音教（萨克森、勃兰登堡、普法尔茨）之间的数量也相当凑巧地达到平衡，这个事实看上去增强了他们代表帝国整体的主张。即使普法尔茨转向归正宗信仰很快引发了紧张局面，选侯团仍然构成了另一个有强大影响力的区域网络，这个网络提升了1555 年后帝国的稳定性。

在这一背景下，另一类有影响力的组织也应该被提及：1555 年后一系列重建的或者初次建立的贵族和帝国城市的合作组织。这些组织增强了已经存在的区域网络，或者构建了新的网络，并且通过在帝国议会的代表或者与皇帝的一些特殊联系，实现了直接的制度功能。对于低等级而言，这样的组织仍然是保卫自身权利和生存，免受更大邦国的诸侯攻击的重要方式。

帝国城市的团结受到了宗教分歧的严峻考验，1555 年之后帝国城市在帝国内整体上处于更不安全的地位，但是也出现了充分运转的沟通系统。[32] 它们的组织保持两年召开一次会议，用来商讨政治和其他问题，并且直到 16 世纪 80 年代一直避免争论宗教问题。然而，它们没有重新获得重要的政治影响力。帝国议会的城市院直到1582 年才在法律进程中获得了与选侯院和诸侯院平等的地位［表决权（votum decisivum）取代了自 1548 年以来享有的询问权（votum consultativum）］。此外，帝国城市的发言权在一定程度上被削弱，因为它们只有两个集体投票权（施瓦本席位和莱茵兰席位），并且在实际操作中，选侯院和诸侯院仍然主导会议进程。然而，纽伦堡市和

352

科隆市在 1555 年后成了帝国代表会议（Reichsdeputation）的永久成员。[33]汉萨同盟加入帝国城市的努力失败了，这一有着 63 个城市和城镇成员的区域性组织，由于很多较小的成员成为邦国扩张主义的受害者而逐渐衰落。到 1614 年，汉萨同盟只剩下 14 个成员，其中只有汉堡、吕贝克和不来梅仍然维持了独立地位。[34]

与之相反，帝国伯爵的组织在 16 世纪上半叶期间逐渐发展，这些组织在 1555 年之后呈现出更正式并且有着更明确目标的特征。[35]帝国伯爵在 1521 年由 143 个家族组成，这些贵族群体组成了一系列合作组织。施瓦本和维特劳的伯爵在帝国议会的诸侯院各自有一个集体投票权（Kuriatstimme）。1555 年，这两个帝国伯爵团体各自被授予帝国代表会议的永久成员。直到此时，来自弗兰科尼亚或者下莱茵和威斯特伐利亚的伯爵仍然附属于施瓦本和韦特劳的组织，他们分别在 1640~1641 年和 1653~1654 年获得了帝国议会的投票权。集体投票方式的政治代表权并不能带给他们很大的影响力。不过，由于对他们的代表下达明确指令的需要要求帝国伯爵之间进行更多交流和内部协作，这加强了他们的同盟关系。韦特劳的伯爵追求一定程度的独立。在 1555 年之后，正如他们中的很多人选择从路德宗转向归正宗信仰一样，他们与奥兰治的威廉（William of Orange）的联系也加强了他们的独立性。这使他们在政治上面临困境，进而使他们看上去有必要在 1566 年委任一个理事会，并且形成处理"外部"事务的常设机构。通过采取统一行动，他们能够在帝国内更有效地追求共同利益，并且保卫个体免受来自强有力的邻居的威胁。[36]

353

　　帝国骑士也出现了相似的发展。[37]他们在帝国议会没有代表，并且他们的组织发展起来的部分原因是依靠自身支付帝国税，特别是土耳其税的需要，而不是由邻近的诸侯对他们征收，这会削弱他们的独立地位。到大约 1550 年，大约有 350 个家族组成了 15 个地方性组织（Ritterorte，后来是 Ritterkantone）。[38]这些组织在弗兰科尼亚、施瓦本和莱茵兰又构成了 3 个区域性组织，从 1575 年起举行定期的公共集会（Generalkorrespondenztage）。1577 年，它们正式就骑士组织发展为帝国直属的自由贵族团体（Corpus liberae et immediatae imperii nobilitatis）的条款达成一致，尽管维持永久执行机构（Generaldirektorium）的计划没能实现。[39]除了组织税金的支付（这些税收被称为自愿援助，这种称呼强调了提供资金的自愿性、临时性和非永久性的性质）以外，这些组织的主要目标是确保皇帝对骑士的保护。当这种保护在 1559 年、1561 年和 1566 年的特权中确定无疑地实现时，这些组织的动机就消失了。这一关系网络即使并不完善，也仍然保持活跃，促进了共同利益并且推动了领地管理事务的方式上一定程度的一致性。通过从骑士等级雇用文职和军职的帝国重要人物，以及他们在德意志教会和教会圣职方面的既得利益，骑士与皇帝的联系进一步得到加强。

　　高级教士、修道院长和女修道院长，以及其他低于掌握直接来自皇帝的土地的主教级别的教会重要人员，其中很多人都来自帝国伯爵和帝国骑士的家族，他们忠于皇帝是不足为奇的。[40]1521 年的税收列表罗列了 83 个这样的教会人员，其中大多数在施瓦本和莱茵兰。施瓦本的高级教士在施瓦本同盟中占据一个独立的席位，在同盟于 1534 年覆灭后，他们自然试图以一种同样的方式代表他们的利益。到 1575 年，他们构建了正式的施瓦本帝国高级教士团体（Schwäbisches Reichsprälatenkollegium），有一名选举产生的负责人，在帝国议会行使高级教士的集体投票权。另一些高级教士（大多数来自莱茵兰）也组建了类似的组织，在帝国议会也拥有集体投票权，尽管他们的组织更松散一些，因为这个组织只涵盖了位于施瓦本以外的所有高级教士。

1555 年后，魏恩加滕修道院长在帝国代表会议中代表所有高级教士。[41] 像其他贵族团体一样，高级教士也支付税金，但是施瓦本的团体也为皇帝提供大量经济支持，包括巨额贷款、信用担保，以及为皇帝宫廷的很多成员提供的世俗圣职。事实上，世俗圣职机构最初是由查理五世发明的，他的行政机构将这些圣职置于高级教士之上。[42] 施瓦本高级教士的区域性组织也由于与哈布斯堡的前奥地利领地的密切合作而得到加强，这种合作事实上导致很多高级教士到 18 世纪成了哈布斯堡的封臣。[43]

区域性组织和同盟的大量出现看上去是混乱且没有条理的。然而其中仍然有一些普遍性的结论。第一，这些组织和同盟表明了在德意志贵族和帝国城市内部持续存在的团结性，以及他们与皇帝和帝国之间绑定在一起的很多种方式。宗教分歧很显然打断了一些传统的团结一致的模式。例如，到 16 世纪下半叶为止，教派分歧已经逐渐对低级别贵族的婚姻模式造成了显著影响，出现了两个越来越独立的通婚网络，取代了原本的一个网络。然而由于关乎他们在帝国内的地位和制度上的处境的根本问题仍然没有得到解决，贵族们仍然保持联合以及对皇帝根本上的忠诚。

　　第二，各种各样的同盟凸显了帝国内支持和解的力量、支持通过政治和约解决宗教问题的力量。这种立场可能与特定的邦国野心有关，例如完成宗教改革或者对主教辖区的整合以及最终的世俗化。这种立场也可能与推动年龄较小的家族成员获得教会圣职乃至最高级别的教会职位的野心有关，或者与捍卫城市或领地的直属地位的野心有关。尽管理想主义和对制度的真诚信念只是绝对的少数，但重点在于绝大多数德意志等级仍然认为帝国是有价值和有用的。

　　勃兰登堡选侯约翰·格奥尔格在 1571 年即位时说，"支持帝国脆弱的旧体制比摧毁它"会更好。[44]当其他欧洲国家正在被宗教冲突撕裂时，即使是这一支持帝国现状的微不足道的表达，也是德意志政体力量的重要来源。

注释

1. Louthan, *Quest*, 2, 3, 41, 85-7; Rudersdorf, 'Maximilian Ⅱ.', 81-4; Mout, 'Späthumanismus', 46-58.

2. Rudersdorf, 'Maximilian Ⅱ.', 84.

3. Fichtner, *Maximilian Ⅱ*, 44.

4. Conrad, *Rechtsgeschichte*, i, 311.

5. Rudersdorf, 'Maximilian Ⅱ.', 87.

6. Fichtner, *Maximilian Ⅱ*, 48.

7. Fichtner, *Maximilian Ⅱ*, 48-9.

8. Lanzinner, 'Zeitalter', 52-3.

9. Press, 'Vorderösterreich', 24-6; Quarthal, 'Vorderösterreich', 41-2.

10. Rudersdorf, 'Maximilian Ⅱ.', 88-9.

11. Evans, *Rudolf Ⅱ*, 49.

12. Evans, *Rudolf Ⅱ*, 22-3.

13. Evans, *Rudolf Ⅱ*, 84-115. 也可见：Mout, 'Späthumanismus', 58-64。

14. Evans, *Rudolf Ⅱ*, 85-6; Koller, 'Kaiserhof'.

15. Schindling and Ziegler, *Territorien*, i, 127-9.

16. Schmidt, *Grafenverein*, 376.

17. Louthan, *Quest*, 23, 112-20. 另见本书页边码 361~362 页。

18. 以下内容，可见：Louthan, *Quest*, 24-105。

19. 当然，利普修斯后来成了一名忠诚的"西班牙"天主教徒。

20. Gross, *Reichshofkanzlei*, 5-22, 97-9, 307-21.

21. Ritter, *Geschichte*, i, 144-6.

22. Ritter, *Geschichte*, i, 144.

23. Rabe, *Geschichte*, 442-3. 另见本书页边码 332 页。

24. 关于普法尔茨的政策，可见：Clasen, *Palatinate*, 1-19; Wolgast, 'Reichs-und Außenpolitik'。

25. Endres, 'Bund'; Göttmann, 'Entstehung'; Lanzinner, 'Bund'.

26. Press, 'Epochenjahr' and Press, 'Herzog Christoph'.

27. Schindling and Ziegler, *Territorien*, ii, 19-24 and iv, 19-22.

28. Rabe, *Geschichte*, 448.

29. Schindling and Ziegler, *Territorien*, iii, 93-101.

30. Evans, *Rudolf Ⅱ*, 7; Schindling and Ziegler, *Territorien*, iii, 18-36.

31. 这一选侯团直接的前身是 1519 年的莱茵兰选侯团（普法尔茨、特里尔、美因茨和科隆）以及 1521 年的全体选侯团。1558 年的选侯团条款一直保持生效，直到 1806 年。Gotthard, *Säulen*, i,

37-49.

32. Schmidt，'Politische Bedeutung'，191-4；Neuhaus，*Reich*，34-6；Lanzinner，'Zeitalter'，140.

33. 见本书页边码 359~360 页。

34. Lanzinner，'Zeitalter'，140-1；Schmidt，'Städtetag, Städtehanse'，47-9.

35. Neuhaus，*Reich*，32-3；Schmidt，'Politische Bedeutung'，199-202.

36. Schmidt，*Grafenverein*，193-5. 见本书页边码 80 页。

37. 见本书页边码 42~43、210~219 页；Neuhaus，*Reich*，36-7；Schmidt，'Politische Bedeutung'，196-7；Lanzinner，'Zeitalter'，78-9；Conrad，Rechtsgeschichte，ii，202-4。

38. 这个术语是瑞士的。

39. 下阿尔萨斯地方性组织仍然独立于区域性框架。

40. Neuhaus，Reich，30-1；Schmidt，'Politische Bedeutung'，198-9.

41. 见本书页边码 359~360 页。

42. Dickel，*Reservatrecht*，135-50.

43. Schmidt，'Politische Bedeutung'，198-9.

44. Zeeden，'Zeitalter'，141-2.

第二十九章

1555 年后的制度发展：帝国议会、大区、宫廷和法律

1555 年和约对帝国的制度也产生了重要影响。一些发展加强了刚刚概述的同盟和组织的整体影响。这些发展也反映了帝国等级在稳定帝国制度架构、规范化 1555 年之前通常采取的很多临时安排方面的利益。1555 年后的几十年里，帝国等级之间的沟通以及大量关键的组织措施也达到了新的高度。从某种程度而言，1555 年之后的发展也反映了皇帝不再像查理五世那样，将德意志帝国视作最高权力的国际化集合的一部分，哪怕是主要部分。出于自己的利益，斐迪南一世和他的继任者在管理帝国方面有了新的利益。这些各种措施的本质以及在实践中的局限性，为人们理解这一时期德意志制度的进一步巩固提供了关键的视角。

《奥格斯堡和约》加强了帝国议会作为关键的代表和决策机构的地位。与查理五世统治时期间歇性的会议模式相反，斐迪南一世和他的继任者主持日常会议，在 1556~1608 年召开了 11 次会议。在 1555 年之前演变的程序越来越被视作一成不变的。[1]1555 年之后唯一额外的特征，就是帝国议会总是以三个院（选侯、诸侯和帝国城市）列席，分别商讨并且报告自己的观点。这些观点接下来被协

调一致，如果可能的话就在结束会议议程的休会期间作为法律发布（帝国告示）。

16 世纪下半叶召开会议的主要目的是为抵御土耳其人的行动征税。在 1576 年之后，税收问题完全主导了会议进程。最初，帝国等级同意提供大量资金建立防御；1593~1606 年，他们资助了大规模的战争行动。提供这些税收的明显意愿是相当值得关注的。在查理五世时期，通常伴随着大量的困难并且以重要的政治让步为代价，征收的金额总计大约为 73.5 单位罗马人的月饷。[2] 1556~1603 年，帝国议会授予了不少于 409 单位罗马人的月饷，其价值有 3000 万古尔登，另外还有 1592 年的一次特殊拨款以及 16 世纪 90 年代的一系列来自大区的拨款。[3] 此外，1555 年之前的征税实践相当混乱，有一些税收得到批准但并没有真正征收；与此相反，1576~1608 年征收到的资金中有 88% 实际上进入了帝国金库。[4]

如果认为这种情况反映了国内完全和谐的故事，那将是错误的。这一时期帝国议会的会议的一个特点为，在帝国改革、普遍立法以及最重要的宗教问题上，经常出现热烈且往往激烈的争论。和往常一样，很多争论仍然没有结论，并且产生的决议和立法是无效的。会议的另一个特点是，福音教徒和天主教徒越来越多地展示和讨论详细的申诉清单。帝国税需求本身也远非没有争议。普遍较高的征收率掩盖了这一事实：选侯和诸侯是最不自觉的纳税者。

教派分歧最初并不是关键的。1594 年，七个福音教等级对大多数人投票支持土耳其税的结果提出抗议，这一抗议几乎没有造成影响。因为这一事件只涉及低等级（特别是茨韦布吕肯公爵约翰，他

356

真的无力承担税赋），鲁道夫二世只是把这一事件交给了帝国最高
法院的帝国法官。直到 1598 年天主教的萨尔茨堡大主教对计划征
收税款的水平申诉，才引发了关于程序的长期争论，这触及了核心
的政治问题。[5]他申诉道，他不会迫使自己支付这样的税款，因为数
量上的简单多数是没有约束力的。这一问题自 15 世纪末期以来就
反复出现。在 1529 年施派尔的"抗议书"中，以及随后少数群体
希望对抗多数群体的很多问题中，这是核心问题所在。此时这一问
题成了关于帝国的性质以及帝国法律程序的根本性讨论的焦点。

　　大主教的抗议很快得到了一群福音教徒的响应，他们对在帝国
议会上由天主教多数达成的决定持有异议。他们坚持主张只有在帝
国处在危急关头的情况下，他们才有义务服从多数人的决定。皇帝
和天主教多数派则主张，罗马法"关乎众人之事，应经众人同意"
（quod omnes tangit，ab omnibus debet approbari）的原则已经让位于
帝国的传统。潜藏在这一争论下的，是一些福音教徒认为自己处在
一种阴谋的环境下，这种环境可能会否决他们赞成的权利，并且威
胁着对政体进行根本性变革。帝国议会中的天主教多数派以及福音
教徒客观上不愿意否认的土耳其威胁的紧急性，似乎使权力和行使
终极权威的平衡向着有利于皇帝的方向倾斜。[6]

357　　在 1606 年与奥斯曼宫廷达成和约之后，福音教徒不再受到他
们为帝国对抗土耳其人提供支持的限制，此时这一争论呈现出更加
不祥的含义。随后这一争论导致了帝国议会在 1608 年和 1613 年的
瘫痪，并且直到在《威斯特伐利亚和约》对平等与和平解决原则的
正式阐述中，才找到解决方案。[7]然而 1600 年前后这一问题的爆发，

不应当掩盖帝国议会在此之前一直发挥作用的这一事实。

在 16 世纪中叶，相互竞争的代表机构的命运表明了帝国议会作为政府机构的优点和局限性。1555 年和约的一个最重要的特征，是大区正式确立为区域性的代理机构，在维持和平和执行帝国法律方面有着准政府职能。[8]自大约 1530 年以来，用来协调维持和平的举措的大区代表会议已经在各地召开。[9]在 16 世纪 40 年代末期，查理五世对大区代表会议的潜力表现出兴趣，因为这些会议看上去比帝国议会更有效，并且更重要的是，它们比帝国议会更顺从。这些会议倾向于在一个会场而不是各院召开，这就排除了一些特定群体，尤其是（通常也是）选侯和更有权力的诸侯，出于他们自身团体的利益阻挠行动的可能性。

查理五世组建帝国同盟计划的失败终结了这种设想。但是大区仍然保留了联合行动的理念以及它们将自身整体视作帝国议会的替代品（至少是紧急政府）的观念。当查理五世在 1548 年对帝国议会的操纵使其暂时失效，以及接下来的诸侯起义和继承问题导致皇帝拖延召开帝国议会时，这一点变得很明显。然而与此同时，德意志等级面临着来自阿尔布雷希特·阿尔西比亚德斯边疆伯爵，以及潜在的来自法国的持续的军事威胁。在新的帝国议会之前，1554 年在法兰克福召开了全体大区会议，来商讨帝国内法律和秩序的恢复。

斐迪南为帝国议会提前进行了准备（查理五世最终将帝国议会的权威授予他），他对发生的事情感到更加惊讶。大区想要提升自身的军事组织并且强化帝国的中央权威。选侯则恰恰将创造更有效的区域性和中央架构的任何提议，视为对他们自身的权利和行动自由的威胁。事实上，他们认为"大区全体会议"的程序方式对他们的特权和制度角色不利。在帝国议会上，选侯建立了自己的议院，任何事情没有他们的同意都无法被决定。在大区会议上，他们被淹没在各自的大区中，与那些大区中其他更低级别等级的代表并立。因此在他们的坚持之下，大区会议的法律和制度提案在 1555 年被提交到奥格斯堡帝国议会，这些内容在会议上被重新协商，并且提升皇帝执行权限的一切建议都被删除。

358　　　唯一的大区全体代表会议是由反叛的威廉·冯·格伦巴赫（Wilhelm von Grumbach）在 1567 年造成的无序局面的后果所推动的，他在过去十年内对法律和秩序造成的威胁与阿尔布雷希特·阿尔西比亚德斯一样多。[10]然而，这一次召开会议的提议来自 1567 年春天的雷根斯堡帝国议会。实际上，格伦巴赫被萨克森选侯抓捕并且于 4 月 18 日在哥达被处决，唯一待解决的问题是行动成本的评估和分摊。征收金钱从来都不是容易的事情，回溯性征收款项则是极为困难的，即使一些人担心格伦巴赫的同伴也许仍然致力于他的私战。帝国议会因此决定，这项在应当由各等级支付的金额上达成一致的耗时事务，应当委托给爱尔福特的大区会议。结果，关于与帝国议会相关的会议的地位以及程序方式的争论，意味着在 1570 年施派尔帝国议会之前，经济问题一直未被解决（尽管与此同时另一些委员会也进行了很多讨论）。

　　爱尔福特大区会议表明了大区会议作为机构的内在弱点。几乎没有代表践行了代表他们的大区而非自己邦国的准则，这导致很多不在场的人抱怨他们的利益被忽视了。在爱尔福特会议上还有一点特别显眼：关于大区代表之间需要遵守的优先顺序的漫长争论。选侯坚持要求他们的邦国所在的大区（特别是有着四个选侯国——美因茨、特里尔、科隆和普法尔茨的莱茵选侯大区）应当优先于其他大区，包括由哈布斯堡世袭领地构成的奥地利大区。本质上而言，这再一次表明了选侯普遍非常反感这种会议。与此同时，选侯的观点也凸显了这种大区全体会议将皇帝边缘化的方式。关于这些问题的记忆阻碍了在16世纪90年代的另一次，也是最后一次组织这样的会议的尝试。[11]

大区全体会议的简短历史为理解帝国议会提供了视角。大区全体会议的主要优势在于，它为等级之间的交流（例如诸侯之间的个人交流，以及通过官员和代理人的准外交交流）以及制度关系的代表（皇帝与等级之间，选侯和诸侯以及帝国城市之间的关系等）提供了无可比拟的平台。然而，它的缺点在于很多既得利益者的优势地位，他们主张维持这种优势的秩序，这阻止了大区全体会议发展为任何具有近代意义的真正的议会或者代表机构。帝国议会仍然是个体等级的集会，更确切地说，到16世纪下半叶为止，越来越成为他们的官员或代理人的会议。

这对于帝国议会能够实现的目标有着根本性的影响。关于多数人的投票的阶段性争论是具有指向性的。1512年的一个决议已经宣布，由帝国议会中的多数人决定的事项应当被视为对那些没有出席会议的人有约束力。然而，这从来没有被接受为一个有效的制度规范。与之相反，即使很少明确地指出，但帝国议会通常都是根据更

359

古老的"关乎众人之事"的原则开展行动并且尽最大努力的。因此，帝国议会能够有效地创造广泛的法律框架，例如 1555 年达成的一系列协定。[12]这些协定过于宽泛，也因此过于模糊或者缺少细节，以至于所有人都能够以一种符合他们自身具体利益的方式接受这些协定。这些法律既保护了权利和特权，也大体上许可了邦国所涉及的政策。因此《奥格斯堡和约》是一个里程碑，因为它广泛保障了天主教等级和路德宗福音教等级的宗教自由，并且承认了这些帝国等级关于自己领地的宗教裁判权，这是帝国议会立法的潜在能力最积极一面的典型案例。

　　然而更为具体的工作仍然需要完成，包括具体说明法律的应用，裁决在特定场合或案例中的实用性，以及对法律运转的监督。在 1555 年之后，两种类型的委员会承担了这些任务。第一类是由大区组成的专家委员会。[13]一系列关于裁定等级的货币和军事义务标准的会议召开，这些标准是根据 1521 年的帝国名册设定的。所谓的调整会议（Moderationstage）一直召开到 1577 年，此后直到帝国终结也没有进行进一步改变。[14]另一种会议（帝国货币会议，Reichsmünztage）在 1549～1571 年召开，为 1551 年和 1559 年的《铸币条例》做准备并弄清详细的含义。[15]第三种大区代表会议（司法会议，Justiztage）在 1557 年和 1560 年召开，在 1555 年出台新的《帝国执行条例》之后，决定帝国最高法院的程序准则，以及为法院安排合适的人员。与之相似的具体的区域委员会，在 1806 年之前一直阶段性地召开会议，特别是在更为活跃的莱茵兰和上德意志大区，在这里大区内部会议也是很常见的。[16]

第二类常规的工作委员会是由 1555 年的《帝国执行条例》建立的。《帝国执行条例》规定，如果出现了五个大区的组织没有能力处理的紧急状况，美因茨选侯应当召集一个团体（帝国代表会议）在法兰克福召开会议，帝国代表会议由代表所有大区的 16 名成员组成。[17]1559 年，《帝国执行条例》规定的 16 名成员被确认为永久成员；在 1570 年又增加了 4 名成员。在选侯的压力之下，1564 年，人们达成一致，除非处于最危险的紧急情况，否则帝国代表会议应当附属于帝国议会。此外，选侯也能够保证帝国代表会议的工作在两个院展开，其中一个由选侯组成，另一个则由其他所有等级的代表组成。

　　事实上，帝国代表会议只有三次（1564 年、1569 年和 1590 年）是为了应对那种最初设想的法律和秩序危机而召开的。然而，它很快就被用来处理货币和税收问题、检视帝国最高法院，以及处理《帝国公安条例》，为了这一目的帝国代表会议召开了六次，直到 1600～1601 年。对帝国代表会议施加的限制，确保了它不可能成为帝国议会的替代品。尽管如此，帝国代表会议仍然作为帝国议会重要的下属机构，并且凭借其明确界定的附属地位以及内部的层级架构得到了选侯的接纳。然而，当帝国议会在 1600 年之后陷入制度危机的僵局时，帝国代表会议也失灵了。在 1600～1601 年之后帝国代表会议再没有召开过会议，而且这一机构在 1648 年之后的政权中不再扮演任何角色，因为帝国议会自身在 1663 年之后成为永久会议。

　　大区并没有成为帝国议会的替代品，但是大区在 1555 年之后发展为关键的附属性区域角色。除了维持和平的义务以外，它们在区域层面也逐渐承担了行使关键的准政府职能的任务。在 1555 年得以明确指出的最重要的结构重点，也许是个体等级的权利得到了保证。即使一个大区内任何成员无法或者拒绝支付最终的费用或者税赋，如果没有帝国最高法院的裁决，大区的官厅也不被允许采取行动。

　　最重要的是，皇帝没有被授予管理大区的任何权威。[18]大区首要的职能之一，是执行帝国议会的法令或者帝国最高法院的裁决，皇帝在这两个机构内都发挥着作用。然而，大区自身是自我管理和自我监管的机构。每一个大区都有两名执行管理者，即大区执行诸侯，其中一名是世俗诸侯，另一名是主教；以及一名军事指挥官为大区首领（Kreishauptmann 或 Kreisoberst），后来被称为大区陆军元帅（Kreis-Feldmarschall）。每一名军事指挥官都有六名诸侯（辅助等级，zugeordnete Stände）提供支持和帮助，其中一人担任副指挥官，他们日常召开代表会议（Zugeordnetentage 或 Deputationstage）来商讨军事和治安问题。[19]每个大区的内部事务都由所有成员的集会，即大区会议管理。在大区会议上所有人拥有平等的投票权，与领地的规模或者等级无关，然而如果一个人拥有超过一块符合标准的土地，他可以有多个投票权。

　　随后在 1564 年和 1570 年对制度的修正，加强了大区之间军事合作的可能性并且允许皇帝在其中发挥一定作用。然而，大区自我管理的特征仍然是神圣的。和往常一样，将普遍的准则转变为管理实践是一个长久的问题。帝国议会反复的呼吁表明，即使到 16 世纪末，一些大区仍然没有执行 1555 年条例的规定。[20]然而，另外一些大区，例如巴伐利亚大区，早在 1560 年就形成了运转良好的体系。[21]传统观点认为，在那些领地极为碎片化的区域，或者至少在那些除了少数较大的邦国以外还有大量小型政治体的区域，特别是弗兰科尼亚和施瓦本，帝国大区制度运转得最为良好，甚至只是正常运转。这种观点已经站不住脚。在 16 世纪下半叶，这种发展是更统一的。

最初，这种发展是由威廉·冯·格伦巴赫的反叛所造成的紧急问题推动的。[22]然而一些大区很快开始严肃介入更多样、更广泛的义务中。例如，在 1564 年，弗兰科尼亚、巴伐利亚和施瓦本大区组成了联盟，以建立阶段性的联合试金委员会，并且决定未来在货币问题上合作。[23]1566 年帝国议会制定了货币管理制度，其中批准了邦国的货币，只要它们与帝国硬币的相对价值能够维持，这进一步鼓励了这样的联盟。[24]大区从未在任何阶段发展出"大区爱国主义"的意识，这个事实通常被认为表明了大区制度严格意义上的实用主义、机械化并且最终局限性的本质，但这也同样反映出大区将自身视为帝国附属的区域性代理机构的强烈意识。[25]

大区最初的和首要的功能是军事性的。因此，在 1555 年之后为帝国军事组织的全面改革表达想法的那些人的计划中，大区自然扮演着关键角色。为了应对外部威胁和国内挑战，对更有效的军事制度的需求已经得到了频繁的表达。然而，反对建立一个强大的中央权威机构，造成了将军事事务下放给大区，并因此交给邦国的整体倾向。关于皇帝成为帝国武装军队总指挥的想法，在 1555 年后的讨论中被反复提及，但帝国等级总是予以抵制。在拉扎鲁斯·冯·施文迪（1522~1583）提出的帝国改革和军事体制改革的全面方案中，这一主张再次被提及。

　　施文迪不再为查理五世服役后，于1564年在匈牙利担任马克西米利安的军事指挥官，并且出色地服役。[26]在1568年与土耳其人达成和平协定后，他返回到自己位于德意志西南部的地产，在那里他在1570~1576年为皇帝写下了三篇内容广泛的建议书。早在1547年，他就谴责了招募雇佣兵所涉及的腐败。1566年，他从匈牙利的冬季营地写信给马克西米利安，敦促他要求所有德意志贵族无一例外地承担军事义务，并且要求皇帝本人指挥德意志军队对抗土耳其人。[27]

　　1570年，施文迪详述了军事改革的具体方案。[28]借鉴他个人的经历以及从与德意志和法国的人文主义者大量通信中汲取的观念，施文迪构想了建立武装爱国者的国家。他谴责了德意志境内对雇佣兵的利用和对外国人的招募。他提议道，"过去的德意志人"构建了一个所有人都被武装起来的国家。皇帝应当被任命为总指挥，两名诸侯应当担任他的副职，官员等级应当从德意志贵族中招募；军队全体应当均由德意志人组成，并且服从严格的军事纪律。与此同时，在斯特拉斯堡或者其他地区建立装备充足的军械库，以加强军事基础设施。整个体系的资金通过每个月对大区征收的费用支付。这样的改革将会加强德意志人的统一。他们将有能力保卫自己免受攻击，并且在欧洲发挥主导作用，能够对尼德兰、意大利和波罗的海进行有效干预。

　　施文迪明确构想了一个与当下实际存在的帝国完全不同的帝国。帝国议会立即否决了他的主要提议。等级同意在没有皇帝许可的情况下禁止雇用外国人，但这是完全无效的。他们也同意引入骑兵和步兵的军事纪律准则，用来取代德意志雇佣兵自我管理的实际做法，而这些军队是帝国和大多数诸侯迄今一直依靠的军队。然而，随着邦国在 16 世纪末和 17 世纪逐渐组建更多的常备军，这个提议才逐渐产生影响。[29]

　　帝国司法体制的新发展更快地产生了效果。1555 年和约为帝国最高法院提供了新的治理法令，以及对源于宗教和约的争端进行裁决的附带责任。新案件数量的迅速增加突出了人们越来越将法院视为可靠的司法机构的看法。1495 ~ 1550 年有大约 9000 个案件被呈送到最高法院，1550 ~ 1594 年则有超过 20000 个新案件被记录下来。[30]工作量的大幅上升使法官人数的增加变得有必要，到 1570 年为止，法官人数从 16 人上升到 41 人。即使如此，随着诉讼程序持续时间逐渐延长，到 1550 年为止已经累积了 5000 个案件，但这一数字仍然在持续增加。到 16 世纪末为止，所有新案件中大约有一半需要花费 6~20 年时间解决。一项针对 1587 ~ 1589 年的案件的分析表明，11% 的案件持续了 20 ~ 50 年，而 4% 的案件持续了超过一个世纪。[31]即使一个案件在施派尔得到解决，也无法保证法院做出了正确的裁决。

363

　　尽管多年以来一直存在对制度中的拖延和裁决的有效性的抱怨，但是法院很显然也享有巨大的尊重。例如，1559 ~ 1589 年，只出现了 7 次针对最高法院的裁决的申诉。很多案件事实上在司法程序完成之前很久就已经在法院之外解决了，并且有证据表明，很多争端仅仅是通过司法程序的威胁就得到了解决。此外，当各方的纠纷被从地方转移到最高法院的管辖范围时，一个案件可能在几十年的时间里处于审理状态，这个事实对有关各方施加了推动各方关系稳定和正常化的义务。[32]

对呈送到法院的案件的分析，也反映出帝国变化的特征。第一次，大量案件来自帝国的西部和北部区域，这凸显了帝国此时在那些传统上"远离皇权"的地区成为制度现实的方式。[33]与之相反，来自勃艮第领地（和奥地利世袭领地一样，并且在1548年的《勃艮第和约》中完全豁免于帝国的司法管辖），洛林的梅斯、图勒和凡尔登主教辖区（1551年被福音教诸侯非法割让给法国），以及瑞士联邦（1648年正式脱离帝国）的案件则完全消失了。总体而言，此时帝国内的案件的领地分布不再过多地受到与皇帝的密切程度或距离的影响，而是更多受到皇帝频繁授予邦国和帝国城市免于诉讼的权利的影响，这取决于一定的货币价值。这些特权的授予无疑避免了来自特定区域的申诉，然而这并没有影响更广泛的传播范围。[34]"不得上诉特权"很少授予完全豁免权（尽管《金玺诏书》已经将这项权利授予选侯），即使在授予完全豁免权的地方，也不包括有关拒绝诉诸司法的申诉。

发起诉讼的群体的社会地位也出现了变化。16世纪上半叶，主要的诉讼人是涉及财产纠纷的城市居民。1550年后，大部分诉讼人或者是对邦国诸侯废除其权利进行申诉的低级别贵族的成员（特别是1575年之后），或者是与同等身份的人发生冲突的诸侯（特别是教会诸侯）。潜在诉讼人的群体绝不是排斥某些社会阶层的。法院经常被要求处理犹太人递交的针对邦国和市政官厅或者个人的关于财产问题的诉讼。[35] 1587～1589 年，由农民发起的针对其领主的申诉（通常是关于税收、封建义务的增加或者传统权利的废除）占据新案件的比例大约是 3%。[36] 事实上，这种案件似乎在 16 世纪 90 年代变得更为频繁，此时加剧的社会和经济压力造成了广泛的农民起义和反叛，以对抗越来越贪婪的邦国官厅。[37]

　　整体而言，帝国最高法院在 1555 年后显著推动了帝国的和平和"法制化"。呈送到法院的案件完全反映了在 16 世纪的进程中，每种规模的邦国的进一步整合所造成的压力。在很大程度上，这种压力是由在帝国议会批准，并且随后以地方税的形式转移到臣民的税收推动的（相关的统治者通常会征收一笔大额附加费用）。然而，同样全新的情况是，对于许多不满，人们可以诉诸法律作为解决方案；越来越多的帝国居民对于他们生活在一个受到有效的法律框架保护的环境中的信心逐渐增强。法院此时处理了在过去也许会通过私战或者反叛解决的很多问题。

　　法院不得不解决的最敏感且越来越多的案件，是那些关于宗教问题的案件。值得注意的是，考虑到偏向性的指控在 16 世纪 30 年代导致帝国最高法院的所有诉讼程序中止的事实，法院此时在几十年内设法保持中立路线。[38] 尽管 1555 年的法令并没有正式要求这样做，但是法官很快决定，关于宗教问题的所有案件都应当由教派人数均等的合议庭进行讨论。

　　从 1555 年和约有着明确的指导方针的角度而言，这些方针以

364

无可争议的方式得到了大力推行。然而，很多案件与一些并没有在1555 年得到明确规定的问题相关。法官明智地不愿意处理他们称之为"疑问"（dubia）的问题，并且从 1557 年开始他们经常请求帝国议会，寻求政治解决方案。由于政治解决方案没能实现，在大约1580 年之后，最高法院不可避免地发现自己陷入了关于宗教和约条款越来越激烈的纠纷之中。一些案件，特别是 1598 年人尽皆知的"四修道院案件"，引发了惊人的争端，这无疑导致了 17 世纪初的制度性危机。[39]一些最具争议的案件，关系到在 1555 年和约下与统治者信仰不同的臣民的移民权。在数量惊人的案件中，最高法院支持臣民反对他们的统治者。然而，在大多数情况下，法院小心翼翼地维持中立，并且毫不犹豫地就陷入僵局的裁决（para vota）进行沟通。

　　帝国最高法院的一些缺点得到了 1559 年建立的帝国宫廷参事院的弥补。[40]这个机构源于斐迪南在 16 世纪 20 年代为奥地利世袭领地建立的参事院，它的管辖权此时扩展到整个帝国，也包括意大利。和帝国最高法院不同的是，它完全是皇家的法院，由皇帝任命的 20 多名贵族和法学家组成，其中一部分是福音教徒。一方面，帝国宫廷参事院起到国务院的作用，将商议内容传递给非常严格挑选人选的枢密院（Privy Council）。另一方面，帝国宫廷参事院同样可以充当最高法院的职能，有着与帝国最高法院类似的裁决权，此外帝国宫廷参事院还享有关于领地授予问题的额外权威。它的裁决在递交皇帝之前，也会经过枢密院的详细审查，皇帝本人则很少对其更改。

在这两个高等法院之中，个人或者团体选择哪一个进行申诉，取决于他们认为在哪个法院能够获得最好的结果。很多起诉人在两个法院同时发起诉讼。一些农民似乎相信，对帝国宫廷参事院的申诉能够使他们将自己的案件呈送给皇帝本人。[41]另一些人偏好帝国宫廷参事院，只是因为它比帝国最高法院处理得更快，并且这些案件通常不会被束缚在烦琐且过分花费时间的程序上。考察团通常在当地搜集证据并且调解，事实证明帝国宫廷参事院对它的利用是解决冲突的一种流行且有效的方式。[42]任命主要的诸侯领导这些考察团，进一步增加了在当地谈判解决的机会，与此同时这也使皇帝能够将诸侯纳入帝国的管理中。委任者与帝国宫廷参事院持续的通信倾向于加强这种参与感，以及对政治和法律体制共同所有的认知。

值得一提的是，尽管帝国宫廷参事院是天主教主导的法院，但它也成功得到了福音教徒的广泛承认。大约 1590 年后，帝国宫廷参事院经常被指责存在教派偏见，即使如此，1580～1610 年它处理的案件数量仍然翻倍了。[43]从一开始，帝国宫廷参事院看似吸引的案件不仅来自过去的核心地区，也来自北德意志，这进一步凸显了法律体系充当整合力量的方式。[44]帝国宫廷参事院既是哈布斯堡在帝国内统治的工具，也是一个最高法院。等级对它的接纳再一次证明了，在 1555 年后人们对和平的愿望以及对帝国作为法律秩序的集体确认。

帝国的法律是由帝国议会制定和批准的，但是法律的执行取决于大区、统治者个人以及法院。帝国的立法活动通常被轻视为不着边际且无效的，但是这种观点忽视了帝国法律起作用的方式，即帝国法律本质上是旨在作为一个适用于邦国或者城市具体情况的法律框架，并且将在地方得到执行。即使失败的法律也能够产生相同的影响。诸侯也许会反对那些看上去给予皇帝干涉其领地邦国的权力的法律，或者以某种方式影响他的特权或者收入的法律。然而，这并不意味着他一定不愿意自己颁布这样的法律。16 世纪帝国法律的有效性是否不如其他欧洲国家的国家法律，这一点是存在疑问的。关于货币、各种形式的经济活动、法律与秩序、审查以及帝国邮政业的法律的命运，说明了在这一时期帝国议会作为立法机构的问题和潜力。

366　　尽管 1555 年之后在一些大区开展了被称为货币政策的措施，但是所有"国家"管制的努力都失败了。[45]在 1500 年前后，德意志的邦国和城市政府有大约 600 个铸币厂和在帝国内竞争的三个主要的货币体系：较大的哈布斯堡银币、萨克森银币，以及在上莱茵和下莱茵受青睐的弗罗林金币。在北海和波罗的海沿岸，旧的吕贝克马克和佛兰德磅也在日常生活中使用。1524 年，帝国颁布了《货币条例》，旨在通过正式确立主要的金银货币之间的平价来引入一定程度的制度。这个条例创造了新的帝国古尔登（Reichsguldiner），它用金和银制成，以及六种附属的银币，最小的是"小格罗申"（kleiner Gröschlein），相当于 1/84 单位的古尔登。接下来一个极为复杂的换算表被编制出来，用来将新货币与所有现存的地方和区域性货币保持一致。

　　这一条例的影响是不容忽视的。帝国古尔登比萨克森塔勒有着更高的含银量，它的引入理应导致萨克森人收回货币并且重铸他们的硬币。但萨克森人拒绝这样做。此外，1525 年，查理五世使他自己和他的所有继承者豁免于帝国内所有的货币法律，这使哈布斯堡能够铸造比法律要求更轻的硬币。[46]事实上，只有普法尔茨，以及安斯巴赫和拜罗伊特的霍亨索伦的边疆伯爵，曾经生产了数量有限的新的帝国古尔登。东部拥有银矿的邦国和青睐金矿的莱茵兰之间的冲突仍然存在。帝国古尔登没能取代在德意志中部和北部得到青睐的萨克森塔勒。1531 年和 1549 年召开的会议没能在解决货币混乱的问题上取得任何进展，货币的混乱已经被视为严重的问题。

1551 年新的《货币条例》仅仅将不同种类的银币从 7 种增加到 8 种，并且引入了奥地利十字币（Austrian kreuzer）作为标准面额。与此同时，新的条例看上去也承认了法律不一定要改变实践，因为新的条例确认了 1524 年之前的古尔登银币，以 60 单位而不是 72 单位十字币的价值作为交易单位（单位古尔登，Rechnungsgulden）。[47]更小面额硬币的所有区域制度，以及在帝国部分地区常用的所有外国货币，也得到了明确允许，并且再一次颁布了复杂的换算表格。更轻的萨克森塔勒被贬值为 68 单位十字币，这只是导致萨克森人根本不接受这一条例。[48]仅仅 6 年后，当腓力二世在他的勃艮第领地引入另一种塔勒时，问题进一步复杂化，因为他完全无视帝国法律，而严格意义上这些领地仍然属于帝国。[49]

1559 年的新条例直到 1806 年始终正式生效，它代表着最后一次合理化的尝试以及对失败的承认。维持二元货币的努力被废止，金古尔登被规定为更为实际的价值 72 单位十字币（来自威尼斯且经过匈牙利的价值 104 单位十字币的金杜卡特，也进入有限流通　367

中）。银古尔登被设定为 60 单位十字币，这至少使银币与在南德意志的商业交易中实际使用的记账单位（单位古尔登）等值。与此同时，通过禁用塔勒以抑制塔勒的努力也被废止，塔勒此时也被包含在换算表格中。1566 年，塔勒正式被承认为帝国内的储备货币，价值为 68 单位十字币。

从广义而言，主要的货币体系此时已经稳定下来。金古尔登的重要性逐渐降低，而银古尔登和帝国塔勒（Reichsthaler）分别在南部和北部被确立为主要的贸易货币。1571 年，萨克森正式承认《货币条例》，勃艮第也是如此。勃艮第废除了"腓力塔勒"（Philippsthaler），并且开始铸造勃艮第的帝国塔勒。然而，1573 年，皇帝再一次豁免哈布斯堡领地，这里随后发展出各种不同价值的塔勒硬币。与此同时，帝国议会越来越认识到中央管制的无效性，1571 年，帝国代表会议将货币问题的责任交给在货币问题上"符合标准"的三个大区组织。[50]

在非常长的时间内，这代表着一种进步。然而，在 1550 年之后，这几乎没有解决德意志货币体系的主要问题。这首先是为较小区域（不受管制）的货币设立的相对较高的标准，此时中欧的银矿产量下降且价格上涨；其次，这是货币数量而非货物数量的长期上涨。无论是帝国议会还是大区在货币管制上的努力，都没有真正解决这一问题，这导致自 16 世纪 80 年代起持续的通货膨胀，以及 1618~1620 年的货币灾难。[51]哈布斯堡的勃艮第大区一直豁免于货币法律，这也削弱了货币法律对下莱茵兰和威斯特伐利亚的影响，因为这些区域主要与尼德兰贸易，倾向于使用尼德兰的货币，并使他们自己的货币与尼德兰而非帝国的货币保持稳定。[52]

　　货币问题引起了高度热情和持续活动，因为这些问题涉及核心的君主特权。铸币是证明统治者权力最为公开的方式之一。铸币也能带来极高的利润。此外，从帝国金库以下的每一个级别，官厅在人们以完整的货币支付税金方面也有着既得利益。然而，这些法律最多能够实现的只是宽泛的框架，而且在这种框架内，随着时间的推移，有效的实践模式逐渐变化。

　　从某种意义来讲，《帝国公安条例》也符合这种说法，最后的《帝国公安条例》是 1577 年被批准的法令。[53]这些法规也许是宗教 **368**剧变之后，最好地证明了根植于帝国和邦国的管理和统治的愿望。[54]然而，在一开始，这些法规迎合了帝国独特的结构。和此前的条例一样，1577 年《帝国公安条例》从未被当作唯一有效的法律，而是作为等级可以在他们的领地内"采纳、忽视或者缓和"的法规，尽管"完全不进行强化或者增加"。[55]它提供了等级的共同目标的纲领性定义：共同利益（der gemeine Nutz）和良好秩序（gute Ordnung）的促进。本质上，1577 年《帝国公安条例》重申了 1530 年和 1548 年原有的条例，进一步增加了关于经济和社会问题的大量法规和准则，诸如亵渎、乞讨、卖淫、儿童监护，以及管理药剂师、金匠、印刷商和图书贸易的法规。[56]

　　《帝国公安条例》通常被轻视为不着边际的，原因在于它们的影响很难被评估。然而，这些法规从来不是被用来提供与重要的领域直接相关的法律，而是用来为每一个邦国或者城市制定的具体法律提供框架引导。从这个意义上讲，1577 年《帝国公安条例》是一场成功，因为它制定的规范不久后得到了帝国大多数成员的遵守。[57]

　　致力于为整个帝国制定规范的立法无一例外地失败了。在 1548 年、1566 年和 1577 年（以及 1603 年）对羊毛出口实行禁令以及在 1577 年对皮革出口实行禁令，这些相当不寻常的努力都以失败告终。[58]即使有可能在整个帝国内执行这种属于某一范畴的法律，其经济利益仍然会受到怀疑，因为整个想法依赖于漏洞百出的假设条件。出口禁令的目的在于阻止外国的工匠购买德意志的原材料，从而通过确保德意志的工匠能够继续以合理的价格购买国内的原材料来保护由他们生产的优质货物。进口禁令也许是更合逻辑的，尽管也许和出口禁令一样不可能执行。

　　关于 1555 年后几十年的制度和立法的发展，令人印象深刻的是几乎完全无序的大量举措。自始至终，人们都真心希望建立新的秩序进行管理和制度化，以解决过去几十年的不稳定问题。很多措施受到阻挠，因为这些措施对帝国等级个体或者一些群体（例如选侯）的地位造成了可感知的威胁。另一些措施纯粹是不切实际。即使如此，帝国的制度体系此时比过去任何时候都更加完整地得到表达，帝国的制度体系传播到更广泛的地理区域，并且在帝国大区的影响力更有深度。帝国的制度结构呈现出的这种新的密度和特征，在 1555 年后帝国的稳定中发挥了关键作用。

　　德意志公法形成的第一批要素在这一时期的发展，正是这种活369动大量增加的合理结果。[59]1555 年之前的几十年中大量动荡以及自1495 年以来通过的大量立法，越来越需要专家对它们进行解释、应用和管理。大量印刷文献随即出现，其中既包括个别法律自身的印刷版本，也包括法律的汇编和评论。帝国最高法院的案件的激增，以及每年由来自帝国议会的代表进行的视察或者检查，带来了对体制越来越多的兴趣。

新的法律文化也催生了一支由专家和职业人员组成的队伍，他们在每一个阶层为越来越多的诉讼当事人提供支持，从地方层面一直到远离普通人的施派尔的高等法院。从布拉格和维也纳一直到最贫穷的帝国骑士的领地机构，每一个法院机构都直接或者间接地雇用了帝国法律和惯例方面的顾问。帝国等级及其越来越多的臣民越发意识到他们属于一个独特的政权。帝国与古老的罗马帝国几乎没有什么关系，这一点也是显而易见的。德意志等级此时在他们自己的区域和地方性立法中应用的罗马法的范畴，无法给出对帝国整体的恰当描述。自1495年沃尔姆斯帝国议会以来，帝国的构建很大程度上是基于1356年《金玺诏书》规定的选举君主制。

帝国图书委员会于1569年在法兰克福建立，这是皇帝在《帝国公安条例》和1555年和约的条款下行使特权的一次尝试。[60]1521年，《沃尔姆斯敕令》已经明确指出，在自己的领地内控制出版物是诸侯和市政官员的职责。随后在1524年和1529年的立法将这项权利转变为义务，并且在1530年规定，如果诸侯没能履行他们的义务，皇帝就会干预。尚不清楚是什么原因，促使马克西米利安二世要求法兰克福的市政会监管那些在繁荣的书展上售卖的图书。这一问题可能是在为1570年施派尔帝国议会做准备的讨论的背景下出现的，讨论中人们抱怨在16世纪20年代已经批准的审查制度的法律并没有得到执行。

　　无论是马克西米利安二世还是鲁道夫二世（在统治早期），都没有表现出利用自身地位支持天主教一方的任何倾向。1569 年，当马克西米利安坚持要求皇帝获得所有特权出版物的免费副本时，他首先考虑的也许是他自己的图书馆，尽管他也提到所有统治者取缔反对帝国和平的宗派主义著作的义务。当法兰克福的市政官员几乎立即对这项命令施加给他们的工作负担发出申诉时，马克西米利安解释道，他只是希望确保他能够获得所有书籍的五份副本。即使是1579 年第一个帝国委员的任命也没有带来任何进一步的行动：第一任帝国委员约翰·韦斯特博士（Dr Johann Vest）相当疏于履行他的职责，以至于到 1596 年鲁道夫二世不由得抱怨，他没有足够认真地为皇帝收集书籍的免费副本。

370　　　同样值得关注的是，萨克森选侯于 1569 年在莱比锡向城市和大学当局发出指令，要求监管在莱比锡书展上销售的所有图书，并且为选侯的图书馆获得所有书籍的免费副本。[61] 在邻近的萨克森公国内，纯路德派（Gnesiolutherans，或真路德派）和菲利普派（Philippists）之间展开了斗争，选侯的行动也许是阻止这场斗争破坏选侯国的和平的一次尝试，但是在帝国议会召开之前，关于控制那些可能破坏和平的宗教书籍出版的必要性的讨论，也许也推动了选侯的行动。在随后才获得这一头衔的莱比锡委员会没有与帝国委员会一致的地位或权威，但是它逐渐充当相似的角色，而且它的存在增强了萨克森选侯的道德权威，他从而在 1608～1619 年代表福音教书商在法兰克福调停。[62]

　　鉴于这两个机构混乱的运作，人们很难谈及帝国内存在协作的方式。大多数审查活动都是由地方统治者执行的。然而，这两个核心机构在其范围内至少在理论上是超区域的，它们的存在证明了禁止可能破坏宗教和约的著作出版的意愿。几乎不可避免的是，帝国图书委员会在 1600 年之后卷入全面的教派冲突之中；晚年的鲁道夫二世以及皇帝马蒂亚斯都受到了指责，他们被认为利用图书委员会来促进他们的天主教教派计划。[63]然而，在 1648 年之后，这两个委员会都适时呈现出更稳定的特质，以及在法律框架下得到更明确规定的运作模式。在这种模式下，关于宗教的以及某个时期关于政治的煽动性著作被禁止。这两个委员会都存在到 1806 年。

　　帝国邮政业在 1596 ~ 1597 年的出现，是由于原本的哈布斯堡邮政体系的衰落，以及帝国城市和很多诸侯对可靠的邮政业务逐渐增长的需求。[64]哈布斯堡基于布鲁塞尔的邮政业在 1555 年落入了腓力二世手中。正因如此，对于很多德意志福音教统治者而言，它变成了值得怀疑的“西班牙邮政”，而且 1565 年西班牙王室的第二次破产引发了一场可能会破坏这一邮政业务的金融危机。在 1570 年的施派尔帝国议会上，等级要求邮政业应当保留在帝国内，而不是处于西班牙的控制之下，但唯一的结果是由主要的帝国城市在 16 世纪 70 年代期间发展的一个替代的邮政体系。

　　与西班牙关于通过帝国从安特卫普到威尼斯的主要业务的反复争夺，最终推动了对邮政业根本改革的要求。1596 年，鲁道夫二世任命莱昂哈德·冯·塔克西斯（Leonhard von Taxis）为唯一的官方邮政大臣，塔克西斯家族全部的邮政业务在过去只是连接哈布斯堡

在奥地利和勃艮第的两片世袭领地之间的系统，在 1597 年根据法
令被转变成了为整个帝国服务的帝国邮政系统。到 1615~1616 年，
371　四条主要的路线覆盖了从阿尔卑斯山到波罗的海以及从莱茵一直到
萨克森的帝国大部分地区；到 1684 年，邮政业达到了扩散的最大
范围，将帝国内大部分重要的城市联系起来。[65] 此后，虽然邦国邮政
系统的发展逐渐削弱了帝国系统的垄断地位，但帝国邮政系统一直
维持到 19 世纪。[66] 然而，在 1600 年前后，几乎没有机构像帝国的邮
政业一样令人印象深刻地展现了帝国的逐步整合。

注释

1. Neuhaus, *Repräsentationsformen*, 424-5；Lanzinner, 'Zeitalter', 69.
2. 罗马人的月饷是用来计算帝国等级对军事开支做出的贡献的单位——从字面可以看出，罗马人的月饷最初代表过去伴随皇帝前往罗马被教皇加冕的军队月度的工资账单。
3. Schulze, *Türkengefahr*, 79.
4. Schulze, *Türkengefahr*, 362-3. 见本书页边码 409~411 页。
5. Schulze, *Türkengefahr*, 165-6. 关于土耳其人的威胁所带来的爱国意义，可见：Schmidt, *Vaterlandsliebe*, 240-89。
6. Schulze, *Türkengefahr*, 176.
7. 见本书页边码 625~626、632~644 页。
8. Hartmann, 'Reichstag'.
9. Dotzauer, *Reichskreise*, 54-9.
10. Neuhaus, *Repräsentationsformen*, 373-422. 关于格伦巴赫，见本书页边码 390~394 页。

11. Neuhaus, *Repräsentationsformen*, 493-517.

12. Schmidt,'Aushandeln'.

13. Neuhaus, *Repräsentationsformen*, 317-422; Dotzauer, *Reichskreise*, 48-50.

14. 随着邦国的分割继承，邦国的规模发生变化；随着一个支系的绝嗣，邦国不再存在；或者（城市）直属地位丧失，或者随着被提拔为诸侯等级而新近出现。这些都导致了对名册的大量修订。

15. Dotzauer, *Reichskreise*, 441-9.

16. Dotzauer, *Reichskreise*, 441-87, 585-616.

17. Neuhaus, *Repräsentationsformen*, 423-92.

18. Dotzauer, *Reichskreise*, 58-60.

19. Dotzauer, *Reichskreise*, 46.

20. Dotzauer, *Reichskreise*, 46.

21. Hartmann, *Bayerischer Reichskreis*, 312-19.

22. 见本书页边码 390~394 页。

23. Hartmann, *Bayerischer Reichskreis*, 321.

24. Conrad, *Rechtsgeschichte*, ii, 152.

25. Dotzauer, Reichskreise, 38.

26. 见本书页边码 348 页。

27. *ADB*, xxxiii, 387-8.

28. Lanzinner,'Denkschrift'; Schmidt, *Vaterlandsliebe*, 193-240, 283-9.

29. 见本书页边码 492~497 页。

30. Ranieri, *Recht*, 136-7.

31. Ranieri, *Recht*, 216-17.

32. Ruthmann,'Religionsprozesse', 238.

33. Ranieri, *Recht*, 175-9.

34. Eisenhardt, *Kaiserliche privilegia*, 12-51.

35. Battenberg,'Juden', 322-4.

36. Ranieri, *Recht*, 233；Troßbach,'Reichsgerichte', 129-32.

37. 见本书页边码 541~559 页。

38. Ruthmann,'Religionsprozesse', 235-8. 对于帝国最高法院的运作更具批判性的观点，可见：Gotthard, *Religionsfrieden*, 404-18。

39. 见本书页边码 414~416 页。

40. Gschliesser, *Reichshofrat*, 1-12, 89-185.

41. Troßbach,'Reichsgerichte', 131-3.

42. Ullmann, *Geschichte*, 194-7, 291-8.

43. Lanzinner,'Zeitalter', 76.

44. Ullmann, *Geschichte*, 53-67.

45. Blaich, *Wirtschaftspolitik*, 9-27；Schneider, *Währungspolitik*, 26-31.

46. Bergerhausen,'Reichsmünzordnung'.

47. Blaich, *Wirtschaftspolitik*, 20-1.

48. Schneider, *Währungspolitik*, 28.

49. Schneider, *Währungspolitik*, 29.

50. 这些组织首先是两个萨克森的大区；其次是弗兰科尼亚、施瓦本和巴伐利亚大区；再次是莱茵选侯大区以及上莱茵大区和下莱茵-威斯特伐利亚大区。*Schneider*, *Währungspolitik*, 30.

51. Blaich, *Wirtschaftspolitik*, 259-61. 见本书页边码 579 页。

52. Bergerhausen,'Reichsmünzordnung'.

53. Weber, *Reichspolizeiordnungen*, 24-36.

54. Härter,'Policeygesetzgebung', 140.

55. Conrad, *Rechtsgeschichte*, ii, 257.

56. Conrad, *Rechtsgeschichte*, ii, 257, 362.

57. Weber, *Reichspolizeiordnungen*, 23-4, 36-43.

58. Blaich, *Wirtschaftspolitik*, 67-8, 107-8, 262.

59. Stolleis, *Öffentliches Recht*, i, 72-3, 127-8, 133-41. 见本书页边码 457~461 页。

60. Kiesel and Münch, *Gesellschaft*, 108-11；Eisenhardt, *Aufsicht*, 6-7, 30-4, 64-72；Brauer,'Bücherkommission', 184-90；Evans,

Making, 289–90; Evans, *Wechel Presses*, 29–31.

61. Goldfriedrich, *Geschichte*, i, 597 – 8 and ii, 158 – 62; Kirchhoff, 'Bücher-Commission', 60–1.

62. Goldfriedrich, *Geschichte*, i, 619–42.

63. Eisenhart, *Aufsicht*, 111, 113.

64. Behringer, *Merkur*, 128–88.

65. Behringer, *Merkur*, 215–16.

66. Grillmeyer, *Habsburgs Diener*, 262–318, 425–46.

第三十章

帝国在欧洲

　　查理五世的退位改变了帝国在欧洲的地位。在他的统治时期以及在他宏伟的帝国计划的背景下，帝国构成了欧洲的中心。此时，西班牙哈布斯堡成了欧洲的主导力量。[1]正是腓力二世在 1559 年与法国达成了《卡托-康布雷齐和约》（Peace of Cateau-Cambrésis）。1571 年在勒班陀对土耳其人的胜利以及 1581 年继承葡萄牙王位，进一步突出了他的优越地位。正是西班牙的政策，在尼德兰占据上风并且影响着意大利的发展。在所有这些事件中，腓力二世显然将奥地利哈布斯堡和帝国的利益视为次要的。1559 年，他并没有努力推动 1552 年法国从帝国夺取的洛林的主教辖区的归还。并且直到 1568 年他的妻子瓦卢瓦的伊丽莎白去世之后，腓力才勉强接受了自 1556 年就已经在维也纳确定的、将巴黎和维也纳联系起来的王朝婚姻。

　　如果说帝国变得相当边缘化，相对而言，在权力政治的层面，帝国在另一种意义上也独立了出来。西班牙主导的欧洲越来越成为一个被宗教分歧极化的欧洲。第一次分裂席卷了法国，法国自 1562 年起就陷入了内战。一方面，这限制了法国国王涉足德意志政治的能力，并且在 1572 年对新教徒的圣巴托洛缪大屠杀之后，法兰西君主国在一段时间内也不再是德意志福音教诸侯的可靠盟友。另一方面，胡格诺派的领导者自 1560 年以来就不断试图获得帝国内的支持。[2]西班牙和尼德兰的军队得到了法国王室支付的费用，在 16世纪 60 年代不断侵扰帝国的领地，而且法国冲突的双方都雇用了帝国的军队，使多达两万德意志人卷入这场斗争中。[3]1566 年之后，第二次分裂很快在尼德兰展开，这对帝国造成了更直接的影响。不久后，西班牙哈布斯堡、瓦卢瓦家族和教皇面对着胡格诺教徒、荷兰起义者和英格兰王室的广泛同盟。

尽管自 16 世纪 60 年代起，欧洲逐渐在天主教和福音教阵营之间变得极化，但帝国保持着相对的平静。过去人们通常将这一点视为德意志政体无用的本质的证据。[4]帝国明显受制于更强有力的邻国，这些邻国则逐渐进一步侵蚀帝国的领地。帝国失去了尼德兰，也失去了在意大利的领地和特权，以及东北部的利沃尼亚。利沃尼亚自 14 世纪以来就是条顿骑士团的领地，在 1530 年变成世俗公国并且在 1561 年被波兰吞并。根据这种观点，只是这些邻国在这一时期正在努力解决自身的问题，才阻止了更大的损失。

将利沃尼亚包含在这一所谓的民族灾难的范畴内是很重要的。在 19 世纪和 20 世纪早期，德意志的东部领地和条顿骑士团的遗产在普鲁士-德意志的民族神话中扮演了关键的角色。因此这些地区在 16 世纪的"失去"不可避免地被视为民族的耻辱。这忽视了关于利沃尼亚的地位的一个关键点。[5]条顿骑士是从德意志招募的，他们的指挥官来自德意志诸侯的王朝并且在 1526 年成了帝国诸侯。

然而这一领地从来没有属于中世纪的德意志王国（Regnum Teutonicum），而是隶属于更为广阔且定义更模糊的神圣帝国（Sacrum Imperium）。从各种意义而言，利沃尼亚的地位与北意大利而不是勃兰登堡更类似。当骑士团大团长戈特哈德·克特勒（1517~1587）在 1561 年承认波兰的宗主权时，利沃尼亚与帝国维持的模糊联系最终被切断。总之，将利沃尼亚称为没能获得的领地而不是丢失的领地，是更合适的。

事实上，以这样的方式对帝国进行量化的任何尝试，都掩盖了帝国在 16 世纪下半叶发展的重点。无论皇帝还是等级都不是欧洲舞台上完全被动的参与者。如果说帝国从未真正采取成功的"外交"政策，部分原因在于皇帝和等级有意识地避免这样做。对于等级而言，最重要的事情是保障帝国的稳定与和平。奥地利哈布斯堡的利益和以往一样延伸到帝国之外，并且在这个意义上，他们为德意志的等级不像支持德意志的利益那样，不愿意支持纯粹的哈布斯堡的利益而感到失望。皇帝和等级双方在这几十年内活动的结果，就是帝国的边界以及作为其结果的最终的身份认同，这二者的定义越来越清晰。在 1555 年之后，帝国对外部挑战的反应和应对方式与应对内部演变的方式完全一致。

随着 1559 年来自法国的威胁中止，对皇帝而言，西班牙成了新的外部参考标准以及持续压力的来源。整体而言，斐迪南一世和马克西米利安二世都维持了根本上忠于哈布斯堡王朝整体的利益。就马克西米利安的情况而言，围绕着西班牙继承的不确定性加强了这种忠诚。腓力二世唯一的儿子唐·卡洛斯在 1568 年去世，这使任何事情都是开放性的。即使腓力二世在第四段婚姻中迎娶了奥地利的安娜，也只是在 1578 年生下了一个存活下来的儿子。这个儿子最终在 1598 年继承了西班牙王位，即腓力三世。子女众多的奥地利哈布斯堡长期怀有重新联合哈布斯堡遗产的希望，这并不令人惊讶。

　　与此同时，腓力二世渡过了难关，并且很快被证明是一名无情且不妥协的君主。因此并不令人奇怪的是，紧张的关系出现在查理五世的遗产被分割的两个地方——意大利和尼德兰。在意大利，腓力继承了基于那不勒斯和西西里王国的西班牙封建网络。[6]在接下来一个半世纪中，这个网络存在于与教皇和帝国体制的通常很艰难的竞争中。腓力二世在 1540 年受封米兰领地，他借此进一步拓展自身地位，这使西班牙和帝国在意大利的封建体系的关系进一步恶化。米兰是作为帝国采邑被授予腓力二世的，这使他成为维也纳的皇帝们的臣属。紧接着查理五世对哈布斯堡领地的分割，腓力二世就着手试图将米兰打造成区域的封建附庸体系的一个独立中心。1571 年，他甚至煽动针对利古里亚海岸的菲纳莱（Finale）伯爵领地的统治者卡雷托（Caretto）伯爵的叛乱，并且派遣米兰的军队占领这里以及邻近的邦国，例如皮翁比诺（Piombino）公国。[7]直接目标是削弱热那亚的影响力，但是这一行动造成了与皇帝的激烈冲突，皇帝也主张菲纳莱是他的封地。马克西米利安能够实现的最大目标，就是腓力二世承认他的宗主权。

　　然而，腓力的侵略也刺激教皇国采取行动来维护自身的封建体系。这还促使萨伏伊公爵（在几十年的法国占领后，由《卡托-康布雷齐和约》恢复）放松与帝国的进一步联系，并且构建自身以都灵为根基的在意大利西北部的势力范围。[8]哈布斯堡的两个分支在意大利事务上的关系一直保持紧张，并且由于西班牙支持教皇国和帕尔马公爵将多里安-兰迪（Doria-Landi）家族的诸侯驱逐出塔罗河谷（Val di Tarro），双方的关系在 1578 年进一步恶化。[9]1598 年腓力三世继承王位时，公开的冲突再次爆发，腓力三世放弃了他的父亲正式承认帝国宗主权的政策，而是支持再次维护西班牙优势地位的尝试。

意大利的问题是更大的博弈的一部分，这场博弈对帝国造成了严重的影响。西班牙决心实现在意大利的目标，其真实原因在于尼德兰。米兰在"西班牙之路"中发挥了关键作用，这是一条从地中海向北方的军队补给线。[10]热那亚一直以来对大量海岸地区的控制是一个潜在的障碍，只有西班牙直接占领卢尼贾纳（Lunigiana）才能够规避这一障碍。帝国的宗主权之所以是一个问题，是因为考虑到自身在意大利整体的地位，皇帝认为有义务保护他的封臣，例如卡雷托伯爵。此外，作为神圣罗马帝国的皇帝，奥地利哈布斯堡对尼德兰也有兴趣，因为尼德兰组成帝国的勃艮第大区。马克西米利安调解在尼德兰的冲突的一再努力，只是激化了在意大利的进一步敌对。例如，西班牙在 1578 年塔罗河谷事件中的政策受到了这一事实的影响：帕尔马公爵亚历山大·法尔内塞（Alexander Farnese）恰好是腓力二世在尼德兰的指挥官。

尼德兰的形势成为对帝国稳定的一个重要挑战。[11]1566 年在尼德兰爆发的反对西班牙当局采取的不妥协的宗教政策的起义，立即引起了帝国内的关注。1568 年，在由福音教的普法尔茨选侯协调的行动中，莱茵兰的选侯请求马克西米利安出于帝国法律被破坏的原因进行干预。这事实上是有争议的问题。1548 年，《勃艮第和约》已经承认皇帝对尼德兰的宗主权。一方面，帝国承诺保卫尼德兰，并且他们应当以选侯两倍的标准支付帝国税（在土耳其战争的情况下，需要以三倍的标准支付）。另一方面，对于帝国最高法院的管辖权以及由皇帝和等级在帝国议会上通过的所有法律（帝国决定，Reichsschlüsse），尼德兰得到了明确的豁免权。

查理五世试图为他的西北部世袭领地获得最具特权的等级的所有利益，这最初是在他设想的西班牙和奥地利轮流继承帝国皇位的想法的背景下的。尽管这个想法没能实现，《勃艮第和约》还是有效地促使尼德兰从帝国脱离。1555 年，等级坚持主张帝国维持和平的机制应当只在那些完全参与帝国的地区生效。查理五世在 1555 年拒绝为尼德兰接受宗教和约，这使尼德兰自动失去了享有作为不合格的帝国成员的好处的机会。奥地利世袭领地确实享有类似的地位。然而德意志等级对奥地利的态度是不同的。对于他们而言，保卫奥地利领地抵抗土耳其人是一回事，而冒着陷入与法国的重大冲突的风险、投身于尼德兰则完全是另一回事。

因此，在荷兰起义爆发之后，帝国进行干预的依据并不清晰。西班牙大力推行的教会政策是挑衅性的，然而也可以说并没有逾越帝国法律。马克西米利安能做的事情也只有主动调解。腓力在 1566 年和 1568 年直截了当地无视了他的努力，甚至威胁向教皇谴责他在奥地利世袭领地做出的宗教让步。在接下来数十年里，几次新的接洽也被证明是同样无效的。1579 年在科隆会议上做出的最后尝试，直接导致腓力二世在 1580 年正式被荷兰起义者废黜。[12]

376　　德意志等级支持各种调解的尝试。然而，他们同样清楚，他们不希望从军事层面介入。这并没有表明他们对荷兰事务的冷漠。阿尔瓦公爵镇压叛乱的残酷努力，特别是他在 1568 年处决埃格蒙特（Egmont）和霍恩（Horn）以及其他贵族，激起了帝国内超越教派界限的震惊和愤怒。埃格蒙特和霍恩至少是忠诚的天主教徒，这一事实只是凸显了阿尔瓦公爵行径的残忍。然而德意志诸侯对于卷入荷兰的问题保持着谨慎的态度。

　　自 1570 年起，帝国议会既拒绝援助起义者，也拒绝屈服于阿尔瓦公爵提出的起义者应当得到判决的要求。[13]当阿尔瓦公爵申诉东弗里斯兰伯爵帮助和唆使低级别贵族（海上乞丐，Sea Beggars）的叛乱时，等级只是将情况反映给了皇帝，因为他们担心这只会将他们拖入荷兰的冲突中。[14]他们只同意对抗阿尔瓦公爵对帝国领地的侵略，这种入侵已经对下莱茵-威斯特伐利亚大区的几个成员造成了影响。

　　荷兰政治激进的极化对德意志造成了很多即时的影响。外国军队的行进以及招募行动使帝国西部和西北部的很多地区动荡不安。巴伐利亚曾试图招募阿尔瓦公爵加入兰茨贝格同盟，但是最终失败了。除普法尔茨选侯以外，荷兰起义者更可靠也更直接的盟友是奥兰治的威廉的弟弟拿骚伯爵约翰六世以及其他三个弟弟。约翰伯爵不仅与普法尔茨有着密切联系，他作为韦特劳的伯爵组织的领袖，也在区域扮演着重要角色，这使他与威斯特伐利亚的伯爵们以及黑森也联系在一起。拿骚在帝国的关系网络很快得到了进一步加强，因为其很多成员接受归正宗信仰。[15]

尽管拿骚的约翰进行了所有活动，并且扩展到几次直抵尼德兰的军事远征，其中包括在 1568 年一个兄弟失去生命，在 1574 年的莫克战役（Battle of Mook）中又有两兄弟失去性命，但是帝国仍然保持中立。下莱茵-威斯特伐利亚大区无法在不根据宗教立场分裂大区的情况下定决心。因此，1568～1590 年，下莱茵-威斯特伐利亚大区有五次将情况反映到包含三个大区的会议上；进而又将情况反映到范围更大的包含五个大区的会议上，这个会议再将情况反映到帝国代表会议，而帝国代表会议遵从帝国议会自身，帝国议会最终将这一问题交到皇帝个人的手中。[16]帝国从未采取任何行动。

同样重要的是，奥兰治的威廉和他的弟弟在方式和态度上的差异也变得显而易见。约翰将与荷兰等级的同盟视作动员帝国内非诸侯等级联盟的努力的延伸。[17]他并没有梦想着脱离帝国以及宗教和约的体系。与之相反，奥兰治的威廉希望得到帝国的援助，但是从根本上并不将自己视为帝国的诸侯。当帝国没能支持他的事业，他的弟弟动员的军队被证明无法胜任的时候，他开始将尼德兰视作他唯一的"祖国"，并且将德意志福音教徒憎恶的法国视为对抗西班牙的潜在盟友。

在荷兰的事务从帝国分离出来中，奥兰治的威廉逐渐注意到真正的优势，尽管德意志形势的相对稳定保证他至少有一个稳定的前线。[18]与此同时，他的婚姻问题也使他疏远了德意志的很多福音教徒的支持。由于他的第二任妻子安娜在 1571 年通奸，奥兰治的威廉

377

囚禁了她，她是萨克森选侯的侄女。这激怒了萨克森选侯以及她的舅父黑森的威廉。[19]奥兰治的威廉在下一段婚姻中迎娶了他在海德堡结识的波旁的夏洛特（Charlotte of Bourbon），她此前是一名修女。这段婚姻凸显了他与帝国内路德宗温和派的疏远，以及他此时以欧洲而非德意志的角度考虑问题的程度。[20]

在 16 世纪剩余的时间里，荷兰的冲突持续在帝国内回荡，这场冲突的一波三折也伴随着帝国内巨大的兴趣。[21]尽管参与这场斗争的西班牙军队只有三次真正侵入帝国的领地（1586～1590年、1598年和1614年），然而在几十年的时间里，一场真正的宣传战在德意志印刷媒体中展开了。事实上，德意志成了西班牙不忠诚的"黑色传说"（leyenda negra）的一个特定来源。贯穿 16 世纪 20 年代早期和 40 年代的德意志政治中的反西班牙宣传，转变为对腓力二世（针对他的道德和他的政治）和西班牙宗教裁判所完全的妖魔化，以及对所谓的西班牙世界霸权计划的深切怀疑。

大量德意志贵族家族在某个时期卷入荷兰的斗争中。德意志归正宗作为加尔文宗的变体，从尼德兰教会和荷兰难民中得到了关键启发，逐渐对 16 世纪末期的帝国危机造成了巨大的影响。然而荷兰起义也给帝国带来了更多良性的影响。尼德兰的动荡凸显了德意志相对的稳定，这场宣传战也起到了凸显勃艮第大区的"西班牙暴政"与帝国其余部分的法律秩序之间的差异的总体影响。[22]德意志等级作为整体，和一些个体贵族家族，特别是莱茵兰、威斯特伐利亚以及韦特劳的伯爵相反，仍然保持中立。

即使在尼德兰北部省份脱离西班牙的统治之后，邻近的德意志等级也没有受到诱惑加入起义者中并脱离帝国。直到 17 世纪中叶，维也纳当局仍然时而担心德意志西北部将会"转向荷兰"，正如一些西南部地区在 1500 年前后"转向瑞士"。[23]无论是拿骚的约翰六世还是泰克伦堡（Tecklenburg）、本特海姆（Bentheim）或者奥尔登堡的伯爵们，虽然他们的领地处于西班牙军队的直接威胁之下，但是他们显然从未考虑这样的行动。他们在自己的领地上采取了荷兰的宗教和军事改革模式，但是他们仍然选择留在帝国内。这些巩固对领地的控制的行动，对于筹措资金缴纳帝国税以及防止外部入侵都是必要的。然而，他们也保证在 1600 年前后，不会出现来自下层的类似于 1500 年前后伴随着瑞士脱离帝国发生的行动。

　　等级对 1555 年后波罗的海的发展的反应，特点是对共同利益的认知的类似观念，以及将这种观念转变为有效政策的能力。1563 年爆发的北方七年战争（Nordic Seven Years War）源于丹麦、瑞典和吕贝克对波罗的海霸权的传统斗争。[24]1536 年，丹麦和瑞典曾经联合击败吕贝克，并且终结了吕贝克自中世纪以来对斯堪的纳维亚经济的主导权。然而由 1541 年《布勒姆瑟布鲁条约》（Treaty of Brömsebro）确立的和平状态很快就瓦解，斗争再次发生。随着埃里克十四世在 1560 年继承王位，瑞典逐渐开始扩充军队的规模，并与黑森的菲利普协商组建同盟。自 1559 年起，丹麦国王弗里德里克二世（也是荷尔斯泰因公爵）试图利用作为帝国诸侯的地位，组建一个新的反瑞典同盟，由诸侯和汉萨城市组成。

　　关于利沃尼亚的问题到了紧要关头。通过与波兰在 1557 年达成的协定，这里的条顿骑士努力加强对自身领地越来越微弱的控

378

制。[25]这只是引发了俄国在下一年的进攻，这场进攻促使骑士在1561 年的《维尔纽斯条约》（Treaty of Vilna）中承认了波兰的宗主权。弗里德里克和埃里克都拒绝了来自骑士的帮助请求。然而，通过购买库尔兰和厄塞尔（Ösel）主教教区，弗里德里克在利沃尼亚建立了立足点，随即在 1560 年派遣已经被他任命为主教的弟弟马格努斯，从俄罗斯人那里征服更多领地。埃里克则通过派遣军队占领雷瓦尔的城市和周边土地，回应了来自雷瓦尔市民的帮助请求。通过这样做，他占领了马格努斯宣称的地区，这也为 1563 年爆发的关于波罗的海霸权的斗争增添了领地方面的原因。

利沃尼亚一触即发的形势也触及了帝国利益。尽管利沃尼亚并不是德意志帝国的一部分，但斐迪南宣称这里是他更广阔的帝国的一部分，而且德意志等级大体上支持他的主张。同样存在着一种普遍的担忧，担心这里的冲突可能会波及帝国。瑞典一旦获得胜利，就意味着北德意志将出现一支令人恐惧的新力量，而且和丹麦国王不一样，瑞典人没有受到 1555 年法律的限制。马克西米利安二世和萨克森选侯都做出了艰苦的努力进行调解，并且调动了帝国和大区的协商机制以保证国内的和平得以维持。最终，马克西米利安在1570 年调解达成了《斯德丁和约》（Peace of Stettin）。双方都放弃了对对方的宣称。作为对马克西米利安承诺的补偿，瑞典人将除雷瓦尔以外在利沃尼亚控制的所有地区割让给弗里德里克，而弗里德里克同意承认皇帝为他的领主。[26]

马克西米利安在 1570 年成功调停，以及直到 1576 年一直持续介入维持波罗的海的和平中，这种策略很快偏离了德意志等级的利

益。[27]马克西米利安在 1570 年的帝国议会上提出对抗俄国对利沃尼
亚的入侵，他的这个建议遭遇了保留意见。没有诸侯对马克西米利
安派往俄国（伊凡四世）的大使展现出太多兴趣。与之相似，随后
的帝国代表会议也回避了"恢复"利沃尼亚的计划，因为等级正确
地怀疑马克西米利安真正想要的是将利沃尼亚转变为帝国内另一个
哈布斯堡的封地。德意志等级也拒绝提供作为瑞典退出利沃尼亚的
补偿的费用。结果，瑞典人最终在 1577 年宣布马克西米利安的主
张无效。无论怎样，1561 年利沃尼亚骑士在《维尔纽斯条约》中
承认波兰的宗主权，以及由此引发的波兰和俄国之间血腥的斗争，
就注定了这种现实情况。[28]

　　马克西米利安二世在 1573 年和 1575 年的波兰王位选举中试图
确保哈布斯堡的候选人获得波兰王位，这进一步凸显了马克西米利
安的利益本质上在于更大的王朝，而非帝国的利益。[29]在第一次选举
中，他的儿子恩斯特大公和马克西米利安大公输给了瓦卢瓦家族的
亨利。在第二次选举中，由于亨利意外继承了法国王位，波兰参议
院宣布马克西米利安二世当选为国王，但是这一决定被人数更多的
众议院否决，他们更支持特兰西瓦尼亚总督斯特凡·巴托里
（István Báthory），而不是皇帝或者他的儿子恩斯特和斐迪南。对哈
布斯堡而言，成功当选国王的回报可能是相当大的。土耳其人也许
能够被决定性地击败。哈布斯堡家族可能会拓展到波罗的海，甚至
可能会将俄罗斯人击退。

　　然而，没能赢得波兰王位并不是不光彩的。帝国的皇位取决于
七名选侯，而大约有五万名选举人掌握着选举波兰国王的权利。然

而皇帝再一次因为缺乏资金而无法推行他的事业。就像德意志等级找不到理由支持马克西米利安夺取利沃尼亚一样，下奥地利的等级也找不到任何理由为皇帝支付费用，支持他获得波兰。[30]在巴托里死后，最后一次获取波兰王位的机会也以失败告终。尽管大部分波兰贵族选举奥地利大公马克西米利安三世（条顿骑士团的德意志大团长），但是这一结果被瓦萨的西吉斯蒙德三世强大的军队力量推翻，他是被少数人选举的国王。[31]德意志诸侯再一次直接拒绝提供金钱或者军队。[32]

这些事件对于帝国的重要性，在于德意志等级的身份认同以及对自身利益的主张。当 1555 年和约受到威胁时，他们能够展开行动，而且帝国机构的机制能够有效地运转。当哈布斯堡王朝的利益超过了帝国皇帝的义务时，等级就会拒绝支持他。此外，这些事件为帝国确立了新的边界。在 15 世纪末期，波罗的海沿岸的邦国离帝国很遥远。在 16 世纪下半叶，波罗的海的事务在帝国议会得到讨论。在关于利沃尼亚和波兰的问题上，德意志等级对德意志的利益和哈布斯堡的利益始终做出明确区分——正如他们曾经在马克西米利安一世在意大利和勃艮第的事业中所做的那样。直到 17 世纪中叶，北部地区才完全整合进帝国。然而，在 1555 年后的几十年里，整合的过程决定性地向前发展。[33]一个关键的标志是这一事实：这一区域的等级此时支付帝国税的比例达到了规定的 90%。[34]

最后，土耳其人一直以来造成的威胁是完全不新鲜的。土耳其人是德意志帝国的威胁，这个观点在 1555 年之前已经毫无疑问地确立，此时也并没有对这一观点的异议。事实上，德意志诸侯几次指责马克西米利安忽视了他对抗土耳其人的职责。在这方面几乎没有取得进展，部分原因在于政策基于的假设。即使 1572 年在勒班陀战败之后，奥斯曼人仍然控制着地中海，而他们在陆地上造成的威胁并没有基督徒的论战和奥斯曼的宣传所说的那样巨大。然而，这一威胁确实是存在的，即使几任苏丹专注于在波斯的东部前线的问题，他们在特兰西瓦尼亚的附庸以及在他们直接控制之下的边境领地的官员，仍然在边境冲突和有限的局部战争中持续保持着压力。

哈布斯堡以两种方式应对。从长期来看，最有效的应对方式是加强边境的防御，这一行动从 16 世纪 20 年代开始，而且斐迪南在他的一生中，以及他的继任者们都持续进行这一行动。在 1556 年之前大约建造了 80 座堡垒。到 1593 年，这个数字上升到 171 座，配备的永久驻军超过 20000 人。[35]然而，在短期内，特兰西瓦尼亚相对难以解决的形势看上去需要更直接的军事行动。1547 年的和约只给斐迪南保留了一小片匈牙利的领地；在佐波尧·亚诺什的儿子亚诺什·西吉斯蒙德年幼时，特兰西瓦尼亚被置于佐波尧的遗孀伊莎贝拉王后手中。真正的权力则由瓦拉德（Varad）主教乔治·马丁努齐（György Martinuzzi）掌控。哈布斯堡做出了大量的努力，试图说服他颠覆土耳其的宗主权，并且将特兰西瓦尼亚转移到奥地利的统治之下。马丁努齐两面派的行为最终以 1551 年被刺杀告终，这再次使军事冲突成为唯一可能的解决方式。然而，在接下来多年时间里，反复的举措被证明是无效的，1562 年达成的为期八年的停战协定确认了奥斯曼在匈牙利大部分地区和特兰西瓦尼亚的霸权，此外要求皇帝支付大幅增加的每年 30000 杜卡特的年金，换取他对匈牙利有限领地的控制。[36]

381   这个和约使苏莱曼大帝得以追求他在地中海的以及对抗波斯的野心，然而在 1566 年他再一次将注意力转移到匈牙利，自 1564 年以来这里的边境对抗再次持续升温。双方都发动了猛烈的进攻，当苏莱曼在 1566 年 9 月对锡盖特堡（Szigetvár）的围攻中去世时，马克西米利安二世在战场指挥官施文迪的帮助下可能获得了一个获胜的机会。马克西米利安在当时以及被后世的历史学者批判，因为他的行动过于保守。[37]然而，事实上奥地利人并没有能力对土耳其人取得决定性的胜利，正如土耳其人也无法对奥地利人实现这样的胜利。

    奥地利的努力总是缺少资金支持。奥地利领地内的等级所许诺的资金从来都是不足的，并且哈布斯堡家族一直以来都依赖各种来源的巨额贷款。[38]直到 1566 年，德意志诸侯才同意只为堡垒提供资金，并且怀疑皇帝利用土耳其人的威胁建立常备军的帝国野心。在特兰西瓦尼亚或者任何前线地区，如果没有大规模叛变到奥地利的事件发生，奥地利人几乎无法取得进展。在苏莱曼死后，土耳其人也失去了战斗的意愿。[39]最终在 1568 年的《阿德里安堡和约》（Peace of Adrianople）中，马克西米利安和塞利姆二世（Selim II）同意以相同的条件将停战协定延长八年。

    在 1577 年和 1590 年，和约又得到了延长。从 1574 年开始，穆拉德三世（Murad III）的精力主要放在地中海、在多次波兰王位选举中反对奥地利哈布斯堡以维护自身利益，以及 1579～1590 年与波斯的主要冲突中。[40]马克西米利安以及鲁道夫（1576 年之后）则专注于构建边境防御。尽管双方都不想要战争，但是地方性冲突仍然没有间断，参与人数往往能达到 5000 人。最终，在克罗地亚边境的一次这种冲突，导致了 1593 年漫长的土耳其战争的爆发。[41]但是《阿德里安堡和约》在 25 年的时间里至少在东南部边境提供了最低限度的稳定。

1555 年后哈布斯堡在匈牙利的问题不应当被低估。然而，从某种意义上讲，匈牙利局势对于帝国发展的重要性超过了军事威胁。第一，匈牙利边境是另一个舞台，在这里德意志的等级，一定程度上也包括奥地利的等级，需要对德意志（或奥地利）的利益与纯粹属于哈布斯堡王朝的利益做出区分。第二，宣传上对土耳其威胁的夸大，确保了与 16 世纪上半叶相比，德意志等级更愿意定期为保卫帝国提供帮助。用来支持对抗土耳其战争的税金（Türkensteurn）成了 1555 年之后帝国议会的会议的一个日常特征，并且某种程度上帮助在议程上施行规则和惯例。关于征收的级别以及这些税收应当如何被使用的谈判，相当重要地导致"皇帝和帝国"演变为一个制度实体。[42]这转而对德意志邦国的发展产生了重大影响，因为等级也形成了常规的税收体制，以筹集他们同意支付的资金。[43]最重要的是，漫长的土耳其战争（1593~1606）与帝国巨大的制度性危机的开始结合在一起，生动地表现出土耳其的威胁与帝国的国内政治之间的关系。[44]第三，在整个 16 世纪，土耳其的威胁一直对帝国的低等级贵族产生了重要的动员影响，通过军事义务将帝国骑士和帝国伯爵与皇帝联系在一起。这种军事义务往往受到了这种主张的激

382

励：恢复旧的骑士精神和忠君爱国的义务的理想。[45]

整体而言，帝国的"外交政策"以及帝国对 16 世纪下半叶各种欧洲冲突的应对，证明了在对帝国制度发展的检视中得到的印象。对于德意志帝国作为一个有着独特的共同利益的政治体的认知得以加强。1495～1555 年创设的机构受到了对帝国领地和国内和平的各种威胁的挑战。这些机构依赖所有参与者的共识，这往往会阻碍任何非常积极的回应。然而它们以一种能够保证 1555 年体系得以维系的方式运转，而且它们提供了一个框架，在这个框架下，一系列国内问题得以解决，或者相对成功地得到控制，直到 1600 年前后帝国大危机的到来。

注释

1. *Kohler*, *Reich*, 22-6; Lanzinner, 'Zeitalter', 57-8.
2. 关于普法尔茨早期卷入这场冲突，可见：Wirsching, 'Konfessionalisierung'。
3. Lanzinner, 'Zeitalter', 57.
4. Kohler, *Reich*, 77-8.
5. Lavery, *Challenge*, 16; Köbler, *Lexikon*, 386; Rabe, *Geschichte*, 469-72. 另见本书页边码 22～23、257～258 页。
6. Kohler, *Reich*, 79-81.
7. Aretin, *Das Reich*, 106-8.
8. 当法国在 1536 年入侵时，萨伏伊的宫廷从尚贝里迁到都灵：Köbler, *Lexikon*, 613。

9. Aretin, *Das Reich*, 108.

10. Parker, *Army of Flanders*, 60-1.

11. Israel, *Dutch Republic 1476-1806*, 139-230 对 16 世纪 40 年代到 80 年代的发展进行了极佳的叙述；接下来的段落只会涉及对德意志政治的影响。也可见：Kohler, *Reich*, 81 - 3；Mout, 'Niederlande', 156-65；Arndt, *Niederlande*, *passim*。

12. Arndt, *Niederlande*, 46-51, 55-66.

13. Kohler, *Reich*, 24.

14. Arndt, *Niederlande*, 86.

15. 见本书页边码 505~506 页。

16. Arndt, *Niederlande*, 138.

17. Schmidt, 'Des Prinzen Vaterland', 235-6.

18. Press, 'Wilhelm von Oranien'.

19. Ritter, *Geschichte*, i, 460-2.

20. Schmidt, 'Des Prinzen Vaterland', 236.

21. Arndt, *Niederlande*, 213-93.

22. Schmidt, 'Integration', 32-3. 见本书页边码 501~503 页。

23. Schmidt, 'Integration', 33.

24. Frost, *Northern wars*, 23-37.

25. 见本书页边码 373 页。

26. Lavery, *Challenge*, 131.

27. Lavery, *Challenge*, 136-41.

28. Rabe, *Geschichte*, 471-2；Mühlen, 'Livland', 154-72 and Mühlen, 'Ostbaltikum', 175-87. 在 16 世纪 80 年代，瑞典仍然保有雷瓦尔和爱沙尼亚，再一次与波兰结盟并驱逐了俄罗斯人。

29. Lavery, *Challenge*, 140-1；Stone, *Polish-Lithuanian state*, 116-22.

30. Fichtner, *Maximilian* II, 205. Fichtner 认为马克西米利安没能获取波兰是更广泛的无力的表现，这没能将德意志或者奥地利等级的主张考虑在内。

31. Stone, *Polish-Lithuanian state*, 131-2.

32. Kohler, *Reich*, 27.

33. North, 'Integration'.

34. Jörn, 'Steuerzahlung', 388.

35. Palffy, 'Verteidigung', 42.

36. Lanzinner, 'Zeitalter', 60.

37. Fichtner, *Maximilian II*, 119-34.

38. Pamlényi, *Hungary*, 132-3; Palffy, 'Verteidigung', 43.

39. Sugar, *Southeastern Europe*, 187-96; Murphey, *Ottoman warfare*, 6-8.

40. Shaw, *Ottoman Empire*, i, 175-83. 1576年，一名前往维也纳的土耳其使者宣称波兰已经归属奥斯曼人 130 年之久：Iorge, *Osmanisches Reich*, iii, 268。

41. Finkel, Administration, 8-11. 见本书页边码 382、410、432 ~ 433 页。

42. Schulze, *Türkengefahr*; Rauscher, 'Kaiser und Reich'.

43. 见本书页边码 512~516 页。

44. 见本书页边码 432~433 页。

45. Liepold, *Wieder den Erbfeind*, 310-14, 407-13. 拉扎鲁斯·冯·施文迪本人就代表了这种现象。

第三十一章

经营国内和平（1555~约 1585）

保卫帝国对抗土耳其人的资金需求是斐迪南一世和马克西米利安二世召集帝国议会的首要原因。为对抗土耳其人的防御提供援助往往是讨价还价和争论的主题。然而在最后，等级总是批准大笔资金。任何通过协商获取政治资本、索取皇帝在其他问题上的许诺作为批准征税的回报的尝试，很快会由于萨克森和帝国东部地区的另一些等级支持的态度而被削弱。因为与普法尔茨和符腾堡不一样，他们都将土耳其视为对自己和对哈布斯堡一样的实际威胁。在 1555 年后的第一个十年内，另外两个主导帝国政治的问题一起造成了更棘手的问题，这两个问题是宗教和平与国内安全。

宗教问题并没有被解决，但是得到了控制。斐迪南一世和马克西米利安二世都不得不采取一种微妙的路线。一方面，福音教选侯两次对皇帝传统的忠于教会和教皇的誓言发出抗议：在 1558 年斐迪南的选举，以及在 1562 年马克西米利安当选为罗马人的国王时。[1] 1555 年和约的内容被整合进《选举让步协定》，以及教皇在选举和确认的过程中不再被授予正式角色，这两件事使他们的抗议平息下来。事实上，福音教选侯的抗议本身在 1562 年也被正式记录在《选举让步协定》中。

　　另一方面，这两位皇帝都意识到需要以某种方式安抚教皇，当然并不是屈服于他。1558 年，斐迪南和他的顾问坚决否认保罗四世主张的确认查理五世退位及斐迪南继任的权力。[2]正如帝国议员察修斯对保罗四世的评价——"衰老、执迷不悟且愚蠢的教皇"，对保罗四世的敌意也产生了关于宗教会议的清晰策略。[3]帝国副首相塞尔德主张，15 世纪早期的康斯坦茨和巴塞尔大公会议做出的决定对帝国仍然有效：教皇仅仅作为主教的众人之首（primus inter pares）行使权威，不是"以本人"的名义而是以教会的名义。[4]此外，塞尔德认为在很多情况下，教皇有义务遵从大公会议的权威，并且他坚持认为皇帝和教皇一样有权召集宗教会议。

　　1559 年 8 月，更温和的教皇庇护四世的就任带来了帝国观点的某种缓和。斐迪南和他最亲近的顾问此时决定尽可能避免教皇权威的根本性问题。然而，他们的根本目的是相同的：对庇护四世和选举他的人们决心恢复的大公会议施加影响，并且为德意志的协定构建框架。斐迪南一世在 1562 年 5 月递交的改革方案详细阐述了这种框架的含义。[5]他寻求罗马教廷的改革、教士的教育、试图管理平信徒的良心的教会准则的数量的减少，以及对教士婚姻和饼酒同领的承认。罗马教廷的改革是这些提议中最不重要的。对斐迪南而言，真正重要的是那些目的在于对德意志福音教徒而言可以接受的措施。

　　等到特伦托大公会议开始讨论皇帝观点的时候，在德意志达成真正的宗教解决方案也许已经太迟了。皇帝正如 1552 年《帕绍条约》要求的那样寻求和解，他的努力再次没有产生效果。德意志民族的宗教会议是不可能实现的，因为天主教徒和福音教徒从根本上无法对这样的会议将代表什么或者能够代表什么达成一致：这个会议究竟是代表在教皇领导下的教会，还是《圣经》作为唯一权威并且与教皇无关、纯粹的教会和世俗等级的民族会议。此外，特伦托的会议议程已经被终止，保罗四世没有任何重新召开会议的心思，这阻碍了斐迪南对可能说服福音教徒承认宗教会议怀有的任何希望。唯一另外的选项就是尝试进行宗教对话，1556～1557 年的雷根斯堡帝国议会也适时同意了这一方案。[6]

双方对宗教对话都没有特别的兴趣。几个主要的福音教诸侯不愿意加入一个构想双方做出让步的过程之中。[7]梅兰希通评论道，几乎没有人以真正的信仰参与到对话中，尽管有些人以某个主教或者诸侯也许能看到希望的想法安慰自己。天主教一方的观点也存在分歧。主教厌恶自己的权力和教皇的权力被暗中削减。很多世俗诸侯怀疑福音教信徒，对主教诸侯也持批判甚至是轻蔑的态度，他们认为主教诸侯对于教士整体的腐败负有责任。然而与此同时，一些诸侯，例如巴伐利亚公爵阿尔布雷希特，倾向于考虑做出一些让步，例如教士婚姻、饼酒同领，以及放松斋戒管制制度。[8]

结果，1557 年 9 月 11 日在沃尔姆斯召开、由瑙姆堡主教尤利乌斯·冯·普夫卢格（Julius von Pflug）主持的为期九天的对话没有取得成果。[9]大量有影响力的神学家参与到对话中，包括福音教一方的梅兰希通和约翰内斯·布伦茨，以及天主教的彼得·卡尼修斯（Peter Canisius）。其他主教或诸侯都没有出席，这就意味着任何事情都不会得到决定。然而，这一问题甚至都没有出现，因为在福音教阵营内部中，耶拿的弗拉齐乌斯·伊利里克斯（Flacius Illyricus）、更温和的维滕贝格的梅兰希通的追随者与德意志西南部和倾向瑞士的人们之间很快发生了激烈的冲突。福音教徒对于《奥格斯堡信纲》包含的信条无法达成一致，导致这场对话在 9 月 20 日突然结束，而萨克森人相当愤怒地离开了。

沃尔姆斯对话是最后一次这种类型的尝试，但是它的失败并没有阻止斐迪南寻求将天主教会重新联合在一起的想法。1559 年，他关注于利希-克莱沃-贝格公爵在杜塞尔多夫举行对话的努力。[10]由于格奥尔格·卡桑德（Georg Cassander，1513~1566）生病，这场对话并没能发生。他是一名著名的天主教"改革"神学家，原本计划发挥关键作用，但是在 1564 年，斐迪南委托卡桑德为调解天主教和福音教的分歧制订新的方案。在斐迪南死后，马克西米利安接管了这些方案，但是当卡桑德死后这些方案没能产生影响。[11]

为了保证在宗教阵营之间的政治妥协条款，人们投入了更多努力，并且产生了很大的效果。尽管等级没有展现出参与神学讨论的意愿，但他们还是积极地渴望参与到关于宗教和约条款的探讨中，并且确保对和约的阐释符合他们自身的利益。在很短的时间内，1555 年和约的细节就受到了质疑。随之而来的争论成了直到 1648 年的德意志政治的一个核心主题。尽管描绘从 1555 年和约到 1618 年三十年战争爆发之间的清晰线索是有诱惑力的，但是将冲突视为从一开始就注定的结果，这种观点过分简化了。至少到大约 1570 年，或者可以认为一直到 16 世纪 80 年代早期，关于宗教和约的协商应当被视为更全面的追求稳定的一部分行动。只是在此之后，教派冲突才波及最终导致战争的根本的制度性冲突。

　　第一个困难来源于澄清奥格斯堡法律的广泛原则的需要。两个争论点立即成为问题所在。关于教会财产的条款，即在《帕绍条约》（1552 年 8 月 2 日）之前"或之后"属于某一教派的财产，应当被承认由他们合法所有。这使天主教徒和福音教徒都主张除 1552 年之前掌握的教产的所有权以外，对 1552 年以来他们在任何阶段掌握的教产的所有权。[12]在实践中，福音教等级直接无视了天主教徒对归还教产的所有要求，并且持续对仍然在他们控制下的领地内的教会财产和组织进行世俗化。

　　即使是主教辖区的世俗化也在迅速推进。萨克森获得了迈森（1559）、梅泽堡（1565）和瑙姆堡（1565）。勃兰登堡选侯国在 1560 年整合了勃兰登堡、哈弗尔贝格和莱布斯主教辖区，霍亨索伦家族的大主教在 1561 年将马格德堡和哈尔伯施塔特转变为福音教。[13]梅克伦堡夺取了什未林（1553）和拉策堡（1575）。吕贝克、不来梅、费尔登和明登主教辖区也都转变为福音教，并且或早或晚落入了邻近的统治家族的控制。关于教会财产的问题不可避免地出现了无数申诉，并且它们构成了双方都在 1559 年递交给奥格斯堡帝国议会的更新的《申诉》的主要内容。[14]

　　主教辖区的世俗化也触及了第二个问题：关于个人和群体豁免（Freistellung）于 1555 年法律的限制规定的问题。最初，关于这一点的讨论围绕着教会保留原则的合法性和含义，即和约的第 18 个条款，其中规定转信福音教的教会诸侯必须放弃他的圣职。1555

386

年，这一条款并没有得到福音教徒的承认，他们抗议这一条款被纳入法律。福音教徒在当时并没有否决这一条款被包含在法律中，这使他们得到了斐迪南的非正式让步，即"斐迪南声明"，其中规定在邦国领地的福音教骑士、城市和社区保持其信仰的权利，1576 年之后"斐迪南声明"成了争论的焦点。[15]与此同时，他们拒绝接受教会保留原则作为法律，并且几乎立刻试图破坏它。

然而，从一开始，豁免的含义就是灵活的。[16]它既可以指代教会邦国贵族的权利，也可以指代世俗邦国贵族的权利。同样存在问题的是关于以下问题的争论：帝国城市的市政官员是否有义务维持在 1555 年已经盛行的现状，是否应当允许新的宗教社团建立，以及他们是否有权改变城市的官方信仰。对于宗教问题到 1555 年为止仍然没有得到解决的等级，特别是那些在 1555 年之后着手进行宗教改革的等级而言，这个问题是极其重要的。[17]根据普法尔茨的法学家在 1556 年和 1559 年的主张，"豁免"能够意味所有等级的所有臣民自由信仰任一宗教的权利。他们推论，移民的权利当然也意味着留下来的权利，既然移民的权利并没有与转变信仰的义务联系在一起，留下来的权利也不应当受到这种义务的阻碍。[18]当然，这种观点的目的并不是支持普遍的宗教自由的"近代"观点。当萨克森的代表在 1559 年发出询问，普法尔茨选侯是否真的愿意在他自己的领地授予天主教徒自由的时候，得到的回应是这会带来问题。本质上而言，做出这种普遍自由的要求，是因为他们相信福音教信仰反正很快就会全面占据上风。[19]

387　　普法尔茨的法学家的激进要求最初并不突出。在 1556 年雷根斯堡帝国议会上，选侯奥特海因里希的使者试图组建旨在推动宗教自由事业，并且直到宗教自由实现之前，决心拒绝为帝国的防御提供援助的福音教阵营，但是没能成功。在 1559 年奥格斯堡帝国议会上，再次尝试仍然没能产生效果。福音教等级再一次更愿意遵从温和的萨克森选侯的领导，并且他们拒绝将经济援助与任何政治诉求联系在一起。普法尔茨的使者再一次要求废除教会保留原则，而且当皇帝再一次拒绝这样做时，他们表达了强烈的抗议。然而除了呈递具体申诉的详细清单以外，他们没有做出进一步行动，天主教徒也立即以类似的形式对此回应。

面对这些申诉，以及面对福音教徒对于帝国最高法院无法解决这些申诉的坚定主张，斐迪南提出将问题交给计划在下一年召开的帝国代表会议，审视法院和法院的程序。这一提议没能实现，因为天主教徒拒绝接受福音教徒的要求，即法院应当中断一段时间。斐迪南意识到任何帝国政令或者干预都只能得到某一方的接受，他最终只能满足于这样的建议：争端应当通过妥协或者诉诸法律来解决。

很显然双方都愿意接受这个结果。个体等级仍然通过诉诸帝国法院或者直接行动来寻求解决他们的不满，并且往往得到邻近的同教派者的完全支持。然而在这一阶段，双方都没有对采取进一步大规模行动（如教派同盟）展现出任何真正的热情。[20] 随着特里尔城市建立福音教社团，面临压力的特里尔大主教曾试图争取斐迪南加入天主教同盟。然而斐迪南显然只对在莱茵兰和下德意志地区组建与兰茨贝格同盟相同的同盟感兴趣，因此特里尔大主教的计划没有实现。斐迪南设想建立一个跨教派的组织，其中包含作为尼德兰统治者的腓力二世，以及普法尔茨、萨克森选侯国和黑森的福音教统治者，目的在于加强帝国西北部的力量，以及提升自己作为统治者的地位。

　　福音教诸侯并不愿意与天主教徒结盟，然而关于福音教联盟的计划同样没能实现。关于德意志的天主教诸侯和非德意志势力之间的反福音教同盟的谣言一直存在，而这正是德意志福音教徒尤为担心的情况，但是这也没有激发福音教徒的反应。黑森的菲利普关于西部的德意志福音教防御联盟的计划在 1562 年失败。尽管符腾堡和茨韦布吕肯公爵表现出一些兴趣，但是大多数福音教等级仍然遵从始终忠于帝国的萨克森选侯。即使是不像前任那样激进的新任普法尔茨公爵弗里德里希三世（而且他正在将邦国转向加尔文宗），在这种情况下也跟随萨克森的立场。

388　　在马克西米利安二世于 1566 年在奥格斯堡召开的第一次帝国议会中，体现了对 1555 年确立的这两个原则同样的根本上的遵从——教派之间的平衡和皇帝在其中的角色。[21] 考虑到此前几年在宗教问题中危险的发展状况，这一点也许是更令人惊讶的。法国的宗教冲突导致胡格诺派的领导者与德意志西部的福音教诸侯产生了联系，后者提供贷款并且允许在他们的领地招募军队。与尼德兰的福音教领导者早期的联系，为一些人所担心的广泛的国际联盟的开端增添了另一个不利的维度。接下来，普法尔茨选侯弗里德里希在 1563 年颁布了《海德堡教理问答》（Heidelberg Catechism），并且颁布法令，将普法尔茨从路德宗转向归正宗信仰。他在上普法尔茨以及在他的普法尔茨关系网络里的帝国骑士中极为积极地推行新的宗教改革，这引发了很多路德宗诸侯的敌意。尽管如此，马克西米利安解决哈布斯堡家族这一长期对手的努力仍然不幸地失败了。他提出了普法尔茨选侯应当被排除在宗教和约之外的建议，因为选侯并没有遵守《奥格斯堡信纲》。这引起了先于帝国议会的大量策略性操作。没有原则的机会主义者和无可救药的阴谋者，例如符腾堡公爵和茨韦布吕肯公爵，认为这是削弱区域内强有力的竞争者的机会。另一些诸侯，例如勃兰登堡选侯，只是希望与麻烦制造者划清界限。

相当令人惊讶的是，萨克森选侯持有不同的观点。[22]他认为对皇帝的要求做出让步将只会创造一个先例，可能会使所有福音教等级都处于皇帝侵略的威胁之下，他的观点说服了弗里德里希的路德宗批评者，并且确保福音教的团结得以维系。皇帝收到的回复是：普法尔茨选侯遵从《奥格斯堡信纲》的所有主要条款，只是在对圣餐的理解上与和他同信仰的人们存在差异。皇帝的回击是，他对看到如此草率对待圣餐的离经叛道的观点感到困惑。然而，双方的神学家对这一问题存在着巨大的分歧，并且神学家通常以普通民众无法理解的晦涩术语讲授这一问题，这个论据对皇帝的回击进行了反击。此外，由于普法尔茨选侯已经表达了本人参与对该问题进一步讨论的意愿，再对他进行谴责就违反了基督教会的精神。

福音教徒支持普法尔茨的决定导致了帝国内对加尔文宗的默许。长期来看，这带来了注定的结果。这种许可使普法尔茨的地位合法化，因此使普法尔茨选侯在帝国内外雄心勃勃且攻击性的政策有机会进一步发展。这同样为其他等级转向加尔文宗开辟了道路，因此通过将福音教徒分为两个对立的阵营，潜在地削弱了帝国内的福音教事业。然而，从短期看，另一些问题更突出。第一，1555 年和约再次得到确认，这也是萨克森的政策一直以来的首要目标。第

389 二，皇帝取缔"教派"的权力被否决；此外，他本希望通过对普法尔茨采取强硬立场，从而缓和天主教等级对他个人宗教忠诚的怀疑，然而这个希望落空了。第三，正是萨克森"保护"普法尔茨并且协调了福音教徒对皇帝的成功反驳，这一事实再次确认了萨克森选侯至少在可以预见的未来，作为德意志（路德宗）福音教等级领导者，以及帝国政治仲裁者的地位。

在宗教问题的另一些方面形成的相持局面，使帝国在 1566 年进一步稳定。《申诉》的呈递遭遇了向法院申诉的建议。皇帝拒绝接受对 1555 年和约进行任何全面的澄清或者阐述。由韦特劳的伯爵们提出的，但得到作为整体的福音教等级接受的关于豁免问题的明确要求，它的命运是有指向性的。[23]

在 1563 年特伦托大公会议颁布的决议中，其中一个条款规定，从此以后所有教士都需要宣誓对天主教信仰的忠诚，并且所有主教在职位得到确认的三个月内应当被祝圣。韦特劳的伯爵们，到目前为止包括福音教贵族，都把这个条款正确地视作对他们的幼子在主教座堂教士团的传统职业选择的威胁，特别是科隆的教士团。这也对福音教徒在帝国内的政治影响力造成了威胁，这种影响力来源于他们与那些和他们处于同一阶层且被选为采邑主教的人的联系。即使在《特伦托会议信纲》在帝国内得到确认之前，这些伯爵已经试

图通过说服科隆选侯（弗里德里希·冯·维德是韦特劳的一个家族的后代）转向福音教，从而创造一个先例。尽管弗里德里希大主教本人拒绝接受特伦托忠诚宣言（并且因此在 1567 年被迫退休），他仍然拒绝卷入韦特劳的提议中。[24]

在 1566 年奥格斯堡帝国议会上，韦特劳伯爵最终只能认同由福音教等级提出的整体议案，即宗教自由应当授予所有人。当这个主张如所意料的失败之后，他们试图提出一个特殊的要求，即他们的亲属应当豁免于新的职责和誓言，但是他们的申诉甚至没有得到回复。在这种情况下，"奥格斯堡体制"的支持者再一次胜过了那些物质和政治利益存在于现状的激进改变之人，例如普法尔茨选侯和韦特劳伯爵。对于普法尔茨选侯和韦特劳伯爵而言，1566 年是一个分水岭。从这时起，他们逐渐脱离福音教主流，更坚定地转向归正宗的福音教信仰，并且投身于尼德兰的加尔文宗起义者的事业。尽管如此，他们转向对立面仍然是一个非常缓慢的过程，最初只是像转到下一个齿轮一样几乎无法察觉的变化，这种变化的全部意义直到几十年后才显露出来。萨克森暂时还是能够维持奥格斯堡的共识不被挑战。

1566 年帝国议会以对"最庄重的" 1555 年宗教和约"忠诚的"和"坚定不移的"全面再次确认告终。[25]这使福音教的不满者和教皇都感到不快。[26]教皇的使者科曼多尼（Commendone）已经能够说服天主教等级接受《特伦托会议信纲》中关于信仰和弥撒的条款；剩余部分他们要求推迟到更好的时机。通过加入对帝国的宗教和约的再次确认，德意志的天主教徒将帝国法律置于《特伦托会议

390

信纲》之上。教皇无力阻止由普世的大公会议为所有基督徒制定的措施，在德意志仅仅成为一个教派的一系列制度。

与1555年后帝国议会的所有会议一样，帝国等级的团结在1566年被土耳其的威胁激发了。发动对抗土耳其人的新反击的需求，促使他们批准了到目前为止从未有过的48单位罗马人的月饷的税收（超过300万古尔登）。[27]然而，更重要的是，此次帝国议会找到了重大内部威胁的解决方案，这个威胁和在1555年后的第一个十年里关于宗教的任何争端一样，从根本上对帝国内部的稳定性造成了挑战。等级对帝国骑士威廉·冯·格伦巴赫反叛的处理方式，衡量了奥格斯堡体系的稳固性。[28]

和很多反叛者一样，威廉·冯·格伦巴赫诉诸传统的法律以及古老的权利，保卫他视为属于自己的遗产。[29]事实上，他敏锐地关注着他所处的正在变化的政治世界。他敏感地认识到16世纪中叶以来帝国骑士的地位发生变化的方式，并且他愿意利用帝国的法律体系以及西欧的福音教网络推动他的事业。他也有着宣传的天分和杰出的能力，将自己描绘为在诸侯野心的车轮之下的不幸受害者。尽管他通常被描绘为复古的中世纪私战骑士，但是格伦巴赫实际上顺应了15世纪末期以来骑士在帝国内地位的变化。他试图以更宏大的政治构想的名义，利用自身的优势，将传统的方式和动员新的骑士区域性组织结合起来，以解决他的不满。

格伦巴赫家族是一个有权势的弗兰科尼亚的王朝，这个家族在主要的区域势力相互对抗的政治野心之间采取了成功的路线，从而繁荣发展。这些势力包括维尔茨堡和班贝格主教、勃兰登堡-安斯巴赫边疆伯爵和帝国城市纽伦堡。格伦巴赫家族与维尔茨堡有着极为密切的联系，他们作为封臣从维尔茨堡获得了很多地产；事实上，他们家族中的两个人曾经成为维尔茨堡主教，而且很多人曾在这里拥有圣职。

威廉·冯·格伦巴赫是家族在林帕尔（Rimpar）的幼支，他出生在 1503 年。他最初在洛伦茨·冯·比布拉（Lorenz von Bibra）的维尔茨堡宫廷接受教育，这里在林帕尔以南仅 9 千米处。他接下来在勃兰登堡-安斯巴赫宫廷接受教育，这可能是他的家庭又一次维护自身对维尔茨堡的独立性的尝试。农民战争中，他在诸侯一方表现出众，并且参与了在陶伯河上罗滕堡的决定性战役，在这场战斗中他的妹夫——领导弗兰科尼亚农民的弗洛里安·盖尔最终失败了。当他成为年轻的边疆伯爵阿尔布雷希特·阿尔西比亚德斯（1522 年出生，自 1527 年起由伯父监护）的亲密同伴时，他与安斯巴赫的联系更为密切。1538 年，他成了卡多尔茨堡（Cadolzburg）的辖区长官，两年后他支持年轻的边疆伯爵成功争取家族遗产的分割，将安斯巴赫留给他的伯父格奥尔格，而他独自控制库尔姆巴赫和拜罗伊特。关键的是，格伦巴赫在 1540 年也陪伴他年轻的君主到了查理五世在根特的宫廷。

尽管阿尔布雷希特·阿尔西比亚德斯继续留在这里，并且在 1543 年获得了皇帝的恩赐和军事任命，但是维尔茨堡的事态发展使格伦巴赫结束了他的停留。维尔茨堡主教康拉德·冯·廷根（Konrad von Thüngen）的去世使格伦巴赫谋求同家族的人当选，并且与法政牧师康拉德·冯·比布拉（Konrad von Bibra）结盟，对抗主任牧师梅尔希奥·冯·措贝尔（Melchior von Zobel）。格伦巴赫立即成了新任主教的宫廷总管，以及两个最有利可图的辖区的长官。然而，随着比布拉在 1544 年去世以及措贝尔当选，他的好运也到头了。第二年，格伦巴赫辞去了宫廷的职位，在 1547 年他完全放弃为主教效劳。格伦巴赫整合了递交奥格斯堡帝国议会的请愿书，其目的是使弗兰科尼亚的骑士免于对区域势力的所有义务，在此之后他与主教的关系最终破裂。

格伦巴赫的维尔茨堡计划的失败，使他再次转向阿尔布雷希特·阿尔西比亚德斯，后者在 1551 年被任命为库尔姆巴赫的总督。他最初效忠于皇帝，而后又跟随阿尔布雷希特为反对皇帝的福音教诸侯同盟服务；当这次冲突解决之后，他们两人出于自己的利益，继续对抗班贝格和维尔茨堡的主教以及纽伦堡市。这个事业最终灾难性地失败了，而且格伦巴赫付出了自己的土地作为代价。他的土地被维尔茨堡主教没收，即使帝国最高法院在 1555 年夏天做出有利于格伦巴赫的裁决，维尔茨堡主教仍然拒绝交出土地。此时格伦巴赫开始认真地发起挑战。他恢复了与法国的军事联系，并且开始为勃兰登堡选侯服役。他也与帝国政治中两个潜在的最具破坏力的力量建立了联系：普法尔茨选侯和萨克森公爵约翰·弗里德里希。后者仍然相当怨恨自己在 1547 年被剥夺选侯头衔，在阿尔布雷希特·阿尔西比亚德斯死后，他成了格伦巴赫主要的庇护人。

1558 年绑架维尔茨堡主教梅尔希奥·冯·措贝尔的计划，以主教意外死于格伦巴赫的仆从之手而告终。格伦巴赫对没能实现控制主教作为人质，并迫使其归还财产的目标感到失望，此时的他制订了更有野心的计划。他与约翰·弗里德里希公爵结盟，并制订了一个计划：在法国人的援助下他们二人共同领导一支雇佣军，从而使公爵恢复他的选侯国并且将荷尔斯泰因公爵阿道夫推上丹麦王位。1562 年，据称天使向一个年幼的农民男孩——哥达的汉斯·陶森德施恩（Hans Tausendschön）传达了关于未来的确切消息，通过支持这个小孩的预言，格伦巴赫进一步提高了赌注并且激发了约翰·弗里德里希的野心。

皇帝和新任维尔茨堡主教暴毙的预言，只是进一步煽动了那些 **392** 已经被各种密谋点燃的人，特别是萨克森公爵、格伦巴赫本人以及他们直接的圈子。更严重的是，格伦巴赫不仅向弗兰科尼亚的骑士请求支持，也向施瓦本骑士和巴伐利亚的低级别贵族发起求助。他的斗争在北德意志的低等级中的响应也十分显著。他在德意志骑兵首领中的朋友和熟人在 1559 年《卡托-康布雷齐和约》之后结束了在法国的雇佣兵役并返回了帝国（在 1562~1563 年法国的宗教冲突中再一次被冲突的双方雇用），这些人保证了他的事业得到传播和支持。他们至少带来了一些来自北方的武装支持的希望。[30]

结果，格伦巴赫执行了他针对维尔茨堡的下一步行动。在一个证明他对主教辖区的不满的小册子发布之后，他在 1563 年 10 月领导了一支小规模军队，从他的科堡附近的新基地出发，去夺取维尔茨堡城市。他遵循了传统的私战规则，迫使主教和教士团签署条约，将他自己的所有财产归还给他，随后他将自己的军队撤退到约翰·弗里德里希公爵的领地内。这一对公共和平的公然破坏立即消除了皇帝对他残存的任何同情，皇帝立即对他发布了禁令。

　　南德意志的诸侯此时也被对贵族全面起义的担忧刺激到了，他们担心在新的骑士战争中，施瓦本骑士会与他们在弗兰科尼亚的伙伴联合行动。这次抵抗的协调者是符腾堡的克里斯托夫公爵，他通过在施瓦本大区发挥主导作用，努力补偿自己这个没有贵族的邦国的统治者。施瓦本大区给予他对施瓦本骑士的权威和影响力，此时的他担心自己会失去这种影响力。同样活跃的是巴伐利亚公爵阿尔布雷希特五世，他此时面临着福音教贵族的叛乱。然而，由于普法尔茨选侯对起义者潜在的同情，1564 年 1 月在毛尔布隆（Maulbronn）的会议没能产生明确的路线：这也是普法尔茨选侯对于破坏 1555 年和约的兴趣的又一次体现，这与几乎其他所有人维持和约的强烈兴趣相反。

　　格伦巴赫本人则在构建更广泛的网络。[31]当斐迪南对他发布禁令之后，他将希望寄托在 1564 年 6 月即位的马克西米利安身上。1565 年 5 月，他甚至派遣使者到维也纳，主动提出与马克西米利安建立伯爵和骑士的同盟，萨克森公爵也会加入进来，他将被恢复自己的选侯头衔。他提出，这个同盟的目的是反对萨克森选侯奥古斯特所谓的扩张野心，并且在德意志建立强大的世袭君主制。

　　然而，几乎与此同时，这个同盟的前景就破灭了。巴伐利亚公爵在 1564 年夏天决定性地镇压了他的福音教反对者。在同一年 8 月，弗兰科尼亚骑士中的大部分与格伦巴赫脱离了关系，宣称他们支持 1555 年和约。施瓦本骑士也逐渐认为他们的利益在于稳定而非叛乱。1565 年，区域主要的诸侯通过"揭露"普法尔茨选侯支持贵族的态度——只是为了掩饰自己的扩张主义以及促进加尔文宗传播的愿望——从而能够与骑士建立新的联盟。

　　甚至在格伦巴赫的使者抵达维也纳之前，马克西米利安本人就已经对他采取了决定性的措施。尽管比起斐迪南，他曾经对格伦巴赫的事业更为同情，但是早在1563年11月他就已经确立了与萨克森选侯的共同阵线。马克西米利安对格伦巴赫的使者的态度是未知的，但是他在1565年和1566年的政策是清晰的。当格伦巴赫失去了来自施瓦本、巴伐利亚和弗兰科尼亚的支持的希望后，他只剩下与北方和约翰·弗里德里希公爵的联系。然而，这并没能保障他的命运，因为这意味着他必然会激起萨克森选侯的敌意，后者正是1555年和约的主要保证人。

　　在1566年奥格斯堡帝国议会上，格伦巴赫的一名新使者［臭名昭著的阿尔布雷希特·冯·罗森贝格（Albrecht von Rosenberg），他和格伦巴赫一样，临时担任帝国的军事指挥官，并且一直是私战者］被逮捕，施瓦本骑士的特权得到了确认。[32]马克西米利安试图将加尔文宗的普法尔茨选侯弗里德里希三世排除在宗教和约之外，萨克森选侯通过确保他的这一努力的失败，以防止出现普法尔茨选侯站在格伦巴赫一边的任何可能性。这使他随后能够自由地接受皇帝的委任，对格伦巴赫和他的同伴执行法令。一支15000人的军队向哥达进军，在这里所有叛乱者在1567年4月13日被抓捕。一周之后，格伦巴赫在市集广场被直接处决；约翰·弗里德里希和他的妻子一起被终身拘禁在维也纳新城，他在1595年死于这里。

　　持续的阴谋以及即将到来的贵族起义的传言存在了很多年。然而，随着格伦巴赫的失败，这种威胁很快平息下来。等级很快同意支付给萨克森选侯在这次行动中花费的 95 万弗罗林。同样重要的是，有建议提出，格伦巴赫事件揭露了帝国法律和秩序体系的缺陷，这种缺陷应当通过皇帝领导下的常备军的建立得到解决，而等级在反对任何此类建议时表现出完全一致的立场。

在几年的时间里，事实证明格伦巴赫几乎不可能被解决，并且他的反叛引来了法国干预的可能性，以及一场针对诸侯的、在邦国贵族和佣兵首领帮助下的伯爵和骑士起义的可能性。尽管马克西米利安最初有些犹豫，可能是因为得到了格伦巴赫提出的计划的奉承，而且想起了马克西米利安一世和查理五世的宏伟计划，但是诸侯并没有任何犹豫。每名诸侯都追求区域的安全，如果可能的话最好通过协商和调解而非武力实现。然而，对于萨克森选侯而言，在这次事件中调解并不是他的选择。格伦巴赫的主要支持者正是选侯的恩斯特系竞争者，对他的选侯地位和领地安全造成了直接的威胁。在 1566 年得到帝国议会的支持之后，他立即展开行动，并且他在 1567 年的胜利也使诸侯在 1570 年拒绝马克西米利安的军事提案变得不可避免。格伦巴赫希望毁灭诸侯。讽刺的是，正是他使邦国原则在帝国内的最终胜利得以确立。

等级对 1555 年《奥格斯堡和约》的再次确认，帮助稳定了奥格斯堡体制，但是也对邦国和城市造成了重要影响。一方面，每一个级别的统治者都能够自由地寻求巩固他们对自己领地的控制。这一点对在 16 世纪下半叶期间教派的教会发展的更广泛框架造成的影响，将在后文进行探讨。[33] 然而，一个重要的前提条件仍然是缺失的，也就是对法律状况的澄清以及关于 1555 年法律的含义的争议能否得到和平解决的疑问。

　　天主教邦国的一系列发展，对于阻止福音教到目前为止似乎无法阻挡的发展趋势是至关重要的。尽管这些发展也引发了福音教徒的申诉，但这些发展的整体影响是构建了帝国内教派力量更加平衡的状态。巴伐利亚在 1563 年击败了国内的贵族反对者，在 1569 年带头采取了驱逐不遵从《特伦托会议信纲》之人的政策。[34] 与此同时，公爵阿尔布雷希特五世（1550~1579 年在位）开始制定为幼子获得重要的教职升迁的策略，部分效仿了主要的福音教诸侯的合并政策，部分是为了扩展巴伐利亚的势力。

　　阿尔布雷希特最成功的计划是他的儿子恩斯特（1554~1612）。1566 年，恩斯特 11 岁时就已经被授予弗赖辛主教的职位；1573 年，他被选为希尔德斯海姆主教，在 1577 年被选为科隆的教士，1581 年当选列日主教。[35] 1583 年，他成为选侯和科隆大主教，达到了生涯的顶峰，1585 年他又成功将明斯特主教辖区收入囊中。尽管他在 1577 年被授予牧师的职位，但是他从来没有被真正授予主教职位。事实上，他放纵的生活方式使他不得不在 1595 年将他的教会职位交给他的侄子——巴伐利亚的斐迪南，在这之后他与情妇退隐到阿尔斯贝格（Arnsberg）的城堡。

　　至少在 16 世纪 70 年代，巴伐利亚的恩斯特的生涯的重要性在于，他成功的方式导致了帝国权力平衡的恢复。阿尔布雷希特公爵对他儿子的野心是他同样的强权政治策略的一部分，这种策略也导致他利用对年轻的巴登-巴登（Baden-Baden）边疆伯爵菲利普二世的监护权，推动这一邦国在 1569~1577 年开启再天主教化。[36]

自 16 世纪 20 年代以来，巴伐利亚人一直在对巴登王朝的影响力方面与哈布斯堡竞争，这个王朝传统上在德意志西南部的哈布斯堡体系中起到关键作用。[37] 1536 年后，在巴登-巴登边疆伯爵菲利贝特（Philibert）年幼时期，由于另一位监护人普法尔茨-锡门行宫伯爵安排的福音教官员的干预，威廉四世没能维持严格的天主教政策。当菲利贝特在 1566 年开始掌权时，他采取的犹豫不决的政策只是进一步鼓励了福音教的传播和建立。

在 1569 年菲利贝特去世后，新的年幼的继承人为阿尔布雷希特重新主张巴伐利亚的权威提供了理想的机会。皇帝被说服忽视那些更明显的潜在监护人，例如巴登-杜尔拉赫（Baden-Durlach）的卡尔二世，或者菲利贝特的弟弟——巴登-罗德马亨（Baden-Rodemachern）的克里斯托夫二世，因为他们都是福音教徒。不过，阿尔布雷希特得到了任命，和他一起被任命的还有他的母亲公爵夫人雅克比亚（Jakobäa，巴登边疆伯爵菲利普一世的女儿），以及索伦-锡格马林根（Zollern-Sigmaringen）伯爵卡尔。阿尔布雷希特显然是主要的监护人，并且通过任命他的主要官员奥特海因里希·冯·施瓦岑贝格（Ottheinrich von Schwarzenberg）伯爵担任总督，从而抓住了主动权。因为菲利贝特边疆伯爵并没有真正转向福音教，他们主张巴登在 1555 年法律下仍然是一个天主教邦国。当边疆伯爵菲利普在 1577 年亲自掌握权力的时候，旧宗教已经被重新引入他的邦国，尽管他的臣民在邦国议会上极力反对。

几乎没有其他天主教统治者能够像巴伐利亚一样，同时采取严格的国内政策、为幼子寻求重要的教会职位，并且利用监护权的潜力作为帝国内"对外"政策的工具。然而，另一些统治者也起到了恢复天主教徒和福音教徒之间平衡的作用。在富尔达，巴尔塔扎·冯·德恩巴赫（Balthasar von Dernbach）在 1570 年当选采邑修道院长，这一选举导致的内部斗争产生了更广泛的影响。[38]和一些北方的主教辖区一样，本笃会的富尔达帝国修道院受到强有力的福音教邻邦的威胁，例如黑森和恩斯特系萨克森。事实上，它北方的邻居赫斯费尔德（Hersfeld）修道院，在 1525 年实际上已经失去了独立性，并且在下一个世纪逐渐变成了黑森世俗化的领地。[39]富尔达从重要的天主教邻邦，例如美因茨和维尔茨堡的支持中受益。然而，即使富尔达修道院长在帝国内的地位被提升为诸侯院的成员、皇后的大首相（Archchancellor of the Empress）以及首席修道院长（Premier Abbot），有权戴主教牧冠和戒指，这也不能自动保证他的直属地位的维持。

到 16 世纪 60 年代为止，福音教在富尔达和哈默尔堡（Hammelburg）的重要城镇中、在领地贵族，甚至在牧师会成员内部的传播，造成了清晰的权力危机。对福音教徒任何正式的让步，或者即使是关于世俗化的任何想法，就会将领地或早或晚地交到邻邦的诸侯手中。因此，尽管反宗教改革的态度从一开始就清楚地塑造了德恩巴赫的政府的运转方式，但主要的动机显然是恢复他对自己的领地的权威，以及保证领地持续的独立性。

在当选后一年内，德恩巴赫召集耶稣会士，改革教育系统，根据《特伦托会议信纲》重建了纯正的天主教仪式，并且禁止他的牧师会成员拥有情妇。他所采取的重建他作为领地统治者的特权的措

396

施更具争议。只要有可能，他就会废除特权，要求教士团和贵族封臣为他提供封建税，废除城镇的经济权和政治权，并且建立由他任命的受过法律训练的官员所运转的集权的行政机构。到 1573 年，领地等级已经联合起来对抗他。在黑森邦国伯爵和萨克森选侯的强烈支持下，他们向帝国最高法院申诉，在这里，这个案件围绕着"斐迪南声明"是否有效，并且是否适用于富尔达的情况的问题展开。德恩巴赫（他得到了皇帝、美因茨、巴伐利亚和另一些人的支持）赢得了对他有利的判决。黑森邦国伯爵和萨克森选侯遵守了法院发布的禁止他们干预的法令。

　　然而德恩巴赫推行他的领地改革计划的决心，只是激起了他的天主教和福音教臣民的共同反对。当他领地内的反对者找到理想的盟友，即新任维尔茨堡主教尤利乌斯·埃希特·冯·梅斯珀尔布伦（Julius Echter von Mespelbrunn，1573~1617 年在位）时，他的失败就到来了。梅斯珀尔布伦对教士团有吸引力，因为他本人作为教会诸侯，能够保证富尔达持续的教会地位，因此他能够保证教士团的圣职；他对骑士有吸引力，因为他承诺承认他们为帝国骑士，这自动保证了他们信仰自由的权利。[40]1576 年 6 月，德恩巴赫被迫辞职，并且将领地交给维尔茨堡主教作为摄政，在下一年，维尔茨堡主教被要求将领地交给帝国官员，即条顿骑士团的德意志大团长。德恩巴赫本人在接下来 26 年的时间里努力通过法院恢复自己的地位，1602 年法院给予了他作为采邑修道院长额外不光彩的四年，在这期间他试图恢复他最初的改革计划。即便存在问题，德恩巴赫最终实现了他最初的目标：富尔达仍然保持天主教。

　　美因茨选侯大主教在他的领地艾希斯费尔德（Eichsfeld）主张恢复天主教，展现了对有着强权政治意图的反宗教改革方式的相似利用。[41]地方贵族对福音教的认同以及福音教多数派在城镇杜德施塔特（Duderstadt）和海利根施塔特（Heiligenstadt）得以确立，这威胁着美因茨对这一东北部具有战略意义的飞地的统治。这里围绕着福音教的黑森、不伦瑞克和萨克森的领地。1574年5月，大主教丹尼尔·布伦德尔·冯·洪堡带领2000人前往这一区域，并且在两个月的时间里努力恢复他的政治权威和天主教信仰。这个行动通常被视为反宗教改革的暴行的一个重要案例，但暴力和驱逐被避免了，而且这个领地事实上在几十年内没有完全恢复天主教信仰。

　　在此次武装视察之后，艾希斯费尔德的贵族继续主张他们在"斐迪南声明"下宗教自由的权利，并且他们寻求黑森和普法尔茨对他们事业的外部支持。然而他们没有从中莱茵地区的帝国骑士获得支持，这些帝国骑士在美因茨选侯国发挥着重要作用。事实上，一些福音教徒，例如强有力的家族首领哈特穆特·冯·克隆贝格（八世），既支持主教在艾希斯费尔德的行动，也公开反对在莱茵兰骑士的沃尔姆斯会议上达成的宗教和约条款的任何"扭转或改变"，这个会议早于1576年的雷根斯堡帝国议会。[42]他们最不希望发生的事情是在北方的主教辖区发生的世俗化进程，这使主教辖区被诸侯和伯爵接管，一些低级别圣职的持有者（例如他们自己）被排除在外。中莱茵的骑士，无论是天主教徒还是福音教徒，都支持选侯国的稳定，因为选侯国给他们中的很多人提供了职业；他们也支持帝国的稳定，因为帝国保证了选侯国的存在。

397

　　所有这些事件都涉及在已经建立的福音教社区重新推行天主教信仰。在每个事件中，1555 年《奥格斯堡和约》的一个关键原则（宗教改革权）与另一个设定的原则（"斐迪南声明"）存在矛盾。这些受到侵犯的群体寻求外部力量的帮助，但是那些力量（特别是萨克森和黑森）不愿意冒战争的风险。很显然，宗教改革权，即统治者决定他们领地的宗教制度的权力，优先于设定的骑士、城镇和社区的权利。

　　在 1575 年关于鲁道夫大公当选罗马人的国王的谈判，以及 1576 年雷根斯堡帝国议会上的谈判中，关于这些问题的不满的积累，造成了确立"斐迪南声明"有效性的一次彻底的集体尝试。[43] 尽管面临着拒绝缴纳土耳其税的威胁，但马克西米利安二世和天主教等级仍然坚持主张斐迪南的保证并没有被正式发布，因此没有法律地位。此时将这个保证承认为法律，只会破坏 1555 年建立的平衡，并且也只会为和约的进一步修订开辟道路。

　　随后由韦特劳伯爵提出的取消对教会领地转变信仰的禁令的申请，甚至没能到达帝国议会。他们申诉道，转变信仰的禁令一直扩展到甚至最低级别圣职的所有者，导致他们面对着严重的困难，因为这一禁令将他们的幼子和女儿排除在他们过去能够进入的教会机构之外。他们申诉道，由于被剥夺了传统的独身的生活选择，更多人开始组建家庭，伯爵也"像小兔子一样"成倍增加。[44] 尽管这个申请得到了弗兰科尼亚、图林根和哈尔茨骑士的支持，但是萨克森和勃兰登堡都拒绝接受这样一个对《奥格斯堡和约》的重大改变。结果，等级投票支持比以往更多的土耳其税（60 单位罗马人的月饷）。和往常一样，普法尔茨主导变革运动，而萨克森主导对奥格斯堡体制的支持。

对于涉及 1555 年法律下的权利的任何申诉，皇帝的例行答复是申诉者应当将他们的案件提交给法院。事实上，正是在帝国最高法院，奥格斯堡体制才能够发挥作用。在一开始，这并不是不可避免的。福音教徒和天主教徒对最高法院以及法院所维持的法律持有不同的看法。福音教徒相信 1555 年的法律保障了他们在帝国内得到承认和平等地位，天主教徒则将同样的法律视为暂时性的。然而，通过 1560 年的法院视察，一个可行的基础得以确立，这一视察建议，判决涉及教派权利的敏感问题的合议庭应当遵守教派对等的原则。[45]

法院及时制定了解决僵局的具体方式（paria vota）：利用一系列教派人数对等的合议庭，诉诸双方都有所得的妥协，在低级别法院引入新的听证会，以及启动地方的仲裁程序。案件通常需要花费很长时间解决，这个事实本身是有帮助的，因为它为双方达成和平协定或者放弃申诉提供了时间。由于对案件审理过程中的暴力行为采取的惩罚是很严厉的，这也有助于在这段时间内维持和平。[46]当然，即使再多的司法活动也无法恢复被宗教改革破坏的相对统一的法律秩序。在 1555 年后的几十年，双方法学家的诡辩，使帝国法律中的掩饰和模糊的制度化进一步变得复杂和晦涩，这无疑被视为在某个阶段公开冲突的因素。然而和平仍然得以维持，因为几乎所有人在其中拥有既得利益。

奥格斯堡体制得以运转，是斐迪南一世和马克西米利安二世的成就。鲁道夫二世在 1576 年 10 月雷根斯堡帝国议会结束后继承皇位，这并没有破坏奥格斯堡体制。在 1583 年的一次视察之后，帝国最高法院进一步改进了它的程序。同样重要的是，在鲁道夫统治时期的第一个十年中，那些成为政治问题的案件表明帝国主要的势力对 1555 年和约的持续忠诚。亚琛、马格德堡以及科隆的争端所导致的危机，既表明了和约内在的问题，也表明了人们忠于它的程度。

　　亚琛的争端引发了帝国城市在宗教问题上的权利的问题。[47]由于这一争端发生在帝国西部，与法国和尼德兰的宗教冲突非常靠近，而各方都对这一事实极为关注，因而这个争端极为敏感。1555 年，

399　亚琛被正式视为天主教城市。然而，从 1550 年前后，一个很小但有发言权、混杂着路德宗和加尔文宗的福音教少数群体，已经开始在这里立足。于利希-克莱沃-贝格公爵威廉在亚琛市控制着多个职务和管辖权，1559~1560 年，他与皇帝一起向市政官员施压，要求镇压福音教徒，从而保证在福音教的东北部与尼德兰之间一个重要的天主教隔离带。市政官员尽职地发布了一道法令，将所有城市职位和市政会的席位都保留给天主教徒。

　　然而到 1574 年，天主教徒已经无力抵抗逐渐发展的福音教社区对这种排斥发起的挑战，福音教徒已经在几个行会占据多数，并且渴望在市政会占据席位。当路德宗和归正宗在 1580 年要求公开礼拜的权利时，天主教徒再一次在于利希公爵的支持下发出申诉，而鲁道夫也派遣专员确保 1560 年的排斥法令得以执行。市政会对帝国最高法院发出了针对于利希公爵的申诉，但是没能获得一致的

裁决。作为结果，这个冲突在 1582 年来到奥格斯堡帝国议会上，在会议上帝国城市申诉他们作为统治的市政官员，在 1555 年法律下的宗教改革权没有得到承认。1584 年，由特里尔和萨克森选侯领导的一个委员会没能产生解决方案，因此这个问题又被移交到维也纳的帝国宫廷参事院。

就处理亚琛冲突的方式而言，值得注意的是鲁道夫采取的克制。1581 年，他命令天主教一方的外部支持者——于利希公爵、列日大主教以及帕尔马公爵——无论如何都要避免采取暴力。他甘愿袖手旁观，看着他的盟友于利希公爵在帝国最高法院被起诉。当这个事件来到帝国议会时，他同意建立双教派的委员会。当这个委员会失败，并且这个事件来到他自己在维也纳的宫廷时，他在超过十年的时间内避免做出裁决。直到 1593 年，他的宫廷才做出支持天主教徒的裁决，并且再一次命令执行 1560 年法令；直到 1598 年科隆选侯才强制执行了这个裁决。换句话说，在 16 世纪 80 年代，鲁道夫对于破坏奥格斯堡体制的原则是犹豫的；在 16 世纪 90 年代，他能够这样做，是因为这个时候福音教阵营已经发生了致命的分裂。[48]

马格德堡的争端也是在 1582 年帝国议会上爆发的，在这场争端中的问题是教会保留原则，即 1555 年关于禁止采邑主教辖区世俗化的条款。[49]这个问题在于，是否能够在不违反《奥格斯堡和约》的前提下将一个采邑主教辖区转变为路德宗。统治者进行的对邦国的主教辖区的世俗化和整合，例如勃兰登堡选侯在 16 世纪 50 年代和 60 年代所做的事情，这种事情是被默许的。然而，对独立的邻近采邑主教辖区转变信仰视而不见，则是另一回事。在一个正常的采邑主教辖区，主教职位的候选人只有获得了教皇对他的职位的确认，才能够获得领地授予的契约。

400　　到 1552 年，马格德堡大主教辖区几乎都是路德宗信徒，但是直到 1561 年，在勃兰登堡的西格蒙德大主教（1552~1566 年在位）统治下，这里的正式信仰仍然是天主教，他在 1561 年宣布《奥格斯堡信纲》是这里的宗教准则，并且在 1566 年告知帝国议会。为了获得教皇和帝国的确认，西格蒙德掩饰了他的路德宗信仰。他的继任者勃兰登堡的约阿希姆·弗里德里希（也是选侯国的继承人）从一开始就公开信仰路德宗，并且由于他的《选举让步协定》，承诺改革所有现存的宗教机构和修道院。因为他已经控制了勃兰登堡邦国的勃兰登堡、哈弗尔贝格和莱布斯主教辖区，他一开始就被选为马格德堡的教区长官，但是他的路德宗信仰使教皇以及皇帝的确认变得不可能。正因如此，在教会看来他并不是大主教，因此从帝国的角度来看他甚至也不是诸侯。

马克西米利安二世拒绝考虑承认约阿希姆·弗里德里希，更不用说在他与自己的远房堂妹——屈斯特林的卡塔琳娜（Katharina of Küstrin）在 1570 年 1 月结婚以后。皇帝在 1569 年能够同意的程度是，宫廷首相府的信件将寄给主教座堂教士团，并要求"相关当局"应当被告知他们的许可。[50]然而，马克西米利安直接拒绝了奥格斯堡枢机主教奥托的要求，即约阿希姆·弗里德里希应当被逐出马格德堡。皇帝宁愿表现得似乎马格德堡和其他类似的主教辖区的职位只是空缺，而实际上并未采取任何措施填补这种空缺。与之相似，鲁道夫二世也拒绝了约阿希姆·弗里德里希和他的父亲勃兰登堡选侯得到正式承认的要求。然而这位教区长官并不打算接受他一直被排除在帝国议会之外的局面。1582 年，在他的父亲以及马格德堡教士团的支持下，他出现在奥格斯堡，并派遣了他的一名议员到诸侯院以主张马格德堡的席位。

天主教诸侯立即表示反对。巴伐利亚人认为一旦允许马格德堡占据席位，将会设定一个先例，会使所有采邑主教辖区陷入终结，并且导致天主教信仰和帝国本身的毁灭。[51]承认福音教的教区长官将会使福音教徒在诸侯院占据多数；如果一名教会选侯转变信仰，就意味着福音教选侯成为多数，因此出现福音教的皇帝。这个观点也许是有些夸张的，而且在一些福音教徒看来，马格德堡只是受到了不公正对待。毕竟不来梅、哈尔伯施塔特以及吕贝克的教区长官或者主教都没有争议地获得了他们的席位。不同之处在于，在缺少教皇确认的情况下，鲁道夫授予了他们临时的封地契约。关键之处在于，这些诸侯直到此时并没有公开宣称他们忠于福音教。

这个争端威胁着使帝国议会陷入瘫痪，这会影响一笔急需的土耳其税，此时鲁道夫再次求助于萨克森选侯。尽管奥古斯特一世最初支持马格德堡的事业，但此时他宣称这不值得冒重大冲突的风险。[52]当关于为此次会议进行的一个临时的保全体面的妥协谈判失败后，约阿希姆·弗里德里希退出了会议。

福音教的教区长官或主教的政治权的问题，在 16 世纪 90 年代更激烈的制度斗争中发挥了重要作用。[53]然而，在 1582 年，值得注意的是皇帝和主要的诸侯再一次避免了关于根本原则的问题的公开

401

对抗。正是萨克森选侯，作为奥格斯堡体制长期的维护者，再一次决定了结果。

他在科隆的斗争中也发挥了决定性作用，这场斗争大致在同一时间到达关键阶段。[54] 自 16 世纪 40 年代早期以来，科隆的宗教改革和世俗化的计划就已经出现风声。[55] 1555 年后，选侯国的教会地位已经成了韦特劳和威斯特伐利亚的伯爵们争论的核心，并且在行动中的关键问题是废除教会保留原则。由于科隆选侯国恰好位于法国和尼德兰宗教冲突之间，在 16 世纪 60 年代和 80 年代，选侯国也有着关键的战略意义。对哈布斯堡家族而言，科隆不仅是在帝国西北部唯一的天主教信仰的支柱，也构成了使哈布斯堡的军队能够从地中海向北抵达低地国家的走廊的关键部分。

另一个使科隆选侯国成为福音教计划者明显怀有希望的目标的因素，是科隆大主教辖区的统治者显而易见的不胜任。在阿道夫·冯·绍姆堡（1546~1556 年在位）任职时期之后的一个世纪里，没有一位任职者被祝圣为主教，也没有一位任职者履行任何教士的义务。然而，与此同时，没有人能够匹敌主教座堂教士团，他们将自身视为选侯国真正的领导者。弗里德里希·冯·维德（1562~1567 年在位）拒绝接受特伦托忠诚宣言，他认为这是对帝国诸侯的一个不合理的要求。然而，他并不愿意卷入韦特劳伯爵的政治行动中，与教士团关于金钱和权威进行激烈的争论之后，他在 1567 年辞职。

据传弗里德里希大主教的继任者——扎伦廷·冯·伊森堡（Salentin von Isenburg, 1567~1577 年在位）将会立即退位。[56] 他是他的家系里的最后一名男性，并且即使在 36 岁当选为科隆大主教时，他仍然更倾向于延续他的王朝，而非满足他的大主教职位的要求。即便如此，他仍然为自己谋取在 1574 年当选帕德博恩主教，并且在他的政治中坚持天主教。然而，他希望结婚这一众所周知的事实很快就引起了普法尔茨选侯的注意，后者向伊森堡提出与他的女儿结婚，并支持他继续留在科隆担任教区长官和改革者，就像约翰·弗里德里希公爵在马格德堡所做的那样。

结果，扎伦廷对这样一个革命性的举措退缩了。像他的前任一样，他没能控制主教座堂教士团，教士团否决了他在祖恩斯 (Zons) 的莱茵河通行税的巨额收入，并且拒绝接受他提出的任命巴伐利亚的恩斯特作为他的副主教的要求。当他在 1577 年真的与阿伦贝格 (Arenberg) 伯爵的女儿结婚时，他立即辞去了自己的教会职位。在他的辞职生效之前，皇帝、教皇、西班牙国王以及巴伐利亚公爵和于利希公爵强有力的同盟，希望确保巴伐利亚的恩斯特当选。然而，教士团的核心成员以微弱的优势选出格布哈特·特鲁克泽斯·冯·瓦尔德堡 (Gebhard Truchsess von Waldburg，1577~1583 年在位)，借此再一次维护自身的独立性，这个行动维护了伯爵们在选侯国的传统地位，以对抗帝国的诸侯。福音教的教士以及那些不太热情的天主教徒都投票给瓦尔德堡，他们更倾向于一个纯粹的贵族而非一个强有力诸侯的儿子。

最初，格布哈特大主教看上去很适合他的新职位。[57] 1578 年，他使自己祝圣为教士，并且在特里尔大主教前宣誓忠于特伦托忠诚宣言；1580 年春天，教皇确认了他的当选。在大致同一时间，他开始与福音教修女阿格内斯·冯·曼斯费尔德 (Agnes von Mansfeld)

402

私通，这件事起初并没有带来问题，直到 1582 年，当她的兄弟们要求格布哈特与她结婚并改信福音教。格布哈特既不愿意放弃他与阿格内斯的关系，也不愿意放弃他的土地，他在 1582 年 11 月以武力占领了波恩，并将主教座堂的财产转移到他的堡垒中。他在 12 月声明放弃天主教信仰并且宣布他的臣民的宗教自由；两个月后，他与阿格内斯结婚。[58]

格布哈特的计划明显得到了教士团内外大量韦特劳伯爵以及普法尔茨－劳滕的约翰·卡西米尔（Johann Casimir of Pfalz-Lautern）的支持，他是普法尔茨选侯的弟弟，也是帝国内最激进的归正宗诸侯。[59]普法尔茨选侯（路德维希六世）本人也持支持的态度。尽管他是路德教信徒，他也完全遵从在帝国内建立福音教联盟的普法尔茨的传统政策，并且在与勃兰登堡和萨克森建立良好的关系方面，他拥有比他的前任归正宗统治者更好的前景。[60]然而，科隆教士团的多数派坚决反对大主教，并且他们得到了教皇、西班牙国王、皇帝、巴伐利亚公爵以及另一些人的支持。早在 1583 年 3 月，格布哈特就被开除教籍并且解除了教职。4 月，皇帝对他发布了禁令；5 月，巴伐利亚的恩斯特被选为他的继任者。

在一段时间内，格布哈特希望争取福音教选侯的支持。他的离任似乎印证了自 16 世纪 60 年代以来流传的谣言，即教皇试图控制选侯院，甚至试图移除某一个福音教成员，并支持一名天主教徒取而代之。[61]如果这是真的，那么不惜一切代价捍卫这三个已经存在的教会选侯国是至关重要的。普法尔茨的路德维希六世强烈反对想象中的对德意志选侯独立性的攻击，并且将格布哈特的婚姻视为一个

在选侯院建立福音教多数的机会。勃兰登堡的约翰·格奥尔格也被   403
这个感知到的对德意志体制的威胁刺激，甚至萨克森的奥古斯特也
表达了他的不安。只是路德维希在 1583 年 10 月去世，才使局势有
所缓和。他的继承人弗里德里希四世直到 1592 年还是小孩子。在
他年幼时期，他的监护人以及普法尔茨的摄政是约翰·卡西米尔，
他是一名激进的加尔文宗信徒，他再一次恢复了路德宗的勃兰登堡
和萨克森与归正宗的普法尔茨之间的不信任。此外，他实际上并不
是选侯院的成员，这也给萨克森传统的调解政策更大的余地。[62]

    结果，关于选侯院的先例、策略以及未来的争论被实际达成的
决定压倒。在教皇、巴伐利亚和大量采邑主教的资金，以及来自尼
德兰的西班牙军队的帮助下，恩斯特很快击败了格布哈特部署的
7000 人的普法尔茨军队。到 1584 年 1 月，恩斯特已经夺取波恩，
并且在选侯国确立了他的权威。

    这场"战争"直到 16 世纪 80 年代结束前一直偶有发生，不过
很大程度上是作为尼德兰的斗争的次要阵线。[63]荷兰起义者和一些人
物提供支持的许诺，例如格尔德恩的总督阿道夫·冯·诺伊纳尔
（Adolf von Neuenaar）、格尔德恩的指挥官马丁·申克·范·尼德根
（Martin Schenck van Nydeggen）①，以及来自英国的潜在援助，不断
鼓舞着格布哈特的希望。1587 年，波恩落入荷兰雇佣兵之手，之后
又被西班牙军队解放。直到 1589 年格布哈特和他的妻子才退出争
斗。他离职后来到斯特拉斯堡，在这里他持有教士团教务长的职

———————————

    ① 原文写作 Martin Schenck von Hydegger，疑有误。——译者注

位。在这里，尽管他没有参与进来，但是相似的关于大主教辖区控制权的斗争在 1584 年已经展开，这场斗争的焦点是教会保留原则是否适用于教士团牧师的问题。这场斗争将在 16 世纪 90 年代爆发为一场全面的、对帝国而言更危险的对抗。[64]

格布哈特实际上在 1584 年就已经在科隆的斗争中失败了，1585 年 1 月勃兰登堡和萨克森选侯正式承认恩斯特为合法的科隆选侯，这是在帝国内他被孤立的标志。普法尔茨选侯在 1583 年 8 月宣称科隆事件已经导致宗教和约的终结，这一宣言为时尚早。事实上，由于萨克森选侯决心不会容忍对和约的任何破坏，和约再次得到了重申。[65]

注释

1. Ritter, *Geschichte*, i, 255.

2. Kleinheyer, 'Abdankung', 129-33.

3. Ritter, *Geschichte*, i, 144.

4. Ritter, *Geschichte*, i, 144-5.

5. Ritter, *Geschichte*, i, 156-8.

6. Bundschuh, *Religionsgespräch*, 170-247.

7. Rabe, *Geschichte*, 530-1.

8. Ritter, *Geschichte*, i, 135.

9. Bundschuh, *Religionsgespräch*, 370-507.

10. Schindling and Ziegler, *Territorien*, iii, 98.

11. *ABD*, iv, 60-1; Louthan, *Quest*, 104-5, 130.

12. Schindling,'Passauer Vertrag'.

13. 马格德堡在 1648 年成了勃兰登堡的领地，哈尔伯施塔特最终成了不伦瑞克-沃尔芬比特尔的福音教的幼子继承领地：Wolgast,*Hochstift*, 275-6。（哈尔伯施塔特最终实际上成了勃兰登堡 - 普鲁士的领地。——译者注）

14. Gotthard, *Religionsfrieden*, 355-8.

15. Ritter, *Geschichte*, i, 83-4. 另见本书页边码 334、396~398 页。

16. Schneider, *Ius reformandi*, 157-66; Gotthard, *Religionsfrieden*, 102-10, 331-55.

17. Schmidt, *Grafenverein*, 259-61.

18. Gotthard, *Reich*, 63-4.

19. Ibid. , 64; Ritter, *Geschichte*, i, 131.

20. Ritter, *Geschichte*, i, 228-30.

21. Rabe, *Geschichte*, 534-5; Lanzinner and Heil,'Reichstag'.

22. Ritter, *Geschichte*, i, 84-6.

23. Schmidt, *Grafenverein*, 259-73.

24. Wolgast, *Hochstift*, 288-9.

25. Heckel, *Deutschland*, 74.

26. Heckel, *Deutschland*, 74-6.

27. Schulze, *Türkengefahr*, 76-7.

28. Lanzinner and Heil,'Reichstag', 622-3.

29. 关于接下来的内容，可见 Press,'Grumbach'; Zmora, *State*, 143-5; *ADB*, x, 9-22。

30. Liepold, *Wider den Erbfeind*, 128-31; Press,'Grumbach', 393.

31. Press,'Grumbach', 409-13.

32. 关于罗森贝格的介入，见：Press,'Rosenberg', 376-81。

33. 见本书页边码 498~511 页。

34. Schindling and Ziegler, *Territorien*, i, 62-5; Bautz, *Lexikon*, i, 359; *ADB*, ii, 246.

35. *ADB*, vi, 250-7; *NDB*, iv, 614-15.

36. Schindling and Ziegler, *Territorien*, v, 136-8.

37. Press, 'Badische Markgrafen', 29-31.

38. Schindling and Ziegler, *Territorien*, iv, 139-42; Jäger, *Fulda*, 33-47, 72-5.

39. Breul-Kunkel, *Herrschaftskrise*, 319-20.

40. 尤利乌斯·埃希特的兴趣源自他在 1574 年提出的一个建议：（在维尔茨堡的控制下）联合富尔达和维尔茨堡。

41. Schindling and Ziegler, *Territorien*, iv, 83-5.

42. Jendorff, 'Kronberg', 48-9.

43. Schneider, *Ius reformandi*, 261-3; Schmidt, *Grafenverein*, 293-96.

44. Heckel, *Deutschland*, 84; 关于在韦特劳伯爵中作为结果的"生育控制"和"家族计划"，可见：Schmidt, *Grafenverein*, 490-503。

45. Ruthmann, 'Religionsprozesse', 236-8.

46. Ruthmann, 'Religionsprozesse', 238-40.

47. Schneider, *Ius reformandi*, 229-31; Enderle, 'Reichsstädte', 240-3; Molitor, 'Aachen'.

48. 见本书页边码 406~409 页。

49. Schneider, *Ius reformandi*, 220; Wolgast, *Hochstift*, 275-6, 281-3; Schindling and Ziegler, *Territorien*, ii, 80-2.

50. Wolgast, *Hochstift*, 280.

51. Wolgast, *Hochstift*, 282-3.

52. Rabe, *Geschichte*, 609.

53. 见本书页边码 412~414 页。

54. Wolgast, *Hochstift*, 287-93; Schindling and Ziegler, *Territorien*, iii, 74-6.

55. 见本书页边码 282~283 页。

56. *ADB*, xxx, 216-24.

57. *ADB*, viii, 457-70.

58. Schindling and Ziegler, *Territorien*, iii, 75. 关于伴随着接下来的斗争的宣传战的分析，可见：Schnurr, *Religionskonflikt*。

59. Schindling and Ziegler, *Territorien*, iii, 75.

60. Schindling and Ziegler, *Territorien*, v, 29.

61. Gotthard. *Säulen*, i, 54–6.

62. Gotthard, *Säulen*, i, 76–83; Clasen, *Palatinate*, 19–21.

63. Lossen, *Kölnischer Krieg*, ii, 603–35.

64. 见本书页边码 412~414 页。

65. Ritter, *Geschichte*, i, 612; Wolgast, *Hochstift*, 291–2.

第三十二章

共识的衰退（约 1585~1603）

　　从 16 世纪 80 年代中期开始，奥格斯堡体制逐渐面临越来越大的压力。"科隆战争"之后的发展似乎威胁着造成帝国和帝国政治的再教派化。宗教问题以及对 1555 年和约的矛盾解释，对于在接下来 20 年持续的冲突明显是根本性的。然而，宗教问题应当被视作冲突的中介或者载体，而非本质。因为真正的问题是帝国制度本身，特别是皇帝的角色以及权威的问题，这一点已经变得越来越清楚。

　　政治气候的显著变化并不存在单一的原因或者诱因。一个重要因素是到 16 世纪 80 年代末期为止，在大多数邦国，政府和宗教制度已经稳定下来。一旦更广泛的教派边界得到确定并向下执行（无论多么不完整或者不充分），在帝国政治层面就没有很多模棱两可的空间了。在此之后，学校以及旨在阐述某种教派的高等学术场所的建立，无疑导致了神学和法律论战的加剧。

　　即使是历法的改革也卷入了更广泛的宗教争议中。[1]一开始，鲁道夫二世对于在帝国内执行教皇格里高利十三世的（非常合理的）改革感到犹豫不决。此后，在大多数西欧国家（包括荷兰）已经接受了这种变革之后，他发布了一个法令，敦促所有德意志统治者在 1583 年 9 月 4 日采纳新的历法。即使鲁道夫在法令中明显避免提及教皇，但因为他没有咨询等级，仍然导致了一场激烈的小册子战争，而且福音教徒反对承认新历法。

德意志福音教徒做出的反应，与他们在英格兰和欧洲其他地方的同伴没有任何区别（在英格兰，新历法直到 1752 年才得到采纳）。然而德意志人的反应有着特殊的性质，因为等级既反对教皇作为改革的发起者，也反对皇帝在帝国内单方面执行改革所隐含的对世俗权力的滥用。[2]帝国城市奥格斯堡和丁克尔斯比尔的历法所造成的特殊问题，是例外情况还是证明了这一规则，这一点是值得商榷的。[3]1555 年和约明确规定在这两座城市天主教徒和福音教徒是平等的。两个相邻的诸侯——奥格斯堡主教和巴伐利亚公爵在 1583 年都引入了新的历法，并且与天主教居民一起向市政官员施加压力，升级到军事行动的威胁。1591 年地方官员正式接受历法的改革，这在很大程度上是因为双日期体系对商人和银行家造成的影响。在此之前，这一争端已经几次威胁到在 1555 年建立的微妙的制度安排。

到 16 世纪 80 年代中期，人们对帝国法院的态度出现了变化，这一点对很多人而言是很清晰的。对抗土耳其人的防御逐渐上升的成本造成了财政危机，或者至少是一种紧缺感，这导致了更严厉地行使皇帝的特权，并尽可能扩大其范围的趋势。这种趋势自 16 世纪 80 年代中期在意大利表现出来，随后不久也在帝国表现出来，1596 年首次正式设立了帝国宫廷检察官（Imperial Court Fiscal）的职位。[4]此外，哈布斯堡家族作为邦国统治者的具体问题，越来越影响皇帝和他的宫廷对帝国的态度，直到 1618 年这些问题为战争提供了诱因。[5]

奥格斯堡体制的危机是在 16 世纪末普遍危机感的背景下呈现的，对其进行量化或者明确描述是最为困难的。[6]歉收、高昂的谷物价格、经济危机、社会不稳定，这些都造成了关系紧张、敌意和怀疑。这些同样不可避免地波及帝国政治。致力于创造稳定的几十年，使重新到来的不稳定所带来的震动更剧烈。这也使对这种不稳定的反应更加极端。反常的人和巫师被认为是所有问题的煽动者。[7]宗教对立双方也以同样的方式，将对方丑化为邪恶的化身和恶魔的代理人。保卫"德意志自由"因而很快变成了对普世的"西班牙"天主教王朝以及耶稣会众人的抗争。[8]保卫天主教帝国以及德意志君主制的特权，变成了对西方（加尔文宗）的恶魔教众的斗争，这种恶魔与来自土耳其和东方对信仰造成威胁的恶魔是一样的。这些论战在宗教改革 100 周年的 1617 年达到了顶点——这是第一次"近代的"百年纪念。这种纪念本身激发了双方的极端解释，这使对话（更不用说共识）变得不可能。[9]

政治气候的变化，正像全球气候转变的模式一样，是渐进的：这是一种长达多年的变化，而不是某个季节的变化。然而，一个事件是决定性的分水岭。1586 年 2 月萨克森选侯奥古斯特一世去世，使奥格斯堡体制的主要支持者和掌舵者消失，他的去世也标志着代际的变化。他代表着经历过施马尔卡尔登战争和诸侯起义的动荡的一代人，他们曾参与 1555 年和约的协商中，而且他们最想要的就是维持和约。为了这个目的，他准备好一次又一次妥协，将稳定置于教派忠诚之上。

　　奥古斯特一世的去世，也消除了将萨克森与哈布斯堡、巴伐利亚和美因茨联系在一起的个人的忠诚纽带和共同事业感。[10]奥古斯特的继承者克里斯蒂安一世（1586~1591 年在位）放任他的首相尼古劳斯·克雷尔（Nikolaus Krell）进行领导，支持普法尔茨的摄政约翰·卡西米尔的激进政策。因此，普法尔茨能够在事实上承担帝国内的福音教阵营的领导权，尽管此时福音教阵营已经受到削弱，不再像奥古斯特全盛期那样团结。尽管在克里斯蒂安二世幼年期（1591~1601）萨克森转向了过去的政策，但是当他在 1601 年成为唯一首先反对普法尔茨，而后反对勃兰登堡选侯的统治者时，他已经无法完全重新维护萨克森对福音教徒的传统领导力。

　　勃兰登堡政策的变化是非常缓慢的。勃兰登堡的约翰·格奥尔格（1571~1598 年在位）只是在 1590 年和 1591 年短暂地遵从普法尔茨的领导。在其余的时间，尽管他的儿子卷入了马格德堡事件，他的后辈不久后也卷入斯特拉斯堡的争端中，但约翰·格奥尔格在帝国内仍然遵循着传统的忠于帝国的路德宗政策。[11]勃兰登堡的政治和宗教方向在约阿希姆·弗里德里希选侯（1598~1608 年在位）时期才逐渐发生变化，他的有影响力的加尔文宗议员——于利希的赖特的比兰特的奥特海因里希（Ottheinrich von Bylandt von Rheydt of Jülich），为约翰·西吉斯蒙德选侯（1608~1619 年在位）在 1613 年正式改宗铺平了道路。

　　在短期内更具破坏性的，是几代普法尔茨选侯的激进行动在帝国西部造成的潜在分裂。路德维希六世在 1583 年科隆战争中对格布哈特的支持，毁灭了莱茵兰选侯非正式的区域性网络，自中世纪晚期以来，这一网络就是选侯院活跃的核心。[12]这种分裂从 16 世纪70 年代就已经很明显。此时，教会选侯将自己与普法尔茨划清界限，甚至拒绝考虑允许摄政约翰·卡西米尔进入选侯院。弗里德里希四世选侯在 1601 年才被允许进入选侯院，而他已经即位九年了，他对加入的邀请推诿了四年，其他选侯也推诿了好几年。除此之外，直到 16 世纪末，选侯院仍然合理地有效运转。[13]莱茵兰的分裂也许预示着帝国政治制度的崩溃，但是这一点在 16 世纪 80 年代和90 年代还并不确定。

407　　法国和荷兰冲突的极化效应，对帝国产生了更直接且更严重的影响。直到 16 世纪 80 年代，德意志对这两场冲突的卷入，实质上仅限于几名普法尔茨选侯、一些军事冒险家的行动，例如茨韦布吕肯和符腾堡公爵，以及奥兰治的威廉在维特劳的亲属中对荷兰事业的支持者。帝国自身保持中立。英格兰女王伊丽莎白在 1585 年对荷兰的干预，以及纳瓦尔的亨利在 1585～1589 年为法国王位的斗争，共同造成了更具威胁的形势。英格兰为争取丹麦和德意志对莱斯特的大总督（govern-generalship）的支持做出了巨大努力。

　　亨利自然也寻求胡格诺派的传统盟友——英格兰人、荷兰人以及德意志诸侯，特别是普法尔茨——的帮助，以对抗吉斯公爵和他主要的外部盟友，即天主教同盟的领导者腓力二世。对所有阵营而言，这些冲突很显然都是密切联系的，其中一个冲突的胜利将会决定另一个冲突的结果。事实上，腓力二世相信只有首先摧毁英格兰和法国，他才能够在尼德兰占据上风。[14]法国和荷兰的冲突因此也点燃了德意志的政治，所有阵营都寻求在帝国内获得帮助，而很多诸侯也越来越多地看到他们自己的地方和区域斗争通过国外的斗争折射出来。

在 1586 年萨克森选侯奥格斯特去世之后，约翰·卡西米尔立即试图建立一个激进派的同盟，但是没能产生效果。新任萨克森选侯克里斯蒂安和黑森邦国伯爵威廉四世认同他的观点，但是对越界行动感到犹豫。他们能够达成一致的，只是在 1588 年夏季派遣使者见亨利三世，代表胡格诺派进行调停。[15]亨利让德意志的使者等待了两个月才同意接见，但只是无视了他们的请求。

随后，在 1587 年，约翰·卡西米尔决定独自行动。[16]他与纳瓦尔的亨利达成协定，他致力于确保纳瓦尔和法国加尔文宗教徒的胜利。作为回报，纳瓦尔承诺他不会放弃战斗，直到他能够偿还迄今约翰·卡西米尔在法国和尼德兰的远征军队的所有成本。在英格兰和丹麦额外的资金支持下，一支大约 30000 人的德意志和瑞士雇佣兵的军队得以按时组建起来。然而，约翰·卡西米尔拒绝亲自领导这支军队，他认为雇佣兵指挥官的角色对于帝国的选侯国摄政而言有失体面，然而事实证明这个任务超出了没有经验的布永的罗贝尔（Robert de Bouillon）公爵的能力范围。到 11 月，瑞士人被亨利三世更高的报酬说服而叛离；几天之后，吉斯公爵在欧诺（Auneau）击溃了德意志人。

然而，在 1588 年以后，腓力二世的地位逐渐被削弱了。1588年 8 月，西班牙无敌舰队被英格兰击败。1588 年 12 月，吉斯公爵亨利和他的枢机主教弟弟被谋杀，正如亨利三世在 1589 年 8 月被谋杀那样。最终，1591～1592 年，亚历山大·法尔内塞对法国的进攻没能击败亨利四世，法尔内塞本人也在 1592 年 12 月 8 日死于阿拉斯（Arras）。这立即为腓力的反对者打开了新的视野。尤其是普法尔茨摄政约翰·卡西米尔设想自己将成为国际化的福音教联盟的关键人物，这个同盟将会对西班牙−耶稣会的暴政发起毁灭式的反击。

尽管约翰·卡西米尔此时能够吸引萨克森和勃兰登堡的兴趣，但是大部分西部的德意志等级专注于更为紧急的问题。尼德兰和法国的冲突再次爆发，这加剧了外国军队对帝国领地的侵扰。1590 年春季，威斯特伐利亚大区以及上莱茵和下莱茵大区关于保卫自身免受西班牙军队侵扰的措施展开讨论。因为这个问题看上去已经对帝国整体造成威胁，他们要求召开帝国代表会议，一个所有大区和等级的代表的会议。由于教派分歧，1590 年 9 月在法兰克福召开的会议失败了。当鲁道夫二世和天主教等级以反天主教为由拒绝了对西班牙人采取行动的提议时，福音教选侯厌恶地离开了。

约翰·卡西米尔抓住了此次僵局带来的机会。与萨克森选侯一起，他邀请福音教等级于 1591 年 2 月在托尔高举行会议。在这里他们同意征募一支军队援助亨利四世：这支军队由 9000 名步兵和 6200 名骑兵组成，由安哈尔特的克里斯蒂安担任总指挥。在 1592 年春天之前，这支军队构成了亨利四世对抗天主教同盟和帕尔马公爵的核心军事力量。[17]这件事本身是一次突破：这是在德意志福音教诸侯中，第一次达成关于组建一支用来为帝国外的福音教徒的利益而战的军队的协定。同样具有突破性意义的是在帝国组建福音教联盟的决定。路德宗和加尔文宗之间始终潜在的紧张关系，阻止了任何超出严格限于德意志事务的纯粹防御性质的联盟。然而，联盟最初的推动者约翰·卡西米尔和黑森-卡塞尔的威廉，想要使其成为广泛的欧洲联盟的一部分。如果不是萨克森的克里斯蒂安一世在1591年10月去世，约翰·卡西米尔在1592年1月去世，黑森的威廉在1592年9月去世，这个计划可能就会成真。激进派失去了他们的领导者。

1591年联盟失败的事实并不能削弱它的重要性。[18] 尽管克里斯蒂安一世的去世导致路德宗在萨克森复兴，以及对普法尔茨传统的敌意的恢复，但是这种联盟的观念仍然活跃。1597年之后，当西班牙的军事侵入再一次威胁帝国的西北部时，一个几乎一模一样的场景出现了。[19] 大区没能就行动达成一致，因为天主教徒不会反对西班牙。安哈尔特的克里斯蒂安此时是上普法尔茨的总督，他提出建立一个联盟，以保卫福音教徒抵抗他所认为的西班牙针对他们的灭绝式战争。[20]

然而，主要的福音教诸侯对于是否要卷入一场更广泛的欧洲斗争，或是卷入以与荷兰人正式结盟为前提的战略，以及与皇帝和教会诸侯进行公开战争的可能性再一次感到犹豫。安哈尔特立即拒绝接受计划中福音教的防御性雇佣军的领导权。结果，只有一支小规模军队得到雇用，等到准备好为大区部署军队时，西班牙主力军队已经撤退了。同盟的计划被归入档案，后来形成了1608年福音教联盟（Protestant Union）的蓝本。[21]

409

　　从明显扩大的教派冲突的角度而言，帝国议会能够有效运转到
1603 年也许很令人惊讶。事实上，在 16 世纪 90 年代，为了保卫帝
国对抗土耳其人而授予的资金数额是前所未有的。1594 年、1598
年和 1603 年的三次会议授予了不少于 226 单位罗马人的月饷，或
者大约 1200 万古尔登，其中很大比例得到了实际支付。[22]

　　从一个层面而言，对这种现象的解释是很简单的。在 16 世纪
最后的十年里，土耳其人造成的威胁实际上远大于之前的五十年，
并且被更广泛地察觉到。在大约 1560 年之前，只有东部和南部的
邦国感受到威胁，其他很多人不愿意支付，因为这并不是他们的问
题。此时，帝国的凝聚力、归属感以及集体责任感是更普遍的。

　　然而与此同时，很多等级更倾向于批准征税，完全是出于他们
邦国内的原因。诸侯可以转移给臣民的帝国税收，被视为一种有效
的机制，用来加强他们整体的税收权以及对臣民的良好规训。帝国
税同样是一种不需要邦国等级同意的税收，因此帝国税提供了一种
削弱对诸侯权威的地方和区域性抵抗的方式。事实上，很多人从土
耳其税中获得了大量利益。[23]在 1594 年，萨克森的首相指责一些诸
侯征收的资金是所需要的 20 倍。这几乎可以确定是一种特别夸张
的说法，但是征收金额是所需要的两倍或者更多，这样的案例并不
少见，并且在 16 世纪 90 年代出现了臣民向帝国法院的大量申诉，
他们认为自己被过分压榨。

　　同意土耳其税的显著意愿并不意味着帝国议会的会议是没有问
题的。鲁道夫本人对帝国议会非常担忧，以至于他只在非常必要的
时候才会召集帝国议会。关于司法、货币或者税收名册这些帝国议

会在 1555 年之前专注的很多问题，此时通过附属的委员会（代表会议）或者大区进行处理。[24]召集帝国议会几乎只是为那些想要在宗教和约中挑出问题的人提供了机会。在 1576 年由马克西米利安二世发起的会议之后，鲁道夫等待了六年才在 1582 年召集了他的第一次帝国议会。他这样做的原因有两方面：一方面是实现征收土耳其税；另一方面是为他在尼德兰调解的愿望获得支持，这会保障帝国在尼德兰的利益。结果是，尽管土耳其税得以征收，但尼德兰问题仍然没有解决，并且由于亚琛、科隆和马格德堡的争端，这次会议被蒙上阴影。当 1582 年征收的税金被消耗光之后，鲁道夫在 1586 年和 1587 年试图召集新的帝国议会，但是在萨克森的奥古斯特去世之后，他没能得到选侯的同意。

410

　　福音教诸侯在 1590~1591 年的躁动使召集帝国议会看上去并不明智。皇帝试图将对抗土耳其人的防卫问题授权给大区，这本可以永久绕开帝国议会，但是这一举措没能成功，因为等级不愿意交出他们的权力，也不愿意放弃他们能够表达不满的国家平台。然而，在 1593 年，又一场土耳其战争的开始使新的帝国议会变得不可或缺。1594 年 6 月 2 日在雷根斯堡召开的会议完全证实了皇帝的担忧。

　　萨克森选侯反对普法尔茨提出的将教派的不满置于主要议程的要求，这再一次避免了灾难。普法尔茨人仍然对 1582 年被天主教多数选票击败的记忆耿耿于怀。从此开始，他们无休止地煽动帝国中央机构程序上的改革：要求在每一次帝国代表会议上相等的代表，甚至是大部分福音教帝国城市在诸侯院的选举权，这是为了在诸侯院实现福音教的多数。[25]所有这些提议都失败了，但是普法尔茨人此时能够说服一些南德意志诸侯参与 1594 年 3 月在海尔布隆的会议，除其他问题外，还对即将到来的帝国议会上的策略进行讨论，这是在 16 世纪 90 年代初期之前变化的氛围的一种表现。[26]结果，在 1594 年雷根斯堡帝国议会上，大多数路德宗和天主教投票一致，并且挑战多数原则的激进策略失败了，皇帝当局和所有帝国机构都不承认教派之间的平等。

然而，到了 1598 年，在海尔布隆举行的另一场帝国议会的前会议上，他们决定不再承认由天主教诸侯在帝国议会上支配的多数投票。讽刺的是，正是一名天主教诸侯此时帮助信仰福音教的异见者发声。在关于大区的成员愿意支付的税收水平的问题上，萨尔茨堡大主教在巴伐利亚大区被多数票击败。接下来，作为大区主席，大主教负责将多数人的意见转达给帝国议会，他不仅坚持补充了自己的异议，也补充了福音教徒的异议。[27]当多数人再次占据上风时——帝国议会的流程不容许其他任何选项——七名福音教诸侯签署了正式的反对多数派程序的抗议书。五年之后，同样的争论再一次出现。此时的激进主义者甚至不愿意接受多数人的决定，甚至更加坚决地表达他们对天主教徒的宗教和约解释的不满。天主教则以要求恢复自 1552 年以来所有世俗化的教会财产作为回应。

1603 年的帝国议会达成了有史以来最大的一笔 86 单位罗马人的月饷的土耳其税，大约 550 万古尔登。[28]然而与此同时，皇帝和异见者观点之间的分歧也更大了。在 16 世纪 20 年代第一次出现的问题，此时已经成了根本性的制度问题。异见者并不反对制度甚至是皇帝。事实上，尽管他们公开宣布打算拒绝支付，但所有参与抗议的人，包括普法尔茨选侯，到 1603 年帝国议会召开的时候基本全额支付。在 1602 年 5 月帝国最高法院对违约者进行裁决之后，没有人愿意冒被施以禁令的风险。[29]

鲁道夫二世的弟弟马蒂亚斯大公在 1603 年指责福音教徒，因为"德意志已经成为一个分裂的政权并且不再是统一的整体"。事实上，这是一种论战性质的夸张。福音教徒并没有背离帝国。他们只是反对政权应当被天主教多数派支配的观点。他们的目的是通过将那些需要所有人同意的问题降到最少，以确保政权持续的有效性。[30]保卫帝国自身免受外部进攻是一项义务；他们尖锐地指出，皇帝没能阻止西班牙人在 1598 年对帝国西部的入侵，这是皇帝自身的责任。保卫匈牙利则完全是另一个问题。

从更广泛的层面而言，异见者对多数原则的反对标志着 1555~1648 年发展进程的一个重要的里程碑。1555 年和约限制了所有人都需要同意的宗教问题的范围。1648 年，人们同意在那些各宗教阵营无法达成一致的问题上，帝国议会应当划分为两个平行的会议，并且同意如果无法达成友好的协定，就停止进行决议。福音教徒在 16 世纪 90 年代的观点是基于 1555 年原则的，并且这些观点也预示着在 1648 年将要达成的原则。然而，在这一时期，这些观点仍然只是少数派的观点，天主教多数派以及很多路德宗教徒都将这些观点抨击为具有革命性的观点。

即便皇帝决心在 1594 年、1597~1598 年以及 1603 年的帝国议会的会议上，应当只解决土耳其税的问题，并且即便这些协商都取得了成功，但是每一次会议的气氛都因为同时爆发的争论而变得紧张，这些争论根源上是教派问题。这些问题首先助长了关于多数票问题的争论，随后最终使 1603 年的僵局转变为令帝国议会瘫痪到 1608 年的对抗。

对于那些在 1594 年 3 月召集海尔布隆会议的人而言，他们的直接目标是确保一致同意邀请亨利四世入侵斯特拉斯堡主教辖区。这将会使这些年德意志的核心政治问题转变为国际冲突。这件事并没有发生，因为南德意志的福音教诸侯坚持将斯特拉斯堡事件视为勃兰登堡的问题，但是这仍然反映了态度的强硬并且极大地加剧了日益增长的危机感。[31]

412　　16 世纪 80 年代中期斯特拉斯堡问题的发生是"科隆战争"的直接结果，参与其中的人们同样意识到了这场在帝国西部边界的冲突的意义。法国和西班牙都在这一区域拥有重要的战略利益，普法尔茨、符腾堡、巴伐利亚以及哈布斯堡也是如此，更不必说另一些德意志等级对上莱茵的一个重要的主教区的未来的兴趣。到 16 世纪 80 年代，路德宗教徒已经夺取了大部分北方的主教辖区，天主教徒则坚决保卫科隆。因此对双方而言，斯特拉斯堡似乎代表着最后的机会。

这场争端始于主教座堂教士团，其中十名教士是天主教徒，七名教士是福音教徒。作为"科隆战争"的直接结果，三名福音教的教士和主任牧师——被废黜的科隆大主教格布哈特·特鲁克泽斯·冯·瓦尔德堡一起，在 1583 年被驱逐。教皇的使节剥夺了他们的职位，他们很快就被开除教籍。这几名被驱逐者立即占据了邻近教堂的兄弟社区（Bruderhof）的建筑，掌握了主教财产的管理权。与此同时，天主教的教士选举格布哈特在科隆的主要对手——副主教弗里德里希·冯·萨克森-劳恩堡（Friedrich von Saxony-Lauenburg）取代他的主任牧师的位置。斯特拉斯堡帝国城市的市政官员保持中立，然而实际上这一立场帮助了兄弟社区的福音教占领者。

这场冲突从1585年开始加剧，此时双方都招募了新的教士填补空缺，并且双方都无视了斯特拉斯堡不选举诸侯的儿子的传统，选举重要的贵族王朝的子孙。天主教徒选举了枢机主教洛林的查理以及巴伐利亚公爵的两个儿子；福音教徒选举了来自不伦瑞克、丹麦、安哈尔特、曼斯费尔德、符腾堡、荷尔斯泰因的王子，以及马格德堡教区长官约阿希姆·弗里德里希的两个儿子。鲁道夫二世发布了几条法令，要求福音教徒退出，而双方都采取军事措施争取自身利益。例如，在1588年，天主教的教务长被抓捕，更多关键的行政建筑被占领。市政官员拆除城墙边的加尔都西会修道院，再一次为福音教徒提供了帮助，这样修道院就不会被用作对福音教徒展开进攻的基地，并且他们最终与福音教徒在1591年达成协定。

当主教约翰·冯·曼德沙伊德（Johann von Manderscheid）在1592年5月2日去世时，事态进一步升级。福音教教士此时正式确认13岁的勃兰登堡的约翰·格奥尔格为教区长官，这是他们早在1588年就已经秘密选出的人选。天主教教士则继续选举枢机主教洛林的查理，他也是梅斯主教，他的父亲查理公爵在最近放弃了洛林传统的中立政策，与天主教同盟站在一边。[32]由这位枢机主教的法国军队进行的一次简单但最初成功的军事行动，导致了1592年2月的早期停战协定。

约翰·卡西米尔在 1592 年 1 月的去世削弱了激进的倾向，福音教事业也由于勃兰登堡和符腾堡公爵之间出现的对抗而被削弱，符腾堡公爵此时希望推举他的一个儿子成为候选人。这一竞争很快就消除了亨利四世对入侵斯特拉斯堡的任何兴趣。³³当这位教区长官在 1597 年《斯图加特条约》中试图将主教辖区卖给符腾堡公爵时，福音教教士进行了激烈的抗议，他们将这一举动视为对他们选举权的侵犯，并且以收回对他的支持告终。符腾堡公爵接过了福音教阵营的领导权，相比卷入更广泛的争斗，他对于获得奥伯基希（Oberkirch）的管辖权更感兴趣。很明显，在 1592 年之后，福音教等级普遍退缩了。³⁴勃兰登堡选侯向皇帝申请承认他的孙子的权利，但是顺从地接受了鲁道夫的否决。过去在斯特拉斯堡教士团有重要代表权的韦特劳伯爵吸取了科隆的惨痛教训，在另一场灾难面前退缩了。³⁵

在这种情况下，天主教仍然占据上风，尽管他们在一段时间内并没有控制整个主教辖区。1598 年，鲁道夫同意授予洛林的查理封地，作为回报查理接受哈布斯堡的利奥波德大公作为他的助理主教。1600 年，鲁道夫与符腾堡公爵达成了协定；1604 年，《哈格瑙条约》最终终结了这场冲突。勃兰登堡的约翰·格奥尔格接受了补偿并且退出争夺。八名福音教教士被允许在 15 年内继续保有他们的收入和兄弟社区，但是同意不再参与更多选举。符腾堡将奥伯基希作为为期 30 年的抵押财产接收。斯特拉斯堡的市政官员承认洛林的查理为"总主教"，哈布斯堡的利奥波德则作为他指定的继承人。[36]

很多诸侯的注意力集中于斯特拉斯堡事件，这一事件阶段性地对当地造成大量破坏，特别是在 16 世纪 90 年代初期，其引发的军事行动加剧了在阿尔萨斯雇佣军活动的整体影响。这个事件牵扯了皇帝和大部分主要的诸侯，并且潜在地提出了影响帝国稳定秩序的基础的问题。尽管如此，这仍然是一场区域性冲突。在最后，法国和福音教等级都没有为斯特拉斯堡战斗的意愿。市政官员尽管对福音教事业怀有同情，但是在财政上过于无力，以至于无法实现他们的最终目标，也就是切断城市和主教辖区之间仍然存在的制度联系。

16 世纪 90 年代的第二个重大政治问题，是关于马格德堡的福音教的教区长官和他在其他主教辖区的同僚的政治权的持续争议，这个问题有着更广泛和更严重的影响。关于教区长官出席帝国议会和投票权的最初争议，在 1594 年再次恢复，此时天主教的抗议者再一次阻止来自马格德堡和哈尔伯施塔特的使者在诸侯院占据席位。[37]约阿希姆·弗里德里希能够实现的，是一个保证他作为"主教辖区占有者"的领地权的帝国法令。1594 年和 1597～1598 年帝国议会的召集令被送到教士团而非"占有者"。到此时为止，皇帝似乎已经放弃了他的决心：在教会领地内不分封那些没有首先得到教皇确认的人。但是在 1603 年达成妥协的努力并没有创造一个令人满意的方案，这个问题直到 1648 年也没能得到解决。[38]

与此同时，这个事件更严重的一面也呈现出来。帝国最高法院年度视察或检查的委员会由帝国大首相（美因茨选侯）召集，但是由诸侯轮流组成的。委员会的顺利运转是至关重要的，因为这种视

414

察为法院的裁决赋予权威，并且在审视针对裁决的申诉时起到关键作用。1588 年轮到马格德堡成为委员会的一员，但是鉴于最近的科隆事件以及斯特拉斯堡逐渐恶化的情况，皇帝决定推迟视察。由于在接下来的几年此次推迟被延长，法院的工作受到了严重阻碍。这一时期积压的案件越来越多，申诉的数量也大幅上升，但是因为案件没有得到视察，法院无法做出很多案件的裁决。然而法院并没有完全瘫痪。在整个 16 世纪 90 年代法院仍然在运转，并且在财政案件上，特别是关于不支付土耳其税的问题或者臣民针对统治者过度征税的申诉，法院运转得非常迅速且有效。[39]然而，法院没有能力解决数量越来越多的关于教派冲突的案件，这成了重大问题。

　　鉴于皇帝一直不愿意执行帝国最高法院的常规视察，这一问题在 1594 年来到了帝国议会，帝国议会决定委任代表会议执行视察。然而，代表会议不确定其调查范围和管辖范围，并且只开展了少量工作。随后组建新的代表会议的努力也没能达成协定。

　　然而，到 1600 年，关于涉及教会财产的四个案件的解决方案的争端，使这种僵局转变为重大的制度性问题。其中两个案件旷日持久。[40]1569 年，内卡河的希尔施霍恩（Hirschhorn）的骑士对加尔默罗女修道院进行了世俗化，这个修道院是他们的先辈在 1406 年建立的。在 1571 年骑士无视了归还财产的命令后，修会提起了法律诉讼，但是在 1589~1596 年的一系列协商没能带来解决方案。[41]加尔都西会在 1557 年第一次向帝国最高法院发出申诉，反对厄廷根-厄廷根（Öttingen-Öttingen）伯爵对圣加腾（Christgarten）修道院的世俗化；直到 1599 年最终的判决要求伯爵偿还加尔都西会的

财产并且承担全部诉讼费用。另外两个案件的起始时间距此时更 415
近。巴登-杜尔拉赫边疆伯爵在1594年承担起巴登-巴登的事务，
因此他们与埃伯施泰因（Eberstein）伯爵一起获得了对弗劳伦娜
（Frauenalb）女修道院的控制权。修女道德的颓废状况使他监禁了
女修道院长和她的妹妹（副院长），命令修女们要么改变信仰，要
么结婚，并对这一修道院授予圣职的所有教区进行改革。施派尔主
教发起了申诉（尽管他承认女修道院很让人丢脸），在1598年，巴
登和埃伯施泰因被罚款并且被命令释放修女以及恢复女修道院。第
四个案件涉及斯特拉斯堡的市政官员，在1598年他们被命令恢复
城市中多明我会的圣玛格丽特女修道院的财产和权利。

这些案件本身并不少见，尽管它们事实上不存在联系，但它们
作为"四修道院纠纷"（Vierklösterstreit）具有了整体的政治影响
力。[42]这些事件凸显出来，是因为帝国最高法院过去通常会努力避免
在这些案件中做出裁决。法院能够在这些案件中达成结论，这也许
反映了这些案件是相对明确的这一事实。特别是，天主教和福音教
的法官似乎都同意1555年的法律并不适用这些案件，而应当根据
帝国常规法律（罗马法）裁决。[43]

然而，在16世纪90年代末期紧张的氛围下，很多人相信在这
四个案件中法官做出不利于福音教领主或者官员的判决，这个事实
反映了政策的转变。这似乎表明了以下几点。第一，帝国法院已经
接受了天主教徒对1555年法律的观点，即认为1555年法律把特权
只给予了1552年之前状态已经发生变化的机构和财产，因此命令
1552年之后转让的教会财产基于帝国"常规法律"（教士法或者罗

马法）应当自动归还。这种帝国潜在的法律制度的完全显露，使很
多福音教政治家和法学家深感不安，他们认为这是对 1555 年和约
的基础以及和约授予福音教徒的自由的威胁。第二，在希尔施霍恩
和圣加腾这两个案件中，被告面临着足以破产的法律成本。第三，
所有四个案件都触及了普法尔茨的神经，在普法尔茨，改革进程
（也包括教会财产的让渡和世俗化）大致是在 1555 年后开始的，根
据天主教徒对法律的解释，这一过程包括了大量违法行为。

　　一直以来，德意志学者将四修道院纠纷视为帝国法律制度瘫痪
的原因，而这预示着三十年战争。最近的研究则表明事实并非如
此。政治冲突也许遮盖甚至抑制了某些类型的上诉。此时很多引人
注目的案件（例如亚琛和斯特拉斯堡的争端）被移交到布拉格的帝
国宫廷参事院，当时的形势显然被这一事实夸大了。[44]帝国宫廷参事
院最初裁决的领域，是个体等级之间的争端、皇室特权以及领地授
予，而不是源自在帝国议会上由"皇帝和帝国"达成的法律的事
端。因此，它的判决有可能被认为是皇帝特权的滥用，或者在关于
宗教的案件中直接被视为无效，因而遭到反对。由于这个皇室法院
是由皇帝任命的法官组成的，所以它不受适用于帝国最高法院的教
派平等的原则约束。

　　然而，帝国最高法院的案件数量似乎只是在大约 1610 年之后
才出现下降，这种情况至少可以通过人们逐渐接受帝国宫廷参事院
作为合法的维持和平的机构，而得到部分解释。[45]最后，有证据表
明，上诉程序实质的中止促使很多潜在的诉讼者在求助法院之前寻
求协商的解决方案。然而，消极的一面在于，这也促使在争端早期

阶段使用暴力，因为"控制"是决定最初的诉讼结果的关键因素之一。不过，正是在这一关键时期，法院有效处理了其他大量案件，特别是臣民对超额征税的申诉，或者是由财政检察官发起的、针对统治者不支付或延迟支付应付给帝国款项的案件。

普法尔茨选侯和他的官员抓住四个修道院的案件并且对其推波助澜，这一事实是至关重要的。因为看上去"一致阵营"此时决定进一步推动自 1594 年它的成员在帝国议会提出的观点。[46] 1597~1598 年的帝国议会授予帝国代表会议检视帝国最高法院工作的任务。然而，这个委员会是由明确的天主教多数派主导的（选侯院人数是完全对等的，但是在诸侯院和城市院，十名天主教成员超过了八名福音教成员）。

当帝国代表会议显然将会确认这些裁决时，普法尔茨的代表否认帝国代表会议比帝国最高法院有更高的权限决定这样的问题。他们争辩道，这些问题是由 1555 年和约引起的，因此只能由和约的当事人解决，也就是由皇帝和等级在帝国议会解决。当他们的抗议最终失败后，普法尔茨的使者与勃兰登堡和不伦瑞克-沃尔芬比特尔的代表一起，在 1601 年 7 月退出了帝国代表会议，因此阻止了有效决议的达成。在随后弗里德贝格的会议上，他们再次决定阻止对法院特别视察的一切努力，并且向皇帝派遣使者，以抗议帝国宫廷参事院介入关于宗教和约的案件中。他们宣称其目的是抵制法院做出的所有裁决。[47]

帝国司法制度实质上的瘫痪，显然是一件有着深远影响的事。然而同样值得注意的是很多诸侯面临危机时的行为所表现出的克

417 制。萨克森和往常一样，拒绝与"一致派"产生关联，这也正如这些异议者诸侯所了解的那样。1601 年，甚至连黑森邦国伯爵莫里茨都从他们的公开抗议中退出。另一边，委员会的天主教成员也避免以多数票坚持立场。在 1603 年的帝国议会上，"一致派"发出激烈的申诉，他们认为皇帝故意征收离谱的税金，并且为了消耗福音教徒，只要求他们支付，而未支付的天主教等级则得到了温和处理。[48]然而到最后，他们还是和多数人一起投票支持土耳其税，而皇帝的全权代表，即他的弟弟马蒂亚斯大公，只是通过推迟对关于司法体制问题的考量，就确保税收得以批准。[49]当然，双方都有激进分子。普法尔茨选侯仍然不妥协。年轻的巴伐利亚公爵马克西米利安（1598~1651 年在位）要求天主教徒坚定立场，希望福音教徒会退缩。然而在此时，调和派和软弱派的联盟还占据着上风。

注释

1. 1582 年 2 月 24 日，格里高利十三世颁布了一份教皇诏书，其中规定 1582 年 10 月 4 日之后紧接着的是 10 月 15 日，从而修正旧的儒略历中内在的错误，儒略历使每年比实际多 11 分 14 秒。Grotefend, *Taschentuch*, 25-7.

2. Vocelka, *Politische Propaganda*, 181-7.

3. Warmbrunn, *Konfessionen*, 359-86；Roeck, *Stadt*, i, 125-88；Dixon 'Urban order', 8-18.

4. Obersteiner, 'Reichshoffiskalat', 96-7, 134-6.

5. 见本书页边码 428~437 页。

6. Schulze,'Untertanenrevolten'; Behringer et al.,'Konsequenzen';
Schilling,'Crisis'; Clark,'European crisis'.

7. 见本书页边码550~557页。

8. Schmidt, *Vaterlandsliebe*, 321-8.

9. Leppin,'Antichrist'; Schönstädt, *Antichrist*, 10-13; Gotthard, *Reich*, 80-2.

10. Schindling and Ziegler, *Territorien*, ii, 27-9.

11. Schindling and Ziegler, *Territorien*, ii, 49-50.

12. Gotthard, *Säulen*, i, 66.

13. Gotthard, *Säulen*, i, 79-85.

14. Parker, *Grand strategy*, 147-205; Elliott, *Europe divided*, 307-50.

15. Ritter, *Geschichte*, ii, 5.

16. Ritter, *Geschichte*, ii, 8-10; Beiderbeck,'Heinrich IV.', Teil I, 27-32.

17. Ritter, *Geschichte*, ii, 53-4; Rabe, *Geschichte*, 596-7.

18. Gotthard,'1591'.

19. 以下内容，可见：Rabe, *Geschichte*, 598-9。

20. Press,'Christian'.

21. Lanzinner,'Zeitalter', 175. 见本书页边码422~423页。

22. Schulze, *Türkengefahr*, 360-3.

23. Schulze, *Türkengefahr*, 255-70; Schwennicke, *Steuer*, 49-54.

24. Schulze, *Türkengefahr*, 78.

25. Schulze, *Deutsche Geschichte*, 179.

26. Ritter, *Geschichte*, ii, 117-19.

27. Schulze, *Türkengefahr*, 165-6. 另见本书页边码356~357页。

28. Stieve, *Politik*, ii, 613-78 提供了对此次会议的详细描述。

29. Schulze, *Türkengefahr*, 228-36.

30. Schulze, *Türkengefahr*, 171-2, 178; Kratsch, *Justiz*, 181.

31. 以下内容，可见：Wolgast, *Hochstift*, 293-7; Schindling and Ziegler, *Territorien*, v, 86-8; Beiderbeck,'Heinrich IV.', Teil II,

1-10; Beiderbeck, *Religionskrieg*, 215-67。

32. Ritter, *Geschichte*, ii, 36-7. 公爵的一个妹妹嫁给了巴伐利亚的威廉五世，这个事实使他的儿子的候选人地位进一步获得了显著的支持。

33. Beiderbeck, 'Heinrich IV.', Teil II, 6-7.

34. Wolgast, *Hochstift*, 298.

35. Schmidt, *Grafenverein*, 349-52; Wolff, 'Kapitelstreit'.

36. 这个条约在 1619 年被延长了五年，剩余的福音教教士最终在 1627 年被要求离开: Wolgast, *Hochstift*, 297。利奥波德在 1607 年成为主教，他在 1627 年的继任者是斐迪南二世的一个儿子。

37. Wolgast, *Hochstift*, 283-5.

38. 在 1628~1635 年再天主教化的努力失败之后，马格德堡在 1648 年被割让给勃兰登堡，并且在最后一任教区长官萨克森的奥古斯特于 1680 年去世之后，马格德堡成了一个公国。Köbler, *Lexikon*, 402-3; Schindling and Ziegler, *Territorien*, ii, 81-3.

39. Schulze, *Türkengefahr*, 276-90.

40. Schneider, *Ius reformandi*, 243-4; Kratsch, *Justiz*, 60-124.

41. 这个女修道院实际上在 1629 年被交还给修会，当希尔施霍恩的王朝消亡之后，希尔施霍恩城市随即被再天主教化: Schneider, *Ius reformandi*, 244。

42. Kratsch, *Justiz*; Ruthmann, *Religionsprozesse*, 553-66, 576-7.

43. Ritter, *Geschichte*, ii, 162; Heckel, *Deutschland*, 92-3.

44. Stolleis, *Öffentliches Recht*, i, 139-40.

45. Ruthmann, *Religionsprozesse*, 577.

46. Schulze, *Türkengefahr*, 142.

47. Ritter, *Geschichte*, ii, 165-6; Neuhaus, *Repräsentationsformen*, 488-9.

48. Gotthard, *Reich*, 75.

49. Ritter, *Geschichte*, ii, 166-71.

第三十三章

瘫痪（1603~1614）

帝国是否在1618年之前15年就已经不可逆转地滑入战争？传 **418**
统的德意志民族主义历史学对失败的德意志统一体的悲剧怀有深刻
且充满悲伤的感受，因此当然是这样认为的。1603年之后教派联盟
的出现，看上去类似于划定战线和集结军队。然而事情并不是如此
明确的。德意志帝国才是三十年战争的核心。那些试图将冲突"国
际化"，或者强调哈布斯堡和法国长期斗争的首要地位的学者扭曲
了这一简单的事实。这一事实对大多数当时的人而言是理所当然
的，他们将"三十年战争"称为"德意志战争"。当这场冲突在
1618年爆发时，这是一场关于德意志的制度的冲突，也是一场关乎
中欧教派力量平衡的斗争。[1]

然而德意志的问题不能被视为战争爆发的唯一原因。帝国的政
治对抗由于哈布斯堡领地内（包括帝国内外的领地）的具体发展以
及由此产生的内部王朝斗争变得更加尖锐，并在波希米亚危机中达
到顶点。与此同时，在更广阔的欧洲舞台上的发展，使西班牙-奥
地利哈布斯堡在各条战线上协同的进攻变得更为可能，这很快使这
场冲突国际化和多样化。1603年，帝国的政治形势仍然是不确定

的。人们对于当下的问题应当如何解决存在着根本分歧，但是其中有多个阵营和派系，而不是只有两方。

福音教的激进分子，普法尔茨和其他"一致派"或者"同盟者"形成了最确定的阵营。他们的政策由上普法尔茨总督安哈尔特的克里斯蒂安协调和领导，他在 1607 年与符腾堡、纽伦堡、安斯巴赫和库尔姆巴赫达成了相互的防御条约。[2]他们与另一些主要的西南部邦国的联系是保持开放的。很多诸侯有良好的理由欢迎这种尝试。

其余归正宗统治者是最显而易见的盟友。普法尔茨同样吸引了很多路德宗教徒，他们为宗教和约的严格解释以及恢复敕令的可能性感到威胁。一些邦国，例如符腾堡，也需要安全保障以对抗西班牙军队的入侵。在巴登-杜尔拉赫，人们因巴伐利亚对巴登-巴登的干预感到惊恐。路德宗的普法尔茨-诺伊堡是夹在上普法尔茨和巴伐利亚之间的一片小领地，此时也试图与安哈尔特的克里斯蒂安在安贝格（Amberg）的政策保持一致，以寻求在巴伐利亚的野心下得到安全保障。[3]不过，归正宗的普法尔茨仍然引起了很多路德宗的怀疑：例如，普法尔茨-诺伊堡的菲利普·路德维希只与符腾堡和巴登-杜尔拉赫达成单独的协定，以此缓和对普法尔茨的怀疑。此外，普法尔茨此时没有能力为法国的支持提供额外的吸引力和保证。

如果说福音教徒尽管有所怀疑，还是愿意接受亨利四世改信天主教，但是亨利四世对反叛的加尔文宗教徒布永公爵，即色当亲王的坚决处置，对很多德意志统治者（包括普法尔茨选侯）而言有一些宗教迫害的意味。德意志人不愿意理解亨利需要解决布永公爵是因为他威胁了法国君主制的稳定。这一事件为 1602~1606 年他与德意志福音教徒之间的关系蒙上了一层阴影。[4]

尽管福音教联盟的成员在西南部缓慢地联合起来，其他地区的路德宗诸侯与普法尔茨的关系网络大体上却保持着距离。例如，黑森-达姆施塔特的路德维希五世在与他的侄子黑森-卡塞尔的莫里茨持续的继承争端中需要皇帝的支持，而莫里茨已经将他的邦国转变为归正宗，因此在 1605 年转向支持普法尔茨。另一些北方的王朝，例如奥尔登堡、荷尔斯泰因、梅克伦堡以及波美拉尼亚，已经经历了太多的领地分割，以至于他们既没有钱也没有能力参与到更广泛的帝国事务中。在约阿希姆·弗里德里希选侯（1598~1608 年在位）统治时期，勃兰登堡总体上仍然采取既信仰路德宗又忠于皇帝的政治路线，尤其是希望得到皇帝对勃兰登堡在于利希-克莱沃的主张的支持。

最重要的是，萨克森选侯维持着自身作为一个重要的忠于帝国的王朝的立场，而他的恩斯特系的亲戚已经在几次继承后变得相当分裂，以至于他们在政治上只是追随萨克森选侯的脚步。然而，萨克森和勃兰登堡显而易见的团结一致，作为 16 世纪政治舞台上的一个重要特征，正在开始松动。一个明显的原因是这两个王朝都对于利希-克莱沃-贝格有宣称权。勃兰登堡对宣称权的追求，使约阿希姆·弗里德里希的继承人约翰·西吉斯蒙德在 1605 年与海德堡结成同盟。这带来了普法尔茨、尼德兰、勃兰登堡之间的协定，以及遍及德意志和尼德兰的普法尔茨网络的关键联系。这也为约翰·

西吉斯蒙德在 1613 年改信加尔文宗奠定了宗教、思想和政治基础。

　　在这些年，天主教等级并不需要应对那些阻碍了安哈尔特的克里斯蒂安的很多措施的教派问题。然而教派的团结以及保卫天主教在宗教和约中的地位的决心，在这一时期没有转变为更为正式的同盟。对南部的主教辖区以及对再天主教化措施的威胁已经平息。因缺少来自皇帝的支持，教会选侯在 1603 年没能结成同盟。此后，随着采取强硬立场的美因茨选侯约翰·亚当·冯·比肯（Johann Adam von Bicken，1601~1604 年在位）去世，约翰·施魏克哈德·冯·克龙贝格（Johann Schweikhard von Kronberg，1604~1626 年在位）恢复到美因茨传统上在帝国内寻求共识的路线。在与萨尔茨堡和符腾堡的争端之后，1599 年巴伐利亚加速了脆弱的兰茨贝格同盟的崩溃。马克西米利安公爵（1598~1651 年在位）对随后与教皇和科隆组建新同盟的提议感到犹豫，他最初倾向专注于改革他的公国的财政和防御力量，而不是冒险纠缠于国际冲突。[5]

　　在这种相对松散的同盟的背景下，达成妥协并不是无法想象的。1603 年的帝国议会只是推迟了在四修道院案件中的申诉所造成的问题。代表会议不再是一个选项。事实上，直到 1643 年之前，帝国代表会议没有再召开过。尽管如此，人们仍然在努力解决特殊的争端以及更为普遍的司法问题。扎哈里亚斯·盖兹科夫勒在 1603 年之前担任帝国的财政长官和首席军需官，也是鲁道夫二世和马蒂亚斯大公信任的顾问，他在帝国议会期间提出了一个方案，这个方案设想由代表会议进行复杂的视察过程，这一代表会议由教派人数相等的代表组成。天主教徒并不希望做出让步，承认这个原则，而

420

福音教徒认识到盖兹科夫勒（他本人也是福音教徒）相信他们的案件是不利的。[6]

1606 年在富尔达举行的选侯会议上，这一问题也得到了更普遍层面上的讨论。他们都同意"如果没有司法，王国将不会存在"，但天主教徒和福音教徒对这一问题的看法不一致。[7]然而，他们还是决定，来自帝国最高法院的六名天主教法官和六名福音教法官应当出席帝国议会，并提交在这些年对有争议的案件做出的裁决。1607 年，萨克森提出即将到来的帝国议会应当考虑宗教和约的"更新、确认和稳定"。萨克森选侯对耶稣会的作者提出的观点感到不安，他们否认了宗教和约的有效性。然而天主教徒再次担心福音教徒只是想要正式确认自 1552 年以来福音教徒的所有收获，并且以对他们有利的方式延伸宗教和约的条款。天主教徒非常清楚，大多数福音教徒认为他们对教会财产的使用是一种滥用，只是受到了帝国制度的保护。[8]

雷根斯堡帝国议会是 1606 年与土耳其人达成和平条约之后召开的。尽管鲁道夫还没有签署和约，但福音教徒立即在与皇帝的交涉中觉察到更大程度的自由，因为他们不再有义务投票支持土耳其税。与之相反，他们相信此时对他们的自由最大的威胁，来自教派的局势而非土耳其人。

1606～1607 年的多瑙沃特事件为关于法律问题的讨论蒙上了一层阴影。[9]在这个施瓦本帝国城市中，福音教多数派积极试图首先将天主教徒排除在市政会之外，随后排除在公民身份之外，这违反了在 1555 年和约中明确规定的教派平等（第 27 条）。天主教徒将自身置于邻近的圣十字修道院的本笃会修士的保护之下，这些修士中的很多人在迪伦堡（Dillenburg）的耶稣会神学院接受过教育。这些修士决定在这座城市维护天主教徒的权利，并且自 1603 年起，他们坚持在游行时挥舞展开的旗帜，这违反了在这种场合需要卷起旗帜的规定。

随即引发的争论促使修道院的保护人奥格斯堡主教向帝国宫廷参事院申诉，而帝国宫廷参事院则在 1606 年 2 月威胁道，如果坚持妨碍天主教徒，将会对城市施以制裁。仅仅两个月之后，又一次游行引发了骚乱，在这期间旗帜受到玷污，天主教教众被驱逐出城市。市政官员谴责了暴民，但是在 9 月帝国法令再次下达；当官员再次发出申诉后，皇帝委任巴伐利亚公爵保证多瑙沃特的天主教徒的权利。正当市政官员准备接受所有要求时，群众将公爵的使者驱逐出了城市。皇帝适时发布了禁令，巴伐利亚公爵被委任执行禁令。巴伐利亚的军队在 1607 年 12 月占据了这座城市，并开始强制的再天主教化进程。1609 年，巴伐利亚扣押了这座城市以支付军事行动的费用。事实上，多瑙沃特保持了天主教信仰，并且在长期的斗争之后，成了巴伐利亚永久的邦国城市。[10]

多瑙沃特事件引起福音教徒的愤怒，是出于几方面原因的。第一，这是由布拉格的帝国宫廷参事院做出并由皇帝执行的偏袒裁决的另一个案例。第二，多瑙沃特位于施瓦本大区，所有针对城市的决议严格来说都应当交给大区的领导者，也就是符腾堡公爵。巴伐利亚公爵甚至不是施瓦本大区的成员。第三，符腾堡和施瓦本大区的其他成员对巴伐利亚的行为感到十分惊恐。一方面，他们将其视为巴伐利亚扩张主义的又一个案例，马克西米利安公爵像他的父亲一样行事，希望取代哈布斯堡在帝国西南部作为主导王朝的地位。另一方面，马克西米利安公爵与一名坚定的反宗教改革的支持者——奥格斯堡主教海因里希五世·冯·克内林根（Heinrich V von Knöringen，1598~1646 年在位）的合作，看上去预示着新的全面再天主教化的浪潮。

　　鲁道夫二世在 1608 年雷根斯堡会议的全权代表将会是施蒂利亚的斐迪南大公，他是众所周知的再天主教化的坚定支持者，这个消息造成了更多担忧。他坚持讨论新的土耳其税（因为鲁道夫此时还没有签署 1606 年条约），从而召开了会议，而福音教徒立即反对，认为这是没有必要的。[11]事实上，土耳其战争的终结，消除了自 1576 年以来帮助皇帝控制帝国议会的因素。斐迪南进一步提出，对宗教和约的任何确认应当伴随着归还财产的条款。他最初的这种不妥协的态度几乎足以使萨克森加入普法尔茨的激进派和勃兰登堡的阵营中。福音教徒再次主张，公正的判决和司法程序对帝国的重要性，就像太阳对地球的重要性一样，并且他们不会接受任何形式的普遍的财产归还。[12]尽管斐迪南很快软化了他的立场，目的在于让萨克森人再一次忠于皇帝，但是激进派直接离开了帝国议会。由于天主教和忠于帝国的路德宗再一次避免通过多数票的解决方案，帝国议会也只是暂时休会。随后 7 月和 8 月在富尔达的选侯会议上，人们同样对教派立场存在分歧，并且没能形成任何有意义的提案。[13]

　　此时的局势已经比 1603 年更紧张。皇帝行动的能力受到限制，这不只是由于他时常的犹豫不决，也因为他本人面临着源于奥地利

422

领地上逐渐加剧的危机的紧急压力。[14]在这种情况下，归正宗和很多路德宗的政治距离逐渐靠近，并且此时看上去更像两个教派群体的阵营（天主教和福音教阵营）开始形成。

1608 年 5 月 3 日，斐迪南解散帝国议会，九天后普法尔茨、符腾堡、普法尔茨-诺伊堡、库尔姆巴赫-拜罗伊特、安斯巴赫-拜罗伊特以及巴登-杜尔拉赫在安斯巴赫的讷德林根（Nördlingen）附近的阿豪森（Auhausen）组建了一个防御性联盟。[15]推动者是安哈尔特的克里斯蒂安以及普法尔茨-诺伊堡的菲利普·路德维希，普法尔茨选侯弗里德里希四世被任命为一支计划中的 20000 人军队的领导者和指挥官。在一年之内，勃兰登堡、茨韦布吕肯、黑森-卡塞尔、萨克森-安哈尔特以及厄廷根，与 16 个帝国城市也加入了联盟。根据联盟的规章制度，联盟的目标完全是防御性质的；联盟并没有其他明确的计划。[16]事实上，联盟成员中很少有与普法尔茨持相同观点的，即一场重大的宗教冲突是不可避免的。然而，这并没有使安哈尔特的克里斯蒂安打消再一次制订国际的福音教联盟的计划。[17]他想要与亨利四世、詹姆士一世、荷兰共和国、丹麦的克里斯蒂安四世建立正式的联系。他甚至设想了奥地利领地的福音教贵族的成员身份，并且与马蒂亚斯大公以及上奥地利等级的领导者——格奥尔格·伊拉斯谟·奇尔诺梅利（George Erasmus Tschernembl）通信。然而，这些雄心勃勃的计划几乎没有产生效果。

1608 年在罗滕堡召开的联盟会议拒绝了招募亨利四世的想法，并推迟考虑其他所有参与者。总体而言，由于归正宗和路德宗成员之间潜在的紧张关系，以及帝国城市的谨慎态度，制定超出互相防卫承诺之外的明确政策受到了阻碍。诸侯们拒绝授予帝国城市在决策中平等的投票权，而它们将不可避免地承担这些决策的主要成本，这引发了帝国城市的不满。此外，帝国城市传统上依赖皇帝保护以免受诸侯侵害，这使它们不愿意加入与外国统治者的联盟中，因为这会疏远与皇帝的关系。

因此在形式上，福音教联盟仍然坚持区域防御或者维持和平的长期传统。[18] 然而，从一开始就很清楚的一点是，相比过去的区域组织，例如施瓦本同盟，福音教联盟与教派导向的施马尔卡尔登同盟有着更多的相似之处。如果说联盟的大部分成员对安哈尔特的克里斯蒂安的激进主义和国际化计划持谨慎态度，他们与他在根本的内部目标上是一致的。根本上而言，福音教联盟旨在与天主教对德意志体制的解释做斗争，尤其与他们所声称的以体制的名义对帝国权力的滥用做斗争。

正是福音教联盟这一清晰的教派和政治特征，帮助推动天主教同盟形成。在多瑙沃特事件以及帝国议会瘫痪之后，马克西米利安公爵担心巴伐利亚此时可能会成为福音教徒侵略的目标。1608 年 3 月，他敦促施蒂利亚大公斐迪南劝说皇帝组建天主教的防御性同盟。[19] 然而，此时在奥地利和王朝内部的危机使皇帝不可能采取措施。因此马克西米利安不得不亲自推动组建同盟，主要是为了保卫巴伐利亚，尽管表面上是为了保卫帝国内所有天主教（特别是主教）的领地。1609 年 7 月，上德意志天主教等级的组织正式建立。[20]

不久后，美因茨、科隆和特里尔选侯也加入进来，这使莱茵兰和上德意志地区分别处于美因茨和巴伐利亚的领导之下。[21]他们将同盟命名为"防御联盟"，而敌人将其称为"天主教同盟"（Catholic League），将其与更早的 1585 年旨在消灭法国福音教的法国-西班牙联盟联系在一起。尽管在 1608 年马克西米利安公爵敦促斐迪南大公采取行动，但此时他坚持要求天主教同盟不能包括哈布斯堡，这是为了使同盟不会卷入哈布斯堡的王朝和领地问题，或者被带进哈布斯堡更广泛的政治事务中。直到 1610 年，为了回报西班牙提供的援助（可能并没有支付），他才勉强同意腓力三世和斐迪南大公应当被任命为同盟名誉上的保护者和副保护者。[22]

在短期内，马克西米利安能够决定天主教同盟的发展。他也坚持主张于利希-克莱沃-贝格的继承问题不会正式提上日程。这有助于保证此时最具潜在破坏力的政治问题没有转变为重大的国际冲突。即使如此，于利希-克莱沃危机仍然很好地反映了德意志政治的高度紧张状态，以及福音教联盟和天主教同盟的重要性。

于利希-克莱沃-贝格公爵约翰·威廉患有精神疾病并且没有孩子，他在 1609 年的去世使当他 1592 年继承头衔时就已经可以预想到的局面立即到来。[23]公国并不缺少宣称者。[24]萨克森基于马克西米利安一世授予的特权主张对于利希-贝格的权力。根据查理五世授予的特权，更为直接的主张是代表约翰·威廉的四个姐姐及其儿子的利益提出的。他的大姐嫁给了普鲁士公爵，她也有精神疾病，并且只有一个女儿，因此她的宣称权传给了她的女婿——勃兰登堡选侯约翰·西吉斯蒙德。他的另外两个姐姐分别嫁给了普法尔茨-诺伊堡公爵（生下了一个儿子，即沃尔夫冈·威廉）以及普法尔茨-

茨韦布吕肯公爵。第四个姐姐则嫁给了卡尔·冯·布尔高（Karl von Burgau，蒂罗尔的斐迪南大公的私生子），他也从不同的角度成为可能的哈布斯堡家族的候选人。在所有宣称者中，最合理并且在约翰·威廉去世几年前最活跃的是勃兰登堡选侯和普法尔茨-诺伊堡的沃尔夫冈·威廉。然而，帝国宫廷参事院在 1608 年 8 月宣布证明各种宣称权的所有特权都是无效的，这意味着当统治者去世后，皇帝本人将有权控制这个邦国，这个声明使事情进一步复杂化。

在任何情况下，一个富裕的德意志邦国的继承都是很重要的。然而，于利希-克莱沃-贝格也因另一些原因而更为重要。它位于科隆和尼德兰之间的下莱茵地区，因此对于西班牙和荷兰而言都有着巨大的战略意义。这进而意味着，这里的未来影响着皇帝、科隆和法国的利益。继承危机与西班牙和荷兰《十二年停战协定》（Twelve Years' Truce）的达成恰好共同发生，这对于亨利四世是极为有利的，他担心这次西班牙势力的受挫，可能会怂恿哈布斯堡在下莱茵地区重新确立他们的地位。最后，约翰·威廉并没有采取明确的教派政策，这个事实意味着这里包括天主教徒占多数的于利希，以及路德宗和归正宗占多数的克莱沃、拉芬斯堡和马克（Mark）。[25]

当公爵去世的消息为人所知之后，两名路德宗宣称者以及亨利四世的目标是阻止哈布斯堡的行动。亨利四世让人们知道，一旦哈布斯堡在尼德兰的世袭总督阿尔布雷希特大公进行任何干预，将会立即引起法国的干预。与此同时，他希望宣称者达成友好的协定。

然而，普法尔茨-诺伊堡的沃尔夫冈·威廉和代表选侯的勃兰登堡的恩斯特边疆伯爵立即到达邦国，为他们各自的王朝主张权力。由于他们无法就哪一个宣称拥有优先权达成一致，他们在1610年6月10日在多特蒙德决定，他们将暂时联合统治和保护邦国，并且从此之后都将自己描述为"拥有的诸侯"。于利希-克莱沃的等级满足于接受这个安排，因为他们最担心的就是再次被来自佛兰德的西班牙军队入侵，并被置于布鲁塞尔的军事统治之下。茨韦布吕肯公爵也接受了《多特蒙德条约》（Dortmund Treaty），部分原因是他已经面临着这种既成事实，部分原因是他最近被任命为普法尔茨的摄政。

勃兰登堡和普法尔茨-诺伊堡都没有资源在军事上保卫他们的宣称，所以他们仍然依赖法国的保护。亨利四世仍然坚持双方达成友好的解决方案，并且坚持福音教联盟的积极参与作为他的支持的前提条件。[26]同样地，尽管"拥有的诸侯"依赖于法国的支持并且希望保住这种支持，但是和福音教联盟一样，他们实际上不愿意招致法国的干预。他们担心法国军队可能入侵德意志领土，并且很多人担心法国只会抓住这一机会，利用福音教联盟推动法国的野心，而这种野心对德意志福音教徒没有任何好处。此外，联盟的大多数成员坚定遵循联盟的完全防御性和德意志内部的目标。

这种僵局被鲁道夫二世令人惊讶的决定性干预打破。他宣布"拥有的诸侯"的行动是非法的，《多特蒙德条约》是无效的，并且他派遣帕绍和斯特拉斯堡主教利奥波德大公作为帝国的行政长官，在他决定新的领地授予之前，代表他统治于利希-克莱沃-贝格。1609 年 7 月 23 日对于利希要塞的占领使争端升级到全新的级别，因为利奥波德曾经在 1607 年成功解决斯特拉斯堡争端，他是天主教对福音教胜利的象征。[27]

对于"拥有的诸侯"和福音教联盟而言，法国干预的可能性此时变得更有吸引力。由于否决了宣称者的权力，可以说鲁道夫已经无视了帝国的"法律和传统"。与此同时，对于利奥波德将要获得来自布鲁塞尔的军事支持，人们真正感到担忧。亨利四世似乎担心此时欧洲的宗教战争将要爆发。他的即刻的强有力干预将能够使他控制局面，并且转移对他的国内地位的任何挑战。他要求福音教联盟切断与胡格诺教徒的联系，突出了他在这方面的考虑。然而与此同时，他似乎相信只有西班牙的干涉被尼德兰和北意大利的同时行动阻碍，下莱茵的胜利才能实现。

然而，对于福音教联盟的很多成员而言，恰恰是这场不断发酵的危机的更广泛的欧洲层面，使他们数月内不愿意与法国达成协定。最终，在 1610 年 2 月，法国为一方，"拥有的诸侯"和福音教联盟为另一方，同意各自提供相等数量的军队（8000 名步兵和 2200 名骑兵），将利奥波德驱逐出下莱茵。德意志诸侯承诺即使面临任何帝国禁令也会遵守协定，但尊重于利希-克莱沃的天主教徒的利益。关键之处在于，他们也许诺一旦最初的目标能够实现，他们将会帮助法国击败在尼德兰的西班牙军队。

当一个月后法国和萨伏伊达成类似的协定，同意对西班牙控制下的米兰发起进攻时，这个策略看上去是完整的。然而这场预期中的战争没能发生。1610 年 5 月亨利四世被刺杀，意味着这场危机仍然限于下莱茵兰。腓力三世和阿尔布雷希特大公决定不干预，以避免危及与荷兰共和国订立的《十二年停战协定》。一支由法国人、荷兰人、英格兰人以及福音教联盟的军队组成的武装力量向利奥波德进发，他在 9 月 1 日被迫交出于利希的据点。然而，由于巴伐利亚的马克西米利安也招募了军队，福音教联盟同时发起对斯特拉斯堡的进攻的尝试被迫中止：城市和更温和的福音教联盟成员避免更广泛且更昂贵的冲突。[28]

因此下莱茵的冲突在 1610 年秋天得以平息。然而，于利希-克莱沃-贝格的继承问题仍然用了几年时间才最终得到解决。[29]两名"拥有的诸侯"仍然主张他们在邦国的立场。勃兰登堡的约翰·西吉斯蒙德试图争取归正宗的支持，而普法尔茨-诺伊堡的沃尔夫冈·威廉则依靠路德宗；双方都与天主教徒有纠纷。皇帝再次试图通过恢复萨克森的候选资格来削弱这两名宣称者，其目标是吸引忠于帝国的路德宗的萨克森加入天主教同盟，这个想法由于巴伐利亚的反对而没能实现。然而，此时鲁道夫的地位已经相当脆弱，以至于"拥有者"几乎不会被来自布拉格的任何事情分散注意力。随着约翰·西吉斯蒙德越来越倾向于归正宗信仰——他在 1613 年正式转变信仰——他与普法尔茨的联系得以加强。作为结果，普法尔茨-诺伊堡认为自身愈发处于劣势，以至于沃尔夫冈·威廉最终求助于巴伐利亚，他在 1613 年与巴伐利亚公爵的妹妹结婚并且改信天主教。这两人的改宗显然比之前所有情况都更加"政治化"；双方的王朝都寻求在竞争中打造不同的形象，从而获得于利希-克莱沃-贝格的等级以及潜在的外部支持者的帮助。

　　1614年，在荷兰人的帮助下，勃兰登堡的继承人格奥尔格·威廉试图将沃尔夫冈·威廉驱逐出杜塞尔多夫，而这名天主教徒此时得到了西班牙的支持，阻止了这一行动，此时战争威胁再次出现。[30]尽管西班牙的军队抓住机会，恢复了亚琛的天主教市政会，然而西班牙人最终也并没有比荷兰人更愿意为了于利希-克莱沃-贝格冒破坏和平协定的风险。因此，在《克桑滕条约》（Treaty of Xanten）中，双方同意分割领地，勃兰登堡获得克莱沃-马克-拉芬斯堡，普法尔茨-诺伊堡获得于利希-贝格-拉芬施泰因。根据设想，克莱沃和杜塞尔多夫的行政机构将在领地的联合政府中合作。事实上，他们很快着手确立永久分割，而最终的细节直到1682年才得以解决。

　　于利希-克莱沃-贝格事件表明德意志福音教徒只愿意将战争视为最后的选项，也表明他们没有能力打赢战争。他们缺少资金和资源并且依赖外国的帮助。与此同时，他们对是否需要外国的援助是充满怀疑的。强大的外部力量也许会被证明比虚弱的皇帝更加糟糕。没有人真的想要被拖入一场帝国外的冲突。所有人都不愿意承受遭受污名、潜在的政治灾难、触犯帝国法律、被施以帝国禁令，并因此受到军事惩罚的风险，这种军事惩罚是由大区或者帝国宫廷参事院委任的强有力的等级施行的。即使在危机的顶点，亨利四世最担心的事情之一，仍然是德意志诸侯会与皇帝谈判，并服从某种仲裁。到1610年为止，鲁道夫二世缺少政治诡计和政治意愿做出对德意志诸侯有吸引力的仲裁，这对亨利四世而言是很幸运的。

427

注释

1. Asch, *Thirty Years War*, 3.
2. Parker, *Thirty Years War*, 27（Simon Adams 贡献了关于福音教联盟和天主教同盟的极佳讨论。）
3. Press, 'Fürst Christian'; Clasen, *Palatinate*, 21–6.
4. Beiderbeck, 'Heinrich IV. ', Teil II, 10–14; Beiderbeck, *Religionskrieg*, 301–60. 布永公爵在 1606 年被击败，到 1608 年已经恢复了他的公国以及色当亲王国。
5. Albrecht, *Maximilian I.*, 367–8, 386–9.
6. Luttenberger, 'Kaisertum', 89–93.
7. Kratsch, *Justiz*, 182; Gotthard, *Säulen*, i, 280–5.
8. Kratsch, *Justiz*, 183–6.
9. Schneider, *Ius reformandi*, 233–4; Dixon, 'Urban order', 18–24.
10. 多瑙沃特在 1705~1714 年短暂地恢复了它的帝国地位。
11. Schulze, *Türkengefahr*, 153–4.
12. Kratsch, *Justiz*, 182.
13. Gotthard, *Säulen*, i, 285–9.
14. 见本书页边码 448~456 页。
15. Wolgast, 'Reichs- und Außenpolitik', 180–2; Schmidt, 'Union'.
16. Parker, *Thirty Years War*, 28.
17. Wolgast, 'Reichs- und Außenpolitik', 182–6.
18. Gotthard, 'Union und Liga', 82–93.
19. Albrecht, *Maximilian I.*, 409.
20. Gotthard, 'Union und Liga', 94–112.
21. Brendle, 'Kurmainz'.
22. Albrecht, *Maximilian I.*, 423–4.
23. Schindling and Ziegler, *Territorien*, iii, 98–101; Anderson, *Verge*, *passim*; Midelfort, *Mad princes*, 94–124.

24. Ollmann-Kösling, *Erbfolgestreit*, 51-9.

25. Schindling and Ziegler, *Territorien*, iii, 98-101; Spohnholz, *Tactics* 分析了在克莱沃的城镇韦瑟尔（Wesel）复杂且多变的教派情况。

26. 对于法国在这一事件中的政策的详细叙述，见：Beiderbeck, *Religionskrieg*, 363-447。

27. Beiderbeck, 'Heinrich IV.', Teil II, 17.

28. Press, *Kriege*, 181-2.

29. Ollmann-Kösling, *Erbfolgestreit*, 88-98.

30. Israel, *Dutch Republic 1476-1806*, 407-8.

第三十四章

哈布斯堡王朝的问题

　　1609 年 7 月 17 日，亨利四世不客气地告诉阿尔布雷希特大公的使者，皇帝不再是一个需要对付的力量，因为他甚至无法掌控他自己的城市布拉格。[1]亨利说出了全欧洲共知的一件事：在 17 世纪的第一个十年里，奥地利哈布斯堡处于深层危机之中。由于皇帝无法或者不愿采取行动，德意志政治中关键的机会一次又一次被错过。他自己的家族成员逐渐反对他，并且迫使他放弃对自己领地的权力。1611 年 5 月，他最终被迫放弃波希米亚王冠。他在仅八个月后去世，此时他仍然是皇帝，但是没有任何一个王国在他名下。

　　哈布斯堡危机的根源，在于奥地利各领地在 16 世纪最后几十年内不同的发展方式，这导致王朝成员之间深度的紧张关系。最初的问题源于斐迪南一世在 1564 年将哈布斯堡领地在他的三个儿子之间做出的分割；随后的问题源于马克西米利安二世在 1576 年将他继承的领地（上奥地利和下奥地利）留给了一个没能生出继承人的儿子。[2]来自土耳其人的进攻对哈布斯堡领地的直接威胁，以及哈布斯堡家族在土耳其战争期间承担的成本对所有领地施加的压力，是贯穿始终的根本性问题。16 世纪 90 年代，税收的负担在上奥地利和内奥地利造成了严重的农民战争。与此同时，财政压力也造成了与各种邦国等级的斗争，他们获得了更大的影响力来保卫，并且事实上拓展了自身的权利和特权。

宗教问题使局势进一步恶化。和巴伐利亚的领地一样，奥地利的领地也经历了路德宗在贵族中同样迅速的传播。[3]然而，由于奥地利领地面临的特殊压力，哈布斯堡统治者没有能力利用巴伐利亚人在16世纪60年代采取的方式，以控制他们的贵族。在波希米亚，福音教与当地丰富的宗教异见传统既融合又并存，但同样最终导致等级势力的加强。[4]在匈牙利，直接面对土耳其人使情况更为复杂，这种处境使哈布斯堡的统治比通常情况更依赖贵族和等级。[5]在很多邦国，自16世纪70年代起，很多路德宗教徒（特别是贵族）转向加尔文宗，这使教派问题更加棘手。这造成了与西欧的加尔文宗网络的联系，他们形成了对于对抗哈布斯堡的斗争更广泛意义上的认知，以及对相似的抵抗理论和策略的接受。

1564年的领地分割，为斐迪南一世的二儿子斐迪南在蒂罗尔和前奥地利、为卡尔在内奥地利（施蒂利亚、卡林西亚和卡尔尼奥拉）创造了单独的邦国。每个人的统治大体上是独立的，而他们在德意志帝国议会中都没有投票权。这两个邦国不同的发展，表明了哈布斯堡家族内部重要的多样性，并且导致后来在王朝内部出现的紧张关系。

在蒂罗尔，即斐迪南大公接手的领地，这里的旧教会成功阻止路德宗获得很多中心地区，并且他从一开始就采取强硬的天主教政策。这里邻近巴伐利亚，巴伐利亚也为这里提供了一个有力的案例

429

和一定保护。与区域内的布里岑和特伦托主教的合作（他们自己的领地也位于蒂罗尔伯国），也帮助推动了天主教早期的反击。前奥地利自 1579 年起由他的儿子——枢机主教奥地利的安德烈亚斯统治。由于这里包含的领地更为分散，其中很多领地规模很小，并且邻近福音教的邦国，所以问题更为复杂。然而，在这里，持续且成功的反宗教改革政策也逐渐形成。[6]

与之相反，在内奥地利卡尔二世继承的一系列领地中，福音教自 16 世纪 20 年代以来就在贵族和统治精英中稳稳地立足。等到反宗教改革的措施被引入时，福音教徒能够宣称他们已经在一段时间内享有宗教自由，并且他们将斐迪南一世的统治时期视为黄金时代。正是土耳其人造成的直接威胁使统治者依赖贵族，因此不得不容忍相异的宗教。卡尔最初专注于加强他的统治。尽管他在 1571 年与巴伐利亚的公主玛利亚的婚姻，使他与帝国内最有权势的天主教邦国紧密联系起来，但是他的等级仍然与符腾堡公爵维持着密切联系。事实上，在 1572 年，卡尔面临着在防御上投入大量资金的需求所造成的压力，因此权力平衡向着有利于等级的方向倾斜。在《格拉茨和约》（Pacification of Graz）中，卡尔授予领主和骑士以及他们的同信仰者宗教自由，直到"普遍的基督教的和平协定"达成。[7]

430　　然而，在 1578 年《布鲁克和约》（Pacification of Bruck）中对这些特权的确认和延长引起了一场震动，这引起天主教徒持续的反击。然而，在 1590 年卡尔去世之后的摄政期间，这一反击逐渐衰退。[8]等级有能力阻止卡尔大公的遗孀所希望的维特尔斯巴赫的摄政者。哈布斯堡家族连续的摄政者（1590~1592年的鲁道夫二世，1592~1593年的恩斯特大公，1593~1595年的马克西米利安大公）陷入与等级的法律争端，并且考虑到土耳其前线的不利局面，他们非常渴望解决分歧，以至于无法在宗教问题上采取强硬的立场。

1595年，随着斐迪南二世的亲政，事情发生了剧烈变化。斐迪南二世小心地避免侵犯贵族的权益，对第三等级采取了不妥协的立场，这种立场在1598~1601年对格拉茨和其他城市以及很多乡村地区强制的再天主教化中达到顶点。数以千计之人被迫移民，福音教被迫转入地下。等级激烈地抗议，尤其是因为很多贵族白白失去了迁移的臣民而没有任何回报。改信者被授予工作和钱财。福音教贵族再次受到歧视，并且被禁止保有布道士，甚至被禁止在领地外参加福音教仪式。到1628年，他们也和更早的市民与农民一样，面临着移民或者改信两种选择。

斐迪南二世早期在内奥地利的成功，对他在帝国宗教问题上的态度以及他在1619年之后作为皇帝的政策有着深远的影响。事实上，认为三十年战争起源于格拉茨城堡，这也许并不夸张。[9]施蒂利亚的斐迪南的态度和案例当然明显造成了这场危机，这场危机出现在1564年继承的奥地利领地的第三部分，由斐迪南的长子和继承人马克西米利安继承的领地。

这部分领地由三个独立的部分组成：上奥地利和下奥地利、波希米亚以及匈牙利。后两者都是选举君主制国家，它们自1526年以来一直选举哈布斯堡家族。在波希米亚，斐迪南一世在1547年

米尔贝格战役之后就确立了长子继承制的原则，尽管君主国仍然是
选举制，并且国王和等级之间的权力平衡仍然存在争议。在这两个
君主国，贵族选举的力量使他们的地位甚至比上奥地利和下奥地利
的等级更高。

　　在马克西米利安的所有领地中，强大的福音教传统在 16 世纪
上半叶已经得到确立，并且由贵族牢牢地固定在等级的权力之中。
1565 年，马克西米利安二世拒绝同意路德宗对宗教自由的要求，但
是在 1568 年他对领主和骑士做出了让步（尽管不包括城市），作为
特别高额的税收的回报。这事实上只在下奥地利得到了执行（1571
年），但这两个邦国内的贵族的表现，都好像这一让步始终是无条
件并且有效的。在马克西米利安统治时期结束之前，几乎一半教区
在福音教徒的掌控之下，而几乎所有上奥地利贵族，以及大约 90%
的下奥地利贵族是路德宗教徒。[10]

431　　　在波希米亚，路德宗同样很早就在贵族中确立了地位，并且自
16 世纪 40 年代末以来，逐渐与作为政治力量的圣杯派和波希米亚
兄弟会有效地联合起来。[11] 1567 年，波希米亚等级要求宗教自由；
1575 年，福音教徒向马克西米利安递交了以《奥格斯堡信纲》为
模板的《波希米亚信纲》（Confessio Bohemica）。尽管马克西米利安
只是在口头上承认了这个文件，但等级仍然借此主张，这是他们宗
教权利的来源和正当理由。这无疑导致福音教在波希米亚进一步稳
定发展，也包括大多数贵族和王室城镇。

　　尽管路德宗在波希米亚维护自身多数派的倾向，但是加尔文宗
在摩拉维亚，特别是在兄弟会中发展起来，而即使在 1575 年以后，

马克西米利安仍然对其予以区别对待。在波希米亚的西里西亚地区，几乎全部贵族和大多数城市在大约 1560 年成为路德宗。在 1600 年前后，波希米亚领地内不超过 1%~3% 的人口是加尔文宗教徒，然而这一少数群体的重要性和影响力超过了他们的人数规模。不过，作为一个广泛的群体，福音教徒当时已经将他们的宗教权利固定在他们的政治权利上，波希米亚人处于君主国的中心，总体上比摩拉维亚人和西里西亚人更加喧嚣和激进。尽管天主教徒仍然往往垄断大部分主要国家职位，福音教徒还是有效地创建了自己的机构，以保卫到世纪末为止实质上的国中之国。

在匈牙利，路德宗在 16 世纪 20 年代就产生了早期的影响，并且到世纪末，在匈牙利西部、上匈牙利的山区以及齐普泽（Zips）和特兰西瓦尼亚的德意志人聚居地的德意志贵族中，路德宗都占据主导地位。[12] 与之相反，马扎尔贵族以及大约 800 个匈牙利中部的市镇，最终认同各种形式和程度的加尔文宗。到 1600 年，福音教徒构成了总人口的 85%~90%，其中超过一半认同归正宗教会。和其他地区一样，这种天主教和福音教之间极度的教派不平衡，反映在等级和王室之间的权力天平上。自 1541 年起，哈布斯堡、土耳其和特兰西瓦尼亚侯爵将国家分为三个部分，这导致了更复杂的局面。在西部和北部相对较小的区域处于哈布斯堡的控制之下（大约占 30%），这里也许比哈布斯堡的其他任何领地都受到更为持续的军事威胁，而国王的任何反对者都可以轻易依靠来自奥斯曼宫廷或者特兰西瓦尼亚的支持。与此同时，尽管匈牙利位于帝国外，它的福音教等级仍然维持着与其他哈布斯堡领地的、帝国内的，以及更广泛的西欧的福音教徒之间的联系。哈布斯堡家族根本无法成为专制的统治者，尤其是在宗教问题上。

432 在 1576 年马克西米利安二世去世之后，这一整片拥有大量福音教徒的领地被传给了鲁道夫二世。这为王朝内部未来的冲突埋下了种子，因为在 1582 年 11 月鲁道夫的四个存活下来的弟弟要求获得更丰厚的酬劳以及在政府中更大的影响力。他们中的三个人获得了合适的职位。在 1593 年之前，恩斯特担任奥地利总督，之后在尼德兰行使相似的职权，直到他在 1595 年去世。四子马克西米利安在 1590 年成了条顿骑士团的德意志大团长，并且在 1602 年后成为蒂罗尔的摄政。幼子阿尔布雷希特（七世）在 1593 年成为葡萄牙副王，在 1596 年继任恩斯特在尼德兰的位置；他迎娶了西班牙公主伊莎贝拉·克拉拉·欧亨尼娅（Isabella Clara Eugenia），并且借此成为布鲁塞尔的统治诸侯。

马克西米利安二世的三子马蒂亚斯是更成问题的。[13] 在所有兄弟中，唯有他拒绝签署放弃继承权的协定。在很多年里，他的生涯一直被失败纠缠。1578~1581 年他担任尼德兰总督的时期以不光彩的方式结束，欠下债务并且失去了西班牙王国的信任。在下一个十年里，他被迫居住在林茨，没有真正的职能以及明确的收入来源。在明斯特、列日和施派尔当选主教的尝试接连失败，竞选波兰国王的努力也是如此（而他的弟弟马克西米利安的结果更糟，以遭受两年监禁告终）。即使是马蒂亚斯想成为西里西亚总督或者受封上西里西亚的奥珀伦-拉蒂博尔公国（Oppeln-Ratibor）的短暂野心，也由于西里西亚等级的反对而失败。[14] 直到 1593 年，他才能够从恩斯特那里接过奥地利总督的职位。在这个职位上，他几乎立即将注意力转移到在这场 1593 年爆发的漫长战争中，指挥对抗土耳其人的军队。在 1595 年恩斯特大公去世之后，马蒂亚斯是鲁道夫的第一顺位继承人。由于皇帝没能结婚（他与西班牙公主伊莎贝拉·克拉拉·欧亨尼娅已经订婚 18 年），并且没有合法的男性继承人，马蒂亚斯越来越想象自己成为鲁道夫的继承人。

自 16 世纪 90 年代中叶以来，关于皇帝的领地急需领导者的认知，刺激了马蒂亚斯逐渐膨胀的政治野心。最初，鲁道夫采取和他父亲一样类型的调和政策。如果说福音教在马克西米利安统治时期达到了顶点，在鲁道夫统治下，福音教继续蓬勃发展。鲁道夫在 1583 年带着帝国政府搬到布拉格，这一举动至少部分是由他与兄弟们在 1582 年 11 月的争端推动的，但他在布拉格的宫廷呈现出和维也纳一样的异端混杂的情况。甚至后来哈布斯堡在德意志最大的军事对手——年轻的安哈尔特的克里斯蒂安在布拉格也非常受欢迎，和他自 1577 年以来在维也纳的情况一样。[15]

皇帝对科学和艺术的广泛兴趣逐渐占据了他的时间，正如教皇的使者一再抱怨的那样，他的这些兴趣是泛泛的基督教的，但没有教派偏向。[16]然而在这样一个教派立场越来越强硬的世界，这种人文主义式的异端逐渐与政府的新形式格格不入。从大约 1578 年开始，蒂罗尔的斐迪南和内奥地利的卡尔二世提供了在宗教问题上强硬管理和不妥协政策的例子。相比之下，鲁道夫似乎宽松得令人难以置信而且缺少方向。

想要了解鲁道夫在 16 世纪 80 年代和 90 年代的统治的连贯变

433

化，是很困难的。在他自己的领地，他看上去大体上对维持他继承的路线感到满意，然而他也允许自己在关于上奥地利和下奥地利的问题上，受到重要的顾问甚至是弟弟的影响。在帝国内，他一开始尝试维持平衡，然而帝国宫廷参事院似乎逐渐采取坚决支持天主教的路线，这使很多福音教徒相信皇帝已经失去了公正性，并且正在转向专制统治。

在 16 世纪 90 年代，皇帝似乎直接对政府事务失去了兴趣。他不再出席奥地利和匈牙利的会议；他在 1594 年最后一次出席帝国议会，在 1598 年最后一次召开波希米亚议会。此后，在 1600 年前后，他似乎对他在波希米亚的全部机构以及帝国政府的首领进行了清洗。在波希米亚，一个坚定的天主教团体，即所谓的西班牙派系此时开始主导。在帝国政府，过去受信任的顾问，例如沃尔夫冈·伦普夫（Wolfgang Rumpf）、保罗·西克斯特·特劳森（Paul Sixt Trautson）以及扬·梅尔纳（Jan Myllner）突然被解雇，他转而支持一些弱势和相对没有影响力的人物，但整体的影响也是使坚定的天主教人物获得了优势地位。[17]

这几乎不能代表皇帝个人的宗教转变。几乎可以确定，这更多地与他对反宗教改革的推行的回应，以及最重要的，对他的弟弟们的行动的回应相关。尽管鲁道夫看上去逃避了很多责任，并且越来越受到令人衰弱的抑郁症的折磨，但他仍然近乎歇斯底里地关注自己的身份和地位，并且对篡夺他的皇帝特权的任何尝试留心提防。

这不可避免地加剧了王朝内部的紧张关系。鲁道夫先后任命恩斯特和马蒂亚斯为奥地利总督，只是为了监督他们推动已经在内奥地利有效执行的反宗教改革的政策。皇帝在 1593 年主动向土耳其人宣战，并且制定了与波斯结盟、彻底击败土耳其人的宏大的战略愿景。[18]但是他将军队的指挥权授予了马蒂亚斯。当奥地利的农民在 1595 年起义，反对反宗教改革的推行以及土耳其战争带来的沉重赋税时，又是马蒂亚斯起到了关键作用，推动恢复秩序，并继续大力推行克莱斯尔坚定的再天主教化的措施。

　　如果违背皇帝的意愿，这些措施将不会成功；事实上，在波希米亚也有着同样的措施，并且波希米亚的领地更直接处于鲁道夫的控制之下。然而，天主教复兴的推动者越来越意识到，他们缺少连续的或者协调一致的策略以及系统化且强有力的执行。不过，天主教复兴的一些早期迹象足以使等级感到恐慌，并且使他们坚定决心进行抵抗，并制订各领地的福音教徒之间的协作计划。

　　在 16 世纪 90 年代所有的这些事件中，马蒂亚斯大公以一名有野心并且明显成功的管理者和领导者的姿态出现，这似乎使人们聚焦于王朝内部的继承问题，并且越来越关注鲁道夫作为统治者逐渐呈现的无能。当马蒂亚斯在 1599 年任命克莱斯尔主教担任他在上奥地利和下奥地利的首相时，事情发展到了顶点。对于克莱斯尔而言，作为奥地利"宗教复兴"背后的驱动力，他看上去相信，或者说至少假装相信，马蒂亚斯能够制造秩序和目标感，而鲁道夫在这个问题上只能造成混乱和犹豫不决。正是主要在克莱斯尔的推动之下，大公们于 1600 年 11 月在绍特温（Schottwien）召开会议，决定正式与鲁道夫谈判，并要求他任命继承人。[19]

　　皇帝以完全的愤怒作为回应。1601 年，在奥尔米茨主教和西班

434

牙大使在罗马讨论之后，教皇克雷芒八世也给鲁道夫寄去了私人书
信，规劝他确定继承人，这一事实只是增加了压力。西班牙和教皇
的使者因此被拒绝进一步的觐见。到 1603 年 1 月，布拉格的西班
牙使者写信给腓力三世，指出鲁道夫一定会被废黜。然而这被证明
是困难的，因为鲁道夫的精神疾病并没有过于严重，如果他真的想
控制局面，他仍然可以做到。[20]

　　皇帝的回应是强有力的，但也是灾难性的。1602~1603 年对土
耳其人的一系列军事胜利给他带来了信心，使他在西里西亚和上匈
牙利的王国城市发布了一系列严厉的反宗教改革的改革措施。[21]匈牙
利的等级极力抗议，而鲁道夫在 1604 年 4 月的普雷斯堡会议上单
方面宣布，不会再与等级讨论关于宗教问题的申诉，这更加激怒了
匈牙利的等级。相似的教派措施和军事占领也威胁着特兰西瓦尼
亚，西格蒙德·巴陶里（Sigmund Báthory）在 1598 年就已经将领
地割让给鲁道夫，希望避免侵略的土耳其人和未得到支付的哈布斯
堡军队无休止的夹击的压力。到 1604 年 11 月的时候，匈牙利的不
满者准备与特兰西瓦尼亚贵族斯特凡·博奇考伊（István Bocskai）
联合，对哈布斯堡的统治发动公开叛乱，他们得到了前线的"法外
之徒"（hajduk）雇佣兵的军事支持，以及土耳其人的支持。[22]

　　鲁道夫在匈牙利捍卫自身权威的拙劣尝试，只是招致了对他的
领导能力的担忧。1605 年，大公们再次在林茨召开会议，但是马蒂
亚斯接下来前往布拉格的任务被粗暴地拒绝了。[23]然而，到此时为
止，匈牙利的形势已经过于紧迫，以至于马蒂亚斯决定在没有得到
正式授权的情况下，与博奇考伊和土耳其人进行协商。这促使鲁道

夫在次年 3 月 21 日正式将马蒂亚斯任命为匈牙利的总督，但更广 435
泛的继承问题以及鲁道夫统治能力的问题仍然未解决。1606 年 4
月，大公们在维也纳召开了下一次会议，在克莱斯尔的谋划下，他
们决定土耳其战争必须结束，并且由于鲁道夫无能，马蒂亚斯应当
被宣布为哈布斯堡家族的首领。

　　鲁道夫被迫授予马蒂亚斯必要的权威，以解决匈牙利危机和终
结土耳其战争。1606 年 6 月，马蒂亚斯与匈牙利人达成了《维也
纳和约》（Peace of Vienna），授予他们宗教自由、匈牙利独立的财
政管理机构，以及选举王室代理人的权利。博奇考伊本人被承认为
特兰西瓦尼亚侯爵，并且他对"法外之徒"问题的解决方案——授
予土地以及豁免封建义务，作为免费兵役的回报——得到了采纳。
最重要的是，此时博奇考伊推动了 1606 年 11 月《席特瓦特罗克和
约》（Peace of Zsitvatorok）的达成，双方达成了为期 20 年的和约，
并且废除了每年由皇帝支付给苏丹的贡金，以一次性支付 20 万古
尔登作为补偿。[24]

　　在所有大公以及西班牙的腓力三世和教皇的明确支持下，马蒂
亚斯此时处于比以往更强大的地位。然而鲁道夫仍然拒绝签署他实
现的条约。在匈牙利，他谋划在超过六个月的时间里不召集议会，
而且斯特凡·博奇考伊在 1606 年 12 月的去世重启了特兰西瓦尼亚
的继承问题。到 1607 年 10 月，"法外之徒"因鲁道夫想要继续对
土耳其人的战争的传言感到恐慌，以至于他们再次反叛"背信弃义
的、外国的天主教徒"，并且要求任命加博尔（Gábor），他是巴陶
里家族的最后一人。[25]与此同时，当鲁道夫在 1607 年 11 月任命施蒂

利亚的斐迪南作为他在雷根斯堡帝国议会上的全权代表时，他向马蒂亚斯表明了态度：这是一个完全出于恶意的不明智举动，因为著名的反宗教改革者的任命只会激怒德意志等级，并且使多瑙沃特事件的任何解决方案变得几乎不可能。

由于再次出现的不稳定对哈布斯堡在匈牙利任何地方的统治都造成了严重威胁，并且这种威胁可能蔓延到哈布斯堡的其他领地，马蒂亚斯直接与匈牙利的福音教等级结盟。在 1608 年 2 月的普雷斯堡会议上，他正式与匈牙利人和上奥地利、下奥地利等级的领导者达成协定，共同捍卫 1606 年的和平条约并对抗所有反对者，尤其是皇帝本人。1604 年，博奇考伊没能建立匈牙利和波希米亚等级之间的联盟；鲁道夫对马蒂亚斯盲目的仇恨，此时恰恰导致匈牙利人和奥地利人结成了这种联盟。[26] 到 4 月，在斯特凡·伊雷什哈奇（István Illésházy）和格奥尔格·伊拉斯谟·奇尔诺梅利这两名匈牙利和奥地利等级的领导者的公开支持下，马蒂亚斯带领 15000 人准备进军布拉格。

436　　当马蒂亚斯准备跨过边境进入波希米亚时，来自西班牙和罗马的大使劝说他至少将波希米亚留给鲁道夫。西班牙国王和教皇都担心，将鲁道夫驱逐出波希米亚可能会导致哈布斯堡家族先失去波希米亚王位，随后失去帝国皇位。摩拉维亚的等级决定加入这个联盟。与匈牙利人和奥地利人一样，他们也将马蒂亚斯承认他们的宗教自由、传统的领地管理的独立性，以及每一个领地的重要职务留给本地人的权利（所谓本地人的权利，Indigenatsrecht），作为对他宣誓效忠的正式条件。[27] 与之相反，波希米亚人、西里西亚人和卢萨蒂亚人则盘算着他们能够从鲁道夫那里获得更好的条款：他们更想要一个虚弱的君主，而不是与等级结盟、可能胜利的马蒂亚斯。

在现实中，马蒂亚斯面临的压力与鲁道夫一样多，尽管他看上去很自信宣称鲁道夫的大部分权力。1608 年 6 月，皇帝别无选择，只能承认《席特瓦特罗克和约》，并且在《利本和约》（Treaty of Liben）中，他将对匈牙利、奥地利和摩拉维亚的所有权力交给马蒂亚斯，并且许诺马蒂亚斯对波希米亚的继承权。兄弟二人都承诺广泛的宗教自由，以确保"他们的"等级的忠诚，并且马蒂亚斯在正式同意所有要求之后才得到承认。由于波希米亚人和西里西亚人知道布拉格政府掌握在天主教徒手中，他们在 1609 年 6 月结成庄严的联盟，并且宣誓捍卫他们的宗教自由，"直到最后一滴血"。[28] 他们同意攻击行动不会针对皇帝，因为"他是由上帝规定的最高权威"，但他的天主教政府是另一回事。面对这种极端的威胁，鲁道夫在 1609 年 7 月 9 日发布了他的《大诏书》（Letter of Majesty），他在其中保证等级要求的所有事情；西里西亚人和卢萨蒂亚人也得到了相似的保证。

皇帝将自己从这种极为糟糕的处境中抽离出来的尝试，最初是没有希望的，而后则是灾难性的。在大约 1607 年，他似乎不太认真地考虑过放弃极端的天主教政策，正是这种政策在一开始导致了危机。在他的政府中为帝国内的加尔文宗贵族提供职位，这没能产生太多影响。[29] 到此时为止，鲁道夫已经失去了信誉。即使如此，他仍然试图向福音教阵营示好。他甚至与普法尔茨选侯进行了协商，当选侯在 1610 年 9 月去世时，这一协商突然结束。在皇帝死前的几个月里，关于安哈尔特的克里斯蒂安将进入鲁道夫的枢密院，甚至皇帝打算与普法尔茨选侯的遗孀结婚的谣言仍然在传播。[30]

大致在同一时间，鲁道夫制订了绝望的计划，利用他的堂弟利奥波德大公为于利希-克莱沃-贝格的斗争中组建的军队对抗马蒂亚斯和波希米亚的等级。军队的一些人在通过帕绍的路上发动叛乱，并且劫掠了奥地利和波希米亚的部分地区。[31]当利奥波德领导下的一支军队最终在 1611 年 2 月进入布拉格并且威胁城堡区（Hradschin）时，等级直接建立了一个替代的政府。[32] 1611 年 4 月，他们召开了会议，正式废黜鲁道夫的波希米亚王位。他们立即对马蒂亚斯提出了更高的要求，但是为了换取对他们的权利和特权的确认，他们在 1611 年 5 月 23 日选举马蒂亚斯为国王。

对马蒂亚斯而言，他再次在克莱斯尔的影响下，开始谋划收回他对匈牙利、奥地利和摩拉维亚的各等级做出的承诺。和他的前任鲁道夫以及他的继承者斐迪南二世一样，他通过册封贵族以及在他的宫廷职位中系统性地偏袒天主教徒，着手巩固自身的地位。[33]此外，为更长时间奠定基础对于他也变得更容易，因为他的宫廷立即变得明显对有野心的贵族更有吸引力，这是由于他已经接管了鲁道夫除了皇位以外的所有东西。鲁道夫比以往更加愤恨，仍然固执地拒绝考虑决定帝国的继承。他在 1612 年 1 月 20 日去世。

在上一个月，大公们已经同意由马蒂亚斯继承鲁道夫。选侯对鲁道夫的推诿同样没有耐心，并且决定在 1612 年 5 月举行选举，但是他们还没有决定想要选择谁。教会选侯不信任马蒂亚斯，因为他与福音教徒有协定；然而，他们更偏好的候选人——布鲁塞尔的阿尔布雷希特并不被福音教选侯接受。在最后一天，马蒂亚斯是唯一看似可行的候选人。有影响力的萨克森议员卡什帕·冯·申贝格（Kaspar von Schönberg）几乎没有产生错觉。10 月 14 日，他写道："马蒂亚斯冒犯皇帝，对帝国毫无尊重，并且会统治得更糟糕。"[34] 然而帝国必须拥有一个有"领地和人民"的皇帝，因为帝国仍然需要防卫土耳其人。其他大公只有少量土地，多数人倾向于支持的马克西米利安甚至没有土地；他们因而无法登上皇位。1612 年 7 月 13 日，马蒂亚斯终于被一致选为皇帝。然而，讽刺的是，两个阵营的选侯之间的分歧，阻止了他们为马蒂亚斯的帝国政府制定哈布斯堡领地的各等级谈判达成的那种限制性条件。

注释

1. Beiderbeck, 'Heinrich IV.', Teil II, 17（note 43）.
2. 关于奥地利世袭领地非常好的研究，可见：Winkelbauer, *Ständefreiheit*, i, 30-78。
3. Schindling and Ziegler, *Territorien*, i, 86 - 133 and v, 257 - 77; Winkelbauer, *Ständefreiheit*, ii, 39-63.
4. Winkelbauer, *Ständefreiheit*, ii, 18-29.
5. Winkelbauer, *Ständefreiheit*, ii, 70-80.
6. 枢机主教奥地利的安德烈亚斯是斐迪南大公与菲利皮内·韦尔泽（Philippine Welser）秘密贵贱通婚生下的儿子。他是布尔高边疆伯爵（这个邦国位于奥格斯堡和乌尔姆之间），在 1576 年成为枢机主教，作为对他的父亲在雷根斯堡帝国议会上的立场的回

报。他在 1588 年成为康斯坦茨主教，在 1590 年成为布里岑主教
（自 1580 年以来担任副主教）。作为前奥地利的"长官"，他也是
阿尔萨斯的辖区长官。*BWDG*, i, 400; Schindling and Ziegler,
Territorien, v, 269-70.

7. Pörtner, *Counter-Reformation*, 28; Schindling and Ziegler, *Territorien*,
  i, 110-11.

8. Pörtner, *Counter-Reformation*, 110-11.

9. Schindling and Ziegler, *Territorien*, i, 114.

10. Schindling and Ziegler, *Territorien*, i, 126-7.

11. Schindling and Ziegler, *Territorien*, i, 134 - 52; Winkelbauer,
  Ständefreiheit, ii, 18-29.

12. Bahlcke, 'Calvinism', 77-8; Winkelbauer, *Ständefreiheit*, ii, 70-
  86.

13. Rill, *Matthias*, 9-101; Press, 'Matthias', 112-17.

14. Bahlcke, *Regionalismus*, 221-2.

15. Press, 'Christian'.

16. Koller, 'Kaiserhof'.

17. Evans, *Rudolf II*, 71-2; Evans, *Making*, 58-9; Rill, *Matthias*,
  96-7, 122-3.

18. Evans, *Rudolf II*, 74-8.

19. Press, 'Matthias', 118.

20. Rill, *Matthias*, 123.

21. Bahlcke, *Regionalismus*, 310-12.

22. Evans, *Making*, 97-8; Winkelbauer, *Ständefreiheit*, i, 142-7.

23. Rill, *Matthias*, 124.

24. Lanzinner, 'Zeitalter', 184. "法外之徒"是边境地区的强盗，
  他们一直与奥斯曼人进行游击战，但是如果出现机会，他们也
  可能转向对抗奥地利人。

25. 巴陶里很快与"法外之徒"产生纠纷；他在 1613 年被刺杀，并
  且被土耳其人支持的贵族拜特伦·加博尔取代。Pamlényi,

Hungary, 151-2.

26. Bahlcke, *Regionalismus*, 311-12, 323-4.

27. Bahlcke, *Regionalismus*, 324-42.

28. Bahlcke, *Regionalismus*, 356.

29. Schmidt, *Grafenverein*, 376.

30. Rill, *Matthias*, 191, 193.

31. 见本书页边码 426 页。

32. Bahlcke, *Regionalismus*, 382-6.

33. MacHardy, *War*, 66-8, 183-207.

34. Gotthard, *Säulen*, ii, 548-9.

第三十五章

马蒂亚斯皇帝统治时期的帝国（1612~1619）

　　哈布斯堡王朝内部的问题几乎没有为在帝国内制定合理政策留下时间，这一点并不令人惊讶。鲁道夫和马蒂亚斯漫长的争斗引发了长期的危机状态，这种状态几次看上去对哈布斯堡家族作为欧洲中部统治王朝的存续造成了威胁。卷入其中的邦国等级的领导者往往设想自己处于政治世界的中心，构想宏大的欧洲联盟，或者在东部建立荷兰式的共和国。事实上，各种联盟发现一致行动几乎是不可能的。只是因为鲁道夫的过于无能以及马蒂亚斯的懦弱志向，才使他们拥有表面上的荣耀时刻。不过，关于他们采取的英勇立场的记忆，无论对他们自己还是对他们在帝国和其他地方有联系的人，都是灵感的重要来源。1618 年，正是这样的灵感使波希米亚人采取了更为惊险的反叛行动，但是这也导致了彻底的灾难。

　　是否存在着其他选项？在马蒂亚斯实现了消耗超过 20 年时间达成的野心之后，他是否带来了什么？新皇帝缺少他的前任那样渊博的知识，并且被认为自负且懒惰。尽管他享受宫廷的社会生活，但他对政府的具体事务的注意力是间歇性的。在漫长的土耳其战争期间，以及在与鲁道夫斗争期间，他所呈现出的领导和决策能力在他成为皇帝之后几乎没有展现。

　　总体而言，他愿意允许克莱斯尔主教（1615 年之后成为枢机主教）来领导，但这也是存在问题的。帝国内的很多关键人物不信任他，例如美因茨大主教和帝国大首相约翰·施魏克哈德·冯·克龙贝格、帝国副首相约翰·路德维希·冯·乌尔姆（Johann Ludwig von Ulm），以及帝国宫廷参事院主席约翰·格奥尔格·冯·霍亨索伦－黑兴根（Johann Georg von Hohenzollern-Hechingen），看不起克莱斯尔这个平民暴发户。[1]克莱斯尔的方案也许代表着在帝国内维持和平的最好机会，然而他作为上奥地利和下奥地利天主教复兴设计者的背景，使很多人在 1612 年之后怀疑他的动机。然而，正是因为他愿意与福音教徒谈判这一事实，使马克西米利安大公和斐迪南反对他，这导致他在 1618 年失势。

　　最后，皇帝和他的首相都面临着鲁道夫留下来的严重问题。马 439 蒂亚斯是唯一可行的皇位候选人，因为只有他有足够大的领地作为在前线对抗土耳其人的基础，但是他也继承了大约 550 万古尔登的巨额债务。[2]最重要的是，在自己的世袭领地，马蒂亚斯受制于福音教等级。对于帝国内的很多福音教徒而言，新皇帝是可以接受的，因为他的权力受制于显而易见的巨大弱点。马蒂亚斯和克莱斯尔面对的几乎最不可能的任务是协调帝国问题的解决方案，与此同时在他自己的领地内主张作为统治者的权限。在他自己的世袭领地上的贵族，实质上主张的是与诸侯在 1555 年和约中的权限一致的权限，这个事实使在这里发生冲突几乎是不可避免的。

最初，马蒂亚斯对很多人有吸引力，是因为他把自己打造成一名调解者，宣称"团结比光更重要"（concordia lumine maior）。[3]甚至在选举最终结束之前，克莱斯尔已经在制订"和解"（Komposition）的方案，通过讨论和妥协而非多数人的投票达成的双方协定的方式，形成所有争端问题的解决方案。这个想法并不新颖。1610 年，这个概念在符腾堡公爵约翰·弗里德里希的宫廷已经进行了激烈的讨论；这个想法在福音教联盟早期的商议中也被考虑，甚至在帝国法院也有讨论。[4]作为信仰福音教的前帝国财政长官，扎哈里亚斯·盖兹科夫勒是这些讨论中的关键人物，并且此时作为克莱斯尔不知疲倦的响应者和建议者，再次发挥了作用。[5]克莱斯尔的策略的新颖之处在于，这个观点成为帝国政策的核心准则，以及关于创建一个新的忠于帝国的联盟的想法，这个联盟将取代现存的两个教派同盟。克莱斯尔的提议不仅对于那些想要维持和平的人有潜在的吸引力，也可能会疏远那些对哈布斯堡的帝国野心持有怀疑的人——无论是天主教徒还是福音教徒。

这个提议从一开始就是存在问题的。在 1513 年 8 月召开的雷根斯堡帝国议会上，人们提出了一系列用来打破帝国最高法院的僵局的提议。[6]人们设想了法院的改革，组建新的委员会解决突出的诉讼，特别是那些关于四修道院纠纷的诉讼。克莱斯尔和盖兹科夫勒都确信，如果这些特定的争端没有得到解决，事情不可能取得任何进展。即使如此，在帝国议会上达成任何协定的可能性仍然是渺小的：很多主要的诸侯并未出席，并且巴伐利亚和普法尔茨代表得到的指令使他们没有操作空间。

　　帝国议会也面临着新的土耳其税的需求，这使事情变得更加困难。克莱斯尔希望组建一支 20000 人的军队，这支军队由奥地利领地的等级和德意志诸侯共同出资支持。雷根斯堡议会上的提案是总计 260 单位罗马人的月饷，比过去要求的金额多出不少。[7]这个提案是合理的，因为特兰西瓦尼亚出现了一场新的危机，土耳其人在这里支持拜特伦·加博尔取代加博尔·巴陶里（Gabriel Báthory）成为统治者的努力。皇帝认为如果土耳其获得对特兰西瓦尼亚的控制，匈牙利西部将无法得到控制，而一旦匈牙利失去，对于哈布斯堡世袭领地和王室领地以及整个帝国都是威胁。

　　和奥地利的等级一样，德意志等级拒绝为这个目的提供资金，因为他们不认为土耳其人真的打算进攻奥地利或者帝国。皇帝随后不得不与奥斯曼宫廷谈判，并且在 1615 年皇帝和苏丹同意承认拜特伦·加博尔为特兰西瓦尼亚侯爵，不臣属于任何一方。在下一年，他们同意延长《席特瓦特罗克和约》。

　　皇帝在雷根斯堡的援助请求只是引起了人们强烈的怀疑。一些人公开质疑，另一些人则传播皇帝实际上想利用军队对抗帝国内的福音教徒的流言。有一些人加入了福音教诸侯，尽管不包括萨克森。他们组成了一个所谓的"一致"群体，和 1608 年一样，提出了一系列要求，作为对任何问题进行进一步讨论的前提条件。到 1613 年 10 月，帝国议会再一次陷入了僵局。天主教多数派同意大幅降低的 30 单位罗马人的月饷的土耳其税。帝国议会休会，直到 1614 年 5 月 1 日。"一致"的福音教徒再一次拒绝承认多数票。教派阵线之间的隔阂和之前一样深，帝国议会直到 1640 年没有再次召开。

然而克莱斯尔和盖兹科夫勒还在坚持，并且在接下来的几年里采取了进一步的措施。他们提出召开特别的"和解会议"（Kompositionstag），并且将此事授权给选侯。然而每项建议都遭到了争端双方的反对，福音教徒不愿意冒风险同意任何天主教徒提出的需求，而天主教徒完全不愿意妥协。在整个过程中，克莱斯尔和盖兹科夫勒仍然发展他们的想法。1615 年，盖兹科夫勒写道，第一步必须是 25 年，或者更好是 50 年的和平协定。[8]任何协定的语言必须是"可理解的、清晰的、完整的和明确的，从而不会造成任何模棱两可之处"。一个公正的仲裁机构需要建立起来。所有德意志等级应当同意这一条约，邦国内的每名新统治者或者政府都应当被要求对其宣誓。其他欧洲国家将被拉入一个非侵略条约。最重要的是，帝国的司法制度必须得到改善，使受害者能够通过改进的执行体系迅速恢复他们的权利。

盖兹科夫勒的动机看上去是相当明确的。这是自 16 世纪 80 年代晚期以来他一直采取的立场。这种立场与更早期的帝国顾问，例如拉扎鲁斯·冯·施文迪的想法完全一致。克莱斯尔的动机在当时就受到了很多人的怀疑，也引起了很多学术争论。上奥地利和下奥地利过去的"总改革者"是否真的接受和解的事业？或者这只是最没有原则的伪装？

441

如果答案是后者，那么这种欺骗就是相当巧妙并且持久的。克莱斯尔与盖兹科夫勒的私人通信看上去展现了真正的思想交流。他是一名真正的天主教徒，在 1614 年 6 月 7 日写道："但是因为我无法了解上帝的裁决，我至少希望……我们能够像一直以来的那样，在一个安定与和平的政治环境下共同生活。"他在 1615 年 5 月 22 日写道："我以天主教徒的身份活着和死去，但是宗教教导我保卫和促进基督徒之间的和平、团结和良好的理解。""如果人们的思想团结起来，信任得以建立，并且人们互相帮助"，那么人们在通向最终和解方面，在一天之内取得的进展会超过没有实现这一点的情况下的很多个星期。[9]克莱斯尔甚至相信他能够与安哈尔特的克里斯蒂安交易。1615 年 9 月 26 日，他告诉盖兹科夫勒："在我的内心中我希望与克里斯蒂安见面，因为尽管我们在宗教上有着很大的分歧，但是我们在内心和目的上联系在一起，并且仍然有可能找到一种消除不信任的方式。"[10]

克莱斯尔的立场也许并没有一些人坚持认为的那样矛盾或者具有欺骗性。更确切地说，他不比其他任何当时的政治家更善于掩饰，这些人认同基于利普修斯理论的新的政治智慧的原则。[11]历史的教训、对当下问题的评估，以及理性尺度的运用，这些都指向一定程度上实用主义的宽容。与此同时，这种立场与在个体邦国强制推行国家宗教的愿望并不矛盾。作为一名帝国政治家，克莱斯尔在 1612 年之后只是采取了 1555 年和平协定的思想。

克莱斯尔的"和解"策略的重要目标之一，以及取得成功的先决条件，就是削弱两个教派联盟。事实上，他在有限的程度上实现了这一点，尽管另一些因素也发挥了作用。然而这两个联盟的削弱并没有带来克莱斯尔所希望的政治利益。

福音教联盟从来没有形成凝聚力和统一的目标。联盟的经济状况是很脆弱的，对于联盟的很多成员，特别是勃兰登堡选侯，他们拖欠应付给联盟的款项，正如他们拖欠帝国税收一样。于利希-克莱沃-贝格危机相关的行动的成本招致了大量的债务。此外，福音教联盟的成员也朝着不同的方向拉扯。

安哈尔特的克里斯蒂安不遗余力地构建一个复杂的国际联盟网络，1612 年与英格兰达成协定，1613 年与荷兰共和国达成协定。他也维持着与奥地利、波希米亚、摩拉维亚和西里西亚的贵族反对派领导者的联系，并且与维也纳、布拉格、都灵和威尼斯的代理人保持着活跃的通信。他向瑞典国王古斯塔夫·阿道夫（Gustav Adophus）主动示好，并且引起后者对欧洲天主教阴谋的怀疑，即支持他的堂兄和竞争者——波兰国王西吉斯蒙德·瓦萨（Sigismund Vasa）取代他的王位。克里斯蒂安特别关注 1614 年在萨伏伊公爵和西班牙之间爆发的冲突，以及 1615 年在威尼斯和哈布斯堡在格拉茨的政府之间爆发的战争。[12] 萨伏伊和威尼斯在蒙费拉（Montferrat）的冲突中合力抵抗西班牙军队；英格兰和荷兰共和国派遣船只到亚得里亚海，阻止西班牙的那不勒斯人帮助解格拉迪斯卡（Gradisca）之围。然而，福音教联盟无法与萨伏伊或者威尼斯结成任何正式的盟约。德意志等级再一次避免介入任何外国的战争，以及没有涉及帝国防卫的任何冲突。

事实上，在帝国内，福音教联盟已经达到了它的极限，并且呈现出分裂的迹象。[13]萨克森选侯拒绝考虑成为联盟的成员。北德意志主教辖区的福音教长官，或者他们的王朝的其他统治成员，都无法在加入联盟中看到任何好处。他们中并没有人认真地担心强制恢复天主教会的威胁。符腾堡极力反对与萨伏伊或威尼斯的任何盟约，因为他担心西班牙军队可能会袭击蒙贝利亚（Mömpelgard）或者在莱茵河左岸的其他领地。福音教帝国城市拒绝任何会为他们招致大量成本，或者威胁他们在帝国内地位的决定：他们也很清楚皇帝和帝国法院仍然是他们的独立性的保障者。最后，在福音教联盟没能捍卫霍亨索伦家族在于利希-克莱沃-贝格的利益之后，勃兰登堡也对联盟失去了兴趣，并且当联盟决定不会将勃兰登堡在下莱茵地区获得的土地置于正式保护之下后，勃兰登堡在 1617 年 4 月放弃了它的成员身份。

随着成员数量和共同利益的减少，在 1618 年最初的十年协定期满之前，成员几乎没有延长联盟的热情。帝国城市认识到诸侯依赖他们的资金，展开了艰难的讨价还价。他们要求对任何军事行动的否决权、没有新的领地主张会得到支持的承诺，以及福音教联盟不会卷入西班牙和荷兰之间任何最终的冲突中。在这些附加条件下，他们同意将联盟延长到 1621 年 5 月 14 日。

联盟被破坏的主要原因是其成员的利益不一致，但缺乏可信的国内威胁也是原因之一，这至少部分源自"和解"的精神。天主教同盟甚至更直接地受到克莱斯尔的和解措施的影响，因为哈布斯堡的利益很快与巴伐利亚公爵的最初目标发生了冲突。克莱斯尔最初找到了一个有意愿合作的盟友——美因茨大主教约翰·施魏克哈德，他从一开始就想要接纳萨克森选侯和其他任何温和的福音教徒，使天主教同盟更为牢固地成为皇帝的支持者，并且接纳一些或者全部哈布斯堡的大公。克莱斯尔描绘了一幅"建立在宗教和世俗

443

和平以及帝国法律之上……起作用的联盟"的图景，并且谈到最终要将帝国的意大利封地、西班牙、天主教的瑞士各州、法国国王、威尼斯以及天主教波兰都囊括进来。[14]

现实情况与如此宏大的计划相去甚远。[15]西班牙和教皇国以及萨克森不愿意加入，帮助巴伐利亚的马克西米利安避免了福音教徒的加入，但是在1613年他不得不接受德意志大团长马克西米利安大公作为蒂罗尔和前奥地利统治者加入同盟。迎合哈布斯堡的利益也意味着天主教同盟的重组。双头政治（莱茵兰和上德意志）被三头政治取代，属于施瓦本大区的上德意志区域的部分与蒂罗尔和前奥地利一起，被交给马克西米利安大公领导的第三个领导区。巴伐利亚对此次挫败的反应是不签署新的条约，并且加入一个附属的联盟（严格意义上得到了天主教同盟的统治者的允许），其中包括班贝格、维尔茨堡、艾希施泰特、奥格斯堡以及埃尔旺根（Ellwangen）。关于奥格斯堡和埃尔旺根加入巴伐利亚阵营，巴伐利亚和马克西米利安大公几乎立刻爆发了争执。这是因为奥格斯堡和埃尔旺根都是施瓦本大区的成员，因此应当加入新的哈布斯堡领导区。当美因茨选侯在1616年努力坚持三个领导者的会议时，巴伐利亚的马克西米利安公爵直接辞去了职位。第二年，他与班贝格、维尔茨堡、艾希施泰特以及埃尔旺根组建了一个全新的区域防御联盟。将奥格斯堡排除在外确保了哈布斯堡不会反对。天主教同盟本身实质上覆灭了，并且直到1619年在新的形势下，在莱茵兰集团的主导下才得以恢复。[16]

马克西米利安公爵退出同盟，并且组建另一个表面上有着相同目标的同盟，这看上去似乎是矛盾的。他私下里批评 1613 年天主教同盟的重组，因为天主教同盟不再致力于捍卫天主教信仰。然而他在 1617 年达成的区域协定也没有明确这一点。关键问题并不是克莱斯尔的"和解"政策是理想主义的还是狡猾的。关键在于"和解"是否真的旨在克服教派的僵局，并创造帝国内持续和平的前提条件（以及这是否包括巴伐利亚人能够接受的对福音教徒的让步）。或者其真实目的只是促进哈布斯堡家族的利益？[17]巴伐利亚人并不是唯一对克莱斯尔持怀疑态度的人，怀疑他只是一个雄心勃勃的统治家族的代理人，而哈布斯堡试图在帝国内将自身打造成世袭君主。

组建常备军的计划加强了这种怀疑。[18]1614 年 12 月，这个想法首先由帝国宫廷参事院的领导者约翰·格奥尔格·冯·霍亨索伦-黑兴根向布鲁塞尔的阿尔布雷希特大公提出。一支由 25000 名步兵和 4000 名骑兵组成的军队，将得到天主教同盟的资金以及西班牙军队的支持。这支军队将用来保卫于利希免受荷兰和勃兰登堡的侵略，加强皇帝在帝国内的权威，以及保证继承人的当选。

1616 年，马克西米利安大公接管了这个计划，并且传达给了皇帝马蒂亚斯。这个想法此时将军队更为直接地指向福音教徒，并且使施蒂利亚的斐迪南大公（此时是哈布斯堡大公最支持的继承人）成为这支军队的指挥官。巴伐利亚人大力反对马克西米利安大公的计划，他们认为这个计划与德意志自由和选侯的自由、《金玺诏书》以及帝国整体的法律和制度是相违背的。没过多久，这个计划就被泄露给安哈尔特的克里斯蒂安，他明确的反对也是可以预料到的。

　　跨教派的普遍反对很快破坏了关于帝国常备军的所有想法。然而这整个事件在两方面是非常重要的。第一，看上去很明显，正是克莱斯尔将计划泄露给安哈尔特的克里斯蒂安。霍亨索伦-黑兴根曾受鲁道夫二世任命，并且他在鲁道夫和马蒂亚斯斗争时期的经历，使他一直不信任和不欣赏克莱斯尔。这延伸到对关于"和解"的任何主张的深刻怀疑，大公们大体上也持有这种怀疑，他们逐渐支持在王朝问题上采取强硬路线，无论是在世袭领地、王室领地还是在帝国。第二，常备军的插曲揭露了军队计划、哈布斯堡阵营内部对克莱斯尔的不信任，以及皇帝马蒂亚斯的继承的紧急问题之间的联系。

　　在鲁道夫二世时期，继承问题已经在王朝内部造成了长期且激烈的争斗。此时在哈布斯堡的德意志支系有着早期的共识。马蒂亚斯在世的兄弟同意放弃他们的宣称，并支持施蒂利亚的斐迪南，马蒂亚斯也对他表示满意。[19]西班牙的腓力三世（他是马克西米利安二世的外孙，理论上优先于侄子施蒂利亚的斐迪南）的宣称权，通过与新任西班牙大使——奥尼亚特（Oñate）伯爵伊尼戈·贝莱斯·德·格瓦拉（Íñigo Vélez de Guevara）的谈判得以解决。在1617 年 3 月双方适时达成秘密条约，斐迪南承诺将哈布斯堡在阿尔萨斯占有的领地、哈格瑙和奥特瑙（Ortenau，位于黑森林以南的莱茵河右岸）的管辖权，以及意大利封地菲纳莱和皮翁比诺割让给西班牙。这为马蒂亚斯正式将斐迪南收养为他的儿子铺平了道路。

　　此次关于继承的问题存在于哈布斯堡领地内，更重要的是在于帝国内。各地福音教的激进派以及其他很多人对施蒂利亚的斐迪南继承的前景感到不安，因为他是一名立场坚定的反宗教改革者。就他们而言，如果在宗教问题上没有达成让步，就不会在继承问题上达成协定。克莱斯尔最初对斐迪南也很冷淡，并且他担心自己新获得的权力地位会输给一名指定的继任者，甚至是被其他人取代。首先，他促使选举问题推迟，以观察马蒂亚斯在 1611 年与蒂罗尔的安娜的婚姻是否能生出直接的继承人。接下来，他坚持继承问题的解决方案必须与成功的"和解"措施联系在一起，甚至在"和解"措施成功之后。等到他完全支持斐迪南的候选资格时，他实际上已经严重损害了自己在所有大公眼中的地位。[20]

面对着越来越大的支持斐迪南的压力，普法尔茨的福音教激进派领导者抵制选举，并且谋划出一个替代方案。[21] 1616 年 5 月，一个使者被派遣到慕尼黑，询问马克西米利安公爵是否愿意成为选举的候选人。鉴于他辞去了上德意志同盟的领导者的职务，以及对常备军提案的不安，人们认为马克西米利安可能被说服，成为德意志自由的候选人，以对抗哈布斯堡的君主专制。

没有证据表明马克西米利安公爵——即使他自己不是选侯——考虑过哈布斯堡家族以外的人继承皇位的可能性。事实上，他竭尽全力向施蒂利亚的斐迪南（他的妹夫）保证对他的事业的完全忠诚。然而，作为回报，他特别要求斐迪南承认他的愿望，即和大公们一样被称呼为"尊贵殿下"（Serene Highness），也因此确认了他在帝国内首要公爵的地位（地位甚至高于蒂罗尔的马克西米利安大公）。[22]

马克西米利安的拒绝并没有打消安哈尔特的克里斯蒂安的念

头。最迟到了 1618 年 2 月，普法尔茨选侯弗里德里希五世亲自拜访慕尼黑，再次提出巴伐利亚成为候选者的方案。正如此时住在威尼斯的亨利·沃顿（Henry Wotton）在一封写给托马斯·莱克爵士（Sir Thomas Lake）的信件中评价的那样，关于有人会选举巴伐利亚公爵成为皇帝的想法，"听起来像是一场由普法尔茨选侯鼓舞的梦"。沃顿相信，德意志诸侯不会只为阻止斐迪南当选就冒内战的风险，事实上"从血缘上"讲他已经是皇帝了。[23]

情况确实如此。克莱斯尔极其努力地加强天主教的团结，并且利用各个世袭领地和王冠领地的福音教反对者的不团结。在 1614 年林茨的大会上，他没能动员世袭领地的等级对抗土耳其人，但是他得以避免 1615 年在波希米亚组成一个反君主的贵族联盟。并且他努力保证斐迪南能够在 1617 年被"接受"为波希米亚国王，1618 年被"接受"为匈牙利国王。此外，1617 年 8 月，在波希米亚王冠已经得到保证的情况下，马蒂亚斯皇帝、马克西米利安大公以及克莱斯尔一起到达德累斯顿，他们与萨克森选侯约翰·格奥尔格达成协定，在 1618 年 2 月 1 日选举斐迪南为罗马人的国王。由于波希米亚发生起义的消息，这次选举被推迟了，但是选举最终在 1619 年 8 月，即马蒂亚斯去世约五个月后发生。

亨利·沃顿是正确的。德意志等级确实避免了内部的冲突以及外国的介入，并且一致支持斐迪南。尽管如此，他们在一段时间内不愿意这样做仍然是很重要的。哈布斯堡的继承策略以及常备军的提议足以再次引起反哈布斯堡的情绪，这几乎是跨教派的反哈布斯堡的阵线。如果说克莱斯尔的操作产生了削弱教派阵营的影响，两个教派的成员此时由于对继承问题的担忧团结在一起。在 1615 年和 1616 年，选举哈布斯堡家族成员的压力导致很多人质疑计划中的选举是不是真实的。选举的自由在哪里？如果选举结果已经提前明确，那选举的意义是什么？[24]这是否会成为迈向世袭君主制的道路上的又一步？

然而，还是不存在其他可行的选项。马克西米利安公爵以及他的顾问对巴伐利亚的候选资格持怀疑态度。他们并不相信真的能够得到足够选票，一旦获得成功，可以料想到会陷入与奥地利和西班牙哈布斯堡以及教皇无休止的问题中。他们料想到，一个维特尔斯巴赫家族的皇帝将不得不在宗教原则上做出让步，并且完全依赖普法尔茨选侯和福音教诸侯。不止如此，巴伐利亚人实际上无法承担维持帝国宫廷的成本：没有德意志诸侯匹配得上统治奥地利、波希米亚和匈牙利的哈布斯堡家族所掌控的资源。[25]即使如此，马克西米利安公爵还是在 1618 年 4 月写信给他的弟弟科隆选侯斐迪南，表示如果没有采取行动，"德意志选侯、诸侯和等级的自由将会被中止，继承权将变成世袭，世俗诸侯逐渐变成普通的邦国等级，并且罗马帝国将会改变"。[26]

到 1618 年，帝国政治陷入了僵局。根本问题并没有比十年前更接近得到解决。天主教徒和福音教徒仍然在教会财产的恢复以及北方主教辖区的福音教长官的地位问题上存在激烈的分歧。年复一年的争论、阴谋、谣言和反谣言已经使可行的妥协前景破灭了。所有帝国机构或者陷入僵局，或者失去信用；帝国的皇帝自身也不再被视为一个中立的机构。

对哈布斯堡家族的怀疑跨过了天主教和福音教的分歧，超越了教派差异。同样地，路德宗和加尔文宗之间也存在着深深的不信任；寻求外国势力帮助的激进派（如安哈尔特的克里斯蒂安和普法尔茨阵营）为一方，与担心内战和外国干预德意志领地的传统派为另一方，双方也相互不信任。团结、和平和公正这些修辞在诸侯之间的通信和谈判中仍然很强烈，但是这并不能带来寻求政治妥协的意愿。然而，如果说很多人认为决战早晚是不可避免的，帝国内也并没有什么事情真正指向了这个方向。不过，在 1618 年 5 月，来自布拉格的消息制造了一个不同的、更加危险的局面。

447

注释

1. Rill, *Matthias*, 199, 244; Johnston Gordon, 'Khlesl'; Angermeier, 'Politik'.

2. Rill, *Matthias*, 197.

3. Rill, *Matthias*, 197.

4. Gotthard, *Konfession*, 84–90; Angermeier, 'Politik' 分析了克莱斯尔的计划。

5. Luttenberger, 'Kaisertum'.

6. Press, *Kriege*, 186–7; Rill, *Matthias*, 227–31; Ritter, *Geschichte*, ii, 378.

7. Ritter, *Geschichte*, ii, 378.

8. Kratsch, *Justiz*, 191.

9. Kratsch, *Justiz*, 188–9.

10. Kratsch, *Justiz*, 192.

11. Stolleis, *Öffentliches Recht*, i, 96-8, 122-5.

12. 乌斯科克（Uzkok）战争是由民族成分复杂的难民社区的侵略性活动和犯罪活动引起的，这些社区保卫哈布斯堡与土耳其人对抗的前线，这些人也恰恰对威尼斯的航运造成了严重威胁。1615年12月威尼斯人对格拉迪斯卡的进攻，本质上是为了制止乌斯科克人的强盗行为，而事实上这场进攻的对象是他们哈布斯堡的领主，而哈布斯堡对他们的控制也是有限的。这场冲突最终在1618年通过外交解决，斐迪南同意处决或者驱赶乌斯科克人的很多领导者，并且在他们位于塞尼（Zengg）的大本营设置了一支永久的驻军。分散注意力的蒙费拉的冲突在1617年10月得以解决。见：Parker, *Thirty Years War*, 40-3。

13. Parker, *Thirty Years War*, 35-8.

14. Rill, *Matthias*, 233-5.

15. 以下内容，可见：Albrecht, *Maximilian I*, 418-50。

16. 见本书页边码573页。

17. Albrecht, *Maximilian I*, 435-6.

18. Rill, *Matthias*, 244; Albrecht, *Maximilian I*, 474-6.

19. Rill, *Matthias*, 245-6, 257-9, 263-4.

20. Angermeier, 'Politik', 303-13.

21. Albrecht, *Maximilian I*, 476-87; Altmann, *Reichspolitik*, 195-220.

22. Albrecht, *Maximilian I*, 483. 这个头衔在1591年已经被威廉五世采用，但是没有得到正式承认。

23. Altmann, *Reichspolitik*, 220-1 (note 171, letter dated 1 June 1618).

24. Gotthard, *Säulen*, 636-40; Albrecht, *Maximilian I*, 474, 479.

25. Altmann, *Reichspolitik*, 215-17; Albrecht, *Maximilian I*, 484-5.

26. Albrecht, *Maximilian I*, 486-7.

第三十六章

哈布斯堡领地的危机

　　施蒂利亚的斐迪南在波希米亚、匈牙利和世袭领地明显很容易被接纳为马蒂亚斯的继承人，这掩饰了深刻的问题。马蒂亚斯自己在 1612 年的继承远远没有使局势平息，而只是开启了奥地利内部的危机的新阶段。克莱斯尔在世袭领地和王冠领地采取的方式，与他在帝国的策略是不同的。在帝国内，妥协是政治解决方案取得进展的前提条件。在世袭领地和王冠领地，妥协是在维护统治者权力的艰难过程开始时的策略需要。

　　这是一个存在于每一个领地，以及存在于波希米亚王冠领地的每一个组成部分的问题。每个领地都由它自己独立的政治团体组成，在每种情况下，这些政治团体也受到对直接相邻的领地、与其他领地合作的问题，以及哈布斯堡统治的整体问题的态度影响。[1]尽管政治问题在波希米亚是最为棘手的，并且在这里潜在的反对者更激进，但是其他地区的问题也很严重，尤其是匈牙利，马蒂亚斯早在 1613 年就担心匈牙利存在着危及哈布斯堡王朝统治的真实威胁。[2]

　　在波希米亚，问题的核心是 1609 年 7 月的《大诏书》，这一问题在其他领地也有不同的反映。[3]鲁道夫为了保住他的王冠，曾将诏书授予波希米亚人；马蒂亚斯为了保证他的王冠也确认了这一诏书。根据《大诏书》，允许由等级选举的"保护者"（Defensores）的角色对诏书的遵守进行监督。与《大诏书》以及保护者的角色形成同样重要的是，马蒂亚斯在 1611 年加冕时确认的相关政治协议。[4]本质上，等级自由选举的权利再次得到确认，并且波希米亚-西里西亚联盟得到承认，与此同时国王承诺在即将到来的会议中解决等级四个进一步的要求。其中一个要求旨在建立马蒂亚斯领地所有等级的联盟，另一个要求则是寻求组建这些领地相互的共同防卫体系。他们也要求举行常规的等级区域会议，并且恢复波希米亚与萨克森、勃兰登堡和波兰的继承条约。等级的目标相当明确：获得对军事力量的控制、将贵族反抗的制度合法化，以及在波希米亚的政治中给予外部势力以发言权。[5]

在接近三年的时间里，马蒂亚斯能够拖延，但是随后他在匈牙利的战争缺少资金，这迫使他于 1614 年在林茨召开奥地利、波希米亚和匈牙利等级的大会。国王和各等级代表中更为激进的势力都没能有效利用这次机会。马蒂亚斯和克莱斯尔本希望将等级联合起来，进行一场保卫哈布斯堡的领地和帝国、对抗土耳其人的战争。[6]但是在 1613~1614 年缺乏可信的土耳其威胁，使征税以及施加哈布斯堡权威的努力失败了。这些努力所带来的只是关于皇帝如何与土耳其人维持和平的一系列建议。克莱斯尔随后向施蒂利亚的斐迪南抱怨，林茨的等级"决心将特兰西瓦尼亚留给土耳其人，而不是给国王陛下提供一些用于战争的东西"。[7]

449

然而，1615 年在波希米亚人的坚持下召开的第二次大会，只是起到了凸显反对者的不团结的效果。这次会议甚至没能重申对抗哈布斯堡家族的团结，而这是在上一年的林茨会议上已经实现的。匈牙利人对于其他领地不愿为他们贡献高昂的防御费用不再抱有幻想，因而没有参与此次会议。摩拉维亚人、西里西亚人和卢萨蒂亚人担心等级的联盟只会导致他们受制于波希米亚人。由格奥尔格·伊拉斯谟·奇尔诺梅利和戈特哈德·冯·施塔尔亨贝格（Gotthard von Starhemberg）领导的奥地利人支持与波希米亚人结成联盟，但是反对他们对波希米亚领导权的坚持。正如摩拉维亚温和的领导者卡尔·齐罗廷（Karl Žerotín）在布拉格会议之前预计的那样，反对派无可救药地分裂，过去的联盟和同盟此时已经毫无意义。

等级在布拉格没能将反对者联合起来，导致大部分人希望的幻灭以及少数群体的激进化。[8]这加强了国王的地位。1617 年，当皇帝为了满足与西班牙的《奥尼亚特条约》的要求，迫切需要将斐迪南任命为他在波希米亚的继承人时，天主教徒能够再一次相对轻易地控制反对者。即使他们号称反对斐迪南，并且决心不接受在皇帝的命令下进行选举，但他们还是允许自己被操控，同意"接纳、宣布并为斐迪南加冕"，只有两名贵族［海因里希·马蒂亚斯·冯·图尔恩（Heinrich Matthias von Thurn）伯爵和莱昂哈德·科隆纳·冯·费尔斯（Leonhard Colonna von Fels）伯爵］公开反对。

斐迪南的"接纳"加强了天主教阵营的信心，也使很多福音教徒感到绝望。尽管一些温和派仍然希望通过谈判保证他们的权利，另一些人则逐渐确信他们的未来只能够通过公开对抗得到保障。[9]两

个潜在的进程加强了福音教徒的生存被严重威胁的认知：对法院职　**450**
位的操纵以及天主教对福音教徒的宗教权越来越大的压力。

　　在每一个领地，马蒂亚斯和克莱斯尔都加紧努力建立天主教阵
营：天主教贵族得到提拔，册封贵族被用来加强现有的网络。[10] 1612
年底，帝国宫廷和重要的帝国机构从布拉格转移到维也纳，这对于
削弱波希米亚的网络和奠定新的基础是有意义的。当然，福音教徒
在奥地利也很强大，但是至少一个天主教高级教士和贵族的联盟在
1610 年 2 月得以建立。宫廷的搬迁也起到了使统治者远离强有力的
波希米亚等级的作用。波希米亚的等级怨恨失去了与统治者接近的
机会，由于摩拉维亚人和西里西亚人乐意接受这样一个增强他们对
波希米亚人的独立性的机会，波希米亚的等级受到了进一步削弱。

　　在整个哈布斯堡领地，同样的操纵和区别对待的手段都得到了
利用。大体上，只有天主教贵族被提拔到了有声望和有利可图的职
位。福音教徒的册封和晋升为更高级别的贵族则受到了严格限制。
那些公开反对哈布斯堡家族的人，例如图尔恩伯爵，受到了惩罚：
图尔恩被剥夺了非常有价值的卡尔施泰因（Karlstein）城堡主的职
位，并且他和另一些人都面临着被处决的威胁。[11]"天主教与功绩
和忠诚的等同"剥夺了福音教家族任何提升的可能性，并且威胁着
他们作为对抗哈布斯堡的等级的政治权利维护者的地位。[12] 跨国联系
在 16 世纪末期的发展，帮助加强了福音教徒对他们的未来的信心。
然而，到大约 1610 年，系统性的歧视和排斥逐渐累积的影响，使
很多人完全失去了对未来的想法。

　　逐渐加剧的社会和政治压力与逐渐增加的宗教压力联系在一

起。[13]正如福音教徒非常明白的那样，与其他任何哈布斯堡家族的人相比，施蒂利亚的斐迪南都更加表现出侵略性的再天主教化的反宗教改革的态度。然而，即使在斐迪南成为官方的王位继承人并成为主导力量之前，坚决的天主教的反击迹象已经确凿无疑。毕竟，克莱斯尔也支持在哈布斯堡领地上实行宗教（天主教）统一，而将在帝国内的妥协（无论这种妥协持续多久）视作在波希米亚、匈牙利和奥地利世袭领地取得成功的先决条件。[14]考虑到波希米亚只有10%~15%的人口是天主教徒这一事实，在波希米亚出现的执行

451 《大诏书》的问题相当棘手。[15]然而，这些问题以特别的形式体现出在每个地方新政策的影响，并且直接导致了1618年的危机。

这些举措是由布拉格大主教约翰·洛赫利乌斯（Johann Lohelius）主导的，马蒂亚斯已经将对王冠领地的教会权威授予他。具体而言，1611~1618年，不少于132个"王室"教区被转交给这名大主教。[16]洛赫利乌斯立即开始用天主教神甫替代退职的福音教牧师。接下来，由于特伦托大公会议已经明确许可在波希米亚进行饼酒同领的圣餐礼，他承认圣杯派教士与天主教教士的同等地位，这进一步激怒了福音教徒。没过多久，福音教牧师直接被驱逐。关于福音教会在教会领地的地位的冲突将问题推到了顶点。[17]

福音教徒坚持主张《大诏书》将宗教联盟和公开信仰的自由授予王冠领地的居民，这也适用于教会领地，因为哈布斯堡过去一直坚持这些领地都是王室领地。皇帝此时则宣称他并不拥有教会，而只是对其进行保护，因此《大诏书》并不适用。布劳瑙（Braunau）城镇属于布劳瑙的本笃会修道院，并且当修道院长塞兰德

（Selender）对这里的福音教会进行申诉时，王室法院鼓励他关闭福音教会。克洛斯特格拉布（Klostergrab）处于布拉格大主教的管辖之下，自 1580 年布拉格大主教就是熙笃会的奥塞格（Ossegg）修道院的所有者，然而这里的城镇居民宣称他们是自由的采矿社区，因此实质上是《大诏书》适用的王室城镇。尽管城镇居民如此主张，大主教洛赫利乌斯还是在 1614 年底驱逐了福音教士，并且关闭了克洛斯特格拉布教会。福音教徒的抗议再次被否决，而且当大主教在 1617 年拆除存在争议的建筑时，王室法院最终支持了大主教。[18]

　　皇帝否认自身对教会的至高权力，这件事明显过于反常，以至于几乎证实了福音教徒的认知：皇帝已经参与到系统性的歧视中，并且意在消灭他们。马蒂亚斯保持着这种压力。他拒绝在 1615 年的大会上听取申诉；在下一年，他惩罚了纽斯特拉希茨（Neustraschitz）城镇，因为这个城镇驱逐了被强加的天主教士。[19]斐迪南在加冕仪式上表现得很吸引人，但是随后立即开始威胁图尔恩伯爵和其他贵族反对者。波希米亚首相府的天主教秘书公开谈及皇帝去世后在布拉格设置驻军的计划。在几个城镇开始了再天主教化，布拉格和利特梅里茨（Leitmeritz）被要求授予天主教徒市民权利。王室明显在试图执行"教随国定"（cuius regio, eius religio）的原则，就好像《大诏书》从来没有存在过一样。

　　福音教的保护者为这些对《大诏书》的系统性破坏感到愤怒，他们在 1618 年 3 月召集等级的会议。他们呈给皇帝的请愿书只招致了威胁：一旦他们敢于集会，就会被逮捕。尽管城镇的代表对皇

452

帝的威胁感到害怕，但是贵族的反对加强了。5 月 18 日，激进派的领导者撰写了一份对人民的呼吁书，这份呼吁书于随后的星期日在很多教堂被宣读。当一个更大的群体，实际上是一个福音教徒会议再次聚集时——他们曾在 3 月决定在 5 月 21 日再次集会以讨论皇帝的回应——他们的领导者被召集到王室城堡并且对王室当局答复。图尔恩报告了天主教一方计划袭击他们的传言，并且他们要求获得武装的许可。

他们得到了许可，但是这并没有缓和他们的怀疑，并且到此时为止，图尔恩和他的亲密伙伴几乎已经下定决心通过杀死一个或多个皇帝的代表以表明自己的态度。5 月 23 日，他们与当局的冲突被王室法官扣押旧城的（福音教）市政会议员的消息打断。随即，皇帝的两名代表——威廉·斯拉瓦塔（Vilém Slawata）和雅罗斯拉夫·马丁尼茨（Jaroslav Martinitz），以及波希米亚法院的秘书（Landtafelschreiber）菲利普·法布里丘斯（Philipp Fabricius）被抓住并且被扔出城堡的窗外。

1419 年，一场相似的示威引起了胡斯的革命。当时的受害者严重受伤。此次皇帝的使者落在粪堆里，并且通过邻近的洛布科维茨宫（Lobkowitz）逃走了。其中一名受害者斯拉瓦塔宣称是天使救了他，另外两人则声称这是圣母玛利亚的干预。他们三个人都得到了官职和晋升的赏赐：斯拉瓦塔和马丁尼茨都来自传统的波希米亚的贵族家族，他们在 1621 年被封为帝国伯爵；而法布里丘斯在 1623 年被封为"霍亨法尔男爵"（Baron von Hohenfall，"从高处坠落的男爵"）。[20]

如果像很多人声称的那样，神的预知能力真的挽救了被扔出窗外的受害者，那么神几乎立即抛弃了哈布斯堡家族。第二天，福音教会议组建了由各区域代表组成的临时政府（Directorium），并且准备组建军队保卫自己。这是对哈布斯堡权威的公然挑战。对于冲突的双方而言，赌注已经不可能更高了。起义者冒着被处以叛国罪以及家族灭亡的风险。对于哈布斯堡家族而言，失去波希米亚将导致帝国皇位的丧失，以及他们在欧洲的统治地位的丧失。[21]事实上，波希米亚危机只是哈布斯堡在所有世袭领地以及匈牙利面临的挑战中最危急的体现。

这个消息很快传遍了整个欧洲，并且这一事件的重要性立即就很清晰了。在几年的时间内，评论者将波希米亚的反对者与几十年之前的荷兰起义者进行比较。事实上，温和的摩拉维亚领导者卡尔·齐罗廷在 1611 年就认为，"此时的布拉格有着比很多年前的尼德兰更多的不满者"。[22]在扔出窗外事件发生之后，克莱斯尔立即发出警告："波希米亚可能会成为荷兰式的政府。"[23]此时这并不只是统治者和他的贵族等级之间的制度性冲突。这是对国家和社会相互冲突的看法之间的交锋，这是一场革命，而不只是一场起义。

453

这不仅有助于解释波希米亚危机更为广泛的影响力，也有助于解释危机对帝国的特别影响力。波希米亚王位在帝国的地位并没有被明确规定。波希米亚国王是一名选侯，某种程度上凭借其国王头衔在地位上高于其他人，但是几乎没有参与到选侯的日常事务中（尽管波希米亚国王参与到选举皇帝的核心事务）。[24]然而在政治层面，波希米亚王国的领地对于帝国的一些核心领地有重要影响。出于区域安全的原因，萨克森选侯是波希米亚的哈布斯堡统治者的一个可靠盟友，他也是哈布斯堡的皇帝在帝国内首要的福音教的稳定保障者。勃兰登堡选侯掌握着波希米亚王国的一些封地；事实上，在 1617 年获得雅格恩多夫（Jägerndorf）公国的愿望，使他同意施蒂利亚的斐迪南的继承。[25]波希米亚与普法尔茨选侯的关系更为复杂，但是同样至关重要。上普法尔茨与波希米亚接壤，这里曾经是波希米亚王国的领地，在 16 世纪这里仍然被整合进它的封建关系中。[26]

随着 1595 年之后安哈尔特的克里斯蒂安成为上普法尔茨的总督，这些古老的联系呈现出新的意义。[27]布拉格、安贝格和海德堡的联络线几乎直接穿过德意志中部，成了反对哈布斯堡统治的轴线。这是波希米亚的"不满者"与法国和尼德兰的加尔文宗起义者的一个关键的联系。克里斯蒂安作为中间人的活动很快成为整个欧洲网络的关键，他的活动在波希米亚的贵族之中及其他哈布斯堡领地的贵族之中，大大促进了他们的地位与帝国等级的地位等同的认知。在哈布斯堡和克莱斯尔看来，他们是需要牢牢统治的合法的附属贵族，而他们的福音教等级的领导者主张受到"德意志自由"启发的自由。

又过了一年的时间，波希米亚危机才达到顶峰。[28]在布拉格自我任命的临时政府试图建立波希米亚王国各领地的统一阵线并且获得外部盟友。在几个月的拖延之后，西里西亚人和卢萨蒂亚人表达了他们的支持，但是在卡尔·齐罗廷领导下的摩拉维亚人拒绝加入起义者。向哈布斯堡家族的敌人发出的呼吁，得到了预料

之中来自普法尔茨的迅速回应。然而，在这个阶段，海德堡能够
提供的只有外交和道德上的支持。普法尔茨紧张的财政状况意味
着它无法提供大量经济援助。此外，弗里德里希五世不愿意被视
作公开支持起义者，并且他在福音教联盟中被那些不愿意放弃同
盟官方的防御目的的盟友包围着。然而，通过模糊地提出当选波
希米亚国王的可能性，安哈尔特的克里斯蒂安得以说服西班牙在
北意大利的重要对手萨伏伊公爵，为恩斯特·冯·曼斯费尔德伯
爵领导下的雇佣军提供资金。

即便资金方面面临不确定性，布拉格的临时政府很快发动了对
哈布斯堡家族的第一次军事进攻。图尔恩伯爵向南进军，与皇帝的
军队发生了小型冲突，而且在 1618 年 8 月底，曼斯费尔德的雇佣
军也赶来了。到 11 月底，他得以占领比尔森（Pilsen）。

维也纳的回应一开始是不确定的。对起义者采取决定性行动的
军事准备已经调动起来。一支大约 14000 人的军队得以组建，来自
西班牙属尼德兰的经验丰富的比夸（Bucquoy）伯爵夏尔·博纳旺
蒂尔·德·隆格瓦勒（Charles Bonaventure de Longueval）被任命为
指挥官。然而，曼斯费尔德伯爵的到来使向波希米亚南部对抗图尔
恩伯爵的进军受挫，并且比夸被迫后退。

克莱斯尔再一次敦促谈判，但是很显然起义的领导者已经决定
不接受任何妥协。与此同时在维也纳，斐迪南大公和马克西米利安
大公提出了策略上的决定性改变。在 1617 年 3 月由斐迪南和西班
牙大使奥尼亚特达成的秘密条约已经奠定了基础。腓力三世承诺支
持斐迪南在波希米亚和匈牙利继承马蒂亚斯的主张，并且在对抗威

尼斯的战争中提供军事支持。作为回报，斐迪南承诺在合适的时候将阿尔萨斯割让给西班牙。阿尔萨斯实际上并不是可供割让的，因为阿尔萨斯此时由哈布斯堡的蒂罗尔大公控制，但这个许诺是很重要的，因为它确保了西班牙军队向北前往尼德兰的路线上的一个关键部分。斐迪南也承诺在当选为皇帝后，将北意大利的采邑菲纳莱和皮翁比诺授予腓力。这个协定在 1618 年的波希米亚危机中是至关重要的。它加强了斐迪南对于波希米亚和匈牙利的立场。它几乎保证了西班牙为这里或者帝国内的任何抵抗提供帮助，并为在北意大利的共同利益的问题上，采取西班牙-奥地利合作的方式铺平了道路。[29]

在已经奠定这些基础的情况下，斐迪南和马克西米利安得以行动起来反对克莱斯尔，他们指责克莱斯尔关于谈判的言论煽动了起义者。1618 年 7 月底，马克西米利安诱骗克莱斯尔来到他在霍夫堡（Hofburg）的会议厅，克莱斯尔在这里立即被逮捕并且被囚禁在蒂罗尔的阿姆布拉斯（Ambras）城堡。在教皇的调解下，他在 1622 年被移交到罗马。五年后他恢复自由身份并且返回维也纳，于 1630 年在这里去世。然而，他的政治作用随着他的被捕而告终，这标志着帝国政治上新的强硬路线的开始。

马蒂亚斯无力阻止他的重要顾问被免职；他本人在 1619 年 3 月去世，这保证了新的路线将占据上风。从一开始，这场危机就深化了。4 月，图尔恩进军摩拉维亚并且迫使摩拉维亚的等级加入起义。面对着武装军队以及他们的金库已经被华伦斯坦上校（Colonel Wallenstein）转移到维也纳的消息——这也是这位元帅第一次明确向皇帝表示忠诚——甚至连天主教徒也默许了这场起义。维也纳当局立即退还了摩拉维亚的钱财，以避免指控国王违法的任何可能性。[30]然而，任何削弱反抗的希望很快就被放弃了。图尔恩调转他的军队以威胁维也纳，并且下奥地利的福音教等级抓住这个时机出现在斐迪南面前，要求宗教自由。

在波希米亚南部比夸对曼斯费尔德的决定性胜利看上去缓解了局面，因为图尔恩立即被召回布拉格。到 7 月，斐迪南感到足够安全，以至于能够在法兰克福进行帝国选举。然而起义者还在坚持。7 月 31 日，他们对《波希米亚信纲》庄严宣誓，他们依据《波希米亚信纲》采取捍卫王国的基本法以及等级的权利和特权的行动。[31]据此，君主应当选举产生；国王应当受到《波希米亚信纲》的约束；天主教将会被允许存在，但是一些主要的行政职位应当预留给由等级推举的福音教徒，并且耶稣会士应当被驱逐。最后，西里西亚人、卢萨蒂亚人和摩拉维亚人达成了确保他们不会被波希米亚人控制的协议。8 月 16 日，他们与上奥地利和下奥地利结成了另外两个联盟。[32]随后在 8 月 19 日，波希米亚人决定基于其专制的行为废黜斐迪南。

一周后，他们选举普法尔茨选侯弗里德里希五世为他们的国王。[33]另一些候选人也得到了考虑：萨伏伊公爵、萨克森选侯，甚至是特兰西瓦尼亚侯爵拜特伦·加博尔。然而，萨伏伊是一个不可靠的独立派别，萨克森根本上忠于皇帝，而特兰西瓦尼亚本质上是外国的局外人。尽管他一直在推诿，但是当这个提议最终到来时，他是唯一现实的候选人。他在帝国内的关系，以及他与英格兰、尼德兰和瑞士的家族联系，似乎有可能为对抗哈布斯堡不可避免的反击带来国际援助。对弗里德里希本人而言，他受到了波希米亚人正在再次取得军事进展的消息的鼓舞。这一次他们与拜特伦·加博尔共同进军维也纳，此次行动在 11 月对维也纳的再次围攻时达到了顶点。

与此同时，斐迪南逐渐加强了他的地位。弗里德里希五世做了所有他能做的事情以阻挠选举，甚至试图说服他的远房亲戚巴伐利亚的马克西米利安参选。马克西米利安拒绝之后，他试图将选举推迟到波希米亚人选举出新的国王之后，希望如果波希米亚选侯的投票权不再掌握在哈布斯堡手中，也许可以用来削弱斐迪南的前景。然而结果是，天主教选侯坚定支持他，萨克森和勃兰登堡也逐渐支持斐迪南。即使是普法尔茨也别无选择，只能支持多数票。斐迪南在 8 月 28 日被全体一致选为皇帝，并且在 9 月 9 日加冕。帝国皇位的至高地位和特权此时使他在对抗世袭领地和波希米亚的敌人时具有压倒性优势。与此同时，弗里德里希五世面临着一旦接受波希米亚王冠，就会成为他在帝国内的君主的反叛者的可能性。10 月，弗里德里希做出了宿命般的决定；11 月，他于布拉格加冕。

到此时为止，斐迪南二世皇帝重新维护在他自己领地的权威的计划得到了良好的推行。尽管斐迪南在他的大多数领地的地位显然是不明确的，但是他在对抗僭越者的迅速战斗中拥有压倒性的优势。正是他在接下来选择利用他的胜利的方式，使帝国陷入了一场漫长且血腥的战争中。

456

注释

1. 具体的分析可见：Bahlcke, *Regionalismus*, 24-55。整体的研究可见：Winkelbauer, *Ständefreiheit*, i, 29-173。
2. Ritter, *Geschichte*, ii, 397.
3. Pursell, *Winter King*, 43-64.
4. "保护者"在《大诏书》得到同意之前就已经形成：Bahlcke, *Regionalismus*, 355-6。
5. Bahlcke, *Regionalismus*, 386.
6. Ritter, *Geschichte*, ii, 387-92.
7. 在一封 1617 年 5 月的信中：Bahlcke, *Regionalismus*, 390。
8. Bahlcke, *Regionalismus*, 389; MacHardy, *War*, 68.
9. MacHardy, *War*, 68.
10. MacHardy, *War*, 66-8, 183-207.
11. Rill, *Matthias*, 295-6.
12. MacHardy, *War*, 212-13.
13. Evans, *Making*, 62-5.
14. MacHardy, *War*, 47-70, 109-13.
15. Winkelbauer, *Ständefreiheit*, ii, 26.
16. Parker, *Thirty Years War*, 48.
17. MacHardy, *War*, 69; Evans, *Making*, 65-6; Press, *Kriege*, 188-92; Rill, *Matthias*, 294-5.
18. Winkelbauer, *Ständefreiheit*, ii, 26, 121.
19. Rill, *Matthias*, 295-6.
20. *ADB*, xx, 515-17; *NDB*, xvi, 302-3; Press, *Kriege*, 192.
21. Winkelbauer, *Ständefreiheit*, i, 95-6.
22. Bahlcke, *Regionalismus*, 386.
23. Bahlcke, *Regionalismus*, 406; Begert, *Böhmen*, passim.

24. Begert, *Böhmen*, 303-56, 574-86.

25. Zeeden, 'Zeitalter', 143.

26. Bahlcke, *Regionalismus*, 17, 19, 108; Köbler, *Lexikon*, 484 - 5. 上普法尔茨最初是巴伐利亚的领地，在 1329 年维特尔斯巴赫家族的分裂中落入普法尔茨之手。上普法尔茨在 1353 年作为抵押品被给予查理四世，但是在 1373 年被普法尔茨赎回。和其他波希米亚的附属领地一样，上普法尔茨是波希米亚王冠领地（corona Bohemiae）的一部分，而不是波希米亚王国（Regnum Bohemiae）的一部分，而查理四世的卢森堡王朝最终没能确保对这里的控制。

27. Press, 'Christian'; Clasen, *Palatinate*, 23-6. Wolgast, 'Reichs-und Außenpolitik', 186-7.

28. Schormann, *Krieg*, 25-8.

29. Asch, *Thirty Years War*, 44; Parker, *Thirty Years War*, 37.

30. Mann, *Wallenstein*, 168-73.

31. Winkelbauer, *Ständefreiheit*, i, 94-5.

32. MacHardy, *War*, 72, 104.

33. Pursell, *Winter King*, 65-91; Wolgast, 'Reichs-und Außenpolitik', 186-7.

第三十七章

帝国公法以及关于帝国体制的斗争

在这些很多历史学者视为帝国处于战争边缘的年份里，1648 年 的制度性协定的理论基础以及爱国主义的新形势也得以发展。后来的制度性妥协的关键元素是在帝国公法的学科中制定的。这一学科在战争爆发之前十年左右出现在归正宗和路德宗的大学。它有着大量的来源。

自 15 世纪 90 年代以来形成的帝国法律是以罗马法的基本内容为基础的，从这个意义上讲罗马法是根本性的。这些立法也激发了关于帝国的大量著作，这种著作从 16 世纪 60 年代开始显著增长。从 1501 年开始，一个半官方的帝国决议集（Corpus Recessum Imperii）得以出版，内容是对帝国议会上达成的所有协定的记录；1569 年，一本专门介绍帝国议会程序的手册得到编写，这本手册在 1612 年第一次印刷。一些对帝国议会程序的评注与帝国内逐渐加剧的政治危机有着明确的关联。大量文献专门讨论由多数票做出的决定是否对所有人具有约束力。与此相关的是探讨一致（concordia）原则，以及不一致（discordia）在政治中的可能性和被允许的程度的著作。[1]

　　在 16 世纪 80 年代，出现了关于几乎所有主要的帝国制度性法律的大量评注。帝国城市编纂了他们自己的六卷本历史制度手册，被称为档案（Registratur），并且在施派尔维持着一个包含所有相关文件的中央档案馆。[2] 1607~1614 年，梅尔希奥·戈尔达斯特·冯·海明斯菲尔德（1575~1635）出版了大量制度性文件的合集，尽管向归正宗和普法尔茨的利益倾斜，这是因为戈尔达斯特希望他在 1606 年和 1608 年在普法尔茨失败的职位请求最终会获得成功。1617 年，路德宗的萨克森－魏玛议员弗里德里希·霍特莱德（Friedrich Hortleder）出版了关于施马尔卡尔登战争的大量历史文件。为了寻找更深刻的背景，一些作者，例如戈尔达斯特和霍特莱德求助于中世纪的资源。主教叙任权之争（1075~1172），特别是洛泰尔三世（Lothar Ⅲ）统治时期（1125~1137）以及据说他在 1135 年要求在所有学校和法院使用查士丁尼法典（Justian Code）的法令，或者是巴伐利亚的皇帝路德维希（1314~1347 年在位）与教皇的冲突，他们在有关这些事件的记录中发现了与当下的危机密切相关的指引的来源。[3]

　　此外，关于帝国最高法院的大量著作也发展起来：关于程序的小册子、案例记录的合集、评注和解释。值得一提的是，这些文献中的大部分是归正宗和路德宗专家的著作。对于帝国宫廷参事院的严肃评论，则是在 1648 年之后才真正开始出现。帝国宫廷参事院明显推动了 1618 年之前的帝国政治危机，但是几乎没有带来促成其解决方案的文献。正是帝国最高法院这个福音教徒在其中有发言权的法院，激发了大量福音教作者利用精确文本研究的人文主义研究方法，以促进他们对帝国的看法。[4]

新公法的另一个来源是略为古老的政治学科。自从梅兰希通再次将亚里士多德引入福音教的教育准则中，这一学科才得到发展。将亚里士多德的伦理学和政治学重新置于福音教教义关于社会和政府的核心内容中，这创造了一个新的框架，在这个框架中诸侯和市政官员被赋予独立于教士的权威。然而，关于权威和其可靠的管理职责的新的确定性，很快就受到了自 16 世纪 70 年代以来，对马基雅维利的观点以及对 1574 年由利普修斯出版的评述版的塔西佗著作的接受的挑战。这二者似乎都表明，权威应当完全与宗教分离。尽管这个含义使很多德意志作者拒绝马基雅维利和塔西佗，认为他们的思想是危险的和不敬神的，但是另一些人被激励着去确立替代性的政治行为的规则或原则。

在大致同一时期，法国的理论家让·博丹提供了一个新的有力的分析工具，而法国的哲学家彼得·拉米斯（Peter Ramus）提供了一套新的方法论。博丹将王权从一系列特权重新定义为更高的至高权力、所有法律的来源，并且通常免于任何不服从的行为，这种重新定义提供了一系列用来评价任何政权的新的分类和方法。从加尔文宗的拉米斯开始，首先是德意志归正宗的作家，随后不久是路德宗教徒，获得了创造逻辑上完美一致的概念体系的希望。这实际上是把新的主题转变为真正意义上的准则：形式化、精确表达，并通过内部逻辑赋予外在的一致性。最重要的是，他们希望将政治作为一门独立于神学的科学对待。[5]

在 1600 年前后，很多专家为这种准则带来了决定性的塑造和指引：黑博恩（Herborn）的归正宗学院的约翰内斯·阿尔特胡修斯（Johannes Althusius）、但泽的归正宗文理中学的巴托洛梅乌斯·凯克曼（Bartholomäus Keckermann），以及位于路德宗的黑尔姆施泰特（Helmstedt）、不伦瑞克-沃尔芬比特尔公爵的大学的亨宁·阿尼绍（Henning Arnisäus）。他们开创性的著作引发了接下来几十年大量的著作，既包括学术性著作也包括通俗著作，这些著作反映了在整个西欧能够找到的大部分观点。到 1620 年，每一个德意志福音教大学都有至少一部关于政治的系统性著作出版。[6]

最早期的代表人物的兴趣，一方面通常是理论上的，另一方面则是关注等级的。他们试图建立政治领域的原则和规则的动机，最开始是为了定义他们所处的政权，这种政权本身作为一个系统，同时也作为帝国的一部分。总体而言，他们并没有将帝国视为一个单独的课题，因为这并不是他们关注的核心。阿尔特胡修斯最关心的是弄清楚邦国的等级和他们的统治诸侯之间的关系。对他而言，真正关键的问题在于统治者与被统治者之间的契约的本质，他坚持认为这一契约必须从权利而非宗教义务的角度进行考虑。阿尼绍反对他的观点，认为他忽视了诸侯至高的权力。他试图辩驳所有反君主制的著作，坚决否认任何人民主权的概念，以及将君主制理解为基于历史的特权的汇总，认为君主制是混合体制而非绝对君主制的理论。凯克曼也否定人民主权的观点，他更强调混合体制是最公正的政权形式的主张。

政治方面的主要作家对帝国的兴趣只是边缘性的。然而没过多久，博丹关于帝国的具体观点成为一场截然不同的争论的中心。其中特别有挑战性的观点，是博丹将帝国归类为贵族政治，国家的至高权力只存在于帝国议会。这种观点既令帝国主义者感到不满（他们信仰至高权力的君主），也令那些想要建立独立于皇帝和帝国议会的权威的诸侯感到不满。同样重要的是，博丹驳斥了四大帝国理论（Four Monarchies theory），这一理论认为根据但以理（Daniel）先知的描述，神圣罗马帝国是四大世界性君主国中的最后一个；他也否认了帝国转移理论。德意志的理论学家不得不重新审视一些关于他们的帝国政体的最受珍视的神话。

随着帝国政治危机的加剧，这个任务变得更加紧急。自 1555 年以来帝国体制的变化、教派之间加剧的紧张关系，以及更大的邦国的政府体制的巩固，抛出了现存的法律无法解决的一系列实际的法律问题。面对博丹的挑战，罗马法是否真的能为描述德意志政体提供一个合适的基础，这一问题被提出。公法（ius publicum）这一术语似乎起源于 1600 年由阿诺德·克拉普马里乌斯（Arnold Clapmarius）在阿尔特多夫（Altdorf）举行的被宣传为"依据公法"（ex iure publico）主题的争论：帝国的法律、战争和联盟的法律、政体的秘密，以及政体的司法体系和行政部门。

这是第一次关于帝国公法的公开争论，这凸显了这一主题的重要性。这是一场在归正宗的马尔堡大学和路德宗的吉森（Giessen）大学之间的争论，这两所大学分别属于卡塞尔和达姆施塔特这两个敌对的黑森王朝。马尔堡的法学教授赫尔曼·乌尔特尤斯（Herman Vultejus）在 1599 年发表评论，其中否认罗马法对德意志人的有效性。他认为，帝国只在表面上是一个君主国，它的结构是贵族政治

460

的。帝国转移理论已经失去了它的意义，因为查理曼接纳他任命的行政官员与他合作，从而使帝国转变为封建的领地。[7]乌尔特尤斯在吉森的路德宗同行们很快就认识到他对封建观点的颠覆性利用所具有的一触即发的潜力，这事实上类似于被奥特芒（Hotman）和法国的反君主派在16世纪60年代利用的观点。1607年，戈特弗里德·安东尼乌斯（Gottfried Antonius）做出反驳，他认为鲁道夫二世是一位真正的君主，他象征着国家并且有权为公共利益行动，并且他本人是不受法律约束的（legibus solutus）。在接下来的争论过程中，安东尼乌斯承认皇帝受到帝国基本法的约束，因为它们实际上是条约。然而他仍然坚持皇帝应当不受其他所有发布的法律约束。

这场争论是由强烈的地方对抗引发的。吉森大学在1607年才收到它的帝国许可。这标志着伊拉斯特文理中学（Gymnasium Illustre）得到提升，这所学院是由来自马尔堡大学的路德宗流亡者在1605年建立的。马尔堡大学在1527年建立，是帝国内第一所新的路德宗大学，但是在1605年转变为归正宗。[8]马尔堡大学的前教授（如安东尼乌斯）不仅热衷于谴责归正宗的后继者，而且渴望展现他们对皇帝的忠诚，这是为了保证他们的新机构的地位。然而，在多瑙沃特事件前夕，在帝国政治体制的危机达到顶点时，这场争论有着更广泛的影响。[9]这场争论触及了帝国司法、皇帝权力、至高权力、国家的法律、国家理性（ratio status）这些具体的问题，这些问题形成了很快被确立为区别于法律和政治的法律-政治学科的核心。

尽管马尔堡-吉森争论有着鲜明的教派色彩，但这一学科随后还是在阿尔特多夫、吉森、耶拿和斯特拉斯堡的路德宗大学发展起来。一些非学者也做出了重要贡献，例如不伦瑞克－吕讷堡海因里希·尤利乌斯公爵的首相托比亚斯·帕迈斯特（Tobias Paurmeister，1555~1616），他在 1608 年发表的《二论神圣罗马帝国法律》（*De jurisdictione Imperii Romani libri duo*）是第一部关于德意志公法的重要著作。在接下来的几十年里，这一主题走上了独特的路线。这个主题的大多数参与者倾向于支持给予等级在帝国内的关键角色的观点。他们否认任何形式的四大帝国理论或者帝国转移理论，并且否认罗马法对 17 世纪的帝国的适用性。恰恰相反，他们发展了至高权力的理论，将王国或政体的性质（实际至高权，maiestas realis）与君主的性质（身位至高权，maiestas personalis）进行区分，并且他们在不同程度上认为皇帝应当附属于王国。吉森的迪特里希·雷金克是唯一传统的帝国主义者，坚持依据《但以理书》设定的体系，将帝国视作"第四帝国"。然而即使是雷金克也认为皇帝直属的臣民（也就是诸侯）在特定的情况下有权抵抗，并且强调尽管帝国是一个君主国，在行政机构上却是贵族政治的。

461

　　然而，大多数人认同 1608 年托比亚斯·帕迈斯特的有影响力的构想，即所有的帝国法律，关于战争与和平、条约、税收或者其他国家事务的决定都应当由皇帝和诸侯共同（coniunctim）决定。除了授予特权的能力之外，皇帝和其他人一样都是诸侯；他并没有独立的法律权力。这个观点凸显了人们对帝国的法律和罗马法之间的差异逐渐加强的认知。到了 17 世纪 40 年代，赫尔曼·康林进一步得出结论，认为罗马法与德意志政体完全无关，并且他也第一次决定性地证明德意志帝国从任何意义上都不起源于罗马。[10]

　　尽管这一结论的本质很激进，但是根本上而言，无论是康林还是他的前辈都并非反对哈布斯堡家族或者他们在德意志的统治。如果说雷金克是一名孤独的君主主义者，那么菲利普·博吉斯拉夫·冯·开姆尼茨（Philipp Bogislav von Chemnitz，1605~1678）在与专制的哈布斯堡家族和选侯家族的激烈论战中是孤独的，他是对源于所有诸侯至高权力的一切事物的反对者。[11]即使在战争时期，与他同时代的大多数人仍然忠于哈布斯堡。[12]一些人，例如贝内迪克特·卡普佐夫（Benedict Carpzow），称颂哈布斯堡家族作为皇帝在超过两个世纪里的成就。另一些人，例如约翰内斯·利姆奈乌斯（Johannes Limnaeus），承认哈布斯堡家族是唯一足够富裕以承担帝王尊严的成本的王朝，也是唯一足够有力量保卫帝国对抗敌人的王朝。

　　天主教大学并没有参与这场争论中。[13]他们的课程受到 1599 年耶稣会的《教学大纲》（ratio studiorum）的限制。在天主教大学学习的政治著作主要是当代意大利作者的译作，它们很少触及法律体系，并且从未涉及帝国的公法。关于政治唯一严肃的天主教学说出现在科隆和美因茨，耶稣会士亚当·康岑（Adam Contzen，1571~1635）在他 1620 年的著作《政治十论》（Politicorum libri decem）中详细论述了天主教教派国家的理论。康岑也许是利普修斯主义在天主教的德意志的首要支持者，并且在美因茨工作多年后（1609~1623），他为巴伐利亚的马克西米利安选侯担任告解者，这是一个既参与神学和教牧咨询，也会对邦国政府的几乎每一个维度提出建议的角色。[14]

注释

1. Schulze, *Deutsche Geschichte*, 178–86; Schulze, 'Konfessionsfunda-mentalismus'.

2. Gross, *Empire*, 99–100.

3. Stolleis, *Öffentliches Recht*, i, 140. 洛泰尔三世的相关性在于这位皇帝是唯一的立法者，并且在于依据帝国法令《关于完全的权力》（ex plenitudine potestatis），罗马法在帝国内是有效的。对这一事件的揭露只是一个寓言，实际上暗示非罗马起源并且皇帝本人也遵循的帝国基本法律的存在。Gross, *Empire*, 84–6, 211, 268–74; Whaley, 'German nation', 315–20.

4. Stolleis, *Öffentliches Recht*, i, 133.

5. Skinner, *Foundations*, ii, 341–2, 350.

6. Stolleis, *Öffentliches Recht*, i, 111–12.

7. Gross, *Empire*, 137–8.

8. Schindling and Ziegler, *Territorien*, iv, 279–83. 西里西亚的利格尼茨大学实际上是第一所福音教大学，但是这所学校在 1530 年就被关闭了。

9. 见本书页边码 421 页。

10. Gross, *Empire*, 146–54, 255–86.

11. Schmidt, *Vaterlandsliebe*, 401–13. 见本书页边码 621~622 页。

12. Gross, *Empire*, 191, 207.

13. Stolleis, *Öffentliches Recht*, i, 122–4; Evans, 'Culture', 23–4; Seifert, 'Bildungskanon'; Gross, *Empire*, 94–6.

14. Powell, *Trammels*, 25–8; Stolleis, *Öffentliches Recht*, i, 122–4. Killy, *Lexikon*, ii, 457–7.

第三十八章

战争前夕的和平主义和爱国主义

462   早期的公法学说是教派化的，因为它是由福音教作者，主要是路德宗教徒构建的。然而，在很多情况下，它的特点是宗教上的温和或宽容的观点。例如，利姆奈乌斯是一名虔诚的路德宗教徒，但是他拒绝利用武力实行宗教统一，并且反对迫害被排除在 1555 年和约之外的归正宗。如果说从面对天主教威胁时福音教的团结的角度而言，这种观点也许是可以理解的，但是这也反映了更广泛的、通常和平主义的观点，这种观点也成为公法发展的特征。公法的根本目标是构建统一，更确切地说是恢复已经失去的统一。这并不首先意味着宗教统一。这意味着帝国的凝聚，这些公法学家试图对帝国的传统和法律进行总结和系统化。

      然而，这种观点也意味着在更长时间的宗教统一。公法学家与这一时期的各种宗教潮流之间的联系并没有得到很好的理解。为获得职位而做出的宗教阵营的明确声明往往掩饰了很多更为非正统的观点。[1]教派内部与跨教派的朋友和学者的关系网络几乎没有吸引学术研究并且很难去重建。那些正式上是路德宗或者归正宗的个人，他们之间的差异通常是极难认清的。例如，约翰·瓦伦丁·安德烈埃（Johann Valentin Andreae）是一名路德宗教徒，而他与归正宗的思想家有着密切联系。他后来与夸美纽斯（Comenius）的信件表明他们在泛智问题上有着共同的兴趣。事实上，夸美纽斯不断承认安德烈埃是他最重要的人脉关系之一。[2]

安德烈埃在玫瑰十字会（Rosicrucian）网络中的关键角色似乎也是至关重要的。[3]从未有过这样的兄弟会。然而玫瑰十字会的宣言［1614年的《兄弟会传说》（*Fama fraternitatis*）、1615年的《兄弟会自白》（*Confessio Fraternitatis*）及1616年的《基督徒罗森克鲁兹1459年的化学婚礼》（*Chymische Hochzeit de Christiani Rosenkreutz Anno 1459*，以下简称《化学婚礼》）］以及相关的新柏拉图主义、赫尔墨斯主义和卡巴拉的著作在整个帝国的福音教学者中大受欢迎。安德烈埃本人是符腾堡的图宾根人，也是一名路德宗教徒，而他在1607~1613年游历了斯特拉斯堡、海德堡、日内瓦、巴黎、帕多瓦、威尼斯和罗马。他明确否认自己是《兄弟会传说》和《兄弟会自白》的作者，而这两部著作似乎都来自图宾根的信徒和神秘术士圈子以及法学教授托比亚斯·赫斯（Tobias Hess，1558~1614），安德烈埃将他视为导师。

安德烈埃确实承认他写过《化学婚礼》，这也许是玫瑰十字会最重要的宣言。当时的人无疑将他视为这场运动的主要支持者，即使不是发起者。他的目的并没有与普法尔茨的政治明确联系在一起。事实上，图宾根群体中的第三个重要人物表现出与路德宗政治更为密切的联系。克里斯托夫·贝佐尔德（Christoph Besold）自1610年起在图宾根担任公法教授，他也是安德烈埃和开普勒

（Kepler）的朋友。他在路德宗和激进派之间的犹豫不决使他回溯
到教父的著作中，并且最终在 1635 年转向天主教，以及接受帝国
宫廷参事院的职位与帝国议员的头衔。[4]

不久后，安德烈埃将玫瑰十字会的著作描述为戏作（jeu
d'esprit），并且将自己与曾经存在于玫瑰十字会群体的观念剥离，
但是虚幻的兄弟会的构建有着严肃的目的。[5]《兄弟会传说》讲述了
一个穷苦的德意志贵族——基督徒罗森克鲁兹的经历，据说在 1378
年出生。他在一个修道院以希腊文和拉丁文接受教育，之后与一个
"兄弟"前往耶路撒冷朝圣。他在大马士革学习阿拉伯语、数学以
及科学，而后在菲斯（Fez）学习宏观和微观世界的魔法奥秘。返
回欧洲之后，他发现学者对他的高等研究改革的方案不感兴趣，因
此他和几个门徒隐退到一个小团体中，沉浸于神秘哲学，直到散播
到整个大陆。两个兄弟陪在罗森克鲁兹身边，直到他在 1484 年以
106 岁的年龄去世；他的坟墓关闭了 120 年。1604 年，他的继承者
打开了坟墓，兄弟会此时希望招募新的成员，促进"神与人"
（divini et humani）全面改革的事业。值得注意的是，他们宣称忠于
福音教、神圣罗马帝国以及第四帝国，这些目标表明他们根本上的
自我认知是路德宗，尽管他们与路德宗的正统信仰相去甚远。[6]

对于安德烈埃而言，罗森克鲁兹的生活和教义的寓意以及他的
兄弟会的宗旨，是揭露那些侵入皇帝和诸侯宫廷的炼金术士和魔法
师骗子。真正的智者能够化解信仰和知识之间的对立，能够为基督
与教皇斗争，因此能带来全面的改革，这场改革将会导致人的精神
的重生以及与上帝的神秘结合。

一些人将海德堡视作玫瑰十字会理想的一个重要的中心。弗朗　464
西丝·耶茨（Frances Yates）甚至指出安德烈埃的化学婚礼的灵感，
来源于年轻的普法尔茨选侯与詹姆士一世的女儿伊丽莎白在 1613
年的婚礼。她认为关于玫瑰十字会的整个想法，来自 1603 年符腾
堡公爵被授予嘉德勋章（Order of the Garter）的仪式给安德烈埃带
来的印象。[7]

诚然，普法尔茨的政客对于来自詹姆士一世的支持寄予了很高
的期望，他们相信这场婚姻能够为他们的事业带来帮助。与英格兰
的联系可能会使他们中的一些人能够在神秘问题上与英格兰的作家
接触，例如约翰·迪伊（John Dee），也许更为重要的是，与英格
兰激进的福音教著作接触。[8]此外，在鲁道夫二世布拉格的宫廷里形
成的一些魔法-炼金术的圈子，在皇帝去世后转移到了弗里德里希
五世的宫廷。

地点的改变为追求神秘科学提供了新的和更激进的动力。此
时，这种追求与归正宗新的全面改革的主张，以及普法尔茨的激进
派对波希米亚王位的政治野心联系在一起。此外，对于神智学和泛
智学体系的热情以及新的政治方案，从海德堡扩散到斯特拉斯堡并
且直到西里西亚，在这些地方知识分子很容易将自己想象成弗里德
里希在波希米亚的统治之下的新改革的先锋。

然而，玫瑰十字会的现象不仅限于海德堡，甚至最初可能并没
有与普法尔茨以及普法尔茨的统治者和他最亲密的顾问的政治野心
绑定在一起。安德烈埃本人似乎并没有被牵涉到普法尔茨的计划
中。当他在 1617 年之后确实转向构建一个真实的社会的任务时，

他试图获得未来的不伦瑞克-沃尔芬比特尔公爵奥古斯特的支持。[9]
他没能实现的这一计划，本质上是地方性宗教改革的温和措施，而
不是搅得世界天翻地覆的尝试。事实上，正当 17 世纪 20 年代玫瑰
十字会运动在全欧洲盛行时，他退出了这场运动。安德烈埃的重要
性在于他的理念，在于这些理念可以被解释并与其他利益和事业相
结合的各种方式，在于他极其广泛的人脉，而不在于他自己的任何
具体的实践或政治计划。

　　尽管存在种种差异，但是一些人物的宗教观点，例如安德烈
埃、神秘主义者瓦伦丁·魏格尔（Valentin Weigel）和雅各布·波
墨（Jakob Boehme）以及清教徒或者"前虔敬者"约翰·阿恩特
（Johann Arndt），都得到了同样的晚期人文主义资源以及学术和回
归原始文本的理念的滋养。[10]与此同时，他们对神学和哲学冲突的主
张表现出极为不安，并且试图以各种方式调和这些主张：或者是在
一个新的知识体系中包含这二者，或者是通过进入一个新的精神层
面以超越这种冲突。这一点也适用于一些人的教育方案，例如路德
宗的沃尔夫冈·拉特克（Wolfgang Ratke）或者归正宗的约翰·海
因里希·阿尔施泰德（Johann Heinrich Alsted）以及扬·夸美纽斯。
他们同样认为需要对一个无政府状态和衰退的时期做出反应，认为
通过某种方式能够找到或者将会找到一条联结的纽带，以及他们同
样有着普世主义的愿景和百科全书式的愿望。[11]

　　宗教和教育改革方案进而也经常与公法学者的另一个核心主
题，也就是爱国主义联系在一起。一些作者和思想家（如戈尔达斯
特和拉特克）属于同一个群体，这个群体在 1600 年前后为语言的

改革提出了很多引人注目的建议。在这一点上，德意志人与欧洲其他地方的人们没有任何区别：在英格兰、意大利、法国、尼德兰和瑞典都出现了类似的运动。[12]语言的纯洁形式的培养并不一定会阻碍一直以来用拉丁语的国际交流，或者在学术、艺术、修辞或者诗歌方面借用外国的模式和范例。关于语言的纯洁形式的争论遍及整个欧洲，并且在每个地方人们都试图将准确、清晰、简洁和优雅（puritas，perspicuitas，brevitas，ornatus）的古代修辞要求作为当时本地语言的标准。然而，推动纯洁的本地语言（例如，通过避免使用外源词语或者通过发明同义的德语词）的愿望有着明确的政治功能，并且与爱国主义的政治事业联系在一起。

再一次，福音教以及尤其是归正宗的背景对很多提议是至关重要的。核心地区是普法尔茨，以及最重要的西里西亚。归正宗的普法尔茨是人文主义研究的自然的核心地区，以及来自法国和尼德兰的政治观点和学术方法的交汇点。

西里西亚也许是同样重要的，其原因与领地自身的特点十分相关，这里反映了帝国整体的政治和教派的复杂性。上西里西亚和下西里西亚自 14 世纪以来就是波希米亚王国的领地，这里包括了一系列侯国、伯国和领地，其中一些处于国王直接控制之下，另一些则只是附属于国王。[13]然而，由于需要通过波希米亚行使，王室权威受到一定削弱，并且邻近的德意志诸侯和波兰国王都为对抗王室权威的人提供了一定程度的保护。因此这个区域成了在其他地方受到迫害的各种教派和被排斥群体的避难所，例如再洗礼派和索齐尼派（Socinians）。到了 16 世纪晚期，归正宗诸侯统治了利格尼茨

（Liegnitz）、布里格（Brieg）以及沃劳（Wohlau），尽管他们的臣民大部分是路德宗教徒。在整个西里西亚，哈布斯堡家族鼓动反宗教改革趋势，但是这只造成了大量紧张关系而没有解决问题。因此，1600 年前后哈布斯堡领地的整体危机也波及了西里西亚，并且很多西里西亚的福音教徒与他们在波希米亚的同伴一样，完全寄希望于普法尔茨的弗里德里希五世当选波希米亚国王。

466　　　西里西亚没有大学这一事实，为这种情况增添了另一个维度。西里西亚的学生通常会首先在但泽或博伊滕（Beuthen，1601 年起）的文理中学接受教育，随后在帝国内或者国外的其他地方接受教育。很多人前往莱顿，但是更多的人在维滕贝格或者其他德意志福音教的大学学习。同样地，很多在莱顿学习的人会在不同阶段出现在海德堡或者斯特拉斯堡的圈子中，这些圈子与例如普法尔茨议员格奥尔格·米夏埃尔·林格尔斯海姆（Georg Michael Lingelsheim）或者马蒂亚斯·贝内格（Matthias Bernegger）这样的人物联系在一起。

　　马丁·奥皮茨（Martin Opitz）是最著名的案例。1597 年，他出生于本茨劳（Bunzlau）。他在博伊滕学习，在这里成了帝国议员托比亚斯·斯库特图斯·冯·布里戈舒茨－施万尼希（Tobias Scultetus von Bregoschütz und Schwanensee）的门徒，接下来前往奥德河畔法兰克福，随后来到海德堡，在这里林格尔斯海姆雇用他为导师，他又从这里前往斯特拉斯堡拜访贝内格。当海德堡在 1620 年秋天受到西班牙军队的威胁时，奥皮茨前往莱顿，在这里他拜访了诗人和学者丹尼尔·海因修斯（Daniel Heinsius），之后在 1621

年回到了西里西亚。[14]当他仍然在博伊滕时，在最后一个重要的玫瑰十字会文本发布一年后，他写下了一份促进德意志语言的呼吁（用拉丁语），他在其中认可海因修斯是本地语言诗人的榜样，并且认定拉丁语是天主教的语言以及对德意志的压迫。[15]1624 年，他的著作《德意志诗论》（*Buch von der deutschen Poeterei*）在布雷斯劳发表，这部著作阐述了他对创作德意志诗歌集的想法。值得一提的是，1624 年，奥皮茨的第一本诗集由尤利乌斯·威廉·辛格瑞夫（Julius Wilhelm Zincgref）在斯特拉斯堡出版，他是一名法学博士，并且精通语言学和哲学，他也是来自海德堡的难民。[16]

西里西亚的联系是国际化的，是归正宗的（或者说至少是认同归正宗事业的），并且与海德堡和斯特拉斯堡有着密切联系。西里西亚的政治形势使这里的福音教人文主义网络与波希米亚和整个帝国的激进派群体联系在一起，也与法国和荷兰的加尔文宗运动联系在一起。将福音教与自由联系起来的普遍倾向，通过与荷兰反抗哈布斯堡的斗争并存而得到加强。对于奥皮茨而言，海因修斯是一个有吸引力的榜样，正是因为他是一位"民族"诗人。

从某些方面而言，奥皮茨是德意志后期人文主义的一个典型产物，尽管他特定的关注点只反映了一系列更广泛的运动的一部分，即便是核心部分。最初的人文主义运动的主题得以恢复：反映了德意志人的早期历史和内在特征的塔西佗的《日耳曼尼亚志》的主题；以及所谓的旧日耳曼的教士-诗人、德鲁伊人和吟游诗人（Bards）秩序的遗产。通过对中世纪德意志文学的研究以及对德语纯洁性更加深入的关注，这些继承而来的关注点得以拓展。

467　　　对于一些作家，例如戈尔达斯特，他们对德意志中世纪文献的研究与对法律和制度文本的研究结合在一起，其中包括帝国转移的各种理论所依据的中世纪早期和盛期的文本，以及记录帝国当下危机的本质的文本。[17]戈尔达斯特是第一个以学术的细致方式研究 14 世纪海德堡的《马内塞古抄本》（Manesse Codex）的人。他特别欣赏瓦尔特·冯·德·福格尔魏德（Walther von der Vogelweide）诗句中强有力的语言，以及他对教会和教皇的批判。戈尔达斯特研究的中世纪抄本，开启了过去德意志文学成就的新世界。根据他的研究，德意志人并不需要担心他们是低等的或者落后的；他们对罗马人的斗争远远早于宗教改革，而且他们对自由的坚持是他们的历史中的一个持久要素。[18]

　　在写作语言和语法方面，1600 年前后的学者倾向于在约翰内斯·克拉尤斯（Hohannes Clajus）确立的基础上发展。他在 1578 年的著作《德意志语言的语法》（*Grammatica Germanicae linguae*）对于这一新运动是一个基础性文本，这一文献引人关注的原因在于对德语古老用法的坚持，以及将路德认定为德意志语言的第二个建立者。[19]在福音教作者中存在着数不清的观点层次。路德宗教徒倾向于强调德语作为一门神圣的语言的地位，并且将路德进行的"再发现"视作德意志的天数。归正宗的评论者倾向于更少强调路德的语言成就的天意性质。与之相反，他们更愿意强调本民族语言在恢复统一和一致上的潜力，这有时会被强调为在所有不同的本地语言使用者之间，更广泛的一致性的构建的前兆。[20]

　　这些新的关注点往往与各自的政治观点结合在一起。推动德意志语言的改革，以及提出将其作为帝国统一语言运用，是与拒绝拉丁语作为天主教和帝国主义者的普世语言相一致的。对德语起源的研究并不是新颖的，但德语应当作为德意志人民的标准写作语言的提议是新颖的。1500 年前后的第一批人文主义者大多用拉丁语写作，他们相信艺术转移（translatio artium）和帝国转移理论。他们在 1600 年前后的继承者则抛弃了帝国转移理论，想要凭借德语和拉丁语共同证明自己。在这一点上，他们完全反映了欧洲其他地方同时代人们的晚期人文主义的目标。

　　在普遍转向本民族语言的背景下，德意志的作家面临着证明自身语言的纯洁性和高贵性的挑战。从本质而言，奥皮茨是在试图将德语提升到很久以前由策尔蒂斯等德意志作家在拉丁语中所实现的水平。几乎没有人想要完全放弃拉丁语。奥皮茨本人一直用拉丁语写作诗歌、讽刺短诗（epigram）以及几乎所有信件。[21] 对这场新运动做出很大贡献的一些学者，例如戈尔达斯特，几乎没有用本民族语言写过什么内容。至少直到 17 世纪末，德意志知识分子的生活仍然完全是双语的；事实上，学术几乎仍然是完全以拉丁语进行的。

　　奥皮茨的诗学理念逐渐对后来的作家产生了巨大的影响。然而，在这些理念形成时，这些理念的政治影响力也许是更为显著的。文学创作辅助于在推动德语传播中主要追求的目标：培养更有效的政府和行政的语言。这显然是沃尔夫冈·拉特克在 1612 年提议中的目标。他提出老人和年轻人都应当通过阅读希伯来语、希腊语和拉丁语的《圣经》，从而学会与上帝对话。他希望德语取代拉

468

丁语成为研究语言。德语将和法语、意大利语一样被确立为政治和
行政语言，而且拉特克提议对于帝国整体而言，应当在语言、在政
府以及最终在宗教上实现统一。[22]

　　拉特克的想法也许从来没有被递交到帝国议会，但是这些想法
遇到了热情的支持者——克里斯托夫·黑尔维希（Christoph
Helwig）和约阿希姆·容吉乌斯（Joachim Jungius），他们在一段时
间内成了拉特克的合作者。[23]在拉特克被路德维希·冯·安哈尔特-
科滕（Ludwig von Anhalt-Köthen）提拔之前，这些想法也引起了普
法尔茨、黑森和魏玛的人们的兴趣。在科滕的学校进行实际改革的
尝试由于教士的反对而失败。但是拉特克的想法对 1617 年丰收学
会（Fruchtbringende Gesellschaft）在魏玛的建立产生了影响，他的
导师路德维希在丰收学会的建立中发挥了重要作用。[24]

　　直到很久之后，研究德国文学的历史学者才给这个团体和它的
模仿者贴上了带有贬义色彩的语言学会（Sprachgesellschaft）的标
签。他们倾向于关注自 1617 年语言学会的建立，到 1633 年短暂的
斯特拉斯堡的正义冷杉学会（Tannengesellschaft）、1642～1643 年汉
堡的德意志情感同志会（Deutschgesinnte Genossenschaft）、1644 年
纽伦堡的佩格尼茨花卉协会（Pegnesischer Blumenorden）以及 1658
年汉堡的易北河天鹅协会（Elbschwanenorden）的进程。然而这些
社团并没有与第一个社团一样的重要性，丰收学会持续了超过 60
年，有 890 名成员，并且激励了其他社团的创建。[25]这些社团往往被
视为民族缺陷的症候：它们对语言以及英雄历史重新发现的专注，
是在政治民族缺失的情况下，文化民族（Kulternation）发展的早期

阶段。然而，这一观点忽视了第一个社团与它的后继者之间的差异，以及社会的意识形态背景。此外，传统的解释通常忽视了这样一个事实：对语言的专注只是从属于对文学的关注的。事实上，整个运动的领导者大体上是教士、法院官员、法学家和学者。[26]

　　安哈尔特和萨克森公爵系的成员建立丰收学会，很大一部分原因是主要负责建立的诸侯（以及它在 1628～1650 年的赞助人）——路德维希·冯·安哈尔特-科滕（安哈尔特的克里斯蒂安的兄弟）的教派和政治野心。协会的成员主要是贵族，最开始并没有接纳很多被归类为作家的人；马丁·奥皮茨在 1629 年作为第 200 名成员加入丰收学会，他可能是第一个作家，尽管此时他也是帝国议员并被封为贵族。[27]丰收学会是以佛罗伦萨的糠秕协会（Academia della Crusca）为模板建立的，并且它的首要目标是在行政语言上确立最佳实践。改进语言是改进行为的第一个措施，这一信念为协会提供了更广泛的目标："提升美德的协会"比"语言协会"更好地描述了它的根本目标，因为语言被视作美德和道德的基础。

　　从这个意义而言，丰收学会与同一时期的其他贵族协会有很多共同点。其中一个协会是在 1617 年由安哈尔特的克里斯蒂安的妻子在贝恩堡建立的女性贵族学院（La noble Académie des Loyales），也被称为"金棕榈社团"（L'Ordre de la Palme d'Or）。除了正式致力于推广外语之外，这个社团也旨在提升其全部的女性成员的贵族品德。[28]另一个协会是由路德维希的妻子阿莫娜·阿马利娅·冯·安哈尔特-科滕（Amoena Amalia von Anhalt-Köthen）和她的妹妹施瓦茨堡-鲁多尔施塔特的安娜·索菲亚（Anna Sophia of Schwarzburg-Rudolstadt）在

1619 年建立的美德协会（Tugendliche Gesellschaft）。[29]和丰收学会一样，这两个协会也由归正宗和路德宗成员组成。一直持续到 1652 年安娜·索菲亚去世的美德协会，明确将对语言和翻译的兴趣与帮助构建"道德高尚的德意志民族"的愿望结合在一起，这一目标受到了沃尔夫冈·拉特克的直接启发。

丰收学会和美德协会的成员似乎也对真正的爱好者学会（L'Academie des vrais amants）的成立造成了影响，这是对奥诺雷·杜尔菲（Honoré d'Urfé）的《阿斯特蕾》（L'Astrée，1607～1627 年发表）非常热衷的一群人，他们将自己描述为"一群牧羊人"（une réunion pastorale）。[30]这再一次表明丰收学会有着功能性的作用，而不是表达失意的文化民族主义。这些社团中的每一个都代表着同一个普遍现象的不同方面：1600 年前后贵族作为有文化和受教育群体的复兴。这些推动法国文化的协会，将晚期人文主义文化和文学–语言的专业知识与德意志贵族和宫廷文化中因袭的骑士传统结合在一起。与此同时丰收学会对德语发展的促进，既有实践层面行政管理的目的，也服务于政治制度的事业。

路德维希·冯·安哈尔特–科滕在 1619 年与拉特克发生了争执——拉特克是一个自负且不知感恩的人，不会与任何人长期成为朋友——但是他仍然坚持他们此前一起讨论的理念。他确保丰收学会仍然对路德宗和加尔文宗开放，这事实上反映了安哈尔特和萨克森公爵家族各自的信仰。理论上，天主教徒并没有明确被排除在外，尽管事实上在 1652 年之前只有一个人得到了接纳。[31]然而值得一提的是，尽管路德维希本人坚定信仰归正宗，但他对于由安哈尔特的克里斯蒂安二世（1630～1656 年在位）提名的"真正诚实的……加尔文宗教徒"感到犹豫不决，并回应道，到目前为止从来没有人被承认为加尔文宗教徒，也不会有任何人会以这一造成麻烦的头衔得到承认。他宣称，这个社团只会接受好的基督徒。"德意志人的真诚和虔诚"比教派准则更重要。出于和谐考虑，所有教派的教士通常都会被排除在外，尽管社团为安德烈埃破例。这个社团以平等主义的方式运转，尽管在构成上绝大多数人是贵族。并且当菲利普·冯·泽森（Philipp von Zeson）试图主张诗歌艺术诸侯的头衔时，路德维希反应激烈。[32]

丰收学会映射了宫廷和行政机构的社会现实情况，正是这些情况创造了丰收学会，并且反映了它的创造者希望它能够推动的爱国和宗教方面的帝国改革理想。后来的社团在特征上是相当不同的。它们的成员主要是非贵族，并且尽管它们响应丰收学会的爱国主义修辞，但是它们在城市"故乡"而非作为整体的帝国扮演了更为"地方性"的角色。

如果有的话，丰收学会实现了什么？莱布尼茨后来评论道，"这些带来成果的人"实际上几乎没有带来重要的成果。[33]精致的文字运用不能代替严肃的爱国行动。在所有"原则和重要的问题"都能够用德语表达之前，德语不会得到重视。莱布尼茨的评论在 17 世纪 40 年代的早期评论者中得到了附和，他们将早期的语言纯净主义者讽刺为外国（流行的）语言影响力的尖锐反对者，这些人并没有做任何事情来推动他们经常为之哀叹的德意志祖国。[34]在一次会议上，他们为 Materie 这个词在德语中最好的表达方式进行了讨论

（这场讨论由 11 名成员在 1624 年进行；得出的答案是 Zeug，也就是"事物"）。在另一些会议上，成员们对由菲利普·冯·泽森（1619~1689）列出的无穷尽的德语同义词清单进行讨论（例如，用 Jungfernzwinger 代替 Nonnenkloster，用 Tageleuchter 代替 Fenster，

471　用 Zeugemutter 代替 Natur）。[35]这些明显迂腐的关注点为后来对语言学会的批评者提供了有力证据。然而，这种负面观点反映了后世的观点和经验，对他们而言泽森的活动显得古怪而业余。到了 17 世纪 60 年代，对语法和文学历史的研究已经被确立为严肃的学科；与此同时，由尤斯图斯·格奥尔格·朔特柳斯（Justus Georg Schottelius，1612~1676）创作的重要语法著作也在 17 世纪 60 年代发表。在 1648 年和约的序幕以及随后帝国复兴的各种方案的背景下，后来的改革提议和社团也呈现了不同的含义。[36]

　　然而，1600 年之后的几十年里的举措，在几个方面有着很高的重要性。这些措施确实推动了语言的发展，并且建立了德意志本土语言与帝国之间的联系。到 1646 年，德语中的内容已经得到了大幅拓展，以至于菲利普·哈斯多夫（Philipp Harsdörffer）为当时的德语写作编纂了指南。值得一提的是，那些因为对德语的掌握程度而被视为模范的人物和事物，不仅有路德（"德意志的西塞罗"），也包括历史学家阿文蒂努斯、梅尔希奥·戈尔达斯特、施派尔的编年史作者以及俗语的整理者克里斯托夫·莱曼（Christoph Lehmann，1570~1638）、弗里德里希·霍特莱德，以及帝国告示的各种合集，帝国告示展现了"我们语言的纯洁性"，正如查士丁尼法典展现了最纯洁的拉丁语。[37]

　　这反映了在帝国是一个不同于罗马帝国的实体的这一新观点的演变过程中，书写关于中世纪文本的语言和语言学研究所发挥的作用。它为这个最近重新发现的德意志帝国赋予了基于德语文本的话语上的现实。约翰内斯·利姆奈乌斯（1592~1663）当时是勃兰登堡-库尔姆巴赫首相的儿子的导师，正如 1629 年他在自己关于公法的有影响力的论述中写的那样：任何人如果真的想要了解帝国、帝国等级以及那些附属于他们的人，都应该将巴托鲁斯（Bartolus）和巴尔杜斯（Baldus）放在一边，而是转向帝国告示、帝国的选举让步协定、《金玺诏书》、帝国最高法院的决议，以及"戈尔达斯特勤奋整理的著作"。[38]

　　17 世纪早期的改革者更普遍地利用在上一个世纪已经日渐发展的爱国主义语言，并且为其增添了内容。其中包括 1500 年前后大量基本的形象和口号，并且拓展到关于自由的词汇，这是在帝国等级维护他们的宗教权的长期斗争中形成的。在关于如何最好地保卫帝国免受法国或者土耳其人的侵略的阶段性讨论期间，演变形成的爱国主义修辞使这种爱国主义语言得到了丰富。到 1600 年，"德意志国家"这一术语通常由诸如"敬爱的""珍视的""深爱的"这样的形容词修饰，这在德意志福音教徒关于帝国的写作中已经颇为常见。[39]

　　后来的人文主义者的各种研究事业，以及在关于最新的帝国政治制度性危机的争论中的应用，使这一爱国主义话语更加丰富。这本质上是福音教的话语，这一事实是一个重要的先决条件。天主教的作家大体上会忽视奥皮茨以及他同时代的人们所关注的语言学、

472

语法以及诗歌理论。诚然，耶稣会士弗里德里希·冯·施佩（Friedrich von Spee）甚至在奥皮茨之前就用本民族语言创作诗歌，如此"上帝也能拥有使用德语的诗人"。但是他的诗歌直到他去世后14年的1649年才得到发表。[40]和之前一样，天主教文学的主流仍然划分为用最为优雅的拉丁语创作的作品，以及为更大众的消费创作的方言作品。尽管在1550~1600年，天主教印刷商通常会采用路德的正字法，但是在1600年之后，在政府的指导下，他们往往倾向于恢复到旧的"天主教"传统。[41]二者的差异很小，而且不会影响理解，但是对这些差异的坚持是有指向性的。对于很多天主教的帝国主义者而言，这和坚持拉丁语作为帝国特殊语言的传统观点，或者坚持帝国作为神圣和普世帝国以及罗马帝国的直接继承者的观点同样重要。

　　天主教和福音教在三十年战争前夕的极化，无疑是影响深远的。所有教派的教职争论给人们造成一种不可逾越的鸿沟的印象，一场直到最后的激烈斗争不可避免的序幕的印象。然而关于帝国的新思想也创造了重要的潜在的共同基础。

　　大多数福音教的晚期人文主义者以及公法学家的一个特点在于，他们是反耶稣会的而不是反帝国的。戈尔达斯特明显是一名狂热的福音教徒，但是这并没有阻止他书写关于波希米亚国王的法律和特权，特别是哈布斯堡在波希米亚的世袭继承权的著作。他在1627年也接受了帝国议员的头衔。[42]奥皮茨是一名忠诚的福音教徒，这一事实并没有阻止他在1626年为西里西亚的皇帝会议机构的负责人——坚定的天主教徒卡尔·汉尼拔一世·冯·多纳（Karl

Hannibal I von Dohna）服务，或者是在 1627 年接受斐迪南二世授予其贵族身份，或者是服务天主教事业直到 1633 年。[43]在所有这些波折中，他始终坚持着对他在年轻时制订的语言学方案的信念。再举另一个例子，奥皮茨过去的赞助人和校长卡斯帕·多瑙（Caspar Dornau），是很多老一代西里西亚的晚期人文主义者中的典型人物，他一直忠于王室，直到对 1621 年 6 月 21 日布拉格起义的领导者被残忍处决感到绝望。[44]

机会主义无疑解释了很多问题。然而，同样地，很多人根本上的和平主义宗教态度，使他们对耶稣会的阴谋诡计与帝国政策做出明确区分，将对权力的专制滥用与君主权威的合法运用做出明确区分。因为他们反对帝国普遍使用的拉丁语，他们是反帝国主义者，但是他们也支持受限于政体基本法的德意志君主制。[45]因此，当被授予"亲爱的虔诚的加尔文宗教徒"的称号时，路德维希·冯·安哈尔特-科滕立即做出了反应，因为他希望避免任何对帝国法律基础进行破坏的行为。至少根据他们自己的观点，归正宗也应当能够被接纳在《奥格斯堡信纲》中。事实上，普法尔茨的激进主义者安哈尔特的克里斯蒂安似乎是五个存活的兄弟中的一个例外。他的兄弟奥古斯特自 1621 年成为丰收学会的成员，即使他对化学和炼金术的研究以及相关的哲学有着浓厚的兴趣，但是也逐渐放弃了激进的想法。1612 年，一名蒂罗尔的作家试图将奥古斯特描绘为"午夜雄狮"，根据在 1600 年前后开始流传的伪造的帕拉塞尔苏斯的手稿，"午夜雄狮"将会毁灭（哈布斯堡）雄鹰并在帝国内开创一个和平、稳定以及统一的时代，但是奥古斯特毫不犹豫地拒绝了。对

473

此，他宣称："没有全面的改革能够……在没有流血和死亡的情况下完成。"⁴⁶

　　由萨克森-魏玛的威廉四世（1598~1662）在 1622 年 10 月建立的德意志和平联盟（Teutscher Friedbund）最好地展现了忠诚主义与对感知到的暴政的抵抗看似矛盾的结合。威廉四世是丰收学会的建立者之一，并且最终接替路德维希·冯·安哈尔特-科滕成为学会的首领。⁴⁷他接受了弗里德里希·霍特莱德的教育，对于哈布斯堡家族在施马尔卡尔登战争后对他的恩斯特系先祖施加的沉重惩罚印象深刻，他在 1619 年 11 月加入了福音教联盟。在波希米亚的灾难之后，面对着此时由西班牙军队和天主教同盟造成的严重威胁，他试图为福音教的抵抗争取支持。他的呼吁表达了他的爱国主义目标："对我们德意志民族的祖国的热爱"应当激励所有人抵抗"西班牙人的狡诈、欺骗和暴政"。和平联盟应当促进整体而持久的和平、所有好的基督徒的信仰自由（既包括诸侯也包括臣民）、帝国内良好的政府、公正的法院和迅速的司法，以及在整个德意志促进诚信和繁荣。波希米亚的战争应当被终止，并且双方都应该返还之前得到的东西。诸侯和等级应当聚集在一起，在皇帝陛下斐迪南二世领导下商讨如何恢复和平和繁荣。皇帝将被承认为君主，但是他应当有义务遵循选举让步协定的条款，并且切断与西班牙人和耶稣会群体的联系。

　　这个联盟失败了，威廉公爵在 1623 年 10 月被抓进监狱，直到 1625 年 2 月他才从维也纳返回魏玛。最终，在没有萨克森选侯支持的情况下，这个联盟缺少可靠性，而对于萨克森选侯的怨恨也正是威廉最初展开行动的动机：既因为萨克森选侯的消极，也因为他是阿尔布雷希特系的首领，他们被授予了恩斯特系失去的选侯头衔。然而威廉否认自己是反叛者：他对皇帝宣称，他所想的只是建立一个忠于皇帝的联盟。[48]尽管注定失败，但他的事业仍然很重要。他的呼吁描绘了后来在 1648 年和约中体现的原则。这些原则是丰收学会的理念转变为政治现实的第一次尝试。它们清楚地阐明了很多晚期人文主义者的学术研究与早期的语言改革方案被用来推动的政治制度的方案。这个方案处于 1618 年开始的冲突的核心位置。

注释

1. Kordes，*Ratke*，41.

2. Wollgast，*Philosophie*，276-9.

3. 以下内容可见：Hardtwig，*Genossenschaft*，159 – 75；Wollgast，*Philosophie*，263-345；Killy，*Lexikon*，i，171-3；Gilly，'Rosenkreuzer'。

4. Brecht，'Besold'；Stolleis，*Öffentliches Recht*，i，121 – 2；Gross，*Empire*，357-9；*ADB*，ii，556-8.

5. Wollgast，*Philosophie*，305-6.

6. Montgomery 试图在 *Cross and crucible*（esp. 113-22）中将安德烈埃直接描绘成正统的路德宗，但是这无法解释他不断因为自己的观点或者与大量归正宗以及其他明确的非正统人物的联系而遭遇麻烦的原因。

7. Yates，*Rosicrucian enlightenment*，59-69，70-102. Béhar，'Opitz'。

8. Evans，'Culture'，23.

9. Hardtwig，*Genossenschaft*，i，173-5.

10. 宗教改革、罗森克鲁兹主义以及语言和文献改革的方案之间的联系，可见：Béhar，'Opitz'。

11. Hardtwig, *Genossenschaft*, i, 159–75; Evans, 'Culture', 21–3.

12. Polenz, *Sprachgeschichte*, ii, 108; Jones, *Sprachhelden*, 3.

13. Schindling and Ziegler, *Territorien*, ii, 102–38; Weber, *Schlesien*, 7–41; Eickels, *Schlesien*, 8–52; Bahlke, *Regionalismus*, 39–47, 343–60.

14. *ABD*, xxiv, 370 – 2; Killy, *Lexikon*, viii, 504 – 5; Wollgast, *Philosophie*, 806–26; Kühlmann, *Opitz*, 18–37.

15. Béhar, 'Opitz', 47.

16. *DBE*, x, 673. Béhar, 'Opitz'.

17. Mulsow, 'Gelehrte Praktiken'; Whaley, 'German nation', 315–20.

18. Weber, 'Goldast'; Baade, *Goldast*, 19–20, 161–2.

19. Engels, *Sprachgesellschaften*, 33–54; Wells, *German*, 220–1.

20. Borst, *Turmbau*, iii pt. 1, 1342–76 对德意志的观点进行了优秀的叙述，其中呈现了超出当时其他所有欧洲国家的多样性。

21. Forster, 'Barockliteratur', 70–1.

22. Polenz, *Sprachgeschichte*, ii, 110; Kordes, *Ratke*, 39–40.

23. 黑尔维希和容吉乌斯似乎在推动德语方面都有着实用的和经济的利益，而没有任何政治动机；他们在 1615 年与拉特克的决裂反映了他们对于拉特克对任何类型的权威越来越激烈的否认的担忧。Wollgast, *Philosophie*, 423–5.

24. Kühlmann, 'Sprachgesellschaften', 256–7.

25. 佩格尼茨花卉协会比其他所有社团都更为持久，并且直到今天仍然存在，尽管在 1700 年之后这一协会本质上成了纽伦堡的文学和古文物协会，失去了协会早期发展中更广泛的民族维度的特征。权威的研究是 Otto, *Sprachgesellschaften*, 以及 Stoll, *Sprachgesellschaften*。Polenz, *Sprachgeschichte*, ii, 107–24 提供了对语言和政治方面的一些简要总结。1888 年出版的 Schultz, *Bestrebungen* 仍然是有价值的。

26. Jones，*Sprachhelden*，5.

27. Forster，'Barockliteratur'，76.

28. 20 名成员由 10 名公爵夫人、7 名伯爵夫人和 3 名贵族夫人组成。Wells，*German*，267；Schultz，*Bestrebungen*，19.

29. Berns，'Sozietätsbewegung'，62；Westphal，'Frauen'，378–83；Conersmann，'Tugendliche Gesellschaft'.

30. Schultz，*Bestrebungen*，19–21；Conersmann，'Tugendliche Gesellschaft'，589.

31. Hardtwig，*Genossenschaft*，210.

32. Hardtwig，*Genossenschaft*，207–24.

33. Kühlmann，'Sprachgesellschaften'，258.

34. Schultz，*Bestrebungen*，105–12；Jones，*Sprachhelden*，8–9.

35. 关于 1624 年的会议，可见：Otto，*Sprachgesellschaften*，28。关于语言纯净主义和泽森的活动的讨论，可见：Wells，*German*，285–97 以及 Polenz，*Sprachgeschichte*，ii，107–23。这些新词语的字面意思分别是"处女的监狱"（替代"女修道院"）、"白天的吊灯"（替代"窗户"），以及"生母"（替代"本质"）。

36. 见第二卷页边码 79~94 页。

37. Forster，'Harsdörffer's canon'，37–9. Stolleis，*Öffentliches Recht*，i，132–3，152–3.

38. Stolleis，*Öffentliches Recht*，i，152；关于利姆奈乌斯，可见：Gross，*Empire*，204–25。

39. Noël，'Nation allemande'，333–4.

40. Borst，*Turmbau*，iii pt. 1，1348；Emrich，*Literatur*，99–106.

41. Breuer，*Oberdeutsche Literatur*，44–91；Breuer 'Nationalliteratur'，706–11. 主要的差异在于天主教的印刷商拒绝路德对迈森方言的接纳，以及坚持上德意志语言模式的传统（词中语音省略）、上德意志的大法官体（尾音消失）。正字法的差异一直持续到 1750 年之后，此时出现了关于天主教德意志的"落后"的又一次争论。也可见第二卷页边码 343~344、477~480 页。

42. Baade, *Goldast*, 43-4.

43. Killy, *Lexikon*, viii, 505；Kühlmann, *Opitz*, 61-4.

44. Seidel, *Späthumanismus*, 386-93

45. Polenz, *Sprachgeschichte*, 109 遵循了其他很多人对反帝国主义维度的过分强调，而没有认识到其本质上忠于皇帝的推论。

46. Gilly, 'Löwe' 253；*ABD*, i, 658-9.

47. Menzel, 'Union'；Schmidt, 'Teutsche Kriege', 44-5. 威廉是萨克森-魏玛公爵约翰和他的妻子多罗特娅·玛丽亚·冯·安哈尔特（Dorothea Maria von Anhalt）十个存活的儿子中的第五个儿子；他本可以强烈地意识到，与他成年之前的监护人萨克森选侯克里斯蒂安二世（1591~1611 年在位）和约翰·格奥尔格一世（1611~1656 年在位）的权力和声望相比，他的前途是多么渺茫。他早期的政治参与代表着对帝国内政治角色的争取，而这种角色是他继承的遗产无法带给他的。Cf. *ADB*, xliii, 180-95.

48. Menzel, 'Union', 59.

第六部分

1555 年以后的德意志邦国和城市

第三十九章

解释的问题

《奥格斯堡和约》是否标志着德意志邦国历史的一个拐点？很 477
多德国历史学者追随海因里希·冯·特赖奇克的观点，他无疑认
为，1555 年之后邦国的统治者要对在他看来德意志历史整体的糟糕
转折负有很大责任。他对于一代"饮酒和祈祷的路德宗诸侯"的蔑
视，为关于 16 世纪下半叶的德意志邦国的叙事定下了长期基调。
特赖奇克认为，在完全投身于狩猎和奢侈的生活中，他们对德意志
社会发展的唯一贡献——即使是悲剧性的——是对他们不幸的臣民
的镇压以及从他们身上榨取税收，从而为绝对主义奠定基础。[1]

这种观点早就被修改了，但事实证明，过去的主要叙事元素有
着惊人的抵抗力。贝恩德·默勒（Bernd Moeller）在 1977 年对这一
时期有影响力的研究，得出了 1555 年标志着伟人时代的终结这一
结论——路德、梅兰希通、皇帝查理五世、萨克森的莫里茨、黑森
的菲利普，以及金融家、商人和赞助者奥格斯堡的安东·富格尔
（Anton Fugger）。默勒认为那些在他们之后出场的人物是更渺小的
人物：缺少独创性、缺少进取心，并且最终缺少国际影响力。他认
为，这些人物在下半世纪的后继者是心胸狭隘的，并且被教派的热

情蒙蔽了双眼；正是他们使德意志社会陷入没有希望的地方主义的境地。[2]

　　最近的解释提出了更为积极的观点，并且更加着眼于确定德意志统治者在这一阶段对近代化、国家发展以及社会文化变革的长期进程中做出的贡献。一方面，学者聚焦于由格哈德·厄斯特赖希在 20 世纪 60 年代提出的"社会规训"（social dispilining）的概念，用来分析宗教正统以及教会准则的推行导致 17 世纪"绝对主义"出现的方式。另一方面，他们详细阐述了恩斯特·瓦尔特·策登（Ernst Walter Zeeden）对路德宗、加尔文宗和天主教会在信仰体系的确立以及联结教会和国家的制度架构的构建方面结构相似性的见解。海因茨·席林和沃尔夫冈·赖因哈德（Wolfgang Reinhard）将这两种方式结合起来，创造了两种有力的范式：教派化以及他们所谓的邦国的国家创建。[3]

478

　　在席林看来，教派化的进程在近代早期国家的构建中是一个决定性的动力。国家对教会控制的扩张增加了其管理范围，不仅包括对教会自身的权威，也包括对贫困救济、教育，以及通过对婚姻和家庭生活的管理直到臣民的个人日常生活的权威。尽管国家权威的扩大很容易引起等级或者社区的反对，特别是在城市，但是根据席林的观点，在帝国内相对较小的政治体中，主流趋势是权力不可避免地集中到统治者手中。事实上，他指出将路德宗诸侯确立为总主教（summus epsicopus），即他们自己邦国内教会的首领，这带来了统治者的新的神圣化。国家创建在沃尔夫冈·赖因哈德关于"教派化"的观点中也扮演着重要的角色，尽管他最初的兴趣点是教派化进程推动社会文化群体形成的方式。这些群体是由不同的信仰和规则、教育体系和内部规训机制、排他的仪式甚至是语言的使用来定义的。[4]

教派化范式的批评者对很多核心假设提出了质疑。[5]一些人反对各教会之间结构上的相似性比它们各自的神学和文化认同更重要的观点。另一些人则反对教派化始终是自上而下的进程的主张，或者即使在这样的地区，他们反对教派化成功实现了统一，更不必说实现了控制社会的有效机制的主张。温弗里德·舒尔策（Winfried Schulze）和其他一些人则提出更根本的反对，他们认为教派化不过是对政府和国家结构的近代化或者理性化进程的一个错误标签，而这个过程实际上的特征是世俗化。[6]

对于具体案例的时间和地点，关于这一时期形成的每一种宏观的历史理论或许都有一些正确的元素。然而整体而言，无论是统治者的努力行动，还是被统治者的经历，都不是完全适合这些理论的。统治者的行动和被统治者的反应也许会带来未曾计划的长期结果。而这一时期被感知到的问题、机会以及政治和社会结构的挑战，对于理解那些行动和反应是更为重要的。

从这个意义而言，《奥格斯堡和约》是一个转折点，类似于1526年施派尔帝国议会达成的结果。在帝国整体的神学问题得到解决之前，将关于宗教的问题交给诸侯和市政官员的决定使形势得到了稳定，方式是破坏激进的实践以及将主动权牢牢交到统治者手中。《奥格斯堡和约》以同样的方式，通过再一次确认诸侯和市政官员在宗教问题上的权威，稳定了局势。诚然，这一次在某些情况

479

下对特定的群体做出了限制和保证，并且帝国城市被否决了诸侯和领主得到的宗教改革权。然而，正如1526年一样，在1555年达成的具体协定确认了在一些邦国实际已经形成的发展，并且创造了一个法律框架，在这个框架内，其他人可以自由选择推行改革或者防止宗教革新。[7]

这个过程并不是立即发生的。这个过程在几十年时间里逐渐发展，在大的和小的、世俗的和教会的、诸侯和城市的领地中，有着不同的起因以及不同的强度、节奏和成效。这一进程的口号"教随国定"是约阿希姆·斯特凡尼（Joachim Stephani）直到1586年才首次提出的，这是具有指向性的。[8]此外，在这一时点，这代表着1555年和约的复杂条款的一种简化，特别是对授予与统治者信仰不同的路德宗和天主教的个人和团体的权利的简化，并因此突出反映了随着时间的推移，人们的态度变得强硬。

此外，在1555年之后的很多关键发展，甚至是那些涉及邦国教会组织的发展，往往与宗教信仰本身没有关系。更确切地说，宗教被视为权威的结构的一部分：顺从的和忠诚的臣民自然是那些和他们的统治者有着相同信仰的臣民，或者至少不反对或者反抗这种信仰的臣民。因此，很难明确和决定性地区分世俗关切和宗教信仰。

最重要的是，在1555年之后，所有类型的邦国和城市的统治者都关注稳定。在过去几十年的动荡之后，很多人最希望的就是稳固他们的地位，或者开始推行秩序。萨克森选侯本人也许是在稳定中有着最明显的既得利益的人，因为稳定是确保他的恩斯特系的亲戚不会对 1547 年将选侯头衔授予阿尔布雷希特系的决议发起挑战的最佳方式。在很多区域，几十年的冲突和不稳定导致了对核心地区的教会管理的忽视，并且使矛盾且多变的教派形势进一步发展。与此同时，卷入这些冲突也造成了大量的成本，并且对很多人而言，也带来了在帝国内新的且昂贵的军事和准外交活动的发展。这进而使财政和税收问题变得更加紧迫。

为了解决这一系列问题而采取的措施，构成了自 15 世纪起邦国和城市政府长期演变的一部分。然而，一些措施的成功，或者在某些情况下，在长达一个世纪的时期内采取的逐个措施的累积影响所达到的关键点，对帝国整体的政治体系造成了影响。到 16 世纪 80 年代，这些发展导致帝国内很多诸侯产生了新的自信，既包括对等级与皇帝的对抗，也包括等级之间的对抗，等级之间的对抗越来越多地在教派阵营的对抗中得到体现。这些发展也加强了政府对领地内再次出现的社会紧张局势的迹象做出反应的警惕性。这往往会为进一步干预和加强监管的努力提供诱因，而在施派尔和维也纳更高级别的帝国法院，此时也逐渐开始在统治者和被统治者之间的一些冲突的解决方案中发挥作用。

480

注释

1. Rudersdorf, 'Landesväter', 147–8.
2. Moeller, *Deutschland*, 172.

3. 相关参考文献的综述，可见：Ehrenpreis and Lotz-Heumann, *Reformation*, 62-79; Schmidt, *Konfessionalisierung*, 86-122。也可见：Schilling, 'Konfessionalisierung', 以及 Schilling, *Konfessionalisierung*, 21-41。在 *Konfessioneller Fundamentalismus*（2007）这一卷中，海因茨·席林的文章完全反映了 20 世纪早期的担忧，这些文章进一步将教派化的概念发展为"教派基要主义"（confessional fundamentalism）的一种形式。

4. 例如，天主教徒使用"规范"的基督徒、圣徒的名字，加尔文宗教徒则使用《旧约》中的名字。Reinhard, 'Zwang', *passim*.

5. Schmidt, 'Sozialdisziplinierung?'.

6. Schulze, *Einführung*, 48-52; Schmidt, *Konfessionalisierung*, 91-4.

7. Gotthard, *Religionsfrieden*, 171-239.

8. Schneider, *Ius reformandi*, 273, 309-12. See also Schulze, 'Concordia'.

第四十章

良好的环境？

即便一直以来人们往往会强调这是一个危机和冲突的时期，但
是这一阶段实际上提供了一个从根本上有利于旨在稳定和政府整合
的措施的环境。当然，最明显的因素是《奥格斯堡和约》本身，尽
管其中也包含重要的含糊之处，但是它确立了普遍的原则。天主教
徒和福音教徒在那些原则的解释上的分歧，以及很多具体条款的细
节中内在的问题变得更加明显，这些在很久之后造成了政治问题。[1]

更普遍来讲，这一时期经济的发展也有利于很多邦国的统治
者，而城市的形势则没那么幸运。考虑到大部分人口所经历的苦
难，到16世纪80年代这种苦难的累积在很多地方导致了再一次动
乱和不稳定，上述说法似乎是矛盾的。然而与此同时，另一些趋势
则以重要的方式有利于领地所有者。

从普通人的视角来看，16世纪60年代初期以来，生活状况就
陷入了一场持续的危机。自大约1530年以来，在几十年内收成相
对较好的长期"温暖"时期结束了。更寒冷的条件造成了更贫乏的
收成，以及在一些地区停止耕种更多边缘土地。尽管这种气候变化
的证据大部分是基于对上德意志和瑞士的研究，因此不一定能够移

植到北德意志平原和波罗的海地区，但很显然这一问题是广泛存在的。[2]从大约 1570 年开始，（有时是长期的）歉收的发生概率显著增加。在这些情况下，疾病更轻易地传播并且造成了更严重的影响。在每一个十年都会暴发严重的瘟疫，最严重的时间是 1580~1585 年的 5 年，以及 1593~1603 年的 10 年。1596~1600 年，黑森、拿骚、下萨克森、图林根、西里西亚、波美拉尼亚和东普鲁士先后遭受严重侵袭。天花、痢疾、斑疹伤寒、伤寒热以及疟疾的暴发，在这一时期的帝国也经常出现。[3]

尽管整体人口的增长率从每年 0.6% 放缓到每年 0.3%，但人口并没有减少，而且根据 1914 年的边界，"德意志"的人口数量从 1550 年的大约 1260 万增长到 1600 年的大约 1620 万。[4]食物短缺和疾病的影响，无论是在地理上还是社会上都存在极大差异。在乡村和城市社会的最底层，这种影响是最剧烈的。然而，对于在乡村地区和小城镇恰好高于最底层的很多群体而言，持续耕种的可能性即使受到了限制，但还是缓解了总体短缺和价格上涨的影响。尽管生活水准整体下降，预期寿命缩短，但生活至少还是可能的。[5]在那些生存或者疾病的严重危机造成一个地方或者区域的人口大量死亡的地方，这种人口下降很快会被婚姻年龄的"自然"下降以及随之而来更多的生育数量弥补。

在乡村和城市的环境中，资深的、独立的生产者遭受的损失最少：有保障的财产权的佃农而非农场雇工或无地劳动者，行会工人而非短工。在城市和乡村，相对富裕和贫穷之间的差距趋于扩大，这造成了社会冲突，以及一些地区的政治冲突。

　　食物短缺的整体影响也凸显了这一阶段的另一个重要趋势：价格上涨。[6]对这种趋势看似最为合理的解释，是对所有种类的食物，特别是小麦和黑麦需求的大幅上升，而这是由西欧整体人口剧烈增长造成的。到1600年，供不应求的情况超过了以往任何时候。随着大约1550年起南美洲白银的大量涌入，货币供应量的增加也起到了一定作用。直到16世纪末，这种趋势由于货币操纵而进一步增强：一些德意志诸侯试图通过在货币中混合贱金属以使货币贬值，从而榨取短期利益。然而，人口增长和食品需求整体的大幅上升，在整个世纪里都在推动价格的上涨。

　　食品价格上涨的主要受益者，是那些为市场生产的人以及能够产生剩余的人。这包括一些富裕的农民，特别是石勒苏益格和荷尔斯泰因的西部以及波罗的海沿岸，也包括符腾堡和其他一些地区。土地转让金的增加体现了对农业潜在回报的信心、土地价格的稳步上涨以及用来购买土地的区域或地方的金融投机市场的发展。[7]最重要的是，农业的利润使贵族受益，无论是臣属于诸侯的邦国贵族，还是诸侯、伯爵、骑士以及高级教士，只要他们能够参与到对世袭领地的利用之中。在那些大地产制（庄园制）占上风的地区，人们有更强的动力整合、拓展以及强化整个体系。[8]在其他区域，佃农的压力通常增加了，因为领主试图利用再次出现的利润潜力，并且在以前不存在的地方采用类似于大地产制的土地管理形式，例如巴伐利亚以及奥地利各领地。尤为重要的是，在16世纪下半叶，农业可观的利润既支撑了很多统治者对定期税制的收益越来越高的预期，也加强了邦国等级在应对他们的统治者的税收要求时的信心。

483

  农业整体的高回报率（即使在危机的年份也是如此）在那些从中获利的群体非凡的建筑活动中得到了体现。在帝国西南部或者西北部的荷尔斯泰因和石勒苏益格的独立农民，至少将利润的一部分投入更大、更具装饰性的家用建筑以及质量更好、兼具装饰和实用功能的家用设备中。在三十年战争之前的几十年里，整个帝国的贵族和诸侯也投入宏大的建筑计划中。根据不同的地区，最新的意大利、法国和荷兰风格被利用在城堡和居所的建筑中，或者根据新的风格对旧的结构翻新。[9]在南部和东部地区，意大利风格是主流。在北部地区，特别是在下萨克森，很多贵族加入了法国或者荷兰的军队，这也反映在法国和荷兰式的设计中，这些设计兼具实用性和纯粹的装饰性。16世纪50年代和60年代兵役的收入与农业的高收入结合在一起，为16世纪随后几十年里所谓的"威悉河文艺复兴"（Weser Renaissance）提供了资金。波罗的海沿岸的所有地区，从荷尔斯泰因通过梅克伦堡和波美拉尼亚直到东普鲁士，坚固的房屋逐渐取代中世纪时期相对简单的半木结构的塔式住宅。[10]

  与贵族的繁荣相比，帝国城市以及帝国的上千个邦国城市的财富似乎缩减了。很多历史学者将领地国家的兴起和城市社区的衰落进行对比。最近的研究则揭露了一个相当复杂的图景，然而也凸显出我们对于城市经济真正是什么这一问题的理解有多么不充分。[11]无数小型的中心构成了城市和乡村相互联系并相互依存的区域和地方性网络，而它们的经历是远远不清楚的。一个这样的中心衰落，另一个中心往往会兴旺，并且整体经济产出不一定会减少。[12]

  发展和增长最引人注目的地区，是那些参与波罗的海、北海和大西洋贸易，以及供应逐渐扩张的西欧市场的地区。如果说荷兰和英格兰商人是领导者，那么他们的德意志竞争者也没有落后很多。尽管汉萨同盟已经衰落，但是一些汉萨城市仍然繁荣。汉堡此时成为重要的商业和金融中心。[13]整体而言，易北河、威悉河（不来梅）以及埃姆斯河（埃姆登）的商业中心都兴旺发展，在 16 世纪 80 年代经济受到军事冲突的削弱之前，科隆也是如此。但泽、布雷斯劳、美因河畔法兰克福和莱比锡也繁荣发展。

484

非本地商人社团的活动往往是关键的。在但泽，英格兰和荷兰商人接管了运输业和零售业。在汉堡，荷兰和葡萄牙的移民者加入了本地的商人，在南美洲贸易和货币市场中创造财富。[14]从汉堡向南到下莱茵的中心科隆和亚琛，再到美因河畔法兰克福，荷兰的难民也贡献了人力以及一些领域的最新技术，例如纺织业。[15]下萨克森贵族的"威悉河文艺复兴"在一些城市，例如哈默尔恩（Hameln）和莱姆戈也有其城市对应物。在一些地区，例如威斯特伐利亚，整体而言，中世纪经济的主导地区，例如贝格卡门（Bergkamen）、哈姆（Hamm）、利普施塔特（Lippstadt）、施韦尔特（Schwerte）、索斯特（Soest）、翁纳（Unna）以及韦尔（Werl）的重要性相对降低，而比勒费尔德（Bielefeld）、伊瑟隆（Iserlohn）、阿尔特纳（Altena）、吕登沙伊德（Lüdenscheid）和锡根（Siegen）的重要性则相对提升，尽管区域作为整体仍然维持着它的繁荣。[16]

对于上德意志而言，这里的情况则更为复杂。曾经作为帝国最重要的商业部门的地中海贸易并没有增长，因此即使绝对数额没有下降，相对份额也下降了。然而，至少直到 1600 年前后，地中海贸易仍然保持着相当的重要性。16 世纪上半叶的一些重要的商业家族不再发挥重要作用。一些家族由于法国和西班牙君主在 16 世纪 50 年代到 60 年代的破产而被毁灭。另一些家族，例如富格尔家族，从活跃的贸易和商业活动中撤出，并且以权贵收租者的身份生活，或者登上贵族等级并获得土地财产。[17] 然而，新的家族出现了，旧的商业传统仍然强大。这些城市从来没有完全依赖日渐衰退的意大利贸易，并且它们与充满活力的尼德兰和美洲市场、法国南部以及东部的哈布斯堡领地维持着紧密的联系。

　　其他经济部门的发展，其特征也是相对的转移而非绝对的下降。以阿尔卑斯、上普法尔茨、哈尔茨以及萨克森－波希米亚的厄尔士山的矿藏为基础，银矿和铜矿的开采、冶炼和加工在 1550 年之后显著减少。[18] 然而，以纽伦堡为中心的铁器加工出现了前所未有的繁荣，这一方面是由于对抗土耳其人的行动所带来的持续军事需求，另一方面是由于来自法国、尼德兰和英格兰的大量订单。盐产量大幅上升，这与食品整体的高需求是一致的。关于纺织业，一些分支遇到了困难，例如巴伐利亚的羊毛织品，因为与萨克森和波希米亚的相似产品相比过于昂贵（然而更便宜的出口到意大利的洛登毛呢则没有受到影响）。[19] 棉和毛布料的制造蓬勃发展。在奥格斯堡，粗斜纹布（fustian）的生产直到 16 世纪末持续增长，乌尔姆和斯特拉斯堡的贸易也保持强劲。到 1600 年时，符腾堡的卡尔夫（Calw）已经成为更便宜且更轻的纺织品——精纺毛纱（worsteds 或 sayes）和哔叽（serges）的生产中心，新的大众消费市场对这些产品有大量需求。[20] 因此，上德意志也对由北海－波罗的海的联系带来的需求做出了反应，也仍然供应更传统的市场。

关于危机是否迫在眉睫，或者关于传统的盛行对新事物最终造成的负面影响的学术争论，无法掩盖在 16 世纪下半叶大部分时间里持续繁荣的这一事实。[21]邦国城市（其中包括 16 世纪帝国内 3500 个城市公社中的大部分）因此成了其领主的另一个潜在的金钱和收入来源。这些社区中的少数——65 个帝国城市则至少可以免于这种威胁。然而，帝国城市的市政官员面临着与诸侯和领主一样的很多挑战，并且他们应对的方式改变了城市政府的特征。

注释

1. Schneider, *Ius reformandi*, 173-84, 202-18; Gotthard, *Religionsfrieden*, 240-80.
2. Scott, *Society*, 252-5.
3. Lanzinner, 'Zeitalter', 126-7.
4. 这一研究排除了瑞士和奥地利。Scott, *Society*, 57; Pfister, *Bevölkerungsgeschichte*, 11-14.
5. 根据黑麦衡量的生活质量在 1500～1600 年下降了 30%（在奥格斯堡下降了 50%）。在上奥地利，大约 20% 的人没有常规收入或者营养不良。Rabe, *Geschichte*, 628.
6. Lanzinner, 'Zeitalter', 129-30; Mathis, *Wirtschaft*, 98-100, 165-7.
7. Lanzinner, 'Zeitalter', 130; Rabe, *Geschichte*, 622.
8. 另见本书页边码 129～131 页。
9. Da Costa Kaufmann, *Court*, 139-59; Rabe, *Geschichte*, 621-2; Lanzinner, 'Zeitalter', 131. Schütte, *Schloß* and Müller, *Schloß*.

10. *HbDSWG*, 404-5; Rieber, 'Burg'; Großmann, *Renaissance*; Lüpkes and Borggrefe, *Adel*.

11. 相关研究可见: Schilling, *Stadt*; Rosseaux, *Städte*; Gerteis, *Städte*。

12. Scott, *Society*, 113-52.

13. Lindberg, 'Hamburg'.

14. Kellenbenz, *Unternehmerkräfte*, *passim*.

15. Schilling, 'Innovation'.

16. Mathis, *Wirtschaft*, 93-4.

17. Häberlein, *Fugger*, 17-68.

18. Mathis, *Wirtschaft*, 23-5, 35-9.

19. Mathis, *Wirtschaft*, 30-1; *HBayG*, i, 685.

20. Scott, *Society*, 92-3.

21. Scott, *Society*, 252-55; Mathis, *Wirtschaft*, 50-1, 93-8.

第四十一章

国家创建？

　　使用"国家"（state）这一词语描述 16 世纪的德意志邦国是存
在问题的。一方面，它们并不是拥有至高权力的政治实体，并且它
们的统治者是皇帝的封臣。毕竟，帝国自身承担了代表邦国的很多
国家职能：对外防御、维持国内和平、司法管理，以及关于越来越
多问题的法律框架的构建，其中包括货币和治安问题。[1]另一方面，
即使在更大的邦国，在地图上以大块实心的土地呈现的邦国，严格
意义上来说也并不是统一的或者整合的领地实体。更仔细的观察往
往会揭露这些邦国是更小的土地的集合体，诸侯对每一块领地都拥
有各自的头衔（通常依据不同的条款）、权力和管辖权，其中一些
权力与土地财产没有任何关系。例如，这些权力包括对教会资金的
管理权或者对个人的统治权。[2]

　　正如一些欧洲的君主国是复合君主国一样，德意志贵族的领地
实质上也是复合的财产或地产所有权。[3]通常被视作 16 世纪德意志
邦国的国家创建的过程，在很多方面更适合被描述为一种新的且更
有力的财产管理方式。大多数德意志诸侯仍然将他们的领地视为家
族的遗产，他们的统治策略仍然由王朝利益主导，而不是由有着经

济和社会职责的国家的任何抽象概念主导。

最能够说明这种盛行的态度的，就是统治家族对分割继承制原则的坚持。[4]1356 年的《金玺诏书》已经明确规定七个选侯国应当采取长子继承制。然而，对于其他邦国而言，统治诸侯的去世通常意味着他的领地在男性继承人之间的分割。即使是选侯国往往也会纵容产生同样效果的举措。只有选侯的头衔和办公地点以及核心领地，才是唯一归属长子所有的。[5]为幼子设立的次子继承制增加了小宫廷的数量，而封地也会分散家族主支的核心资源，有时也会创造新的宫廷。普法尔茨和勃兰登堡通常会以这种方式为幼子们提供职位，然而 1547 年后阿尔布雷希特系时期的萨克森选侯国出现了少见的稳定，因为这一王朝在 1499 年采取了长子继承制（尽管在 1652 年再次创造了三个幼支）。只有教会邦国不受这些举措的影响。

分割会在某一时点，对帝国内的几乎每一个王朝造成一定程度的影响。哈布斯堡也不例外，斐迪南一世的领地在 1564 年分给了他的三个儿子。黑森邦国伯爵菲利普在 1567 年将他的领地不均等地分给了他的四个合法儿子。[6]安哈尔特的约阿希姆·恩斯特伯爵在 1570 年将他的家族领地联合起来，并且在 1586 年留给他的长子约翰·格奥尔格。但是在几年的谈判之后，约翰·格奥尔格同意将领地分割给他的四个弟弟，这创建了在 1603 年时不少于五个安哈尔特的侯国。[7]在 1547 年失去选侯头衔的恩斯特系的萨克森公爵的王朝，到 1600 年分为两个独立的支系，到 1640 年进一步分为 11 个支系（四个是萨克森–魏玛系，七个是萨克森–哥达系）。[8]

分割的缺点是众所周知的。除了强大财产的碎片化以外，王朝也常常会陷入常年的内部争吵和争斗之中。这样复杂的安排往往也是格外昂贵的。一些争端导致人们向维也纳的帝国宫廷参事院求助，其中的法律程序能够拖延几代人的时间。即使在那些实现友好分割的地区，创建额外的宫廷也会消耗大量资源。人们也会通过规定对核心财产的联合管理，以试图消除分割带来的影响。或者人们也可能建立一个共同的政府，长子在其中担任统治联合体的领导者，并且执行符合大多数人希望的政策。邦国等级通常会支持这样的安排，因为他们始终不得不承担分割带来的成本。然而，只有在这些联合统治者内部达成一致的情况下，这种安排才能够运转。

几乎没有王朝采取明确的措施以接受长子继承制。矛盾的是，福音教诸侯在 16 世纪期间似乎逐渐更强烈地支持分割。接纳福音教信仰排除了他们的幼子在教会获得职位的机会，然而这也让他们强烈认识到公平对待所有儿子的必要性。与之相反，天主教王朝仍然能够将他们的幼子派到教会（尽管有时候他们并不情愿），而且他们对于这种用来避免分割的实践的态度，整体看上去更为开放。

在 16 世纪晚期，哈布斯堡家族和巴伐利亚的维特尔斯巴赫家族都采取了分封的制度，并且努力保证领地整体资源的合理方案。[9]　**488**
斐迪南一世的儿子们最终一致同意他们的侄子斐迪南二世（来自施蒂利亚）成为唯一的继承人，部分目的是预先阻止西班牙可能的宣称权，但也是在欧洲中部推动天主教事业的有意识行动。在巴伐利亚，尤斯图斯·利普修斯的自然法理论对威廉五世（1579～1598 年在位）和马克西米利安一世（1598～1651 年在位）的影响，看上去帮助他们形成了一种邦国整体需求的优先级高于幼子继承愿望的认知。此外，哈布斯堡家族和维特尔斯巴赫家族都强烈认识到这样一个事实：天主教在欧洲中心的命运，取决于对他们的王朝资源的成功管理。

尽管阻止从世袭政府到领地政府的任何转变的态度普遍存在，但是在大约 1450 年之后的一个半世纪内，出现了向着行政管理的加强、行使权力和调动资源的新方式的探索的重要进展。行政机构发展的时间、节奏和程度在不同邦国之间是各异的，它们所使用的术语也不同。[10] 在一些地区，例如普法尔茨，新的行政结构的大多数核心元素在 15 世纪 50 年代到 60 年代就已经出现。[11] 然而整体来讲，人们认为从 15 世纪 90 年代以来的帝国改革，接下来斐迪南一世 1527 年在哈布斯堡领地引入的行政改革，以及随后巴伐利亚和萨克森的改革，成了其他邦国效仿的模式。对于一些邦国，宗教改革被证明是在 16 世纪 20 年代晚期、30 年代和 40 年代推行的改革的关键动力，但是对于大多数邦国而言，关键时期是 1570~1630 年的几十年。然而到此时为止，另一些邦国几乎没有推行任何改革，或者已经放弃，这些邦国已经被改革的成本推到了财政破产的边缘。

一个潜在的主题是宫廷和行政机构的分化。在 15 世纪，行政机构的首要功能是服务于王朝的个人利益，以及为诸侯和他的宫廷获得收入。毕竟，旧的德语术语"stat"实际上指的是"Hofstaat"，也就是集中在宫廷的诸侯的家属或随从。[12] 随着新的行政官员与旧的宫廷官员并存，这种情况也逐渐发生了改变。例如，在普法尔茨，过去的世袭宫廷的办公室仍然存在：埃尔巴赫伯爵担任掌酒官，来自希尔施霍恩的骑士担任膳食官，森林和莱茵伯爵（Wild-und Rheingrafen）担任世袭的掌礼官。[13]然而，与他们同时存在的还有宫廷大总管（Grosshofmeister）、首相（Kanzler）以及总管（Marshall，负责宫廷的管理），他们作为工作的行政官员，有着逐渐明确的职责范围和具体的报酬比例。其他主要的邦国宫廷，例如德累斯顿的萨克森宫廷，也经历了这种新的官制的发展，与仍然存在世袭的一系列职位并行。[14]

489

几个核心机构在大多数邦国出现。[15]第一，委员会得以组建，用来为诸侯提供建议，并且承担了代表诸侯的本质上的政府职能。委员会通常对司法和行政事务负责，统治诸侯本人也会日常出席。第二，过去由教士组成的法官机构发展为更加专门化的机构，由受过法律训练的平民组成，并受到同时也是委员会成员的首相的监管。第三，宫廷法院或者最高法院处理司法问题。第四，财政的职责掌握在司库（Kammer）的手中：司库最初主要关注宫廷账单的支付，后来扩展到监管诸侯的全部收入，从王室权力和司法费用到领地的财产和税收，以及其他收入来源。

最后，新的专业部门得到补充。很多福音教邦国都遵循了符腾堡在1548~1549年设立的先例，引入了宗教会议（Kirchenrat）以补充政府对教会的新职责。巴伐利亚也为天主教邦国（包括一些教会邦国）确立了同样的先例，在1570年创建了教士会议（Geistlicher Rat），承担学校、教会财产管理、教区神职人员任命以及监管宗教相关法令的职责。1556年，维也纳建立了宫廷战争委员会（Hofkriegsrat），巴伐利亚在1583~1593年效仿，在下一个世纪，更多邦国效仿并且确立为永久机构。

　　在地方层面，改变相对较小。15 世纪之前，在帝国大部分地区确立的在被任命的官员（通常但不一定是贵族）管理之下的辖区（Amt）制度，在很多地区大体没有发生改变，直到 19 世纪。[16]当然，在整个 16 世纪，这些辖区仍然是地方行政的基本单位，尽管对它们实行控制被证明是存在问题的。事实上，在一些地区，这种辖区在 15 世纪被大面积抵押给贵族家族——通过交易领主权，这是一种相当流行的筹集资金的方式——在这些地区重新主张控制权会导致几十年的斗争。[17]事实上，当希尔德斯海姆主教试图从贵族手中夺回抵押出去的辖区时，他们成功向邻近的诸侯，也就是他们的抵押权人求助，随之而来的 1519~1523 年的军事冲突使主教永久失去了重要的辖区，并且导致主教退位。[18]

490

　　即使在更加稳固的领地，同样存在巨大差异。萨克森能够夺回很多贵族的领主权，并且维持对大部分此前教会财产的控制，因此增加了辖区的数量。与之相反，在勃兰登堡，在选侯约阿希姆二世统治时期（1535~1571 年在位），40~45 个辖区中只有 13 个被列入官方的宫廷名册之中。其中很多辖区以及大量此前的修道院落入了贵族或教士的控制，这些领地通常是由这名臭名昭著、负债累累的统治者抵押，以换取贷款。[19]

　　在那些辖区没有遇到阻碍并且大体上免于外部威胁的地方，它们能够作为中央机构和地方之间的联系而相当良好地运转。辖区长官（Amtmann）驻扎在城堡或者市镇；他代表统治诸侯，并且他与城镇会议官员和乡村的领头人或者镇长联络，以保证沟通以及由中央机构向下传达的法律和敕令的执行。[20]他掌控着权力和影响力，但是他并不会进行积极的管理；更确切地说，他试图确保地方选举的机构执行政府的事务。当中央机构搜集信息时，他是地方信息的第一手来源，并且在确保征收的税金送到金库时也发挥了重要作用。

只有萨克森、巴伐利亚和哈布斯堡的领地发展出中间层级的政府。萨克森选侯国和萨克森公国在大约 1550 年之前都在大区组织了它们的辖区，并且都安排了各自的高级辖区长官（Oberamtmann）。[21]从更早的阶段开始，每一个哈布斯堡的领地都设立了副总管（Viztum）管理财政，而巴伐利亚则被划分为四个副总管辖区（Viztumamt），每一个都处于副总管的监管之下，财政总管（Rentmeister）作为核心官员。[22]然而，这种中间层级的政府是否真的带来了更高的效率，这是并不清楚的。萨克森选侯奥古斯特常年被焦虑困扰，担心他正在受到每一层级的财政官员的欺骗。即使作为帝国内拥有最高收入的诸侯，在1577～1586年有着可观的 238000 古尔登的年利润，他的收入核算体系也远非透明。[23]

低级别行政架构因此大体上保持不变。它们只是被期望做得更多。由于地方政府糟糕的状态，或者是辖区长官和地方代表之间经常存在的紧张关系，这种期望总是遭到破坏。

相比之下，更容易在更高层级上应对越来越专门化的政府的压力。以统治委员会和其他中央机构为特征的合议体制，可能是烦琐和不灵活的。对根据成员的社会地位和年龄加权的观点或投票进行仔细整理是需要时间的，并且这通常会导致更为年长的和更高地位的议员占据上风；谨慎和十足的惯性往往会成为主导。[24]尽管所有层 491

级的官员数量都是上升的，并且中央机构形成了更多附属部门，但是真正的政治决议越来越多地由诸侯在咨询一小群信任的议员后做出。在 16 世纪，几乎所有主要邦国都形成了枢密院（Geheime Räte），其他邦国也在 17 世纪跟随了这一潮流。[25]

注释

1. 关于帝国作为整体，其职能下放到大区和邦国的观点，可见：Schmidt, *Geschichte*。对这一观点的两个批评，可见：Schilling, 'Reichs-Staat' 以及 Reinhard, 'Staat'。
2. Scott, *Society*, 14-15.
3. Elliott, 'Composite monarchies'; Koenigsberger, 'Monarchies'.
4. Fichtner, *Primogeniture*, 1-33. Neuhaus, 'Chronologie' 提供了一份有用的德意志和其他长子继承制案例的日期的清单。
5. 例如，这不包括在 1356 年《金玺诏书》之后获得的所有领地。
6. Köbler, *Lexikon*, 274.
7. Schindling and Ziegler, *Territorien*, ii, 88-9. 安哈尔特的伯爵是诸侯院中仅有的伯爵，他们在 1806 年之前一直没有成为公爵：Köbler, *Lexikon*, 16-17。
8. Schindling and Ziegler, *Territorien*, iv, 9-10.
9. Fichtner, *Primogeniture*, 34-60.
10. 包括帝国内部各种类型的行政机构的细节的最全面的研究，是 DVG, 279-467（对制度结构的讨论），468-941（对大多数邦国的具体阐述）。
11. Cohn, *Palatinate*, 202-46.
12. Lanzinner, 'Zeitalter', 79.

13. 森林和莱茵伯爵在 13 世纪失去了他们的大部分领地，当他们在 1475 年继承了扎尔姆伯爵的领地之后，他们称呼自己为扎尔姆伯爵，但是普法尔茨世袭的掌礼官职位是与他们最初的头衔相关的。Press, *Calvinismus*, 31. 在 18 世纪末，所有三个伯国的全部范围不超过 220 平方千米，大约有 11000 名居民。Köbler, *Lexikon*, 792-3. 关于埃尔巴赫伯国，见 Press, 'Erbach'。

14. Müller, *Fürstenhof*, 18-29 提供了一个有用的研究。

15. 以下内容可见：*DVG*, 279-941。

16. 全面的研究，可见：*DVG*, 96-100 以及 *HDR*, i, col. 151-4。

17. Schubert, *Spätmittelalter*, 202-3; Krause, 'Pfandherrschaften'.

18. Stanelle, *Stiftsfehde*, 1-3. 另见本书页边码 157~158 页。

19. Oestreich, 'Verfassungsgeschichte', 88; Heinrich, 'Adel', 237 对 1550 年抵押给贵族的辖区和修道院给出了 30 这一数字。

20. 一个很好的关于这一体系如何在符腾堡运转的叙述，可见：Scribner, 'Police', 106-8。

21. Lanzinner, 'Zeitalter', 84-5.

22. Haberkern and Wallach, *Hilfswörterbuch*, 647; Conrad, *Rechtsgeschichte*, ii, 304, 327.

23. Schirmer, 'Finanzen', 179-83.

24. Willoweit, *Verfassungsgeschichte*, 127-8.

25. Lanzinner, 'Zeitalter', 82-3; Press, *Kriege*, 118-19; Müller, *Fürstenhof*, 25-9.

第四十二章

国内秩序和防卫

　　与中央行政机构在德意志邦国内的细化一样，法律和财政管理的发展也是在一个框架下实现的，该框架由帝国内制订的方案以及哈布斯堡作为邦国统治者的范例确立。[1]当然，在一些邦国，特别是城市社区的发展早于帝国和哈布斯堡的改革措施，例如纽伦堡在1479年进行的城市改革，以及另一些上德意志帝国城市的改革。[2]然而，整体趋势源于马克西米利安一世和斐迪南一世的措施，这些措施大量吸收了勃艮第或法国传统，并对迄今盛行的德意志（奥地利）传统做出了决定性改变。最重要的是，这些措施体现并促进了罗马法的传播，使1490~1530年成为在帝国内从实践层面接纳新的法律学说的关键阶段。关于法律，这些措施主要的效果是对邦国法律的整理和编纂、法律程序的系统化，以及越来越多的治安法律的影响。

　　到1555年，一些主要的邦国，例如巴伐利亚、勃兰登堡以及符腾堡，已经效仿哈布斯堡家族并整理和发布了邦国法律，并且对司法程序的法规进行了规范化。在15世纪制定了这些法规的另一些邦国，开始以与帝国法律保持一致的方式对其修改。相似的是，刑法法规也是在 1532 年的《卡罗利纳刑事法规》设立的框架下被修改的。1555 年之后，法律改革的进程成了稳定和巩固邦国统治者地位的持续努力的一个核心特征。对于寻求在区域和地方层面建立那种很多人认为已经在帝国机构中实现的法律准则的统治者和官员而言，罗马法此时以其清晰性和权威性，看上去比以往任何时候对他们更具吸引力。

　　在一些情况下，他们的目标只是将习惯法转变为罗马法。普法尔茨、巴登、索尔姆斯（Solms）伯国以及帝国城市美因河畔法兰克福和纽伦堡，都遵循了由符腾堡公爵克里斯托夫在 1555 年设立的先例，并且它们自身也成为在接下来的几十年里被大量效仿的范例。[3] 在萨克森，选侯委托莱比锡大学和维滕贝格大学收集并修改所有现存的邦国法律，在 1572 年形成了一部法典，其中既引入了罗马法的原则，也保留了那些被发现能够与之相适应的习惯法。

493

　　无论侧重点存在着何种变化和差异，法律修改的所有同步进程都有着同样的目标。法律将被书写或者印刷并得到发布，通过口头流传的习惯法和地方法律将会被取代。这也产生了另一个影响，即消除地方法庭的司法权，以及捍卫统治诸侯的司法权，这也同样对村社、贵族以及城镇社区的权力造成了影响。法律程序更加顺畅且得到加快，这伴随着授予法官更大的决定权。此外，法律程序也越来越多地掌握在受过法律训练的专家手中，他们取代了未经训练的法官和评审员，这些人过去是基层的习惯法的执行者。最后，这种编纂旨在为每一个邦国提供一套统一的法律，尽管这一点通常是在相对较晚的阶段才得以实现。例如，在巴伐利亚，1518 年在上

（西部）巴伐利亚制定的法典直接被用作随后下（东部）巴伐利亚的法律的模板。而对上巴伐利亚和下巴伐利亚都有效的统一的法典，直到 1618 年才开始生效。[4]

1530 年、1548 年和 1577 年的《帝国公安条例》，以大体上相同的方式设立了标准，这些标准在邦国被转化为更具体且更广泛的立法。[5]字面上数以百计的公安法规被发布：仅在 1548~1600 年，一个 39 个帝国等级的有代表性的样本（其中包括选侯、世俗和教会诸侯、伯爵和帝国城市）发布了 98 个条例（相比之下，在过去一个半世纪只发布了 53 个条例）。[6]

公安条例在范围方面通常非常广泛。[7]这些条例试图管理所有事情：高利贷、公共健康和卫生、市场交易、消防、行会和手工业、亵渎、咒骂和攻击性语言或行为，以及禁止奢侈的法律。统一的主题仍然是对秩序的寻求。一再陈述的目标是为"公共利益"建立规范，"公共利益"这一术语在论证法律和规定的正当性时最经常被引用。公安法律并不是建立专制国家或者使社会受到严格控制的宏大尝试。公安法律是对 15 世纪以来传统社会的深刻危机的一种反应。无法律的状态、新的经济活动与相关的社会模式，以及宗教改革带来的破坏，只是公安法律旨在解决的潜在问题的多种表现形式的一部分。对这些法律频繁的重申，表明这些法律并不比带给它们启发的帝国法律更有效。事实上，在一个世纪之后，克里斯蒂安·托马修斯（Christian Thomasius）嘲笑了《帝国公安条例》，他认为《帝国公安条例》只是通过教堂的门以及其他贴在上面以公示的物体才被人观察到。[8]

494

1555 年的《帝国执行条例》最终也将帝国内公共秩序的责任下放到邦国；每一个统治者都被要求维持准备好的状态，以应对可能出现的对安全的威胁。这几乎立即揭露了邦国现存的防御体系的缺陷。一方面，以骑士和他们的仆从为基础的旧的封建军事体制不再运转；低级别贵族大体上更愿意通过货币支付的方式免于军事义务。另一方面，对雇佣军的依赖是极为昂贵的，并且雇佣军本身也被视为公共秩序的潜在威胁。与此同时，在 1555 年之后的几十年里，对有效军事力量的需求大量得到表现。

在这个领域内，哈布斯堡也做出了示范。[9]面对土耳其人对哈布斯堡领地造成的严重威胁，拉扎鲁斯·冯·施文迪大力主张恢复并且扩张过去臣民在紧急情况下提供援助的一般义务（Landfolge）。这样的防御制度的最初元素是 15 世纪晚期在施蒂利亚、卡林西亚和卡尔尼奥拉形成的。1518 年在蒂罗尔建立了类似的制度，并且在土耳其的常年威胁之下，哈布斯堡家族在整个世纪一直在发展他们内奥地利的民兵。[10]1572 年，施文迪在确保阿尔萨斯的等级同意建立相似的制度中也发挥了关键作用，在这里建立这一制度则是为了应对来自法国的越来越大的威胁。这个制度确保了相当有效的区域合作，直到福音教徒在 1586 年对前奥地利的天主教统治者——蒂罗尔大公斐迪南二世不再信任，这个制度才受到削弱。[11]

施文迪想法的新颖之处在于，他反对一些专家对于武装人民的想法盛行的怀疑，例如帝国陆军元帅赖因哈德·冯·索尔姆斯（Reinhard von Solms，1491~1562）。[12]在一系列有影响力的文章中，施文迪宣传了马基雅维利关于罗马人的美德的观点，即利用人民保卫他们的祖国的案例。这个观点也是拿骚-迪伦堡的约翰六世（1559~1606 年在位）制订的防卫方案的依据，这个方案大体上得到了执行，之后由他的儿子拿骚-锡根的约翰七世（1607~1623 年在位）延续。帝国议会拒绝普法尔茨在 1576 年提出的向归正宗授予宗教自由的要求，这使较小的归正宗邦国感到越来越不安全。尤其是约翰六世的兄长奥兰治的威廉在尼德兰的经历、法国宗教战争的教训，以及由尼德兰的混乱造成的在帝国西北部的日益加剧的不稳定，都对他造成了影响。自 16 世纪 80 年代早期起，他开始动员韦特劳伯爵的力量，并且在十年的时间内，一个令人印象深刻的征募和军事训练体系已经建立起来。[13]

拿骚的措施所依据的理论和哲学基础，也标志着 16 世纪 60 年代和 70 年代的施文迪的想法显著地向前推进。施文迪引用马基雅维利的观点和古罗马的案例，试图重新恢复过去臣民在紧急状态下的义务。作为韦特劳武装力量的领导者，未来的约翰七世在 1595 年的《防御之书》（*Verteidigungsbuch*）中阐述了更类似新斯多葛主义哲学的祖国观念。他吸收了他的父亲在 16 世纪 70 年代购买的狄奥多尔·贝扎（Theodore Beza）和其他著作中加尔文宗的契约理论，写下了统治者与臣民之间相互的义务。[14]如果人民得到良好的对待，那么统治者不应当担心将他们武装起来。对于人民而言，他们有义务保卫他们的统治者和他们的祖国。

在恢复传统形式的方面，拿骚的伯爵们对其进一步发展。他们不再完全从封建的角度将人民视作贵族的臣民，而是将人民视作一个邦国或者祖国的居民。当然，他们也做出了预防措施，明确规定军队必须有贵族指挥官；并且和施文迪一样，他们也认为那些受雇用的人应当得到很好的奖赏。[15]整体而言，拿骚的伯爵们将这种类型的组织视为一种加强祖国以及团结和规训人口的方式。

拿骚的模式逐渐被广泛效仿。约翰六世和约翰七世都是他们的事业不知疲倦的宣传者。他们的民兵于 1592 年成功在普法尔茨援助归正宗的事业，并且在 1599 年事实上帮助拿骚避免了途经的西班牙军队的掠夺，这些事实使他们的权威得到进一步加强。[16]这一阶段普遍的不安全局面引发了大量区域联盟在 1600 年后的组建，以抵抗外国军队以及主要的教派联盟，这种局面也导致类似的措施在整个帝国流行。[17]普法尔茨在 16 世纪 80 年代就已经进行了民兵的实践。仅1600 年，黑森、不伦瑞克、巴登、安斯巴赫和普鲁士公国都建立了民兵制度，而萨克森和勃兰登堡在 1613 年顺应了这一趋势。

这一行动并不限于福音教邦国。在几年的准备，以及对普法尔茨的安排和对佛罗伦萨与意大利其他地区的体制的研究之后，巴伐利亚的马克西米利安一世在 1600 年发布了建立民兵的法令，加入另一些天主教邦国中，例如美因茨、维尔茨堡和班贝格。[18]1604 年，帝国财政长官扎哈里亚斯·盖兹科夫勒告知皇帝，帝国内的大多数诸侯在过去五年左右的时间内，已经建立了这种自我防卫的组织。他建议回顾奥地利世袭领地的制度，并且根据由拿骚制定并由黑森的莫里茨改进的当代制度，更新原制度。

理论上而言，这些民兵代表一个全新的开端。他们只涉及相对较小的一部分人口：例如，在萨克森有大约 10%的人口被征召（或者是十三分之一），并且在任何地方都远远没有达到普遍征兵的程

496

度。然而，征募的程序展现了令人印象深刻的合作和资源运筹的程度。人们投入了大量的关注，以确保乡村或者城市的经济不会受到干扰，并且这种招募是出于自愿的：例如，在黑森，招募者将会经历一系列标准的问题，其中包括"你是否想要成为一名士兵"。[19]在大多数情况下，民兵还配备了最新的枪支。然而，巴伐利亚的马克西米利安一世并不是唯一明确要求枪支应当在军械库中安全保管的统治者，因为"公爵大人不打算将武器置于他的臣民手中"。[20]几乎没有人完全认同拿骚事业的理念。

特定的精力被投入训练军人中；事实上，约翰六世在这种背景下首次提出了德语的术语"训练"（Trillerey）。除了演习训练的纪律性之外，他们也要练习最新的枪械技术：在拿骚，对装填枪支和开火的指导有着不少于 20 个独立的动作，需要进行移动中的练习以及射击移动的目标。[21]一些统治者更喜欢城市的士兵，因为即使是来自社会最底层，他们整体的受教育程度也更好，因此更可能处理好这个体系的复杂要求。

很多统治者都热衷于招募一支用来保卫祖国的军队，这一点也是很清晰的。但是不同区域的贵族在态度上存在差异。在一些邦国，例如萨克森，地方贵族大力反对民兵体系的引入，因为这削弱了他们自己对农民的权力。[22]然而，在其他一些地方，贵族比任何人都更渴望拥有一个可靠的防御体系，这个体系既廉价又能够提供贵族担任指挥官的军队，对社会秩序不会造成任何威胁。事实上，值得注意的是，在农民战争后仅仅经过了两代人，任何统治者从根本上都愿意招募他们的臣民保卫领地，并且在一些情况下，甚至会为他们提供被允许带回家的武器。[23]

　　民兵在军事层面上的有效程度则是另一回事。拿骚的军队在 16 世纪 90 年代的成功，是在相当地方化的冲突以及战略上的小冲突之中取得的，而不是在严重的军事冲突中。巴伐利亚的民兵军队在 17 世纪 20 年代的表现过于令人失望，以至于马克西米利安一世得出结论：在他们身上花费的钱都被浪费掉了。自 1632 年末起，那些被征募的人事实上已经被要求支付雇佣军的成本，而不只是服兵役。[24]在拿骚这样一个相对较小的邦国，统治者实质上是唯一的领主，而在巴伐利亚统治者不得不应对贵族的敌意，因而民兵制度的运转并不是很理想。即使在拿骚，事实证明使农民愿意成为士兵，更不用说热衷于成为士兵，都是很困难的。[25]在任何地方，这件事的成本都是相当大的，在获得符合资格的指挥官和教官，或者即使是控制足够多的最新武器方面，困难也是相当多的。假以时日，这个体系也许能够成功。然而，三十年战争需要更有效的军事回应，这使普遍回到对雇佣兵的依赖变得必要。[26]

497

注释

1. Strauss, *Law*, 145-6.

2. Schubert, *Spätmittelalter*, 124-30 认为官厅（Obrigkeit）或者政府的概念是由城市在 13 世纪和 14 世纪创造的。

3. Strauss, Law, 87-90. 对所有重要措施的研究，可见：Conrad, *Rechtsgeschichte*, ii, 363-73。

4. Conrad, *Rechtsgeschichte*, ii, 365.

5. Härter, 'Entwicklung', 134-141.

6. Härter, 'Entwicklung', 136.

7. Maier, *Staats-und Verwaltungslehre*, 74-91; Conrad, *Rechtsgeschichte*, ii, 257-60.

8. *DVG*, 397.

9. Schulze, 'Heeresreform'; Schnitter, *Volk*, 39-49.

10. Schulze, *Landesdefension*, 36-55.

11. Oestreich, 'Heeresverfassung', 296-7.

12. *ADB*, xxxiv, 584-5. 索尔姆斯为查理五世和马克西米利安二世服役。

13. Schmidt, *Grafenverein*, 135-47.

14. Oestreich, *Antiker Geist*, 342 - 8; Schulze, 'Landesdefensionen', 145-6.

15. Schulze, 'Landesdefensionen', 143-5.

16. Oestreich, *Antiker Geist*, 298.

17. Schnitter, *Volk*, 113-32, *HMG*, i, 66-100.

18. Schulze, 'Landesdefensionen', 138; Albrecht, *Maximilian I*, 379-85; Frauenholz, *Entwicklungsgeschichte*, iii/2, 9, 37-46.

19. Schulze, 'Landesdefensionen', 140-1.

20. Albrecht, *Maximilian I*, 381.

21. Schulze, 'Landesdefensionen', 142-3.

22. Schulze, 'Landesdefensionen', 133.

23. Schulze, 'Landesdefensionen', 146.

24. Albrecht, *Maximilian I*, 384-5.

25. Schmidt, *Grafenverein*, 147, 153-5.

26. Frauenholz, *Entwicklungsgeschichte*, iii/2, 31-4; Oestreich, *Antiker Geist*, 302 - 3; Schulze, 'Landesdefensionen', 147 - 8; Schnitter, *Volk*, 132-43.

第四十三章

教派化?

对国内秩序和防卫的关心是与宗教和教会组织、教育以及道德
警惕的问题联系在一起的，这一点对负责政府和行政机构的任何人
而言似乎都是自然的。在《奥格斯堡和约》的条款中至少隐含着一
点：帝国等级可以自由地着手恢复与宗教和教会相关的问题的秩
序。不论其他事情，这意味着恢复宗教改革前已经普遍存在的统治
者的宗教和他的人民的宗教之间的关联。政治服从和宗教服从，在
任何地方的诸侯和行政官员的观念中都是密切联系在一起的。

当然，《奥格斯堡和约》承认前宗教改革时代事务的状态已经
从根本上被破坏了：在帝国内两个基督教教派的存在暂时被接受。
在某些帝国城市，人们也承认一旦给予一方优先地位，可能只会引
发内战，因此天主教徒和福音教徒在帝国法律之下被赋予了平等权
利。然而，对于大部分邦国而言，即使 1555 年赋予了持宗教异议
的天主教或路德宗少数群体基本的移民权，经验法则仍然是直接
的：统治者有权选择在他们的邦国内何种信仰会成为主流信仰。保
证这种信仰的确立和福祉是一名基督教统治者的部分职责，正如维
持司法制度或者保卫他的人民免受攻击的职责。[1]

　　最终，实行宗教准则的努力也受到帝国政治环境的影响。德意志邦国以一种极端形式经历了在东中欧、中欧和西欧的很多国家常见的情况：边境或者至少是边界，不仅区分统治权和管辖权，也区分相互竞争的基督教信仰的版本。寻求确认官方教会和教义，和确认政府权威的合法性同样是自然而然的。然而无论何种教派，在帝国内的所有邦国，日常的政治文化也塑造了教会生活的具体内容。与安达卢西亚或者西西里的天主教徒相比，巴伐利亚的天主教徒与符腾堡的路德宗教徒有着更多的共同点。[2]

　　过了一段时间之后，很多统治者才行使在 1555 年赋予他们的权力。由于加尔文宗或者说德意志归正宗作为第二支福音教力量的出现，帝国的宗教形势变得更加复杂。这并没有得到帝国法律的承认，即使它不符合帝国法律并且帝国议会反复拒绝予以承认，但归正宗还是发展壮大，很快被确立为一支永久的政治力量，尤其是因为普法尔茨选侯国的支持。此外，在教会原则被推行之前，教会自身也需要澄清它们的信仰：教派的确定是先于教派化的。即使对于天主教会，其特征是教义和信条上根本的延续性，更新也延续了数十年。在这个漫长的进程中有几个关键的里程碑：特伦托大公会议（1545~1563）对天主教教义和仪式的汇编，1552 年开始耶稣会学院网络的发展，1562 年日耳曼学院（Collegium Germanicum）在罗马的建立，16 世纪 70 年代和 80 年代教皇大使和特使体系的建立，以及从 90 年代晚期开始，嘉布遣（Capuchin）修道院网络的建立。[3]

　　福音教会的演变同样是漫长的，并且更为复杂。路德宗诸侯在

499

1557 年、1558 年和 1561 年就统一的教义和统一的教会制度达成一致的努力以失败告终。在 1546 年路德去世后，萨克森王朝两个支系的紧张关系加剧了路德宗神学家之间的分歧。1547 年，仍然效忠于查理五世的阿尔布雷希特系被授予选侯头衔以及恩斯特系领地的东半部分，包括维滕贝格市和维滕贝格大学。尽管德累斯顿成为新的选侯们主要的居住地，他们对帝国内福音教事业领导者地位的主张仍然基于对维滕贝格大学的所有权，这里的神学院是由路德最权威的继承人梅兰希通主导的。[4]

被击败的恩斯特系的公爵们着手在留给他们的领地内重建权力，并且很快从 1554 年起在耶拿建立他们自己的大学（1558 年正式获得许可）。[5]这两所萨克森的大学为激烈对抗的路德宗思想流派提供了制度上的焦点，这两派的对立是在对 1548 年《临时措施》的回应时出现的。梅兰希通作为调解者并且判定关于信仰的外在形式的问题是无关紧要之事（adiaphora），所谓的纯路德派对"菲利普派"接受"教皇的"仪式的意愿进行了严厉指责。值得一提的是，在耶拿最先获得任命的人之一，马蒂亚斯·弗拉齐乌斯·伊利里克斯，就是著名的纯路德派。

16 世纪 50 年代的一系列神学争论，只是凸显了路德宗神学家之间分歧的深度。如果路德的核心教义受到挑战，他们就能够合作，例如梅兰希通和纯路德派的尼古劳斯·冯·阿姆斯多夫（Nikolaus von Amsdorf）以及弗拉齐乌斯·伊利里克斯与加尔文联合，在 1549 年之后的一次延伸的行动中，谴责安德烈亚斯·奥西安德尔对路德因信称义的教义的否定。然而，他们在内部无法达成

500　一致。图宾根的首相雅各布·安德烈埃（Jakob Andreae）在 1568~1569 年促成协议的努力，也因为维滕贝格和耶拿之间的相互猜忌而失败，因为这两个阵营对这样一个在他们看来只是二流水平的局外人都没有特别的认同。

弗拉齐乌斯认为公爵过分控制了教会事务，并对此进行了谴责，他于 1561 年被驱逐，在这之后耶拿的情况略有好转。维滕贝格的情况在 1574 年之后得到缓和，选侯此时囚禁了重要的菲利普派神学家克里斯托夫·佩泽尔（Christoph Pezel）、他的管理者约翰·施托瑟尔（Johann Stössel）以及他的两名亲近的顾问，因为他们据称试图与加尔文宗建立同盟。[6]此时争端最终平息下来，因为在萨克森公爵约翰·威廉于 1573 年去世之后，直到 1586 年，萨克森选侯也代表他的远房亲戚接管了恩斯特系领地的管理权，这抑制了维滕贝格和耶拿之间的竞争。

与此同时，安德烈埃和另一些人推动共同宣言，到 1577 年一个新的信纲已经完成。[7]1580 年 6 月，《奥格斯堡信纲》的 50 年纪念仪式上，这一新的信纲在德累斯顿发布。在接下来的几年里，86个政府以及超过 8000 名路德宗神学家和教士签订了《协同信条》（Formula of Concord），因此它成了在接下来两个半世纪中路德宗教义的正式文件。它的成功的关键在于温和与平衡。《协同信条》诉诸路德的著作以及《奥格斯堡信纲》，这提供了教规传统和共同历史的基础。与此同时，《协同信条》为路德宗信仰与天主教以及加尔文宗之间划清了教义上的界限。[8]

考虑到此前几十年的内部斗争，《协同信条》是一场胜利，然而签订这一文件的 86 个政府只代表大约三分之二的路德宗邦国。
很多菲利普派认为《协同信条》对他们视为"教皇的"仪式的主
题做出了妥协，他们认为这是很难接受的，这几乎是 16 世纪 50 年
代阵线的完全反转。在这种情况下，在茨温利、布塞尔、布林格尔
和加尔文的追随者的调节下，他们遵循瑞士的归正宗传统，反对所
有仪式和典礼，并且否认基督的身体临在圣餐礼的面包中。很多诸
侯并没有额外的动力否认《协同信条》。菲利普派在南德意志的帝
国城市以及波美拉尼亚、荷尔斯泰因、安哈尔特、黑森和普法尔
茨-茨韦布吕肯都有一定的影响力。对于萨克森的一些较小邻邦而
言，对萨克森扩张主义的担忧是关键因素。例如，这使罗伊斯伯爵
们制定他们自己的信纲，这一信纲直到 20 世纪依然有效，并且也
保证选侯没有理由在他们的领地执行教会视察。9

一些菲利普派仍然是中立的路德宗教徒，而另一些则成了正在   501
出现的德意志归正宗传统的一部分。自 20 世纪 70 年代以来，关于
这个第二次德意志福音教的教派运动的性质和名称引起了大量学术
争论。菲利普派对路德宗主流明显的不满，使一些人主张他们接受
加尔文宗是为了引起"第二次宗教改革"。10

然而，作为整体的德意志运动从来没有接受加尔文的权威，并
且其宣传者通常会提及"进一步宗教改革"（further reformation），
而非"第二次宗教改革"（second reformation）。11他们总体上对路德
宗改革的结果感到不满，此时的目标是对生活也进行改革，而不仅
限于教会。他们认同加尔文对任何形式的圣像的厌恶，将祭坛替换
为圣餐桌，使用普通的酒杯盛圣餐酒；他们建造的教堂实际上是聚

焦在讲坛上的礼堂："即使是路德宗教徒进入时也会颤抖"。[12]教义实质上也是加尔文宗的，特别是关于圣餐的象征性而非基督实际临在圣餐面包，以及在圣餐礼上为平信徒提供普通面包而非圣饼的核心教义。

然而也存在着明显的区别。传统的加尔文宗长老会（presbytery）只是由尼德兰难民组成的早期改革运动，例如在 16 世纪 40 年代和 50 年代下莱茵的于利希-克莱沃-贝格公国以及马克伯国的长老会。相似的运动使帝国城市不来梅在 1581 年转向加尔文宗。

另一个特殊的案例——帝国内唯一将加尔文宗与对当局的反抗结合起来的案例（而这一点是尼德兰、法国和苏格兰加尔文宗的特征）——是东弗里斯兰的港口城镇埃姆登。在这里，荷兰难民在加尔文宗教徒反对已经建立的路德宗"食肉者"教会的反叛中发挥了关键作用，这也代表城市社区对统治伯爵的反叛。[13]几十年的冲突在 1595 年的革命中达到顶峰，埃查德二世（Edzard Ⅱ）伯爵最终承认加尔文宗为这个城镇的唯一合法信仰。埃姆登社区的权利在 1599 年恩诺三世（Enno Ⅲ）伯爵继承时再次得到确认，这也是在帝国内第一次由一名非归正宗的统治者对加尔文宗进行正式公开的合法承认，即便根据帝国法律这是无效的。然而，从一开始，这场冲突就是既关乎公社权利也关乎宗教的。东弗里斯兰的所有等级，包括路德宗的多数派以及加尔文宗的埃姆登，都在 1599 年达成协定，502 要求伯爵们承认所有公社的教会权利，并且实质上将统治诸侯的宗教改革权转移给了他们。[14]

　　然而，更为典型的情况是，德意志归正宗教会的"进一步改革"是自上而下推行的。最突出的案例是普法尔茨，弗里德里希三世（1559~1576 年在位）为他的前任弗里德里希二世（1544~1556 年在位）和奥特海因里希（1556~1559 年在位）建立的路德宗政府引入了变革，并且变革在 1563 年《海德堡教理问答》发布时达到顶点。对归正宗或者说加尔文宗体系的直接引入，被路德维希六世（1576~1583 年在位）改信路德宗的决定打断，这造成了对宫廷和行政机构的清洗，以及对 500~600 名教士的驱逐。然而，在 1583 年，路德宗教徒自己被约翰·卡西米尔驱逐，他是弗里德里希四世（1583~1592）未成年时期的摄政。弗里德里希四世（1592~1610 年在位）继续推行这种路线，他的继任者弗里德里希五世（1610~1623 年在位）也是如此。弗里德里希五世将普法尔茨带入了波希米亚冒险的灾难，这导致他被废黜，暂时失去了选侯头衔，以及普法尔茨的再天主教化。除了剧烈的路德宗插曲和灾难性的结局之外，普法尔茨模式的突出特征就是其自上而下的性质。[15]在传统的欧洲西部的加尔文宗模式中，长老会既是宗教会议组织的基础，也是社区主张即使无法自治也要参与政府的基础。与之相反，德意志归正宗教会并非在反对政治官厅中发展，并且他们的长老会通常只是国家教会的代理者，以及在诸侯命令下执行教会视察的工具。[16]

　　在接下来的 50 年，一系列邦国效仿了普法尔茨的案例。[17]其中很多邦国是帝国西部较小的伯国。在威斯特伐利亚，其中包括本特海姆、泰克伦堡以及利珀。在莱茵河沿岸，"进一步改革"发生在诺伊纳尔［包括下莱茵的默尔斯（Moers）伯国］、锡门、茨韦布吕肯以及巴登-杜尔拉赫（在 1599 年暂时发生）。在韦特劳，有五个伯国在 1577～1589 年进行了改革，其中最突出的是拿骚-迪伦堡，1591 年的哈瑙-明岑贝格（Hanau-Münzenberg）、1596 年的安哈尔特、1606 年的黑森-卡塞尔也进行了改革。最后，1609～1616年，西里西亚的一系列邦国（沃劳、利格尼茨、布里格、雅格恩多夫以及博伊滕）的改革，使帝国内加尔文宗或者说德意志归正宗邦国的数量达到 28 个。在几乎所有这些邦国中，典型的民主式加尔文教会体制适应了由路德的宗教改革形成的德意志邦国教会的结构。只不过是路德宗的宗教会议被更名为长老会，主管变成了视察者。在拿骚以及韦特劳的另外三个伯国，1586 年的黑博恩宗教会议决定接受 1585 年的《米德尔堡教会条例》（Middelburg Church Ordinance）规定的长老会制度，作为西欧的所有加尔文宗教徒的准则。牧师由长老会选出，而长老会则是由社区选举产生；并且统治者被要求对宗教会议负责。然而，伯爵仍然"通过他的宗教会议、主管以及教会视察控制教会，伯爵也为教会提供资金并且对婚姻进行管理"。[18]

　　尽管三个教派之间存在神学和文化上的差异，但以教派的名义实行的改革仍然有显著的共同特征。尽管统治者自身的宗教经历在大多数情况下是很关键的，但邦国的野心也至关重要。邦国教会的建立是与在地理层面整合国家，以及使邦国政府更有效的愿望联系在一起的。对教会负责也意味着对一系列相关的机构负责。对大量慈善机构——包括医院、济贫所、孤儿院以及其他类似的机构的管

理自然地与在《帝国公安条例》中隐含的那种社会和福利的职能相
吻合。

教育机构有着相当大的战略意义和政治意义。政府职能的扩张
以及随之而来人员数量的增加，造成了对受教育官员的额外需求。
与此同时，教派的确立以及对神学体系的详尽阐释，需要学术的神
学家和学术教师对教士进行指导和训练。帝国城市在过去引领高等
教育和初等教育，然而由于帝国内的邦国统治者采取的措施，此时
他们的角色黯然失色。1500 ~ 1618 年，帝国内学生的数量从 1500
年的 4200 人达到 1618 年几乎翻番的 8000 人，在 16 世纪 20 年代到
30 年代人数大幅下降之后，绝大多数时间人数处于上升状态。[19]

对于天主教统治者而言，问题在于在 1556 年之后，只有七所
大学仍然处于他们的控制之下。[20] 其中三所大学（美因茨、特里尔
和爱尔福特）已经几乎消亡，而另外四所大学（科隆、维也纳、弗
赖堡和英戈尔施塔特）也处于不同程度的危机之中。事实上，即便
耶稣会士在 1551 年到达，在马克西米利安二世统治时期，维也纳
大学实际上仍然成了一所福音教大学。直到 16 世纪 70 年代中期，
耶稣会学校的建立才开始产生引人注目的影响。

帝国天主教的世俗和教会邦国并没有足够的神学学院和学校，
耶稣会士对学校进行了革新，例如体育和戏剧训练作为常规学术课
程的补充，这种情况持续到 17 世纪初。一些核心统治者，例如巴
伐利亚公爵或者内奥地利的卡尔二世大公，他们的介入是至关重要
的，来自教皇确立的新的永久大使的压力也很重要。然而，主教座
堂教士团和主教区的教士经常阻碍这一进程，因为他们反对在他们　504

看来教皇对其权力的干涉。1552~1616 年建立的 11 个耶稣会机构，在奥格斯堡（迪林根，1553）、布拉格（奥尔米茨，1573）、维尔茨堡（1575）和格拉茨（1586）几所新大学的建立，以及中学网络的细化，这些措施的全面影响直到 17 世纪才体现出来。

路德宗邦国的情况好一些，在宗教改革之前就有八所已经建立的大学。其中五所大学在 16 世纪 30 年代期间转为福音教，并且在 1527 年（马尔堡）到 1623 年（阿尔特多夫）新建立了七所大学。[21]最初，福音教的大学面临着巨大的不利因素，因为他们无法获得皇帝或者教皇对他们的学位的特许。[22]更古老的大学仍然在它们中世纪的特许之下运转，尽管对这样做的合法性也存在怀疑。然而在马尔堡，博士头衔在没有正式承认的情况下进行授予，直到 1541 年黑森的菲利普最终成功获得了皇帝的特许。

当人们讨论在柯尼斯堡建立大学时，他们征询了梅兰希通和莱比锡的人文主义者约阿希姆·卡梅拉留斯（Joachim Camerarius）的意见，并且他们二人都宣称神学教育应当免于教皇或者皇帝的许可。[23]至于这个院系只颁发文凭（testimonia）而非学位，他们认为没有问题。医学和法学博士学位的授予更存在难题，然而他们也无法提出解决方案。柯尼斯堡的情况更为复杂，因为普鲁士公国作为条顿骑士团的世俗化领地，严格意义上位于帝国之外，并且查理五世不承认阿尔布雷希特公爵是他的封臣。[24]普鲁士公爵甚至向罗马发出了申请，然而可以预见他没能取得成功。最终在 1560 年找到了解决方案，柯尼斯堡收到了来自阿尔布雷希特公爵的君主波兰国王的特许，因为普鲁士公国是波兰王国的封地。与此同时，在帝国内，1541 年马尔堡大学特许的先例，使帝国宫廷参事院为那些转变为路德宗的旧学校和新学校授予特许。在《奥格斯堡和约》之后，这大体上成了自动程序。

尽管路德宗的大学本质上是对前宗教改革时代传统的改造，但是最突出的创新出现在那些无法承担这样的费用的帝国城市和较小的邦国内。前宗教改革的拉丁语学校通常得到了改革和扩张。在汉堡（1529）、吕贝克（1531）以及石勒苏益格（1542），约翰内斯·布根哈根建立了文理中学，旨在为当地的学生在其他地方接受大学教育做准备，特别是挑选了那些市政官员会授予接受进一步教育许可的学生。[25]

在斯特拉斯堡建立的学校也许是所有学校中最具影响力的。在 505 16 世纪 30 年代，马丁·布塞尔和约翰·施图尔姆（Johann Sturm）认为有必要在将斯特拉斯堡的学生送到马尔堡或者维滕贝格之外，提供一种替代选项。1538～1539 年，施图尔姆创建了后来为人熟知的伊拉斯特文理中学。[26] 到 1544 年，这里已经吸引了大约 600 名学生，并且被其他很多帝国城市和小邦国效仿，获得了不同程度的成功。[27] 然而，斯特拉斯堡的市政官员促进了更宏大的野心。1566 年，他们说服帝国宫廷参事院承认他们的课程与学士学位等效，并且将学校的地位确认为研究院（semiuniversitas），这很快使他们进一步申请常规的大学许可，并且最终在 1621 年被授予大学许可。[28]

尽管在大学的创办或改革以及类似机构的建立方面投入了大量精力，但是路德宗邦国对中等学校（secondary school）的投入程度也高于天主教邦国。[29] 在奥格斯堡，1623 年时有四分之一的人口为

天主教徒，这里有 20 名福音教教师而只有 4 名天主教教师，为
1550 名福音教学生和 240 名天主教学生提供教育。[30]然而在这里，
邦国政府的需要也是至关重要的。用来培养牧师和官员的拉丁语学
校在很大程度上优先于德语学校。在符腾堡和不伦瑞克－沃尔芬比
特尔，过去的修道院机构得以维系，并转变为神学院：焦点再一次
集中于这些受教育者的社会功能，毕竟牧师是政府的代理人。

　　德意志归正宗邦国经历了不同的问题，但是在教育方面也形成
了不同于天主教徒和路德宗教徒的方式。[31]因为这些地区没有被纳入
宗教和约中，所以无疑他们不会获得皇帝或教皇的特许。日内瓦通
过从北部的尼德兰的省份寻求特许，以绕过法国对授予特许的拒
绝；莱顿在得不到皇帝或教皇特许的情况下，将学位的有效性扩展
到英格兰和法国。[32]然而，对于德意志的邦国和帝国城市而言，他们
是帝国法律制度体系的一部分，并不希望反对这一体系（即使他们
可以这样做），这就造成了根本问题。只有两所大学由于它们的统
治者转变信仰而成为归正宗大学：1559 年的海德堡大学（1584 年
再一次）以及 1606 年的马尔堡大学，然而它们在三十年战争中遭
受重创。与之相似，安哈尔特伯爵于 1582 年在采尔布斯特创建的
文理中学，当统治者在 1596 年改信归正宗后也成为归正宗学校。
506 在本特海姆伯国的施泰因富特（Steinfurt）、不来梅、但泽以及上西
里西亚的博伊滕建立的高等学校，比很多大学更成功。[33]

　　在归正宗的所有教育事业中，最成功的是拿骚－迪伦堡的约翰
六世于 1584 年在黑博恩创建的研究院。尽管以斯特拉斯堡的研究
院和它的后继者为模板，但黑博恩研究院超越了它们。在很短的时

间内，它被确立为欧洲加尔文宗学院的一个典型，吸引了来自特兰西瓦尼亚、立陶宛、挪威、苏格兰，以及来自帝国所有地区的学生。[34]事实上在一段时间内，可以说黑博恩研究院比帝国内的任何大学都更加国际化。

　　黑博恩研究院最初建立是为了降低伯爵子嗣的教育成本。幸运的是，计划创建黑博恩研究院时，有现成的来自普法尔茨和萨克森的隐匿的加尔文宗流亡者的供应。研究院同样受益于约翰六世伯爵对进一步改革的非常全面的愿景，以及他受启发任命约翰内斯·皮斯卡托（Johannes Piscator，1546~1625）为第一位哲学教授。[35]皮斯卡托过去在斯特拉斯堡的学校与图宾根接受教育。他曾经在海德堡教学，并且管理选侯的拉丁语预科学校（Paedagogium）。他将梅兰希通和布塞尔的菲利普派传统、传统的亚里士多德哲学，以及拉米斯主义（Ramism）的新原则（反亚里士多德）的混合体带到黑博恩。在皮斯卡托的重要学生约翰·海因里希·阿尔施泰德（Johann Heinrich Alsted，1588~1638）身上，黑博恩研究院既起到教育拿骚本地人的作用，也形成了欧洲范围内的知识使命。这种使命通过阿尔施泰德自己的学生约翰·阿姆斯·夸美纽斯（1592~1670）的传播，对17世纪英格兰哲学科学的发展产生了影响。[36]

　　归正宗的邦国对中等教育和初等教育投入的注意力同样值得关注，并且不限于拿骚。[37]与天主教和路德宗不同，归正宗的教会强调基础的全民读写能力为一个目标，这一方面是出于宗教的原因，另一方面则与民兵方案的考虑因素一样，是为了通过教育培养邦国的爱国者。即使如此，现实与理念还是相去甚远。当黑博恩研究院自

1590 年前后逐渐提供充足的教师起，拿骚的学校网络就变得足够令人印象深刻：它延伸到乡村学校，既教育女孩也教育男孩。作为结果，更多人能够阅读，但是这没能带来真正的识字革命。基础识字并没能消除城市和乡村之间的壁垒，而且拉丁语学校实质上仍然只限于官员、牧师和行会技术工匠的儿子。除了给当地农民带来的影响之外，拿骚的低级别学校体制更重要的影响，可能是给 17 世纪 50 年代夸美纽斯教育理论的形成带来的影响。因为夸美纽斯的理念最终有着更广泛的欧洲范围的影响力，尤其是对约翰·洛克（John Locke）的教育思想的影响。

507　　　从帝国整体来看，宗教改革、进一步改革以及天主教改革或者说反宗教改革遍及 1555 年《奥格斯堡和约》到三十年战争这一整个时期。[38]一些发生得较早，而另一些较晚；一些得到迅速执行，另一些则缓慢且零星地推行；一些取得了成功，另一些则完全失败或者部分失败。总体而言，到目前为止已经提及的改革所发生的地区，或者已经得到整合，或者至少大体上处于一名统治者或者单一王朝的控制之下。

　　在那些统治者试图对邦国贵族或者城镇强加个人意愿的地方，出现了更严重的问题，因为贵族和城镇都会主张豁免权、优先权和特权，并且成功维护了这些权力。[39]同样地，强大的诸侯的邻邦只能被这些诸侯牵着走，或者被迫坚持分歧。例如，在邻近萨克森的伯国中，一些伯国追随萨克森的领导，而另一些伯国，例如罗伊斯伯国则采取独立的"地方的"信仰，并且成功从萨克森的附庸转变为波希米亚的附庸。[40]

在施派尔和沃尔姆斯采邑主教辖区，正是普法尔茨带来了严重的吞并威胁。在施派尔，由于主教马夸德·冯·哈特施泰因（Marquard von Hattstein，1560~1581 年在位）是一名冷淡的天主教徒，甚至传言说他是秘密的施文克费尔德派信徒（Schwenckfeldian），这使情况变得更加危险。然而，他的主教座堂教士团中的贵族教士并不打算成为普法尔茨的封臣，因为这会使他们失去政治独立性以及他们的圣职，并且正是他们成了早期天主教复兴的支柱。[41]在沃尔姆斯，主教和教士团在立场上更为团结，共同对抗他们强大的邻国，以及通过向帝国议会以及帝国法院申诉，在政治层面捍卫他们的事业。沃尔姆斯的天主教复兴，以及一定程度上邦国的整合，只在主教威廉·冯·埃弗（Wilhelm von Effern，1604~1616 年在位）时期取得了进展，并且当主教格奥尔格·弗里德里希·冯·格里芬克劳（Georg Friedrich von Greiffenklau，1616~1629 年在位）在 1626 年也成为美因茨大主教时，沃尔姆斯采邑主教辖区才真正获得安全，这也使沃尔姆斯处在更强大的羽翼的保护之下。[42]

在一些管辖权重叠的地方，或者两个、三个甚至是四个王朝无法达成一致的共同治理的地方，情况更为复杂，并且有时不可能得到解决。[43]即使是蒂罗尔的哈布斯堡家族的统治者，也无法在他们前奥地利零星的施瓦本领地上推行统一的政策，特别是霍恩贝格（Hohenberg）伯国和锡格马林根伯国、内伦堡（Nellenburg）邦国伯爵领地，以及上施瓦本和下施瓦本的邦国管辖区（Landvogtei）。[44]与之相似，在很多帝国骑士的领地，他们对教会当局的权力是存在争议的，关于宗教问题的任何决定通常会被尽可能地拖延，除非对

508

最近的邦国诸侯或者对骑士所服务的宫廷的遵从使宗教问题得到直接的决定。[45]想要估计1555～1618年帝国内没有被施加任何形式的教派化的地理区域或者人口所占百分比，是很困难的。然而，在帝国内对任何教派化进程的地方性和区域性的抵制，以及教派"无主之地"的广泛分布，大大限制了人们对于全部德意志人口受到社会规训的印象。[46]

这表明在对各种教派化进程真正的成功程度进行任何可靠的评估时，需要保持谨慎。一方面，整体而言，1555 年后逐渐形成的发展确实决定了教派地图的轮廓，甚至在 21 世纪都能够识别这种轮廓。[47]另一方面，宗教和文化差异使大部分南德意志和莱茵兰地区明显倾向天主教，而大部分北德意志地区同样明显倾向福音教，这种差异发展了一个世纪或者更长。在《奥格斯堡和约》和三十年战争之间的时期，情况往往是混乱和多变的。教派形势在 17 世纪上半叶变得更加清晰之前，很多宗教团体通过谈判走上了一条微妙的道路，它们成了事实上的多教派和多元社区，并且获得了接纳和安全。[48]

一些人明显利用《奥格斯堡和约》赋予统治者的权力，推行他们在宗教问题上的意志。[49]福音教等级在 1570 年 12 月向皇帝申诉，认为宗教和约受到了破坏，因为一些统治者由于他们的臣民不接受他们的宗教，将这些臣民驱逐。1582 年，他们申诉道，臣民出于宗教原因正在被驱逐出他们的"祖国"，即使他们"除此之外在政治事务上"服从他们的统治者。除了这样的申诉以及帝国最高法院经常面对的一些案件以外，对于这种移民的程度或者产生的影响，我们的了解很少。⁵⁰法律本身是含糊的，对于实际上是赋予臣民移民的权利，还是赋予统治者驱逐的权利，是不明确的。一些人无疑被驱逐了。对于天主教、路德宗和归正宗的统治者而言，这一点是没有区别的。然而，三者对待再洗礼派的方式存在一定的差异。⁵¹1525～1618 年，对再洗礼派的处决中，84%是由天主教统治者执行的。与之相反，在一些邦国，例如黑森，他们会被监禁而非处决。在一些个例中，例如归正宗的默尔斯伯国下属的克雷菲尔德（Krefeld），再洗礼派甚至被公开容忍。

509

至于臣民在多大程度上利用了出于他或她的个人意愿的移民权，支付高达个人财富 30%的移民税的义务确实会令很多人无法或者不会这样做。⁵²很多人无疑选择留下并且只是敷衍官方宗教，但是此后他们实际上被"教派化"的程度又是怎样的呢？

无论天主教、路德宗还是归正宗的教会视察，往往会对乡村地区盛行的非宗教化的程度表现出震惊和恐惧。考虑到很多区域自 16 世纪 30 年代以来经历的中断，这几乎不会令人感到惊讶。很多教区在几十年都没有教士。这不一定意味着宗教的缺失，更确切地说，这意味着通常相当奇怪的民间基督教信仰的繁荣。16世纪晚期，上普法尔茨的归正宗视察官员相当惊讶地被告知，当地人民信仰三个上帝，有时也信仰一个女上帝。⁵³

视察的官员时常经历的迷茫和失望，表明邦国政府的官员与他们在旅途中经历的社会和文化条件之间，呈现了某种鸿沟。他们受到晚期人文主义的改革、进一步改革或宗教复兴的观念的激励，因此他们或许不可避免地对他们所经历的迷信式的反宗教状态感到失望。事实上，正是教会改革和构建教派的过程本身，使它们与它们被用来帮助的社区疏远。教会的教阶制度变得官僚化并且关注程序。在教会被塑造成有效的教派化的代理机构的地方，教会往往恰好面对这样一个事实：教会也是政府的代理机构，它们在乡村几乎和征税员一样不受欢迎。

在那些教会已经成功确定教派和信仰体系的地方，教会通常变得理性化和学术化。这是因为教派的确立发生在神学院，并且无法轻易转换为普通人的语言和关心的内容。事实上，来自一些路德宗和天主教地区的证据表明，在很长的时间内，试图自上而下推行的教派化，是与另一些社区在官方宗教反复变化时对它们自己的"基督教共同体"观念的坚持并存的。上黑森似乎恰好符合这种情况，这里在 1576 年转变为路德宗，1605 年转变为加尔文宗，1624 年再次转变为路德宗。[54]上普法尔茨也是如此，官方宗教在这里转变了五次，包括 1621 年天主教的再次引入。[55]对天主教地区的研究表明，即使没有强烈的政府干预，天主教的认同也在发展。在政府持续干预的地区，当干预与源于中世纪晚期的社区传统和虔诚形式相适应时，这种干预是最成功的。[56]

从某种意义上讲，在 1555 年之后的几十年里，最成功被教派化的恰恰是这些邦国政府的新的精英自身。这些人包括"法学家、教授、学校教师、教士、市政官员、商人、行会工人、学生、村长、富农、小官员、乡村工匠"。[57]对于这些群体而言，1580 年纪念《奥格斯堡信纲》五十周年的仪式，或许与《协同信条》中对神学信条的明确是同等重要的，这些信条强化了植根于共同历史的团结性和认同感。与之相似，1617 年的宗教改革百年纪念（第一个"近代的"百年纪念）也有着政治和宗教身份的双重意义。它提醒人们宗教改革不仅引入了正确的教义，也转变了邦国、城镇和帝国城市的制度结构，以及帝国自身的制度结构。[58]

然而有些时候，等级和城镇可能会成为统治者在他的邦国推行宗教努力的反对者。[59]萨克森的等级成功抵制了克里斯蒂安一世（1586~1591 年在位）引入归正宗信仰的尝试。与之相似，巴登－杜尔拉赫的等级也抵制了边疆伯爵恩斯特·弗里德里希（1584~1604 年在位）的愿望，黑森－卡塞尔的等级拒绝他们的统治者邦国伯爵莫里茨（1592~1632 年在位，但是在 1627 年退位）的归正宗信仰。[60]1600 年，利珀伯爵西蒙六世（1579~1613 年在位）试图以归正宗教会的条例完成雄心勃勃的全面改革和整合的计划。但是他很快发现自己陷入了与他的首府城市莱姆戈的激烈斗争中，莱姆戈的市政官员和居民拒绝放弃他们的路德宗信仰，并且到 1617 年，他们成功迫使利珀伯爵承认他们的宗教自治权。[61]与之相似，路德宗的居特斯洛（Gütersloh）坚决对抗归正宗的本特海姆伯国，正如归正宗的埃姆登对抗路德宗的东弗里斯兰伯国一样。[62]即使是较大的邦国，有时也不得不与激烈的地方性或区域性抵抗做斗争。即使普法尔茨的弗里德里希四世（1583~1610 年在位）、弗里德里希五世（1610~1623 年在位），以及他们在安贝格的总督安哈尔特的克里斯蒂安尽最大努力，路德宗在上普法尔茨仍然占据主导地位。当勃兰登堡选侯约翰·西吉斯蒙德在 1613 年改信加尔文宗时，他的每一个主要领地都不同意遵从他的宗教选择。[63]

511　　　一方面，在帝国内，几乎没有地方可以说到 1618 年教派身份的创建已经完成。另一方面，自 1555 年以来，在大多数地区，政治权威和宗教派别之间的关系问题已经在某个时点被提出。整体而言，同样很清楚的一点在于，帝国作为整体，其结构已经被世俗化，而邦国教会的构建是其组成部分的发展的一个不可逆转的特征。

注释

1. Simon, ' *Gute Policey* ', 120-6, 108-10.
2. Schindling, ' Konfessionalisierung ', 20.
3. Forster, *Catholic Germany*, 38-84.
4. Ludwig, *Philippismus*, 45-77.
5. Schindling and Ziegler, *Territorien*, iv, 19-26; Bauer, *Universität Jena*, 25-45.
6. Rabe, *Geschichte*, 511-12.
7. Ludwig, *Philippismus*, 147-301.
8. Cameron, *Reformation*, 368; Rabe, *Geschichte*, 512-13.
9. Schmidt, *Geschichte*, 105-6; Schindling and Ziegler, *Territorien*, iv, 29-34.
10. 对这一主题的大量争论的介绍，其中包含大量参考文献：Ehrenpreis and Lotz-Heumann, *Reformation*, 62-79; Schmidt, *Konfessionalisierung*, 44-54, 80-6。优秀的英语介绍：Po-chia Hsia, *Social discipline*, 1-9, 26-38 以及 Cohn, ' Princes '。Po-chia Hsia 的研究是非常有用的，因为这一研究将视野延伸到 1750 年，而德语的叙述几乎都聚焦于 16 世纪。

11. Greyerz, *Religion*, 110-27.

12. Schilling, *Aufbruch*, 300.

13. 对"食肉者"的嘲笑是引用了路德宗认为基督在圣餐中真实临在的信仰。

14. Schilling, 'Reformation und Bürgerfreiheit'; Gross, *Empire*, 108; Schindling and Ziegler, *Territorien*, iii, 169-78.

15. Cameron, *Reformation*, 370-1; Schindling and Ziegler, *Territorien*, v, 18-44.

16. Schmidt, *Konfessionalisierung*, 47-8; Press, *Kriege*, 145.

17. Cohn, 'Princes', 136-7 (a map) and *passim*; Schmidt, *Konfessionalisierung*, 44-5.

18. Cohn, 'Princes', 158-9.

19. Eulenburg, *Frequenz*, 76; Rosa di Simone, 'Admission', 303-4. 三十年战争期间出现了另一次人数大幅下降，随后到 1700 年人数恢复到 8000 人左右；自 1735~1740 年起人数出现了稳定的下降。具体的数字是不可靠的，因为其中包括缺失数据的很多可变性和估计。然而，整体的趋势大致是准确的。

20. *HdtBG*, i, 312-32; Hammerstein, *Bildung*, 35-43.

21. 另外几所新建立的学校是柯尼斯堡大学（1544）、耶拿大学（1558）、黑尔姆施泰特大学（1576）、吉森大学（1607）、林特尔恩大学和斯特拉斯堡大学（1621）。此时得到改革的更为古老的大学有：海德堡大学、莱比锡大学、罗斯托克大学、格赖夫斯瓦尔德大学、巴塞尔大学、奥德河畔法兰克福大学以及维滕贝格大学。*HdtBG*, i, 286-9.

22. *HdtBG*, i, 290.

23. Hammerstein, *Bildung*, 23-4; Gundermann, 'Anfänge'; Moeller, 'Königsberg'.

24. 见本书页边码 22~31、257~259 页。

25. *HdtBG*, i, 296.

26. Schindling, *Hochschule* 是这一领域的权威著作。也可见：

Hammerstein, *Bildung*, 27-9; *HdtBG*, i, 293-5。

27. Schindling and Ziegler, *Territorien*, v, 81; *HdtBG*, i, 295-8.

28. *HdtBG*, i, 295.

29. Schmidt, *Konfessionalisierung*, 23-4.

30. Warmbrunn, *Zwei Konfessionen*, 293.

31. Hammerstein, *Bildung*, 33-5; *HdtBG*, i, 298-9.

32. Menk, *Herborn*, 105-6.

33. Hammerstein, *Bildung*, 126.

34. Hotson, *Alsted*, 6-7; Hammerstein, *Bildung*, 126-7.

35. Hotson, *Alsted*, 17-20.

36. Hotson, *Alsted*, esp. 1-2, 7, 229.

37. Menk, 'Territorialstaat', *passim*; Schmidt, *Konfessionalisierung*, 54.

38. Schindling and Ziegler, *Territorien*, vii, 20-3.

39. Schneider, *Ius reformandi*, 256-65.

40. Schindling and Ziegler, *Territorien* iv, 29-34.

41. Wolgast, *Hochstift*, 303-6; Press, 'Hochstift Speyer', 262-3.

42. Wolgast, *Hochstift*, 320-1.

43. Gotthard, *Religionsfrieden*, 292 - 316; Schneider, *Ius reformandi*, 242-56.

44. 关于布尔高，可见：Schiersner, *Politik*, 31-163, 202-44, 433-9。关于前奥地利整体，可见：Schindling and Ziegler, *Territorien*, v, 256-77 以及 Quarthal, 'Vorderösterreich'。上施瓦本和下施瓦本的邦国管辖区是一系列领主权、司法权和财产权的集合，而不是领地本身。

45. Gotthard, *Religionsfrieden*, 242-3, 287-8; Schneider, *Ius reformandi*, 237-41.

46. Schindling and Ziegler, *Territorien*, vii, 24-8.

47. Gotthard, *Religionsfrieden*, 19-20, 282-92.

48. Spohnholz, Tactics 是对韦瑟尔的加尔文宗、路德宗、天主教徒、门诺派及其他异见者的优秀研究。

49. Gotthard, *Religionsfrieden*, 119, 243-5, 284-5, 345, 527-35, 551-4. 全面的描述，也可见：Schunka，'Glaubensflucht'以及 Schäufele，'Konsequenzen'，123-7。May，'Zum "ius emigrandi"'包含很多相关的信息，然而以下观点扭曲了他的观点：移民的福音教徒这样做是为了寻求冒险或者经济机会。这两种说法都是不可信的。

50. Ruthmann，*Reichskammergericht*，296-310. 关于这一问题在帝国最高法院的大量案件的例子，可见：Ehrenpreis and Ruthmann，'Jus emigrandi'。

51. Schäufele，'Konsequenzen'，127.

52. Gotthard，*Religionsfrieden*，529.

53. Press，*Kriege*，136. 对路德宗教会视察的优秀论述，可见：Strauss，*House of learning*，249-99。

54. Mayes，*Communal Christianity*，23-204.

55. Rabe，*Geschichte*，562.

56. Forster，*Catholic revival*，1-5，18-60.

57. Po-chia Hsia，*Social discipline*，143.

58. Sandl，'Interpretationswelten'；Leppin，'Antichrist'；Schönstädt，*Antichrist*，10-13；Gotthard，*Altes Reich*，80-2.

59. Schmidt，*Konfessionalisierung*，99 - 100；Cameron，*Reformation*，371-2.

60. Po-chia Hsia，*Social discipline*，35-6.

61. Schilling，*Konfessionskonflikt*，40-4，152-351.

62. Schmidt，*Konfessionalisierung*，49.

63. 当然，马克伯国大体上已经是归正宗了：Schindling and Ziegler，*Territorien*，iii，102-3。

第四十四章

财政、税收与等级

512   邦国政府扩张的职能、上升的军事费用，以及宫廷开销的上涨造成了前所未有的财政负担。尽管建立邦国教会的一部分成本通过侵吞教会财产和资金覆盖，但是另一些成本，例如新的大学或者高等学校的费用则无法被覆盖。通常而言，在较大的邦国，大约一半的收入会用于宫廷、行政机构和建筑。[1]应对这些不断上涨的成本，以及努力解决不断上涨的债务压力，这本身就是大多数较大的邦国16世纪发展进程的一部分。事实上，财政的全部问题显示出帝国内较大和较小的领地之间越来越大的差异。最小的单位最终看上去仍然像是被作为私有土地管理的大的、贵族的土地财产，而另一些邦国则形成了邦国政府的完整结构，类似于欧洲其他地方的君主国形成的体制。在16世纪，邦国对定期税收尤为依赖。据估计，1500~1650年，直接税的负担增长了十倍，然而对巴伐利亚而言，据估计1480~1660年，这一增长达到了2200%。[2]这种大幅度的税收增长不可避免地产生了严重的政治影响。

     在13世纪，大多数邦国发展出基本的财产税，即所谓的随意税（bede 或 datz），这一税收适用于除贵族和教士之外的所有人，并且每年一至三次定期缴纳。[3]然而，这种财产税通常在引入时被固定，此后不会提高。因此，从长期来看，稳定的通货膨胀严重降低了它的价值。例如，在勃兰登堡，到 17 世纪早期时，这种传统税收在选侯收入中的占比已经不超过 3%。[4]除此之外，更多临时的税收为了特殊的目的而被征收：为了战争，为了诸侯长女的嫁妆，或者如果是教会邦国，也可能用来支付新当选的主教为了他的祝圣和就职而寄给罗马的费用。从长期来看，更有效的是各种形式的消费税，例如对葡萄酒和啤酒征收的税，而且通常会扩展到其他产品。然而，即使这些税收也是有限的，并且无法满足大幅增加的开销。

最重要的收入的传统来源，是来自私有土地的收入，无论是农业土地还是森林，由统治者直接经营或者出租，或者来自农民支付的租金或费用。[5]此外，一些邦国从盐矿或者金属矿开采、铸币或者通行费用中获得收入。例如，萨克森和邻近的伯国以及蒂罗尔从采矿业获得大量收入：1550 年前后，萨克森选侯大约一半的收入来自各种采矿权以及采矿业；16 世纪 20 年代，蒂罗尔统治者大约三分之二的收入来源于银矿开采。黑森、科隆和克莱沃从莱茵河的通行费中获得了大量收入，而另一些邦国也依赖道路、河流和桥梁通行费：在奥地利的公国中，这些构成了大约全部收入的四分之一，而在 1600 年前后的勃兰登堡，这些收入占全部收入的 35%~45%。

有大量证据表明，在 16 世纪，对私有财产和王室权力的利用得到加强。事实上，一些统治者变得积极进取。易北河以东的大地产制，或者说私有领地的发展，本质上是对更多收入的需求，以及对逐渐有利可图的农产品生产市场的认知的事业上的反应。[6]在帝国

513

其他地方也出现了旨在加强农业或者林业经营，以及将这些收入最大化的相同措施。

一些统治者不仅为市场生产，也参与到产品加工之中。王室权利，特别是采矿权，也被更集中地利用。巴伐利亚公爵最初通常会尝试让私人开采矿产资源，但是后来试图接管这一持续盈利的事业。[7]北德意志的大量统治者参与到与农产品和渔业贸易相结合的高度商业化的农产品生产，以及例如畜牧业的活动中。[8]图林根的曼斯费尔德伯国参与到加工铜矿以提炼银的活动中，并且与邻近的王朝，例如亨内贝格伯国和施托尔贝格伯国签订正式的商业协议，以提高产量。[9]除了经营自己巨大的农业和采矿业之外，萨克森选侯也是这些企业的常规投资者。在一些情况下，对利润的追求产生了相当惊人的结果。不伦瑞克-沃尔芬比特尔公爵尤利乌斯（1568～1589 年在位）是他那一代人中最成功的诸侯创业者：他的工场和作坊能够生产各种商品，从黄铜盒子到花园装饰、整套象棋、火器、大炮以及用炉渣制成的炮弹。[10]

勃兰登堡选侯约阿希姆二世的弟弟——屈斯特林边疆伯爵约翰，在 1535～1571 年统治勃兰登堡-屈斯特林邦国（这个邦国是为了作为幼子的约翰设立的，主要由诺伊马克和很多邻近的领主权构成），他也非常杰出。他在国际货币市场的能力使他的资本在 30 年之间增加了 12 倍。即使考虑到通货膨胀的因素，他仍然创造了可观的利润，这使他成为少数在去世之前没有债务的诸侯，而是留下了 569108 塔勒的资产（大约 78 万古尔登）。[11]

留下这样巨额财富的统治者是极少的。大多数统治者留下了更为复杂的遗产。一些人设法建立了秘密金库，用于紧急情况或者异常支出以及个人赏赐。在 1586 年去世时，萨克森选侯奥古斯特被发现已经积累了总计 180 万古尔登的巨额财产。然而他也继承了巨额债务，而且自己招致了更多债务：例如，在 1570 年，萨克森的等级接管了不少于 310 万古尔登的债务，如果没有这件事，他就不可能在 1586 年留给他的儿子巨额遗产。[12] 悄悄将资金转移到秘密金库的行为在更有权势的诸侯中是相当常见的，特别是那些在帝国政治中发挥活跃作用的统治者。然而，即使对于这样做的诸侯而言，社会准则是债务会被继承、增加，并且直接传给下一代。对私有领地最高强度的开发，也很少能够创造足够的收入以覆盖快速增长的政府和宫廷的成本。

政府越来越需要资金，但他们私有领地的收入并不总是以便利的形式出现。黑森邦国伯爵好人菲利普（Philip the Good）在 1550 年前后的账目表明，除了金钱以外，超过 60 种货物被用作收入计算的基础，包括从苹果到山羊的各种物品。[13] 黑森得到了良好的管理，是因为邦国伯爵本人清楚地了解其中的价值。在 1567 年去世之后，他的详细账目为他将领地分割为四个部分提供了一个极好的基础。他的长子黑森-卡塞尔的威廉四世利用这些账目编纂了一个统治者的手册，即他的"王室账目"（ökonomischer Staat），这个手册直到 18 世纪仍然在他的后代的个人工作文件之中。[14] 黑森的菲利普从私有领地、盐矿、莱茵河的通行税和大约 50 个领地的通行税以及来自外国（例如法国国王）的资助中获得收入。然而他仍然持续依赖债务。例如，在 1544 年，他不得不在法兰克福借入一笔相对较少的总计 5000 古尔登的债务，以便能够承担他和他的随从出席施派尔帝国议会的 35100 古尔登的费用。在他的整个统治时期，管辖区一直处在被抵押和赎回的状态，即便进行了良好的管理，他仍然留给他的儿子们 823650 古尔登的债务。[15]

这些债务的命运体现了这一时期趋势的特点。菲利普的四个儿子共同偿还了 195328 古尔登的债务，随后在他们之间分配了 137360 古尔登的紧急债务。剩余的债务被转移给黑森的等级，后来通过税收的形式得以付清。[16]黑森和帝国内其他大部分邦国一样，愈发依赖更为定期和更高额的税收。到 1529 年，私有领地的收入大约占所有收入的 90%；到 1540～1549 年，这一比例仅为 59%。在同一时期，税收带来的收入的比例从 10% 上升到 38%。[17]1550～1586 年，萨克森选侯国是最繁荣的邦国，每年来自私有领地和通行税的收入大约有 50 万古尔登，这一时期该数据是相似的：平均而言，税收占全部收入的 42%。[18]

两个相关的解决方案被越来越多地利用，以维持邦国的偿债能力：税收以及由邦国等级承担债务。非常规的一般税过去在特殊场合征收，例如公主的嫁妆税（Fräuleinsteuer），在 16 世纪则变得更为频繁。与此同时，征税方式也发生了变化。很多统治者，包括黑森的菲利普，更愿意摆脱将税收分配给城市和辖区的制度。城市当然更偏好财产税的制度，这会更公平地分配税收，并且将贵族和他们的农民囊括进来。

在 1530 年的帝国议会上做出的决议，即土耳其战争税应当被转移给统治者的臣民，以用来为特别税逐渐频繁的征收辩护的观点得到了至关重要的加强。[19]既然这些税收在 1555 年之后成了常规事件，用来支付土耳其税的邦国税收也是如此。同样地，政府也看到了利用这些税收的机会，有效地以皇帝和帝国的名义宣传，与此同时为其他纯粹邦国的目的征收额外的数额。例如，在黑森，邦国伯爵菲利普征收的数额通常达到他需要向帝国支付的费用的三倍。[20]随着向财产税的成功转变，他的税收收入大幅增加，而旧的土地税则大体上限于最初为公主的嫁妆筹集资金的目的。[21]与之相反，在勃兰登堡，嫁妆税在 17 世纪早期大致每年征收一次。[22]

与经常税的量级和频率的上升同时发生的是，从大约 1550 年起，一些统治者，例如黑森的菲利普，也对间接税进行了大幅提升。黑森中世纪的啤酒税在 16 世纪早期已经变得微不足道，但是在 1533 年为了给新的堡垒提供资金，啤酒税被重新引入四年时间；随后从 1555 年开始，啤酒税被确立为一种定期的、稳定增加的消费税。[23]然而几乎在所有地方，税收的评估和征收仍然是相当混乱的。例如，在黑森，税收实质上是通过个人宣誓的方式自我评估的。[24]实际征收的税款往往容易被挪用贪污，即使在那些官员能够定期得到丰厚报酬的地区也是如此。

无论采取何种形式，无论其征收和分配的效率如何，到 16 世纪末，定期税无疑是几乎所有德意志邦国的特征。在这方面，那些能够征税的帝国等级和那些不能征税的帝国等级之间的差异也很明显，后者的原因是他们拥有的臣民太少，以至于征税是没有意义的。尽管征税的邦国并没有成为"税收国家"（tax states），但它们至少已经从"领地国家"（demesne states）决定性地发展为"财政

国家"（finance states）。这也在不断涌现的关于税收的文献，以及
16 世纪晚期邦国政府领域的作者对税收的强调中得到了反映。

　　从某种程度而言，这是判例法的注释的结果，这些判例法是由
呈送到帝国最高法院的数量越来越多的税收争端发展而来的。[25]然
而，到 16 世纪 80 年代，邦国政府的新职能得到了越来越多的政治
作家的描述、解释和辩护。一些人仍然坚持认为，根据梅尔希奥·
冯·奥泽（1505~1557）的传统，政府受到上帝的委任以承担有限
的公共职责。这些职责主要是对内部和外部安全的保障。奥泽相
信，政府始终应当靠自己生存，并且最常被引用的准则之一是：
"节俭是最好的税收"（parsimonia est optimum vectigal）。[26]

　　到了大约 16 世纪 90 年代，这一"领地国家"的传统理论正在
被取代。在博丹和利普修斯构建的新的国家理论的影响之下，新的
口号逐渐在文献中占据主导地位。多次被乌尔比安（Ulpian）和塔
西佗引用的"金钱是万物的神经"（pecunia nervus rerum），以及利
普修斯在 1589 年从塔西佗那里引用的"没有税收就没有国家"
（sine tributis nullus status），成了新一代德意志作家的指导格言。[27]在
1600 年前后的几年里，埃伯哈德·冯·魏厄（Eberhard von Weyhe,
1553~1633?）、格奥尔格·奥布雷希特（Georg Obrecht, 1547~
1612）、雅各布·伯尼茨（Jacob Bornitz, 约 1560~1625）以及克里
斯托夫·贝佐尔德（1577~1638）创作的关于政府财政的有影响力
的著述出版。随后不久，卡斯帕·克洛克（Kaspar Klock, 1583~
1655）、马蒂亚斯·吉泽（Matthias Giese, 生卒年不详）以及克里
斯托夫·温茨勒（Christoph Wintzler, 生卒年不详）创作的第一批

专注于税收的著作得以出版，温茨勒关于税收的材料合集在 1608
年出版之后的几年里数次重印。[28]

　　巴托洛梅乌斯·凯克曼（1571～1608）认为政府的职能是提升
公共福利（publica felicitas），他的这一观点是新出现的共识的典型
特征。他曾在海德堡担任教授，后来又成为但泽文理中学的校长，
这名加尔文宗教徒坚持认为只要行政官员的指令没有直接违反上帝
和上帝的法律，臣民就没有反抗的权利。最重要的是，臣民的职责
包括缴纳定期税的义务，这将会取代私有领地的收入。[29]和当时的其　　517
他很多著作一样，他所强调的是统治者征税的权力和统治者普遍意
义的管辖权之间的关系。这是传统的君主权的合理延伸，但是统治
者征税的权力，此时逐渐在博丹的国家主权概念的新的习语中得到
理解。这是统治者"最高权力"（majestas）的一部分。[30]

　　然而，增加税收并不只是诸侯权力巩固的特征。所有税收都需
要提出要求，尽管要求的法律地位是模糊的。过去的术语"随意
税"（bede 或 precaria），毕竟意味着"请求"，但与此同时，过去
的谚语称："君主的要求就是明确的命令。"[31]在 15 世纪，较大的邦
国会为了征收临时税，不定期召集它们的等级。等级被召集到宫
廷，他们在这里作为统治者客人的身份停留。在 16 世纪，邦国议
会的会议变得更频繁；这些会议逐渐在宫廷之外的地方召开，会议
议程变得更为正式，并且这些会议往往形成它们自身永久的行政
结构。

　　等级代表的种类是多种多样的。在较大的邦国，传统的三级结
构（教士、贵族和城市）是主流。[32]然而，在一些情况下，教士在

宗教改革之后不再以等级的身份出现，如果仍然存在的话，会成为
政府的公职人员。这有助于提升贵族相对城市的地位。在另一些情
况下，贵族划分为两个家族，例如在哈布斯堡家族的一些领地内，
有头衔的贵族将他们自身与仅有骑士身份的贵族区分开来。在那些
教士院消失的地方，这会导致三级体系的延续，在其他地方则会导
致四级体系的形成。[33]在另外一些区域，例如巴登、符腾堡和弗兰科
尼亚的领地，贵族在 16 世纪早期"突破"邦国的框架，成为帝国
骑士或者帝国伯爵，这里的等级会议通常由教士、城市和辖区的代
表构成。

在一些较小的南部邦国［例如肯普滕和贝希特斯加登
（Berchtesgaden）］，以及石勒苏益格和荷尔斯泰因的北海沿岸，这
些地方有农民组成的集会，而非议会。最后，一些教会邦国，例如
沃尔姆斯、施派尔、艾希施泰特、雷根斯堡、弗赖辛和美因茨，根
本没有制度化的等级，并且主教座堂教士团通常承担税收和财政管
理的职责。与之相似，最小的帝国骑士和帝国伯爵的领地没有等级
的集会，而他们会与臣民以几乎没有正式制度化的其他方式交流。
518 在西里西亚，邦国议会本质上是诸侯的集会，其中包括布雷斯劳主
教，而每个参与的邦国也都有当地的议会。[34]

各种形式的议会和集会的有效性是不同的。最具影响力的是那
些贵族得到代表的议会。在 16 世纪，一些人对自身的角色和地位
形成了敏锐的认知，这表现在建造华丽的会议厅，其规模和代表性
都不亚于诸侯本人的住所。梅克伦堡的等级过去在施滕贝格城外的
田地召开会议；公爵在帐篷中主持讨论，但所有谈判都是露天进行

的。[35] 与之相比，北海沿岸地区的农民集会实际上更关注堤坝管理和海岸防御。[36]

一般而言，正如术语"邦会议"（Landtag）或者"邦等级会议"（Landschaft）暗示的那样，等级代表着邦国。事实上，从某种意义而言，他们通常包含了邦国内所有下属的权力和权利的控制者，因此他们就是邦国。他们在大多数种类法律的制定中发挥作用。他们经常对新的法规或者其他削弱集体或者社区权力、特权和传统的事物进行抗议。然而，从根本上而言，他们和统治者一样想要法律、秩序和稳定。诸侯的特权和权威与贵族的特权或者城市和社区的权力一样需要得到承认。议会的会议通常既包括对统治者宣誓效忠的行为，也包括对臣民权利的确认。统治者和被统治者以很多种方式相互依存。

作为邦国的保障者，等级经常要确保邦国的生存，例如面对王朝分裂、未成年人继承，或者统治者在战争中被其他势力囚禁的局面。邦国的核心机构，例如法院或者大学，通常由诸侯的几名参与统治的继承人共同掌控。因此，等级实际上创造了一种王朝的限定继承并对其监督。与之相似，议会也能够成为宗教一致性的保障，特别是面对统治者制订的、包含影响深远的行政改革的二次宗教改革或者进一步宗教改革的计划。

应当如何确切定义统治者与他们的议会和集会之间的关系，人们已经进行了很多争论。[37] 和谐和合作的机会，能够与对抗和冲突的可能性相匹敌。由于大多数议会包含"宫廷派"以及一系列政府公职人员，议会和宫廷之间的区别变得模糊。近代早期的议会和集会无疑构成了近代议会漫长的早期历史的一部分，然而从 19 世纪出现的议会的角度而言，这些议会和集会既没有代表性也没有强制性。[38] 曾经被历史学者偏爱的术语"对立性"和"二元性"，现在来看似乎不足以描述统治者和等级之间复杂且相互依赖的，当然最终仍然是等级制度下的关系。在 16 世纪，关键点在于，议会以及较小程度的集会促成了邦国政府新结构的细化。

　　这一点在关于税收和财政的方面表现得最为明显。帝国税制的演变以及帝国议会决策程序的规范化，为邦国内的同步发展提供了框架。统治者对他们的等级采取的措施被赋予更高的权威，这是因为他们被委托以"皇帝和帝国"的名义征税。与此同时，邦国议会也逐渐以与帝国议会回应皇帝的要求的同样方式，对这些措施做出回应：正式的咨询程序、关于不满的协商，以及关于任何让步的期限和条款的正式协定。[39] 除了有时批准税收以外，议会和集会也越来越多地被要求承担统治者积累的债务。管理和偿还这些债务也成为它们首要的功能之一。[40]

　　等级的这些核心财政功能，经常会导致在过去并不存在的地方创建集会或者邦等级会议，并导致其他统治者建立他们的臣民能够承担统治者债务的机制的持续努力。[41] 茨韦布吕肯公国在 1579 年建立了邦等级会议，这一行动有两个明确的目的：促进税收和税收管理，以及以城镇和辖区为公爵的大量债务提供担保。在巴登，邦等级会议在 1558 年创建，并且在 1582 年接管了边疆伯爵债务的责任。这样的行动中，最令人印象深刻的案例，也许是普法尔茨在 1603 年通过建立邦等级会议解决其长期财政问题的努力。

这些措施纯粹的财政本质并不一定会成为障碍。很多城市和辖区更倾向于承担或者担保一部分债务，有时反对统治者提供的补偿，而不是被抵押给另一个邦国，是因为这实际上涉及统治者的更换。然而，同样的考虑因素并不总是适用于最小的邦国。1614～1618年，索尔姆斯伯爵家族的九个分支建立邦等级会议的尝试失败了。他们的臣民很明确地认识到，他们唯一的动力就是索取更多的钱财，而且这些伯爵对他们的不满没有很大的兴趣，更不用说对他们的臣民对于家族经济的意见有任何兴趣。当这些伯爵随后开始出现分歧时——其中一些人甚至拒绝表露他们的债务——这个计划的结局就已经注定。[42]

在那些议会存在的地方，它们对政府程序越来越多的参与也改变了它们的性质。[43]因为政府的事务变得更加繁重且更加复杂，全体出席会议的议会无法成为有效的决策机构。从大约1550年开始——在一些情况下明显更早，在另一些情况下则相当晚——真正的工作是由委员会进行的，委员会将法律的决议或者最终草案呈送到全体议会，并得到正式批准。借此，会议能够被缩短到一天或者两天。由于旅程和住宿的开销，以及在关键时刻离开自己领地的成本（城市代表的成本由市政当局支付），很多贵族支持会议议程的缩短。[44]

与之相反，委员会有时会逐渐成为永久性会议。这个过程通常会得到统治者的推动，因为在他们看来，全体出席的会议是冗长且低效的，并且为麻烦制造者提出困难的问题提供了机会。同样地，一旦关于财政问题，特别是税收和债务管理的关键先例得到确定，

520

频繁召开议会的需要也会消退。此后，在统治者看来，与一小群"理智的"（通常也是腐败的）代表打交道，比与那些似乎主导全体会议的一大群无知且固执的人打交道容易得多。[45]

与发展的邦国政府的中央机构同步，随着越来越多的职责需要组织和人员，等级通常会构建他们自己的行政架构。很多诸侯也更乐意允许他们的等级以他们的名义颁布和征收税款。同样地，很多等级希望管理征收的金钱或者管理负债，因为他们相信可以借此对资金支出的数额进行一定程度的管理。由等级建立的邦国金库（Landkasten）通常会起到类似于银行的功能：这些金库整合政府的债务，利用税收收入偿还债务，并且提供投资机会。[46]由等级发展起来的机构因此取代了邦国政府的机构。

议会和集会对邦国的发展起到了巨大的推动作用，但是在1600年前后的年代，其地位正在转变。在一些邦国，等级维持自身的地位一直到17世纪以后。在另一些区域，其地位被间接削弱。邦国议会在决策方面普遍无法胜任，导致主动权被交给统治者和他们的官员。由于贵族和城市之间的利益冲突，很多议会内部出现了分裂。

随着时间的推移，议会常务委员会的成员以及它们的官员逐渐形成了他们共同的身份，并且更愿意顺应统治者的意愿，而不是推动他们所代表的群体的事业。在财政方面这一点表现得尤为明显，委员会通常会倾向于批准长期的直接税，或者承认间接税。如果确实发生了争议，或者在议会或集会对统治者的开销提出批评时，几乎什么都不会发生。农民等级的地位是极为弱势的。1603年，茨韦布吕肯的利希滕贝格-库瑟尔的农民代表擅自威胁称，一旦他们的统治者招致任何新的债务，他们就会扣留税款。行宫伯爵约翰一世直接出于委员会的不当行为对其罚款，并且威胁如果委员会的成员胆敢再发出这样的威胁，就会监禁他们。[47]

　　最重要的是，议会和集会的地位依赖于其创造金钱的能力：尽 521 管出现了很多变化，但邦国议会本质上仍然是"金钱议会"（Geldtage）。16 世纪农业的繁荣，使在这一时期议会能够发挥财政的作用，并且很多财政交易是基于持续高收益和高通货膨胀的投机性假设。对于这些预测而言，三十年战争是一场灾难。

注释

1. Lanzinner, 'Finanzen', 298.
2. Edelmayer et al., 'Einleitung'; 13; Schulze, *Deutsche Geschichte*, 221.
3. Schubert, *Einführung*, 203–4; Haberkern and Wallach, *Hilfswörterbuch*, i, 65.
4. Klein, *Finanzen*, 14–15.
5. 以下内容可见：Klein, *Finanzen*, 12–14。
6. Scott, *Society*, 188–93.
7. *HBayG*, i, 1673–80.
8. Redlich, 'Unternehmer', 20–6.
9. Redlich, 'Unternehmer', 18–20, 21–2.
10. Redlich, 'Unternehmer', 98–102. 关于公爵的采矿利益，可见：Kraschewski, 'Organisationsstrukturen' 以及 Kraschewski, 'Kohlenbergbau'。

11. Redlich, 'Unternehmer', 104-8.

12. Schirmer, 'Finanzen', 179-83; Klein, *Finanzen*, 17-18.

13. Krüger, *Finanzstaat*, 35.

14. Zimmermann, *Staat*, xxi-xxii.

15. Krüger, *Finanzstaat*, 225-45.

16. Krüger, *Finanzstaat*, 242.

17. Krüger, *Finanzstaat*, 299-300.

18. Schirmer, 'Finanzen', 150.

19. Schwennicke, *Steuer*, 49-54.

20. Krüger, *Finanzstaat*, 288-90.

21. Krüger, *Finanzstaat*, 294.

22. Klein, *Finanzen*, 14-15.

23. Krüger, *Finanzstaat*, 279-84; Schwennicke, *Steuer*, 79-87.

24. Krüger, *Finanzstaat*, 268.

25. Schwennicke, *Steuer*, 30-6, 102-10.

26. Schwennicke, *Steuer*, 25-9, 40-1.

27. Schwennicke, *Steuer*, 118, 128-9.

28. Schwennicke, *Steuer*, 110-17; Stolleis, *Pecunia*, 73-103, 127-44; Klein, *Finanzen*, 20-3. 对于吉泽和温茨勒的生平，没有更多了解。

29. Krüger, *Finanzstaat*, 20-3.

30. Stolleis, *Öffentliches recht*, i, 154-86; Schwennicke, *Steuer*, 110-11.

31. Schubert, *Spätmittelalter*, 203-4.

32. Lanzinner, 'Zeitalter', 89-90 以及 Press, 'Formen' 是极佳的研究。最全面的文献：Krüger, *Verfassung*, 87-140。

33. 蒂罗尔形成了四级体系，因为农民也通过地方法院的代表而得到代表权。

34. Press, *Kriege*, 112.

35. Hamann, *Werden*, 60-1.

36. Krüger, 'Nordelbien'.

37. 对 19 世纪以来变化的观点的全面概述，可见：Krüger, *Verfassung*, 33-84。

38. Carsten, *Princes*, v-vii, 423-8; Krüger, *Verfassung*, 62-5.

39. Press, 'Formen', 295; Krüger, Verfassung, 13-17. Koken, *Landstände* 是对 1600 年前后不伦瑞克等级的有用研究。

40. Press, 'Formen', 292-4.

41. Press, 'Formen', 294-5. 以下信息摘自 Press, 'Steuern'。

42. Press, 'Landschaft'.

43. Lange, *Landtag*, 2-6.

44. Lange, *Landtag*, 20.

45. Lange, 'Dualismus', 321.

46. Krüger, *Verfassung*, 13; Carsten, *Princes*, 429.

47. Press, 'Steuern', 72-3.

第四十五章

宫廷的复兴

　　议会最经常批评的问题之一就是宫廷的奢侈消费。在 16 世纪的进程中，宫廷的规模和费用出现了显著扩大和增长。1500 年，一个大宫廷通常由 100~300 名人员组成，然而到 1600 年时，这一数字已经变为 300~1000 人。[1]在同一时期内，维持一个宫廷的大致成本也翻了一倍，还包括了为了建设新的居所额外支付的巨额开销。大多数当代的研究关注 1648 年之后时期的发展。然而这些维度的增长表明，有着重大政治影响力的根本性改变在 1555 年之后的几十年里已经发生。实际上，1590~1620 年，宫廷生活的一种新特征已经清晰可见。同样重要的是，在大约这一时期，宫廷的复兴进一步巩固了统治诸侯的权力，并且贵族再一次被吸引到统治者的代表的圈子，这趋向于孤立议会和议会的机构。

　　当然，宫廷始终是中世纪政府的核心地点、统治者的封臣的焦点，以及贵族封臣互相交流的场所。[2]然而，它的结构和功能由于各种因素被部分削弱。第一，从 15 世纪晚期开始，一些统治者将邻近的贵族，特别是骑士纳入他们的邦国的坚定努力，使很多人脱离他们的邦国和他们的隶属关系。第二，宗教改革有时进一步加深了诸侯和那些成为帝国骑士或者帝国伯爵的贵族之间的分歧。关于这一点，一个较晚的案例是当普法尔茨选侯在1559年改信加尔文宗时，福音教贵族抛弃了海德堡的普法尔茨宫廷。此外，这些贵族倾向于留在皇帝的保护之下，而不是冒险追随选侯的违反帝国法律的宗教选择，这一事实使情况更加恶化。第三，邦国政府性质的变化意味着，自15世纪晚期开始，接受过大学教育的非贵族，特别是那些受过法律训练的人，趋向于在核心的政治部门取代贵族。

从大约1550年开始，贵族的地位逐渐再次加强。通过正式的帝国承认和保护（在1566年再次确认），帝国骑士的处境逐渐稳定。通过对他们在帝国议会的投票权的普遍接受，伯爵和高级教士的独立性得到了进一步加强，尽管伯爵拥有两票集体投票权，而高级教士拥有一票。[3]在邦国层面，皇帝提供的保护起到了缓和贵族和诸侯之间关系的作用。

很多贵族家庭此时开始弥补他们在教育上的缺失，因此再次能够胜任政府的职位。在宫廷担任侍从和军事训练以旅行作为补充，特别是到意大利或者尼德兰的旅行（取决于政治和教派取向），即使没有学位，至少也有一些基本的学术学习。[4]邦国统治委员会的机构越来越明确地规定，贵族和非贵族之间需要维持平衡。

在教会邦国，到16世纪下半叶为止，（天主教）贵族能够维持对帝国教会的有效控制，这一点是很清晰的。主教座堂教士团维持了，事实上通常加强了它们的社会排他性，并且持续选举贵族担任采邑主教和大主教。这保证了一系列主教和大主教宫廷的生存，并且整体上提高了天主教高级贵族在帝国内的地位。

　　新的非贵族行政精英的主导地位，通常由于很多成员加入贵族的野心而被削弱。很多统治者也很乐意接受这种要求。一些统治者希望削弱旧贵族的角色，另一些统治者则被授予新的贵族身份的大量费用的支付所吸引。例如，普法尔茨选侯以购买土地成本的十分之一的金额出售上普法尔茨的贵族许可，而这些土地是希望得到贵族身份的人首先需要购买，以符合贵族标准的。[5]

　　最后，很多诸侯本人希望通过再一次将他们的宫廷确立为统治的区域中心，以重建他们的权力基础。第一步是重新接纳他们邦国内的本地贵族；第二步是吸引邻近的帝国骑士和帝国伯爵，这既能够提升他们的宫廷的声望，也能够扩大他们的影响范围。

　　大多数这些发展发生在诸侯的宫廷。这些发展主要与那些推行旨在强化政府的改革和举措的邦国有关，或者与那些王朝想要提升在帝国高级别贵族阶层内的形象的邦国有关。并不是所有能够建设宫廷的统治者都会这样做。帝国议会在1521年起草的旨在征税的名册清单，使300~350个统治家族的王室有资格以宫廷作为标签。帝国骑士和另一些贵族成员当然被排除在外，因为他们并没有贵族臣属。然而，有接近200个被列为诸侯的成员是伯爵，尽管他们的家族的平均规模在16世纪也有所扩张，但是几乎没有人修建宫廷。不过，和很多帝国骑士以及实际上很多邦国贵族一样，伯爵的王朝也参与到16世纪晚期的建筑繁荣之中。他们以新文艺复兴的风格修建了大量城堡并加固房屋，通常照搬由皇帝和主要诸侯发展起来的潮流。[6]

　　即便他们从农业的高产量获得收益，这些工程还是经常会使这些家族承受沉重的负债。有限的资源和糟糕的信誉，意味着大多数伯爵只能经营家族而非宫廷，很多人更愿意为皇帝或者有权势的诸侯服务以节省成本。拿骚家族在迪伦堡和其他地方有自己的宫廷，繁荣的财政状况、优秀的管理技能，以及通过约翰六世的兄长威廉与奥兰治亲王家族建立的联系对家族地位的提升，这些使拿骚家族成为一个令人印象深刻的例外。两个德意志南部的霍亨索伦的伯爵支系（黑兴根和锡格马林根）在 1623 年被提升为完整的侯国，但是他们试图经营符合他们新地位的宫廷，招致的成本使他们很快陷入破产。[7]

在所有诸侯之中，明确的领导者和潮流引领者是哈布斯堡家族，既包括各大公支系也包括皇帝本人，他们所拥有的各种宫廷反映了他们作为神圣罗马帝国皇帝、邦国诸侯以及波希米亚国王的多重角色。[8]在他们之后，唯一引人关注的世俗的天主教宫廷就是巴伐利亚的宫廷。路德维希十世去世、兰茨胡特的宫廷解散之后，从 1550 年起巴伐利亚的宫廷就集中在慕尼黑。慕尼黑的高贵，部分源于巴伐利亚的维特尔斯巴赫家族宣称他们比普法尔茨的亲戚地位更高，部分也来源于他们认为自身比哈布斯堡家族更悠久且更优越。

其他大多数主要的宫廷中心都是福音教的。萨克森选侯在德累斯顿的宫廷明显是其中的佼佼者。即使长期面临财政困难，普法尔茨选侯仍然做出巨大努力将海德堡建立为一个与之匹敌的中心；符腾堡公爵的财政状况更好一些，但是经营着相对普通的宫廷。[9]勃兰登堡的第四名世俗选侯也面临着严重的财政问题，柏林的宫廷直到 1650 年之后才真正发展为区域的权力核心。对于剩余的地方而言，重要的宫廷在帝国内广泛分布，从荷尔斯泰因的戈托尔普到梅克伦堡的居斯特罗（Güstrow）和什未林、沃尔芬比特尔和策勒（Celle）的韦尔夫（不伦瑞克）家族的宫廷、卡塞尔的黑森宫廷、库尔姆巴赫的安斯巴赫宫廷，以及诺伊堡和茨韦布吕肯的普法尔茨维特尔斯巴赫幼支的宫廷。

525　在所有教会邦国中，美因茨选侯在美因茨和阿莎芬堡的宫廷是重要的中心，科隆和特里尔选侯的宫廷也是如此。维尔茨堡、班贝格、明斯特和帕德博恩主教的宫廷在政治影响力和华丽程度上也比较突出，弗赖辛、雷根斯堡、康斯坦茨、沃尔姆斯和施派尔的宫廷则相对普通。邦国的分裂倾向于增加世俗宫廷的数量（主要是福音教），但是在 1555 年之后教会宫廷的数量保持稳定，除了一些北方的采邑主教辖区被剥夺了独立性，而后被正式世俗化。

将主要的宫廷和次要的宫廷区分的因素，是宫廷在区域内的地位以及在诸侯实际统治的邦国以外所能影响的范围。金钱、规模和宏伟程度是重要的象征，但权力才是根本。维也纳的宫廷与慕尼黑的宫廷在吸引施瓦本的伯爵和帝国骑士方面竞争。与之相似，德累斯顿的宫廷吸引哈尔茨地区和图林根的高级贵族，并且与布拉格积极竞争波希米亚封臣的忠诚。韦特劳伯爵过去加入科隆的宫廷，但是在 1582~1583 年"科隆战争"的灾难之后（这场灾难最终使将大主教辖区世俗化的所有希望破灭），他们转而效忠海德堡。维也纳（1583 年后是布拉格）、德累斯顿、海德堡和慕尼黑是这一时期最重要的宫廷中心。

宗教分裂决定性地改变了上级贵族的社交地图。传统的宫廷从属关系被打破，寻求结成婚姻同盟的王朝之间传统的关系网络也被破坏。尽管出现了这种普遍趋势，但是起初在维也纳，随后在布拉格的帝国宫廷仍然吸引福音教贵族，包括在鲁道夫二世的宫廷中归正宗的利珀伯爵西蒙六世。[10]在帝国政治的层面，宗教并不一定比其他因素更加重要，而与此同时帝国宫廷与波希米亚和奥地利王室领地的福音教贵族之间越来越大的分歧，成了导致三十年战争的危机的核心。即使是在区域层面，强权政治也胜过宗教信仰。

普法尔茨面对着极为复杂的问题。[11]领地化和宗教政策的共同影响严重削弱了它的区域体系。首先，很多贵族脱离了普法尔茨的家臣身份并成为帝国骑士。随后弗里德里希三世推行归正宗信仰，使大量路德宗骑士离开宫廷，除了不愿意冒险改信帝国内不合法的信仰以外，他们也担心海德堡支配的宗教安排会使他们失去独立性。只是通过遥远的东普鲁士或者梅克伦堡的"外国"贵族的到来，他们的离开才得到了部分补充。在路德维希六世时期（1576~1583年在位），路德宗的恢复使当地贵族回到宫廷，但是当约翰·卡西米尔在1583年重新引入归正宗信仰时，他们立即再次离开。到1592年约翰·卡西米尔去世时，海德堡的宫廷正处于危机中。

部分解决方案是尝试在邦国内巩固归正宗教会，并与国际的归正宗或加尔文宗网络构建新的联系。然而对于邦国的稳定，同样重要的是与当地的路德宗贵族达成明确的妥协，从而将他们永久带回宫廷。这些看似矛盾的措施，其结果是加强了普法尔茨宫廷多样思想的特征。[12]海德堡的"加尔文宗宫廷"（Calvinismus aulicus）有着独特的形象：既是邦国的也是区域性的，还是国际化的；有归正宗

526

和菲利普派，而实际上包含了加尔文宗和路德宗的元素；因此对于路德宗的帝国骑士和来自欧洲西部、北部和中部的加尔文宗流亡者同样有吸引力。弗里德里希五世（1610~1623 年在位）与詹姆士一世的女儿伊丽莎白·斯图亚特在 1613 年的婚姻，进一步凸显出普法尔茨选侯成功将自身提升到德意志政治正常运转之上的程度，即便他面临着严重的财政问题和糟糕的邦国基础。然而，成功也很容易转变为狂妄自大。[13] 夺取波希米亚王冠的尝试是一次严重的错判，这场行动的失败很快使普法尔茨陷入灾难之中。

海德堡确实很特殊，但是它同样经历了在 1550 年后对大多数德意志宫廷造成影响的很多改变。随着中世纪主要的宫廷职员转变为邦国政府的人员，他们在宫廷的地位也被贵族礼仪官员和纯粹的王室官员的结合取代。[14] 传统职位，例如掌酒官和膳食官仍然为贵族预留，并且仍然在越来越复杂的宫廷仪式中发挥重要作用。贵族担任管家 [Marschall 或 Hofmeister，这两个头衔有时会根据层级加上"最高的"（Oberst-）前缀，或者对于后者会加上"大的"（Gross-）前缀]、内侍以及御马监，后者往往由伴童（Kammerjunge）发展而来，他们经过宫廷青年（Hofjunker）和内廷青年（Kammerjunker）的阶段，成为侍从（Kammerherr）。越来越多非贵族的掌厨、掌酒人、军需官、银器管理员、猎犬管理者、马厩管理员、各种类型卫队的指挥官、金匠、银匠、乐师、宫廷小丑以及更少见的宫廷诗人，这些人都加入进来。这些职员中，很多人控制了大量劳动力，并且都按照等级组织起来。宫廷官员队伍的一个重要补充，是天主教宫廷的告解神父（Beichtvater，在 16 世纪完全由耶稣会士担任），以及福音教宫廷的宫廷布道者（Hofprediger）。

宫廷仪式受到旧的勃艮第传统，以及更近的意大利和西班牙的理念影响。后者是由哈布斯堡引进帝国的，意大利的传统和潮流也是如此，尽管也同样通过法国影响帝国。[15]宫廷文化往往受到政治和宗教阵营的影响：海德堡吸收了法国和更古老的勃艮第传统，以及尼德兰的观念和习俗，而德累斯顿则通过维也纳的帝国宫廷吸收了勃艮第和意大利的传统。无论何种倾向的天主教徒和福音教徒，在制定礼仪规范上基本上都追随哈布斯堡家族，这些规范通常详尽地规定了宫廷的日常生活，统治家族的年度盛会、洗礼、婚姻和死亡的流程，以及加冕或就职仪式。尽管德意志的宫廷生活并没有像对勃艮第传统的热情接纳所表现的那样高度仪式化，但是这既反映了很多德意志宫廷较小的规模，也反映了宫廷和政府之间缺少明确的区分。从 17 世纪晚期开始，当政府职能更清晰地从宫廷脱离出来的时候，宫廷才能够更加仪式化。[16]

新形式与旧传统以不同的方式结合在一起。[17]传统的宫廷娱乐长期保留下来。奢华的盛宴、英雄般的饮酒比赛、有时相当于醉酒斗殴的力量竞赛、动物搏斗、音乐娱乐以及化装舞会，这些活动在日常生活中占据了重要位置，只有专注于狩猎才会打断这些活动。当然，狩猎是有政治功能的。黑森的菲利普告诉他的儿子们，狩猎探险对于统治者而言是很好的视察领地的方式，也是遇见通常不被正式允许对统治者讲话的贫穷乞讨者的机会。[18]石勒苏益格－荷尔斯泰因－森讷堡（Schleswig-Holstein-Sonderburg）的弗里德里希二世（1559～1588 年在位）利用长期的狩猎探险来维持与他的贵族的联

527

系。[19]然而打猎也伴随着过度消费。即便在法国和意大利的贵族阶层和礼仪的新观念的影响之下，很多德意志贵族仍然狂热地希望成为"真正的德意志人"。他们认为酗酒的诸侯是出众的榜样，例如普法尔茨的弗里德里希四世（1583～1610年在位），或者萨克森的克里斯蒂安二世（1591～1611年在位）和约翰·格奥尔格一世（1611～1656年在位）。

一些更为古老的传统以新的文艺复兴的风格得到更新。比武大会仍然在庭院进行（和很多宫廷娱乐活动一样，德意志的宫廷娱乐活动在17世纪搬到了宫廷内）。然而，传统的比武大会此时也逐渐包含新的形式。比武大会变得更为复杂，在几天的时间内进行一系列活动：竞技场持枪比武、用剑和持枪的步战比武、马上持枪比武、桶形盔刺枪比武（Kübelstechen，在比赛中马夫或者侍从穿着装垫的上衣，头戴桶形盔，努力使对方摔下马），最终以一场盛大的晚会和马上持枪比武结束。整个活动也反映了宫廷日益等级化的结构以及复杂盛会中的人际关系。尽管严肃的贵族军事训练仍然是比武大会的重要部分，但活动的计划和交际方面的作用也许是更重要的。[20]在从海德堡到斯图加特、卡塞尔、西里西亚的雅格恩多夫，以及另一些地区的福音教联盟的宫廷中，比武大会以及相关的盛会，成了参与的诸侯宣告政治-宗教认同，以及传播帝国内的福音教事业的计划的载体。[21]在慕尼黑和德累斯顿举行的婚礼和另一些欢庆活动中，人们也通过相同的载体做出服务于不同政治计划的相似声明。

比武大会只是大量宫廷娱乐活动的一个特色。[22]1580～1618年，德意志宫廷在这方面的创新包括早期形式的芭蕾舞和歌剧，这些通常会作为精致的化装舞会或者比武大会的盛会的一部分。烟火表演、烟花和灯饰在 16 世纪早期源于重要的帝国城市纽伦堡和奥格斯堡，但是这些活动在 1560 年之后逐渐成了宫廷娱乐的常规特色。大约在同一时期，第一个意大利职业演员的剧团在德意志宫廷进行巡回演出，随后在 16 世纪 80 年代出现了第一个英国的剧团。他们获得的合约和通行许可，使他们也能够在法兰克福、莱比锡、纽伦堡和斯特拉斯堡这些没有宫廷的中心地区表演。

　　最后，宫廷和城市所在的地方成了艺术、收藏、鉴赏和学术中心。建筑风格在 1550 年之后的发展，构成了开始于 15 世纪晚期的长期转变的一部分。新的近代早期风格起源于 1471 年韦廷家族在迈森的居所阿尔布雷希特堡（Albrechtsburg）的建造。[23]这个城堡主要受到法国模式的启发，例如温森城堡（Vincennes）、卢浮宫以及让·德·贝里（Jean de Berry）的城堡。在新的宫殿（Schloss）中，中世纪城堡（Burg）的关键特征，特别是塔和大门，获得了更多象征意义上的功能，代表着统治者的力量和正义。与此同时，通常位于塔附近的统治诸侯的住所变得越来越精致，既能够适应近代早期行政机构的新的治理功能，也能够表现出统治者代表和支配行政机构的志向。法国和意大利的风格被包裹在传统构思的结构中，用来表达新的含义。

　　由韦廷家族发展的风格和结构对邻近的邦国产生了强烈的影响，例如勃兰登堡、安哈尔特、曼斯费尔德和黑森。最晚到 16 世纪末，这种风格成了美因河以北的德意志地区的主导风格。如果说

其他一些中心，例如海德堡、兰茨胡特和慕尼黑也是有影响力的，

529 这主要是因为它们也采取了最初的韦廷家族的方案。在所有地方，更古老的建筑物被以新的方式改造或者部分重建，而核心的传统元素得到保留。事实上，源于传统的"外观"在近代早期的宫殿中被认为是格外重要的，传统的学术研究试图将延续很久的中世纪城堡与被视为单一结构的近代早期居所进行对比时，往往忽视了这一点。例如，当梅克伦堡公爵乌尔里希三世于 1558 年为他的王朝在居斯特罗修建一个全新的主居所时，他和他的建筑师弗朗茨·帕尔（Franz Parr）故意将宫殿设计得看上去好像是很久以前建造，只是由后来的人整修了的样子。[24]这种主导的风格往往会扩展到其他官方建筑。在近代早期的宫殿中形成的象征性词语，也适用于诸侯邦国内的城市的礼堂：作为诸侯行政机构的地点，它们也象征着政府权威的存在和能力。[25]

1550 年以后，意大利的设计师和建筑大师对维也纳、因斯布鲁克、布拉格、德累斯顿、慕尼黑以及其他地区的宫廷进行了重新设计。[26]选侯奥特海因里希（1556～1559 年在位）在 1556 年就职时委托一名荷兰的大师以文艺复兴的风格建造新的海德堡的居所。他借此发起了海德堡改造计划，正如他过去对多瑙河畔的诺伊堡进行改造一样。诺伊堡是普法尔茨-诺伊堡幼支的中心，自 1522 年起，他是这里的联合统治者，自 1542 年起成为唯一的统治者。[27]诺伊堡和海德堡的方案都是（路德宗）宗教改革方案的一部分，也是政府的全面复兴和强化的一部分。不伦瑞克-沃尔芬比特尔公爵尤利乌斯（1568～1589 年在位）以大致相同的方式，将他的城堡和周边城镇

转变为文艺复兴模式的建筑群，其中包括帝国内最长的新式建筑街道。[28]与之相似，由雄心勃勃的主教尤利乌斯·埃希特·冯·梅斯珀尔布伦（1573～1617年在位）在维尔茨堡推动的天主教复兴计划中，建筑计划与财政改革同等重要。[29]

谈完了建筑，接下来是收藏。马克西米利安二世和鲁道夫二世都热衷于收藏古董、绘画、硬币和所有样式的珍宝。[30]珍宝室（Kunst-und Wunderkammer）是这一时期不稳定的折中主义（eclecticism）的典型表现。恩斯特系萨克森选侯智者弗里德里希（1486～1525年在位）在维滕贝格的诸圣堂收藏的圣物是有史以来最多的之一，他也因此而闻名。他的阿尔布雷希特系后人奥古斯特（1553～1586年在位）在德累斯顿为后来欧洲中部最壮观、最多样的建筑群和收藏库之一奠定了基础。[31]这一时期几乎每一个真正有雄心的诸侯，至少都会建立一个大型图书馆或者大幅扩建原有的图书馆，通常也伴随着一所大学或者学院的建立。

在艺术发展和收藏库形成的同时，学术也在发展。尽管作为封建网络的核心和政府所在地，宫廷是教派化的，但是晚期人文主义学术的赞助人促进了超越教派边界的知识和文化理念。在一些情况下，大学或者更高级别的研究院是与宫廷密切联系的。在另一些情况下，这种联系并不紧密，无论是地理意义上还是在其他层面。然而，由于一些大学院系暂时作为政府教派化运动的机构被征用，它们的关注点也变得狭窄，而宫廷作为人文主义文化的中心成了更广泛的欧洲中部网络的一部分。从这个角度而言，最北方路德宗的荷尔斯泰因，与南部再天主教化的巴伐利亚并不遥远。[32]例如，尤利乌

530

斯·利普修斯就收到了来自福音教宫廷和天主教宫廷的邀请。[33]统治者对利普修斯的兴趣，在于他表现出这一时期全面的学术性的哲学热情。语言学只是广泛接触古代世界从政治到异教的各个方面的起点，学术自身的范围也拓展到科学、魔法、占星术和炼金术。在兴趣领域和赞助范围方面，鲁道夫二世都是罕见的。然而，他也与萨克森、勃兰登堡、普法尔茨、巴伐利亚和其他地区的同代人竞争，以追寻重大的炼金术秘密，以及探寻人类经验和自然世界的边界。[34]

　　暗示大学和宫廷之间存在内在的对抗或者不相容，这是有误的。确切地说，宫廷往往补充和扩充了高等院系涉及的研究范围。宫廷也在将学术文化的元素转向政治领域方面发挥了作用。正如第一个德意志语言社团的历史所展现的，宫廷在文化和学问方面扮演的角色，对帝国整体不断演变的政治文化产生了深远的影响。[35]

注释

1. Lanzinner，'Zeitalter'，85. Müller，*Fürstenhof*，30 给出了相似的数字。巴伐利亚的宫廷在 1508 年大约由 160 人组成；到 1600 年时，这个数字上升到 540 人；在同一时期，成本从 3800 古尔登上升到 7000 古尔登。Ibid.，30-1.

2. Stievermann，'Courts' 提供了 1500 年前后的几个南德意志宫廷的内容丰富的叙述。

3. 施瓦本和韦特劳伯爵的投票权是在 1550 年之前确立的，弗兰科尼亚和威斯特伐利亚伯爵的投票权分别是在 1641 年和 1654 年被承认的。Schmidt，*Grafenverein*，169. 高级教士的集体投票权在 1575

年得到正式承认；从 1653 年起，高级教士拥有两票集体投票权，一票归属施瓦本，另一票归属莱茵兰：Conrad, *Rechtsgeschichte*, ii, 97-8。

4. Hammerstein, *Bildung*, 46-7. *HdtBG*, i, 88.

5. Press, 'Adel', 20.

6. Braunfels, *Kunst*, iii, 277-352.

7. Press, 'Adelshöfe', 41-2.

8. Press, 'Imperial court'.

9. Mertens, 'Hofkultur'.

10. Schmidt, *Grafenverein*, 376.

11. Press, 'Zweite Reformation'.

12. Mertens, 'Hofkultur'; Wolgast 'Profil'; Zwierlein, 'Heidelberg'; Hepp, 'Heidelberg'; DaCosta Kaufman, *Court*, 209-11; Clasen, *Palatinate*, 33-46.

13. Pursell, *Winter King*, 23-31, 65-91, 123-63.

14. Müller, *Fürstenhof*, 19-25.

15. DaCosta Kaufmann, *Court*, 50-73, 138-231; Müller, *Fürstenhof*, 11-16.

16. Buttlar, 'Leben', 4-6.

17. Buttlar, 'Leben'; Otto, 'Fürstenleben'. Voigt, *Hofleben*.

18. Schulze, *Deustche Geschichte*, 213.

19. Lockhart, *Frederik II*, 47, 49.

20. Watanabe-O'Kelly, *Triumphall shews*, 13-35. 有观点认为枪骑兵在英国和德国直到第一次世界大战之后才被废除，这一事实说明比武大会的军事功能能得到了加强。这种说法忽视了这样一个事实："近代的"枪骑兵（德语中被称为 Ulanen）是由萨克森引入的 18 世纪早期的创新产物。它们是以波兰在 16 世纪组建的枪兵部队为模板的，进而是以奥斯曼军队为模板的，这解释了这一术语的词源是"Ulan"。这并不是说军事和身体的勇武以及马术技巧在贵族的训练中不再发挥有意义的作用，然而在 16 世纪

晚期，这些传统的骑士技巧正在被学业性的学习取代。Schmidt,
Vaterlandsliebe, 328-50.

21. Watanabe-O' Kelly, *Triumphall shews*, 37-63.

22. Berns, 'Festkultur', esp. 296-8.

23. Müller, *Schloß*, 42-66.

24. Müller, *Schloß*, 247-50.

25. Müller, *Schoß*, 358-76.

26. DaCosta Kaufmann, *Court*, 139-65.

27. Braunfels, *Kunst*, i, 302-4; Schütte, *Schloß*, 89-101; DaCosta
Kaufmann, *Court*, 209-11.

28. Braunfels, *Kunst*, i, 329-33.

29. Braunfels, *Kunst*, ii, 282-3; Schock-Werner, *Bauten*, 17-18,
21-62, 201-15.

30. Evans, *Rudolf II*, 162-95; DaCosta Kaufmann, *Court*, 166-203;
Moran, 'Patronage', 169-75.

31. Watanabe-O' Kelly, *Court culture*, 37-88; Braunfels, *Kunst*, i,
252-8.

32. Evans, 'Rantzau', 258.

33. Papy, 'Lipsius'.

34. Evans, *Rudolf II*, 196-242; Moran, *Alchemical world*, 11-24,
171-6; Nummedal, *Alchemy*, 79-85; Lanzinner, 'Zeitalter',
124-5.

35. 见本书页边码 468~471 页。

第四十六章

帝国城市

比起很多邦国在 1555 年之后发生的令人印象深刻的发展，德　
意志城市的发展通常被认为是停滞和倒退的。因此 19 世纪和 20 世
纪早期的大多数学者认为，城市的黄金时代开始于中世纪，并且在
宗教改革时期取得成果。随后诸侯压制了城市自由的精神；欧洲经
济的发展使德意志的城市陷入停滞，而仍然存在的帝国城市失去了
它们的政治影响力，并且进入了长期衰退的阶段。[1]

20 世纪下半叶的研究对修正这种看法起到了很大作用。经济
活动模式的变化并不是此前通常认为的那样剧烈或者极具破坏力。
一些城市失去了其主要的经济角色，但是另一些城市的重要性得到
提升。在一些成熟的城市里，一些主要家族消失了，但是另一些家
族很快取代了他们的位置：权贵阶层和商业精英的成员发生变化，
但是这一社会群体仍然存在，并且在城市的政治等级体制中维持其
位置。如果说帝国城市作为群体，在 1555 年之后看上去缺少创新，
至少部分原因在于，其中很多城市在很久以前就已经引入了很多诸
侯此时才大力推行的行政和法律改革。由于大多数市政官员的目标
只是维持现状，很多城市看上去比较保守。然而这种表象可能是欺

骗性的。当然，那些统治城市外的领地——例如纽伦堡、乌尔姆、法兰克福或者拉芬斯堡等地——的帝国城市的市政官员证明了他们对领地臣民的管理和任何诸侯一样严苛。[2]

《奥格斯堡和约》以很多种方式为帝国城市创建了一个全新的框架，在很多重要方面将其历史与邦国的历史做出区分。帝国城市的数量和地位比以往更清晰地得到确定。1521 年的名册呈现了 85 个自由城市和帝国城市。然而，其中一些城市几乎没有兴趣被包含在内，因为他们担心这只会意味着他们将负担帝国税。事实上，一些城市极力抗议，认为他们被错误地包含进来，并且否认自己曾经是帝国城市。例如，帝国议会在 1510 年就已经宣布汉堡是帝国城

532 市，但是荷尔斯泰因公爵和城市自身都否认这一决议。汉堡只是在后来才对成为帝国城市以及支付帝国税感兴趣，而更久以后，荷尔斯泰因公爵（也是丹麦国王）在 1768 年才承认这一地位。[3]然而汉堡像其他大量主要的北部和西北部德意志城市一样，主张自治的地位：其中一些是汉萨同盟的成员，另一些则援引中世纪的特权以及其他法律特权。由于他们并不需要皇帝的保护，或者看不到支持帝国的任何好处或者必要性，他们对现状感到满意：对于大部分北方城市而言，在 15 世纪和 16 世纪早期，帝国几乎没有实际意义。

1555 年宗教和约对邦国城市和帝国城市进行了更清晰的区分。授予统治者对宗教问题的权威的决议，意味着他们获得了对他们的城市强有力的控制权：帝国法律此时能够凌驾于地方特权之上。北德意志的福音教城市的抗议被无视了，并且一个将汉萨同盟包含在特殊的除外事项的提案也失败了。在接下来几十年的时间里，这导

致很多城镇和城市的地位受到持续侵蚀。

汉萨同盟的命运是具有指向性的。1554 年，它的成员同意支付定期的会费、在发生冲突时发起仲裁、提供相互支持以及出席日常会议。1557 年，63 个城市的代表进行集会以批准同盟的新条款。然而，定期会议没能实现，并且同盟的条款在 1579 年最后一次延长。到 1604 年时，汉萨同盟只剩下 14 个成员，其中只有汉堡、吕贝克和不来梅称得上真正积极。不伦瑞克-沃尔芬比特尔公爵海因里希·尤利乌斯（1589~1613 年在位）将其称为不过是"违法的阴谋和非法的集会"，这一事实体现出来自诸侯的压力在同盟的衰落中所发挥的作用。[4]

领地化进程绝不意味着市民自由和传统的消失。很多城市在其邦国政治中发挥关键的作用。城市对邦国的经济做出实质贡献，或者作为行政和宫廷的中心或要塞城市扮演至关重要的角色。城市也作为邦国等级的成员帮助影响政策，其捍卫自身社区利益的方式与村社采取的方式类似。管理既基于对话也基于指令，城市社区的声音经常会被听取。然而，只有那些处在统治者无力的邦国的城市——例如埃姆登和莱姆戈——城市社区才能够成功维护自治权。另一些城市，例如马格德堡、爱尔福特、不伦瑞克、明斯特、哥廷根、吕讷堡、罗斯托克以及施特拉尔松德（Stralsund），保有实质上的自治权到 17 世纪，因为它们体现了经济或战略上特殊的重要性，但是其中大部分城市或早或晚地屈服于邻近诸侯的控制之下。近代早期帝国内大约 4000 个邦国城市中，能够维持传统的自由的社区只是例外。

与之相反，对于帝国城市和自由城市而言，《奥格斯堡和约》

533 的第 27 项条款规定，在天主教徒和《奥格斯堡信纲》的信仰者共
同生活的城市中，每个群体的权利都应当被尊重。[5]一方面，这一条
款确认了这些城市的独立地位。另一方面，这一条款否认了市政官
员的宗教改革权，并且针对违反第 27 项条款的行为，无论是真实
的还是想象的，人们都可以向帝国法院申诉，并且存在皇帝干预的
可能性。与此同时，帝国城市这种不确定的状态，也反映在其并没
有和帝国政治制度下的诸侯享有同样的政治权的事实中。帝国城市
被邀请出席帝国议会并且组成了自己的议院。然而，所有获得对帝
国城市的投票权正式承认的努力都因为诸侯的反对而失败。[6]即使是
在 1582 年拒绝缴纳反击土耳其人的资金的威胁，也只是获得了一
个无意义的保证。帝国城市完整的投票权直到 1648 年才得到保证，
然而即使在此时，教派平等原则在投票程序中的引入在关键问题上
打破了合议的投票制度，这使帝国城市的表决权没有效力。

获得对帝国议会投票权的承认的失败，反映了帝国城市与诸侯
相比较低的地位，但这也是帝国城市之间越来越不团结的结果。
1555 年之前，通过回避团体中越来越明显的宗教分歧，帝国城市在
追求共同利益方面维持了一定程度的团结。1555 年之后，随着宗教
分裂在帝国内正式得到确认，帝国城市过去的团结被削弱了。这进
而加强了 65 个现存的帝国城市之间普遍存在的利益分歧。奥格斯
堡这样的大城市，与停滞的地方性城市，或者阿尔萨斯这样的小型
帝国城市几乎没有共同点。阿尔萨斯被当地的哈布斯堡统治者控
制，并且在 1648 年之后不再是帝国的一部分。位于帝国政府传统

上起作用并与皇帝有古老纽带的地区的城市，和位于帝国更加边缘区域、帝国政府逐渐开始起作用的地区的城市，二者几乎没有共同点。很多帝国城市像一些帝国伯爵或者帝国骑士一样小，以至于这些城市倾向于遵从邻近诸侯的领导，这些诸侯也往往是城市的"保护者"，或者在城市中行使管辖权。

然而在一定程度上，帝国城市这种模糊的地位是查理五世已经实施但没有完成的一系列措施的结果。当斐迪南通过主张市政官员并没有构成皇帝和市民之间的独立的权威机构，来论证他拒绝授予市政官员宗教改革权的合理性时，他实质上正在采取同样的路线。[7] 矛盾的是，在斐迪南和他的继任者统治之下，其影响是增强了市政会的地位，因为在市政官员和市民的任何冲突中，皇帝无一例外地支持市政会。

查理五世试图利用他在施马尔卡尔登战争中的胜利，发起构建 **534** 教派统一的最后尝试，方式是制订一个他希望对于天主教徒和福音教徒都可接受的妥协方案。皇帝无法促使大部分诸侯接受他的《临时措施》，但是他能够利用自己的权威，在奥格斯堡的案例中得到了西班牙军队的帮助，在上德意志帝国城市推行《临时措施》。结果是，很多此前的福音教城市被迫再次引入天主教。大部分城市能够及时再次主张福音教信仰，而在一些情况中，这种再次主张在1555年之后才实现。然而，作为皇帝的措施的结果，这一时期（无论多么短暂）为天主教少数派的确立赋予了直接的法律基础。即使在城市大体上已经转向福音教后，这些少数派仍然处在帝国的保护之下。

　　与此同时，查理五世在很多上德意志帝国城市推行制度改革，从奥格斯堡和乌尔姆开始，到 1552 年时扩展到了另外 25 个城市。[8]在每个地方，行会对城市政府的参与都被铲除，强大的权贵体制建立起来。他的动机是相当明确的：惩罚那些支持施马尔卡尔登同盟的人。这一考虑因素也为他提供了范例——纽伦堡的制度，在这里行会在过去两个世纪的时间里都没有发挥政治作用。

　　纽伦堡尽管自 1525 年起成了坚定的路德宗城市，但是也仍然保持着对皇帝的忠诚；纽伦堡在 1531 年拒绝加入施马尔卡尔登同盟，并且在施马尔卡尔登战争期间保持中立。奥格斯堡的权贵将战争期间城市对皇帝的违抗归咎于市政会的行会成员，这一事实加深了人们对宗教改革期间普通人暴动的回忆。因此，查理五世感到有理由召集 300 名议员，斥责他们，并且随后将他们遣散。在第二天，一个更小的 41 名成员的市政会得到任命，这些成员大多来自权贵家族，只有 7 名代表来自更广泛的社区。在另一些帝国城市，由海因里希·哈斯博士（Dr Heinrich Haas）领导的帝国委员会执行了相似的行动，他的名字也引起新的城市政权获得了"野兔议会"（Hasenräte）的双关绰号，其中一些市政会被限制到只有 20 名成员。

　　尽管被从职位上驱逐的很多人对新人员怀有怨恨和蔑视，但这种变革是持久的。事实上，在大多数地方，这种新体制一直盛行到 19 世纪。在各地随后的修改，主要是为了使设定的贵族制度变得可行。在一些城市，从来没有正式的权贵。在其他很多城市，例如埃斯林根、罗伊特林根、施瓦本哈尔（Schwäbisch Hall）以及施瓦本格明德（Schwäbisch Gmünd），只是没有足够的权贵家族填充市政会。[9]

在这些案例中，市政会代表的类型此时通常会更受限制。例如，这导致指派取代了选举，以及从主要的商业家族的阶层中征募新的权贵。然而事实证明，即使这样也并不容易，因为有资格获得完整公民权的男性人口的比例经常降低到五分之一以下。[10]这也意味着，城市的职位经常在几代人的时间里一直集中在同一个家族或者家族群体的手中。这一点被大多数城市盛行的职位轮换原则部分抵消。然而关于帝国城市掌握在寡头手中的怀疑是不可避免的，并且往往是真实的。乌尔姆是新的政治局面的一个生动案例，在这里城市职员通过提前准备选举结果的列表，简化了理解极为复杂的选举安排的任务。选举后的修正几乎是没有必要的。[11]

查理五世活着的时候，并没有依靠他发起的上德意志帝国城市的宗教或政治事务的改革。想要说清楚哪个维度是更重要的，或者在他的想法里，这场改革是否与构建某种帝国联盟或者帝国改革的其他想法存在联系，这是很困难的。斐迪南或者他的继任者都没有采取最初的措施，并且宗教改革在很多地方很快就被撤销。这产生了一些不寻常的群体。[12]在奥格斯堡、比伯拉赫（Biberach）、拉芬斯堡以及丁克尔斯比尔，大多数权贵是天主教徒，这些实质上的福音教城市此时仍然处在天主教市政会的控制之下。在另外一些城市，例如乌尔姆、考夫博伊伦（Kaufbeuren）、多瑙沃特以及洛伊特基希，即使在重新引入天主教之后，福音教徒仍然控制市政会，然而此后他们也不得不与持续存在的牢固的天主教少数派达成协定。

　　帝国城市中的多数（大约有 35 个）或者保持福音教，或者转变为福音教。这些城市中的一个普遍趋势是接受严格的路德宗正统教义，这再一次反映了帝国城市和皇帝之间的关系。他们最不想做的事情，就是因为和加尔文宗扯上关系而承担被指责为违法者的风险。只有位于帝国边缘的不来梅接受了加尔文宗，不来梅与邦国城市埃姆登的共同之处多过与南部的任何帝国城市的共同点。1618年，大约有 20 个帝国城市保持或者再次转变为天主教。其余的帝国城市则处于某种程度混合宗教的状态。

　　这些各种形式的共存，以及后来的城市宗教改革所造成的各种问题，确保查理五世的至少一个目标得以实现。他的干预加强了皇帝作为帝国城市的最高保护者和最高统治者的传统角色。在 1555年之后，帝国城市普遍符合这一点。事实上，《奥格斯堡和约》的第 27 项条款确保了很多帝国城市（除了 16 世纪 50 年代初已经被查理五世的措施影响的 27 个城市）的问题向皇帝申诉，因而也引起了皇帝的干预。

　　尽管汉堡和吕贝克距离帝国政府过于遥远，以至于不会过多关注帝国保护的承诺或者帝国干预的威胁（汉堡在这个阶段仍然在抗议自身的地位），但是几乎其他所有帝国城市都以某种方式潜在地受到影响。事实上，正如天主教法学家乐意指出的那样，几乎每个城市至少都会有教会建筑或者一些剩余的教会资产在天主教徒的手中。[13]

　　例如，福音教城市雷根斯堡仍然有一些此前由主教控制的剩余领

地，三座受到帝国保护的独立的天主教建筑［圣埃梅拉姆（St
Emmeram）、下明斯特（Niedermünster）和上明斯特（Obermünster）
修道院］，以及巴伐利亚庇护的律修会修士的老教堂（Alte
Kapelle）。即便只有三个福音教会，而天主教会超过十个，雷根斯
堡仍然始终被认为是一座福音教城市。[14]在更北部的地区，经历几十
年的神学冲突和政治斗争后，多特蒙德的宗教改革在 1570 年得以
实现。然而天主教少数派（包括有影响力的权贵）仍然存在；直到
1585 年，科隆大主教一直在行使他的监督牧师任命的权力，并且他
管辖的法院直到 1589 年才被废止。即使如此，三个天主教修道院
留存下来，并且在已经存在的多明我会修士的权力之外，1616 年市
政会被迫接受授予方济各会修士教区权力。[15]在很多帝国城市，对于
棘手的教派问题缓慢而迟来的解决方案（如果有的话），意味着教
派化进程和教派文化的发展在 17 世纪才真正稳定下来。事实上，
对于很多城市而言，正是《威斯特伐利亚和约》第一次创建了稳固
的框架，在这个框架内这种进程和发展才能够发生。[16]

　　亚琛的案例表现出教派转变的地方复杂性和区域影响力，以及
对帝国政治的严重影响。[17]一方面，亚琛的地理位置比多特蒙德更微
妙，因为亚琛更靠近西班牙占领的尼德兰。和多特蒙德一样，亚琛
不得不与两个区域的邻邦主张的管辖权进行斗争——于利希公爵和
列日主教（自然也包括他的上级科隆大主教）。另一方面，与哈布
斯堡利益的密切联系造成了西班牙军事干预的额外威胁，并且导致
皇帝更紧密地关注局势。与多特蒙德相比，真正关键的差异是教
派。多特蒙德宗教改革的源头是人文主义和路德宗，并且市政会采

取了坚定的正统路德宗的路线。在亚琛，从大约 1544 年起，路德
宗教徒和加尔文宗教徒总体上是来自尼德兰南部的佛兰德和阿图瓦
的富裕难民。

　　天主教市政会将难民排除在政治权贵之外的尝试导致他们向福
音教诸侯寻求帮助。到 16 世纪 70 年代，大约 8000 名福音教徒与
12000 名天主教徒并存，很多福音教徒的个人和经济影响力迫使天
主教多数派承认他们为完整的公民，并允许他们担任政治职位，也
包括进入市政会。这进而导致天主教徒向于利希公爵求助，他向皇
帝发出申诉，认为他对亚琛的教会管辖权受到了侵犯。市政会随即
向帝国最高法院申诉，反对于利希公爵。最终，帝国宫廷参事院在
1593 年宣布，根据《奥格斯堡和约》，城市无权改变教派现状，加
尔文宗教徒没有合法地位，并且自 1560 年以来引入亚琛的所有变
革都是无效的。当市政官员试图通过向皇帝和所有帝国等级申诉以
抵抗这一裁决时，鲁道夫二世首先威胁采取直接行动，随后在 1598
年宣布城市违法，并且委任尼德兰南部的总督阿尔布雷希特大公采
取军事行动执行他的法令。

　　面对西班牙-于利希对亚琛联合占领的真实威胁，福音教议员
停止反抗，科隆大主教监督这座城市的再天主教化。福音教徒随后
被禁，直到他们在 1611 年发动起义，并再次重建福音教主导的市
政会，这一次皇帝无力展开镇压行动，因为于利希此时也掌握在福
音教徒手中，愿意通过支持亚琛的福音教徒以行使他们的管辖权。
他们的胜利是短暂的，因为西班牙军队在 1614 年再次干预，并且
使这座城市永久再天主教化。

相似的争端也发生在科隆、斯特拉斯堡以及最引人关注的多瑙沃特，这些事件都对帝国整体的政治形势造成了影响，其中多瑙沃特在 1607 年被再天主教化并且转变为巴伐利亚的邦国城市。[18]其他很多城市经历了一些并非如此严重的问题，这些问题往往会导致它们求助于邻近的势力或者求助于反对这些势力，或者求助帝国法院以及帝国委员的任命，从而对争端进行仲裁。在很多情况下也存在着外部干涉和（或）军事抵抗的威胁，例如在 1604 年的多特蒙德，福音教市民武装对抗帝国委员，后者前来试图执行有利于天主教徒的决议。[19]自 16 世纪 70 年代末期开始，这样的争端越来越频繁地发生。这些争端既是帝国整体日益紧张的教派关系的反映，也是加剧这种紧张关系的因素。

市政会和市民之间日益紧张的关系，经常与这些教派冲突纠缠在一起，但也同样发生在更多的帝国城市中，这种关系导致 1600 年前后各种起义的爆发。从这方面而言，查理五世的上德意志城市制度改革的影响也反映在其他地方类似的发展中。在公众参与宗教改革的几十年中，行会往往在政治上取得进展，但是在这一时期之后，寡头的趋势逐渐体现在受教育者和商业精英中。

那些逐渐退出活跃的贸易和商业活动但是牢牢掌控政治权力的权贵，引起了积极的财富创造者（更不用说行会）的怨恨。[20]在一些城市，例如法兰克福、亚琛和汉堡，尼德兰难民的抵达和定居扰乱了现状。[21]充满经济活力的新定居者很快要求投票权和参与城市政府。同样地，在那些市政官员容忍加尔文宗教徒或犹太人新社区的地方，很多人感受到新的竞争者的威胁，或者被其取代。在很多情况下，富人和穷人之间持续扩大的差距、正式公民和定居者之间的差距，进一步加剧了紧张关系。

经济发展的影响加剧了这一点。16 世纪 70 年代和 80 年代的经济问题，以及 60 年代和 70 年代晚期严重的传染病的影响尽管是暂时的，但是很严重。整体而言，强劲的出生率和移民（既来自乡村也来自低地国家等区域）确保在很多城市，人口数量在 16 世纪晚期达到高峰。最大的人口扩张通常发生在较低的社会阶层。尽管较多的经济移民能够促进繁荣，例如在亚琛或者汉堡，但是也会加剧经济和社会非常明显的不平等，以及公民等级和政治参与机会的差异。[22]

尽管不满和摩擦存在非常多的原因——经济的、社会的、教派的、政治的——这些原因在不同事件中呈现出不同的程度和结合方式，但对抗通常都是以适用于几乎所有帝国城市的话术表达的。事实上，17 世纪的冲突与中世纪晚期对市政官员的权威的挑战的区别主要在于，此时的冲突以学术法律的语言和论点为框架。自 1555 年以来，逐渐稳固的城市寡头体制已经接纳了新的人文主义的（1576 年以后则是博丹的）最高权力的话术，并且使其适应德意志的基督教传统。他们将自己描述为蒙上帝保佑（deo gratia）的权威或者是官厅（Obrigkeit）。[23]他们将自己的政体描述为罗马式的共和政体，他们自己是统治者——市长是执政官（consules），市政会成员是元老院议员（senotores）——而他们的公民同胞是臣民。即使是最小的帝国城市，例如博普芬根（Bopfingen，在 1600 年只有不到 1000 名居民）或者布豪（Buchau，在 1632 年仅有 750 名居民），也接受了"元老院与博普芬根人民"或者"元老院与布豪人民"的原则。[24]

权威的批评者吸收了不同的观点。他们一致主张最高权力归属市民，并且市政官只是在某些职责上受到委托。他们往往主张城市是一种混合状态（status mixtux），是贵族政治和民主政治的结合。在某种程度上，1600 年前后在汉堡出现的观念转变是很典型的，这里并没有发生真正的革命。1602~1603 年，关于议员就职宣誓内容的争论，使一位市长宣称市民无权对抗元老院，无论它多么"不虔敬、专横以及贪婪"。1618 年，在关于市政会打算延长塞法迪犹太人（Sephardic Jews，来自西班牙和尼德兰的近期移民）的居住许可的争论期间，市民再次要求弄清楚，市政会相信汉堡是贵族政治还是民主政治。也许是出于智慧，市政会拒绝给出明确的答案：市长文森特·莫勒（Vincent Moller）回应道，这样的问题只是没有意义的学术问题；在现实中，没有城市是纯粹的贵族政治或者纯粹的民主政治。[25]

莫勒并不是唯一给出这种机智回答的市政官员。这种回答在亚琛和其他地方广泛传播，但并不总是能够缓解局势。[26]例如，在美因河畔法兰克福，人们存在着长期的不满，这种不满不仅源于裙带关系和腐败，也因为市政会隐瞒了城市在施马尔卡尔登战争后的破产（因为市政会为战争提供了经济保障并且在战争中投机）。在 1612 年选举皇帝马蒂亚斯时，法兰克福的市民被要求宣誓，保证在这座城市举行的帝国选举仪式的安全性。这是用来换取对城市特权的确认的惯例。然而这一次，市民代表借此机会向马蒂亚斯、选侯，以及最终向市政会呈递了一份详尽的申诉清单。他们要求公布所有应当得到确认的特权（希望能够得到一些免于市政会征收的税收的法律保护），控制犹太人收取的利率，以及控制谷物价格。

市政会的拒绝引发了一场起义，这导致由帝国委员，包括美因茨大主教、黑森-达姆施塔特邦国伯爵以及其他两名诸侯的代表进行调解并达成协定。这并不能令所有人满意，由饼干烘焙师文森特·费特米尔奇（Vincenz Fettmilch）领导的又一场起义，在驱逐市议会的所有权贵时达到顶点。[27]然而，皇帝发布了针对费特米尔奇的禁令，并且由于对犹太人区的掠夺和对犹太人的驱逐，起义者的"民众"议会的权威被进一步削弱。与此同时，美因茨大主教和普法尔茨选侯分别对城市的天主教和归正宗社区的命运，以及这场骚动对他们自己的邻近领地造成的威胁越来越关心。

到 1613 年，这场骚动已经扩散到沃尔姆斯，在这里市民也驱逐了犹太人；还扩散到韦茨拉尔（Wetzlar），在这里市政会短暂地被推翻，并且当民众代表被授予对市民文件的知情权以及对城市财政的监督权之后，市政会才得以恢复。[28]正在出现的帝国内各教派阵营的主要成员都正在卷入其中的区域危机的可能性，使帝国干预的需求变得更紧急。最后，一场针对费特米尔奇的反叛避免了军事占领，他随后受到帝国当局的酷刑并且在 1616 年被公开处决。旧的市政会被恢复，犹太人再次被允许进入城市。[29]沃尔姆斯和韦茨拉尔的秩序也很快得以恢复。

和亚琛的冲突一样，法兰克福的麻烦也围绕着地方的问题，但是这些麻烦对区域的稳定和安全不利，并且由于教派问题的卷入，这些麻烦也导致在整个帝国教派紧张关系加剧。[30]与此同时，另外三个方面也是很重要的。第一，在危机中帝国当局无一例外地支持市政官员而非市民。如果申诉是和平地公开，帝国法院能够给予一定支持；帝国委员将向市政官员寻求调解。如果爆发公开叛乱，这种支持就会立即被耗尽；帝国委员将会威胁进行军事干预以及恢复现状。第二，同样典型的一点在于，持久的平衡，以及对民众参与政权的一些正式的制度化，在超过一个世纪以后才得以实现。[31]

第三，1612~1616 年法兰克福的冲突，拉开了一直延伸到 18 世纪的一系列漫长争论的序幕。这场关于帝国城市的公民传统的解释的争端，在 1618 年之前达到顶点。它的解决方案在很久以后才出现。尽管三十年战争对帝国城市，特别是那些最小的帝国城市造成了严重损害，但是帝国城市整体上代表着德意志政治文化的另一个维度，在整个近代早期，其特点是延续性。

注释

1. Gerteis, *Städte*, 1–12; Schilling, *Städte*, 51–6.

2. Gmür, 'Städte'.

3. Schmidt, 'Städtehanse', 31; Aretin, *Altes Reich*, i, 110.

4. Schmidt, 'Städtehanse', 37.

5. Pfeiffer, 'Religionsfriede', 271–8.

6. Schmidt, 'Städtehanse', 54–5; Schmidt, 'Städte', 36–9.

7. Isenmann, 'Reichsstadt', 62.

8. Naujoks, *Zunftverfassung*, 10-18.

9. Rabe, *Rat*, 15-16, 168-73.

10. Rabe, *Geschichte*, 650.

11. Rabe, *Geschichte*, 651.

12. Warmbrunn, *Zwei Konfessionen*, 13-14.

13. Schneider, *Ius reformandi*, 283.

14. Schindling and Ziegler, *Territorien*, vi, 33-57.

15. Schilling, 'Dortmund', 163.

16. Enderle, *Konfessionalisierung*, 384; Enderle, 'Reichsstädte', 259-69.

17. Schneider, *Ius reformandi*, 229-31; Schilling, 'Bürgerkämpfe'; Schmitz, *Verfassung*; Molitor, 'Reformation'. 关于韦瑟尔的相似案例，可见：Spohnholz, *Tactics*。

18. Schneider, *Ius reformandi*, 231-4. 关于多瑙沃特，见本书页边码421页。多瑙沃特只是在1705~1714年短暂地恢复了帝国城市的地位。

19. Schilling, 'Dortmund', 163-4.

20. Gerteis, *Städte*, 83.

21. Schilling, 'Innovation', 14-30. 后来涉及犹太人的争议，见本书页边码547~550页。

22. Schilling, 'European crisis', 136-41.

23. Schilling, 'European crisis', 150.

24. Press, *Kriege*, 75; Deutsches *Städtebuch*, iv pt. 2, 52, 334. 这模仿了古代罗马共和国的正式名称——元老院与罗马人民（Senatus Populusque Romanus）。

25. Schilling, 'Republikanismus', 117-18; Whaley, *Toleration*, 15-16.

26. 对法兰克福和其他城市的冲突的研究，包括按时间排序的完整清单，见：Friedrichs, 'Town revolts' 以及 Blicke, *Unruhen*, 41-5。

27. Friedrichs, 'Politics'; Koch, 'Fettmilchaufstand'; Lustiger, 'Fettmilchaufstand'; Ulmer, *Turmoil*, 23-51.

28. Friedrichs，'Town revolts'，44-5.
29. 见本书页边码549~550页。
30. Meyn，*Bürgeraufstand.*
31. Soliday，*Community*，16.

第四十七章

对危机的反应

16 世纪晚期，邦国和城市的政府规模和活动无疑出现了扩张。更多政府的机构出现了。从政府角度而言，出现了更多活动、更多制度、更多干预，以及更多汇编和标准化的尝试，不仅包括法律，也包括信仰和行为。很容易看出为什么很多历史学者受到这样一种观点的吸引，即从统治者的角度而言，这一时期出现了规训社会的系统性努力，或者说朝着形成以合理方式解决政府问题的决定性步骤。这有时与宗教纪律的推行联系在一起，然而另一些人将很多同样的发展视作对宗教冲突的反应的产物，以及在很多受教育人群中明显世俗化的世界观的出现的产物。

无论何种情况，人们都会面对一个问题：政府措施的有效性实际如何，一方面是关于其具体目标，另一方面是关于社会整体。[1]更有力控制的愿望，是否实际上导致了更强的规训？与教派化相关的很多措施是否导致了更加统一的社会，这种社会对边缘群体或者被定义为反常人群的群体更加不宽容？这一时期的发展是否真的促进了更理性甚至世俗化的社会观念以及政府职能的出现？德意志社会在 1555 年之后应对阶段性的危机在何种程度上是有效的？

　　这些问题的回答部分取决于对时代精神的评估。有确凿证据表明，冲突和骚乱导致一些思想家回归到斯多葛主义哲学，他们在其中找到了政治稳定的秘密。对利普修斯的崇拜是这种意识形态的重要表现。利普修斯版本的塔西佗著作，以及他自己的吸收了很多塔西佗思想的著作，为 1600 年前后政治科学的发展奠定了基础，这种科学超越了宗教和派别。[2]

　　在德意志，和其他地方一样，直接的促进因素是乔瓦尼·博特罗（Giovanni Botero，约 1544 ~ 1617）1589 年的著作《论国家理性》（*Della ragione di stato*）。两部重要的德意志著作在 1602 年讨论了这一主题：由萨克森官员、在 1607 年之后担任上卢萨蒂亚和下西里西亚的帝国检察官的雅各布·伯尼茨（Jacob Bornitz，约 1560 ~ 约 1625）创作的《关于掌握政治审慎的政治讨论》（*Discursus politicus de prudentia politica comparanda*），以及由阿尔特多夫的教授阿诺德·克拉普马里乌斯（1574 ~ 1604）创作的《关于公法的争论》（*Disputatio de iure publico*）。在博特罗的领导下，每个人都试图将真正的政治审慎与马基雅维利的邪恶和不道德的伪政治进行区分。每位作者都不可避免地被指责为伪装的马基雅维利主义者，尤其是神学家持续谴责马基雅维利的生平和著作，这使在帝国内对他的观念的真正接触推迟到 17 世纪下半叶。然而，伯尼茨和克拉普马里乌斯成功将国家理性的概念从与马基雅维利的联系中提炼出来，并且这一概念成了新的政治学和公法学科的准则。

　　科学思想方面的发展也被解释为理性和非理性之间斗争的反映。一些人物，例如约翰内斯·开普勒（1571 ~ 1630）或者马蒂亚斯·贝内格（1582~1640，斯特拉斯堡的历史学教授以及伽利略著作的译者），有时会被视作新的理性主义科学的英雄人物，这种科学也会使人们对宗教和政治的看法更加清醒和客观。开普勒不遗余力地将科学事实与宗教事实相区分，并且他认为哥白尼的观点在数学上是正确的，即使教会坚持他在神学基础上是错误的。[3]

开普勒自己的思想似乎体现了理性对非理性的逐渐胜利。1596年，在 24 岁的时候，他宣布太阳是提供动力的灵魂，位于所有行星轨道的中心，并且行星被一种神圣、超自然的力量推动，这种力量能够洞察几何原理。此外，三个高级别行星中的每一个都表现出对另外两个行星的仇恨。到 1621 年，他坚持要把"精神"（spirit）这一词语替换成"力量"（force），并且人们应当将术语"仇恨"（hatred）简单理解为位置、运动、光线和颜色的差异。在开普勒的一生中，他的宗教观念是非教派化的：他自己和家庭为此付出了一些代价，他拒绝签署《协同信条》或者改信天主教。他不认同对加尔文宗的妖魔化，并且同情归正宗基督教的知识分子，然而他也回避归正宗教会。[4]

然而，将政治和科学的发展视为整个时期的特征，这种诱惑会过于简化这一时期。将新的思想表述为教派斗争的结果、光明对黑暗的胜利，这是很容易的。然而这种表述忽略了一个事实：思想同样呈现出连续性。主张国家理性的人认为成功的政府取决于对帝国秘密（arcana imperii）的掌握，对于那些以正确的途径接触这一主题的内行而言，帝国秘密是可以获得的。

从严格意义上讲开普勒的天文学是经验主义的，但是他的占星术所依赖的行星相位与和谐理论，和任何神学一样难于理解。他在格拉茨和林茨担任官方的数学家，并且自 1601 年到 1612 年继任第谷·布拉赫（Tycho Brahe）担任宫廷数学家，这些工作涉及占星术和历书或者预言书的准备。开普勒在他 1595 年的第一本历书中做出成功的预言：将会出现一场严冬、一场农民起义以及一场土耳其人的入侵。这为他在这一领域建立了长久的名声，并且保证了他可靠的收入来源。事实上，开普勒的占星学是他的天文学的基础和动力，因为他试图为他对天体现象和地球上的事件之间的关系的信念，建立一个新的且更确定的基础。[5]他并非把自己在科学上的全部努力视为上帝信仰的替代品，而是视为一种更有效的接近上帝的方式。

在理性和非理性之间存在的这种联系，应当提醒人们不要过分强调精英和大众文化之间的隔阂。事实上，这二者之间存在很多联系，受教育者和普通人大致持有相同的文化和信仰体系。[6]16 世纪的医学著作将经验主义的与"近代"的见解同传统的医者和草药学者的智慧结合在一起。[7]邦国统治者和市政官员可能会雇用占卜者或者其他"智者"，这些人多半是吉卜赛人或者其他旅人，寻找宝物或者丢失的物品，就像普通民众经常试图用他们的专业知识对抗动物疾病、火灾和歉收一样。[8]这些行为在 16 世纪逐渐不受赞成，并且到 1600 年时，这些行为受到教士的谴责和很多官厅的禁止，然而支撑这些行为的信念被证明是持久的。一些统治者直到 18 世纪还在利用这些行为寻找珍贵的矿藏。[9]毕竟，宫廷炼金术士并不比吉卜赛人的预言家更高明，并且他们与大众魔法师之间的区别只在于他

543

们声称的科学性，尽管他们有时确实掌握了一定程度的真正专业知识。

集体心态和公众态度的问题，对于评估当时的人如何看待他们所处的环境是至关重要的。1555 年之后的时期，人口整体上大幅增长，一些群体的财富显著增加。在 16 世纪上半叶的动荡之后，很多邦国看到了整合和稳定的条件，这体现在大约 1580 年之后城堡和居所的建筑繁荣中。然而很多当代人实际经历的是一个不确定和不稳定的时期。事实上，教士和其他评论者越来越相信他们生活在一个瘟疫和衰退的时代，这只能是世界末日的先兆。例如，勃兰登堡的路德宗牧师丹尼尔·沙勒（Daniel Schaller）宣称世界正在发生实质的变化：光线更加昏暗，土壤更加贫瘠，水中的鱼更少，甚至石头和铁也不像过去那样硬。他并不是唯一预言即将到来的"世界毁灭"（ruina mundi）的人。[10]

544　　对于天主教徒，尤其是在这几十年的几乎每一个天主教宫廷都发挥越来越重要作用的耶稣会顾问而言，解决方案是很清楚的。统治者必须在内部加倍努力实行宗教准则，并且与真正信仰的敌人战斗，无论他们出现在哪里。前方的道路是清晰的，唯一需要的就是度过这个时期的决心。

福音教徒倾向于以更末世论的方式解释他们所诊断的时代的症候。[11]人们曾做出关于 1588 年、1600 年和 1604 年世界末日的坚定预言，并且这些未实现的预言注入了 17 世纪早期福音教千禧年说的主流观点。[12]1617 年的第一次宗教改革百年纪念仪式，既是对胜利历史的纪念，也是对世纪末日的恐惧预期。学者们（如备受推崇的马蒂亚斯·贝内格）用他们充满厄运的宣言表达了很多同时代人的观点，宣告一个新的野蛮时代的到来。[13]

　　大约同一时期，贝内格的朋友约翰·瓦伦丁·安德烈埃（1586~1654）发布了一个组织的一系列方案中的第一个，这个组织的目的是带来社会整体的重生。他对玫瑰十字会起源的虚构描述，在1614年出版几年后引发了广泛关注，他的著作《基督城》（*Christianopolis*）中对当时社会的批评也是如此。[14]对很多加尔文宗教徒而言，千禧年的时刻在1620年白山战役时被唤醒，这是他们在欧洲中部被镇压以及分散流亡的预兆。[15]在帝国内，这样的观念在17世纪30年代再次流行，认为战争、饥饿和疾病的传统结合侵袭了广泛的地区。

　　这些后续发展的剧烈程度在一定程度上掩盖了1555年之后几十年的经历。[16]福音教作者对道德整体衰退的评价，反映了人们不可避免为宗教改革可能实现的不切实际的高预期感到失望。在天主教徒中，相似的抱怨经常是对宗教改革时期失去根基的悲叹，而《特伦托会议信纲》的新理念所带来的相似的不切实际的期待加剧了这种情感。频繁的瘟疫加强了世界正在萧条和衰落的认知。土耳其人造成的阶段性威胁同样为那些寻找有罪的世界正在受到惩罚的方式的证据之人提供了依据。在16世纪90年代，一些人甚至产生疑问：帝国作为第四个和最后一个世界性帝国（正如在《但以理书》中预言的那样），是否注定会被奥斯曼帝国取代。[17]

　　一些人相信1570年的危机标志着一系列无休止的灾难的开始，545
并且直到17世纪20年代，这场危机仍然为随后危机年份的衡量提供了基准。[18]这是第一个真正严重的"小冰期"的冬季。1569 年，从俄国通过乌克兰和波兰到波希米亚，都出现了灾难性的歉收。在很多地区，1570 年冬天之后出现了三年不利的气候条件，伴随着食物的短缺与严重的瘟疫和其他疾病的暴发。到大约 1575 年时，情况才逐渐恢复正常。

这场危机的性质和含义在大量出版物中得到描述和分析，这也加强了危机的影响力。[19]印刷商抓住机会重新出版关于所有类型疾病和灾难的旧文本，城市的医生匆匆出版诊断指南；教士很快出版了他们的布道书，解释世界为何以及如何正在被惩罚。关于《以西结书》中饥饿和瘟疫的黑暗预言的评述极为盛行，关于湮灭和消亡的作品，或者解释太阳为何正在衰退以及世界的能量为何正在减少的小册子也广为流传。

神学家和医学家不同的反应表现出当时专业知识的两面性。[20]神学家几乎无一例外地将危机归咎于人类的罪责。医学家大体上将危机视作自然现象，很少有人提及神学的因果关系，而这种内容曾经是 15 世纪的医学著作的特征。尽管医学家提出的解决措施也许是无用的甚至是有害的，但是最有见识的医学从业者很清楚，在超自然的领域无法找到疾病的原因。

政治家的应对也体现了两面性。市政官员往往参与到具体的行动中，购买谷物并且提供给他们的人民。[21]1572 年，奥格斯堡的市政官员甚至从土耳其人手中购买了大量谷物。政府在帝国大区或者市政会的会议上分享关于这些行动的信息，其中也讨论了解决当下危机的进一步法律措施。大区提出的常见措施，包括禁止过度消费或强制执行道德的法律、限制酿啤酒、驱逐外来乞丐，以及针对谷物投机的禁令。在弗兰科尼亚，大区甚至讨论建立谷物和其他食品的区域性免税市场，惩罚被抓到进行谋利的大区成员。[22]然而，在现实中执行这一方案被证明是不可能的。

作为恶劣天气条件引起的问题的解决方案，限制消费和道德立法的处方表明了政治家对危机原因的诊断，与布道书中教士的观点是相似的。例如，巴伐利亚首相塔德乌斯·埃克（Thaddäus Eck，1514/1515～1574），于1571年在巴伐利亚创作了极具破坏力的关于财政危机的报告。[23]对纳税人当下贫穷的状况与宫廷和行政机构成本提升的原因的敏锐洞察，与对道德滑坡、罪行以及忽视宗教是当下所有苦难的最终来源的诊断结果，被结合在一起。这是在接下来的三年里前所未有的大量立法的公开理由，这些立法涵盖了从硬币质量到亵渎神明的一切事情。

546

很多政府在16世纪70年代早期被迫掌握的危机管理的专业知识，使他们能够应对在接下来的几十年里出现的相似问题。在很多地区，政府加强了16世纪上半叶发起的一些措施，并且在贫困救济的问题上发展了更持续的方法。[24]在福音教地区，宗教改革造成了几乎所有贫困救济的机构都集中在统治者和市政官员手中的影响。在天主教地区，现存机构的集中被证明更困难，但是一些强有力的统治者，例如维尔茨堡的尤利乌斯·埃希特（1573～1617年在位）为病人、孤儿和穷人建立了新机构，这是他全面的改革和复兴计划的一部分。贫困救济的“社区化”实质上也意味着救济只限于本地的穷人。这种方案得到了1530年、1548年和1577年帝国法律的支持，这些法律要求所有统治者关怀他们自己的穷人。对穷人的登记此时变得越来越常见，对并非城市或者邦国本地的穷人的驱逐也是如此。几乎所有政府都做出一定努力，以保证贫困救济没有给予外地人，而得到救济的人也尽其所能地工作。

这些措施的有效程度并不明确。如果在正常时期接受长期援助的人口占比在 4%~5%（在城市达到 10%或者更高）的估计是准确的，那么很显然在危机时期人数的增加所带来的需求是这一制度无法满足的。[25]然而，即使在危机时期，几乎所有政府采取的措施无疑为很多人带来了救济。应当得到帮助的穷人既没有被妖魔化也没有被定罪。新的救济院以英格兰的收容所（Bridewell，1556）与阿姆斯特丹的教养所（Correction House，1595）和纺织所（Spinning House，1597）为模板，随后在帝国被引入，其中包括在不来梅（1609~1613）、吕贝克（1613）、汉堡（1614~1622）以及但泽（1629）的救济院。它们的指导原则也影响着 17 世纪晚期和 18 世纪的争论和政策。[26]它们代表着与 1600 年前后在德意志占上风的惯例的显著背离，而且它们的案例在 1700 年后才被更广泛地效仿。

在 16 世纪末期，贫困救济对非本地人的严格排斥导致相当数量的人只能沿街乞讨。很难精确估计他们的数量。在正常时期，旅居人口大约占总人口的 3%~4%。在短缺的时期，这个数字也许高很多。被排斥的穷人加入更广泛的旅人群体，从吉卜赛人到流浪者，从"工作"的旅人，例如小贩、流动的工匠（例如磨刀工人）以及各种类型的表演者，到完全的罪犯和强盗。每一个亚群体的人数是未知的，然而根据一些人可能十分保守的估计，吉卜赛人在整

547

个帝国的总数不超过 1000 人，真正的职业强盗的数量也很少。[27]尽管他们的数量可能很少，但他们的存在本身就足以造成严重的不安。在一场危机中，所有旅人都可能被贴上同样的标签，并且逐渐被视为对稳定的社会黑暗且可怕的威胁的一部分。大量政府试图驱逐外地人，或者阻止外地人进入他们的邦国。一方面，很多法令包含了一长串需要被排除的各类人员的名单，而像是"吉卜赛人"这样的术语会被任意用来指代很多不同的群体。另一些法令则给非本地的乞讨者和旅人贴上了异端或者不虔敬的标签，使他们成为被基督教社会抛弃的人。另一方面，这些法令普遍被重申的频率，也许体现了它们的无效程度。

在 16 世纪 70 年代以及 1590~1605 年，针对流浪者和吉卜赛人的立法达到顶点，以及在大约 1580 年之后对犹太人的敌意在一些城市的争端中变得很明显，这些事实似乎能够得出德意志社会变得更加不宽容的结论。一些历史学者认为这是教派化的直接结果，教派化意味着上帝的圣城与人间的城市和国家的等同。[28]这也许很好地反映了在一些帝国城市盛行的态度，这些城市的城墙和堡垒封闭了一个有限的空间，使城市很容易形成这种神学景象的投射。然而总体而言，事情并非如此直接。吉卜赛人在 16 世纪的大多数时候都受到迫害；到 16 世纪 80 年代时，他们作为无信用的罪犯和土耳其人的间谍的名声已经确立，并且在很多法令中"吉卜赛人"直接指代所有旅人。[29]并没有证据表明他们在 1600 年受到的迫害或排斥比在 1500 年更多。在那些法律试图正式驱逐他们以及其他所有流浪者的地方，这些法律通常是失败的。很多较小的领地，例如伯国和骑士的领地，实际上是宽容他们的，或者至少是缺少资源或意愿对付他们的。[30]

　　在 1600 年前后，犹太人的数量是 35000~40000 人，他们的情况则更为复杂。在 15 世纪和 16 世纪早期的驱逐之后，阿什肯纳兹犹太人（Ashkenazi Jews，最初起源于德意志、法国北部、英格兰和意大利的犹太人）的大型城市社区只存在于美因河畔法兰克福、弗里德贝格、富尔达、沃尔姆斯、施派尔、维也纳和布拉格。汉堡是另一个例外，这里在 16 世纪 80 年代有来自西班牙和安特卫普的塞法迪犹太人的小型难民社区。[31]整体而言，帝国内的小型城市和乡村的犹太人社区在 16 世纪出现了稳定增长，并且特别集中于中莱茵、弗兰科尼亚和韦特劳的小型和破碎领地。伯爵和骑士被认为比那些大型且封闭的邦国统治者更宽容，并且和那些领地尽管很大，但破碎且零星分布的统治者一样，他们也无法采取行动。[32]在一个地方遇到的困难，很容易通过跨过领地边界到另一个管辖权的领地而被轻易规避。尽管一些诸侯，例如维尔茨堡主教尤利乌斯·埃希特对犹太人进行系统性的驱逐，甚至试图阻止犹太人穿过他们的领地，但是其他人在不同程度上宽容犹太人。[33]

　　整体而言，查理五世在 1544 年施派尔帝国议会上对于帝国对犹太人的传统保护的重申，以及在 1548 年以扩展形式的再次重申，推动了这种对犹太人的宽容。[34]这种保护禁止骚扰犹太人以及关闭犹太会堂，并且明确允许他们收取比基督教徒更高的利率，作为对他们普遍的不利地位的弥补。

　　然而在实践中，犹太人社区服从邦国统治者的权威。15 世纪末期以来，导致邦国法令（Landesordnungen）制定的罗马法在邦国内被接纳，同样也导致犹太法令（Judenordnungen）的制定，其中规定了基督徒和犹太定居者之间的关系。约翰内斯·罗伊希林在1511年提出的观点在这个过程中是极具影响力的。他认为，尽管教会将犹太人视为奴隶，但在罗马法之下他们是"公民"，因此应当以基督徒的"公民同胞"的身份被对待。[35]

关于犹太人定居的条款通常是被小心翼翼地专门制定的。一些邦国试图通过只允许长子结婚和定居以限制犹太人的数量。[36]在几乎所有地方，犹太人都被要求支付特别税以及阶段性的贡金或费用，以换取进行某些贸易的允许。1530年，帝国议会要求帝国内的所有犹太人佩戴六芒星标记，然而这没有系统性地得到执行并且很快就被完全无视了。[37]随后的地方性法令往往试图保证犹太人与基督徒的社会保持距离，并且在一些地区，特别是城市，他们被限制在明确标识的犹太人区。然而在现实中，基督徒和犹太人社区重叠且相互联系，并且只有在危机时期，它们之间的边界才会被更清晰地划分。

即便天主教和路德宗神学家都持有反犹太人的观点，并且他们毫不犹豫地利用这些观点，但是帝国内的犹太人社区仍然稳定发展，特别是在1550年之后。然而对帝国保护犹太人的规定的尊重以及贪婪，这两个因素的结合保证了大多数统治者并没有对他们采取行动。

两类问题可能会打破这种脆弱的平衡。第一类问题本质上是政 549
治和制度问题。犹太人社区阶段性努力协调他们的活动。在16世纪早期，地方的拉比（rabbis）逐渐组建松散的区域组织，设立地方的拉比法庭并任命首席拉比。其中一些人得到了帝国特许，查理五世本人在 16 世纪 20 年代早期任命帝国首席拉比，这个职位直到 1574 年一直存在于沃尔姆斯。[38] 1529 年，在金茨堡召开的一场区域拉比的大会没能创建更持久的超地域组织，但是这场会议任命阿尔萨斯的罗塞姆的约泽尔（Josel of Rosheim）为帝国内所有犹太人的代表。帝国当局拒绝承认他获得的"德意志国家所有犹太人的统治者"的头衔，但是接受他作为"犹太人的首领"，并且正是他说服查理五世发布 1544 年的特权。约泽尔在 1554 年的去世使犹太人失去了他们最有效力的代言人和支持者，并且在 1574 年沃尔姆斯的帝国首席拉比的终结，暂时破坏了在帝国内曾经存在的协作关系。

建立以波兰的四省会议（Council of the Four Lands）为模板的统一行政机构的尝试，遭遇了激烈的反对。[39] 在 1603 年法兰克福的秋季交易会上，一场 26 名社区代表进行的会议通过了一系列加强拉比法庭管辖权的决议，创建了一个用于内部社区的中央基金，并且管理拉比的培训，以及一些其他事项。一个告密者向美因茨选侯和科隆选侯告发，称会议参与者是不忠的密谋者，而他们立即以皇帝的名义对法兰克福的社区发起了诉讼。1603~1604 年，鲁道夫二世已经无法支持德意志犹太人，即便与他在布拉格的宫廷关系密切的、有影响力的犹太金融家和教师进行了调解。

关于犹太人真的想破坏皇帝权威的想法当然是异想天开的，但是诉讼人坚持认为召集未经授权的"大会"是犯罪行为，并且关于拉比法庭管辖权的决议篡夺了帝国的特权。这些指控很快被驳回。

然而，科隆选侯一直斗争到 1623 年，他希望借此从犹太人身上索取大量罚款，以支付他所谓的"大额开支"。真正利益攸关的从一开始就并不是帝国的特权，而是邦国诸侯的权力和利益。

1603 年的举措是建立整个帝国的犹太人组织的最后一次尝试。未来在于对区域性犹太社区的巩固，而非统一的组织。[40]在短期内，1603 年的危机也导致了第二类问题的最惊人的案例，足以动摇犹太人社区：在 1614 年费特米尔奇起义期间，在法兰克福对犹太人的驱逐。这一问题既是经济的也是政治的。[41]犹太人被指控剪钱、与行会进行不公平竞争以及索取不合理的利率。然而，真正有影响力的申诉是针对市政会的：市政会超出了自身的权力范围，将宽容犹太人放在第一位，这违背了城市的利益。在基督教社会内部政治危机的背景下，对犹太人的愤怒被释放出来。此外，在这一事件中，伴随着皇帝对帝国城市的事务直接干预的权力，皇帝对犹太人的支持被证明是有效的。一方面，与很多只表现出严重程度和位置的政治敏锐性的事件不同，这一事件体现出基督教行会成员和另一些人对犹太人潜在的反对，这种反对是出于经济原因的，这很容易以针对犹太人的暴力行动的方式爆发。另一方面，这一事件也突出了皇帝、市政官员以及很多诸侯在保护犹太人免于暴力，以及确保他们对经济和官方金库持续做出贡献方面的利益。

16 世纪末期的另外两个现象展现了帝国内的邦国在多大程度上能够解决由具体的经济问题引发的一些麻烦，但是在面对另一些由政治恐慌引起的问题时显得很无助。对农民和领主之间的纠纷的处理属于第一个范畴，巫师狂潮则属于第二个范畴。

550

1525 年农民战争后短暂的平静时期之后，新一轮农民起义从
16 世纪 60 年代起形成。起义的根本原因是歉收和短缺、价格上涨、
领主将更加沉重的封建税和义务强加给农民的尝试，或者是将公共
土地和森林转变为私有财产的尝试，以及帝国税的增加所造成的不
断增长的负担。起义主要的地理中心是西南部和上奥地利的领地，
然而也扩散到巴伐利亚、萨尔茨堡、帕绍和蒂罗尔，在 1600 年后
更波及了波美拉尼亚、勃兰登堡和西里西亚。在上奥地利，一场重
大的农民起义在 1595~1597 年爆发，其他很多争端也以暴力告终或
者在数年间缓慢发展，其中包括社团团结起来反对索取过多的领
主，以及双方进行的阶段性小规模冲突。然而，新一轮农民起义最
显著的特征，是诉诸法律而非军队。[42] 在 1550 年之前，臣民向帝国
最高法院递交针对统治者的申诉数量是每年大约 180 起；此后平均
数值达到了每年 438 起。

程序上的障碍确实会阻止潜在的农民诉讼者。[43] 考虑到伯爵、骑
士、高级教士和领主的社会地位，在 1555 年确立的法院程序规定，
所有针对他们的申诉应当提交给仲裁程序，而且仲裁程序失败才能
够诉诸法院。1594 年，新的规定要求在法律程序开始之前，臣民的
申诉应当递交给他们的统治者并得到反馈。此外，法律代理是很昂
贵的，农民代表前往施派尔的帝国最高法院或者维也纳的帝国宫廷
参事院出席听证会的旅费和生活成本也很高昂。

551　　　领主始终是有优势的，并且案件拖得越久对他们越有利。然而
申诉者并不总是无能为力的。很多统治者和市政官员都希望避免案
件呈送到法院的尴尬。他们也担心可耻的失败以及邻近的统治者为

执行法院的裁决进行军事干预的可能性。一旦案件开始，任何诉诸暴力的人会立即被驱逐并且遭受大区的军事行动。此外，农民律师这一新职业迅速发展，他们能够被雇用，而且无论听说哪里发生了争端，他们都会非常积极地销售他们的服务。[44]关于诉诸法院可能会取得的成果的消息在农民中不断传播，并且执行任务的农民代表经常会与他们在路上或者法院门口遇到的人交流信息。例如，在帝国议会和其他地方关于帝国税问题的商议中，人们经常会提及德意志农民偏好诉讼的特点。

尽管很多领主无疑会对其臣民获得的权利感到厌恶，但是通过法律程序实现的冲突解决方案越来越被认可。1600 年，帝国代表会议决定，在所有邦国都应当设立用来审理臣民提出的针对他们统治者的案件的法院。这进而造成的影响是帝国的政法文化逐渐扩散到其组成部分。[45]对于这一过程的所有参与者而言，帝国作为一个有着独特政法文化的体制被视为一种现实，塑造了他们在地方和区域的原则。

法律程序在巫师迫害中也发挥了关键作用，尽管这些迫害往往是由社会恐慌驱使的。这个现象通常被称作"巫师狂潮"，但从某种程度而言这是有误导性的。[46]很多迫害确实涉及歇斯底里的行为，并且从近代的（不符合当时的）眼光来看，这些行为当然是非理性的；这些行为也包含极端的残忍和酷刑。然而指控巫师的决定以及随后进行的法律程序是经过深思熟虑的，并且通常基于真诚的信仰。

这个问题是全欧洲范围内的，但是在 15 世纪到 18 世纪末以巫师身份被处决的总计 40000～50000 人中，大约有一半是帝国的民众，其中大部分发生在 1580～1660 年；在今天的德国境内大约有 20000 名受害者。[47]与 15 世纪和 16 世纪早期的迫害相比，16 世纪 60 年代之后巫师迫害的新阶段，其特征在于巫师迫害更广泛的范围，以及更复杂的法律和行政程序。巫师审判的神学理由，以及（最重要的是）法律理由，此时已经更为详尽。1572 年，萨克森选侯国是第一个针对施展有害的魔法扩大法律范围的邦国，此时也颁布法令，规定与魔鬼订立契约是将受到死刑惩罚的罪行。[48]在更早的时期，巫师一直是被宗教裁判所和教会当局追捕的；此时，巫术成为世俗政府和刑事司法体系的事务。[49]

第一轮迫害发生在 1562～1563 年和 1570～1574 年，但是迫害的频率和强度自 16 世纪 80 年代中期开始提升。最严重的行动有几千名受害者，大致发生在 17 世纪 30 年代期间，这场迫害行动集中在弗兰科尼亚的维尔茨堡、班贝格和艾希施泰特主教辖区，而在美因茨、黑森和威斯特伐利亚发生了更多迫害，在这些地方迫害行动也造成了几千人丧生。在 17 世纪 50 年代和 70 年代之间，出现了最后一波强度有所下降的行动。在福音教地区，任何形式的巫师审判到 1700 年前后已经实际上被废止。在天主教地区仍然存在阶段性的个案，在帝国内的最后一次处决巫师于 1775 年发生在肯普滕。[50]

并不是所有地区都受到了影响，并且在猎巫发生的地方，猎巫也并没有遵循任何统一的模式。猎巫通常是高度地区化的事务，即使在一些出现重大迫害的邦国，行动通常也只局限于特定的区域，而非均匀分布在整个邦国。例如，在巴伐利亚，巫师的处决只局限于相对较小的区域。[51]绝大多数审判只涉及少数被指控的巫师，但是在德意志西南部和东南部，1562 ~ 1666 年这一阶段的特点是大型"恐慌审判"的发生，这种审判会导致对 20 人或者更多人的处决。[52]

在下莱茵地区，以及除梅克伦堡之外的北德意志大部分地区较少出现猎巫活动。在帝国南部，与领地更破碎的西南部地区相比，巴伐利亚的猎巫活动相对有限。巫师审判最集中的地区的边界，是西部的洛林和特里尔，北部的威斯特伐利亚、明登和绍姆堡，接下来穿过安哈尔特侯国和萨克森各公国，沿着班贝格、艾希施泰特和奥格斯堡主教辖区，直到瑞士。

在更大的"封闭"的邦国，例如巴伐利亚、不伦瑞克－沃尔芬比特尔和萨克森选侯国，与最小的邦国或者严重碎片化的区域相比，迫害往往更受控制且更有限。在最小的邦国或严重碎片化的区域，例如特里尔周边的地区，16 世纪 90 年代初期发生了一些最血腥的迫害。与之相反，加尔文宗的普法尔茨是另一个领地破碎的邦国，但是几乎没有发生任何审判。总体而言，天主教邦国往往会比路德宗邦国发生更多巫师审判，在较大的帝国城市，巫师审判也相对较少。总的来说，女性（特别是单身女性）比男性更容易成为受害者，但是也有足够多的男性被包括在内，以证明将这一现象视作对女性的战争的任何解释是不正确的。[53]

尽管天主教徒比福音教徒更可能参与到迫害巫师中，但是在两个教派中，宗教复兴的支持者都更可能成为最狂热的迫害者。例

553

如，在德意志东南部的天主教统治者之中，一些拥有情妇的改革反对者，例如肯普滕采邑修道院长或者班贝格主教约翰·菲利普·冯·格布萨特尔（Johann Philipp von Gebsattel，1598~1609 年在位）对巫师几乎没有兴趣。与之相反，一些改革者，例如奥格斯堡、艾希施泰特和班贝格主教，以及一些世俗统治者，例如巴伐利亚公爵威廉五世（1579~1598 年在位）和马克西米利安一世（1598~1651 年在位），是狂热的巫师迫害者。然而，一项似乎与明显广泛存在的相关性存在矛盾的发现表明，在德意志西南部对巫师迫害的反对似乎来自布道士，他们认为灾难来自上帝的警示，而非魔鬼的行为。[54]

帝国境内猎巫的大量爆发，其地方和区域背景的多样性阻碍了对这一现象进行一般性解释的所有尝试。[55]在 1580 年后猎巫的集中出现，显示出猎巫事件与社会恐慌的清晰联系，这种社会恐慌是由恶劣的气候条件造成的短缺和紧张形势所引起的。《女巫之锤》（*Malleus Maleficarum*）是 1486 年首次出版的关于巫师的教会学说的概要，到 1520 年时已经有 13 个版本；这本书再一次出版是在 1574 年，1576 年和 1579 年又出版了两个版本。[56]在 16 世纪 80 年代，另外几部关于巫术的重要作品得以出版，其中包括博丹 1581 年有影响力的著作《巫师的魔鬼疯狂症》（*De magorum daemonomania*）的德语译本。自 1589 年起，特里尔副主教彼得·宾斯费尔德（Peter Binsfeld）的著作《论作恶者和女巫的告解》（*Tractatus de confessionibus maleficorum et sagarum*）立即被翻译成德语，为揭露和起诉巫师提供了全面的指引。十年后，耶稣会士马丁·德尔里奥（Martin

Delrio）的著作《魔法论六书》（*Disquisitionum magicarum libri VI*）总结了过去的全部文献，并且为接下来几十年的审判搭建了思想体系框架。

尽管想要为巫师迫害构建清晰的因果链条比较困难，但是很多巫师迫害似乎很可能与教派的复兴计划存在联系。宗教的改革者对传统巫术的禁止，使将那些仍然从事巫术的人指控为巫师变得很容易。对魔鬼的专注看上去是改革中的心理状态的一个极为显著的特征，并且引起了很多公众的共鸣。在 16 世纪 60 年代出现了大量关于魔鬼的书籍，大约有 100000 份独立的副本；在 70 年代这种兴趣稍有减弱，但是在 80 年代再次恢复。[57]与此同时，高度教派化的紧张局势以及教派之间的谩骂，很容易导致对恶魔和巫术的指责。然而也存在很多案例：传统的"智慧"的女人和男人是迫害的煽动者，由于他们特殊的见解而更具影响力。[58]

有时由智者发挥的作用凸显了巫师迫害的另一个特征。巫师迫害通常涉及普通人和受教育精英之间的协作。[59]鲁道夫二世本人生活在对被施以巫术的恐惧之下，巴伐利亚的马克西米利安一世、奥格斯堡采邑主教约翰·埃戈夫·冯·克诺林根（Johann Egolf von Knöringen）以及另外一些人也是如此。[60]1587 年《约翰·浮士德的一生》（*Historia von D. Johan Fausten*）的出版并不是巧合。匿名者对浮士德与魔鬼订立契约的虚构叙述，与当时的恐慌形成了深度的共鸣，并且反映了当时人们对超自然现象的恐惧和着迷。到 1600 年，这本书已经出现了不少于 24 个版本，起初只是一本普通的书，此时已经发展到接近 700 页。[61]然而，就他的性别和地位而言，虚构

554

的浮士德与巫师迫害的普通受害者并没有什么共同点。

通常而言，巫师是普通民众，首先受到他们的邻居或者社区告发。例如，开普勒的母亲在她的邻居指控之后，在 1615~1621 年卷入了一场漫长的调查之中。开普勒本人积极为母亲辩护，他从未否认巫师的存在，而是揭露这些指控只是闲散女人的流言蜚语。[62]很多审判和更广泛的调查是根据当地社区的要求而明确进行的；在一些情况下，当局插手干预是为了避免混乱的爆发或扩散。当局的迅速干预往往能够提升政府在民众眼中的地位。有什么比保护一个社区免受魔鬼侵害更能作为好政府的证据呢？

巫师审判也是政治独立性的部分表现，或者说是对这种独立的维护和主张。在特里尔附近的圣马克西曼 (St Maximin) 帝国修道院，一场非常高级别的猎巫活动源于采邑修道院长赖纳·比韦尔 (Reiner Biewer, 1581~1613 年在位) 推翻在 1570 年将他的领地授予特里尔选侯的帝国法令的愿望。[63]1586~1596 年，修道院领地的大约五分之一人口 (受到指控的名单包含 6300 个名字) 被卷入调查和审判中，这些调查和审判主要是为了帮助确立修道院长的管辖权；至少 400 人被判有罪并且被处以火刑。所有案件都被详细记录下来，对这些案件的评注强调，这些审判是在没有递交给特里尔的任何更高级别的法院的情况下进行的。换句话说，比韦尔利用了所谓的巫师降临带来的机会，恰恰行使了过去皇帝授予他的特权，这是为了在面对特里尔选侯对统治权和更高的管辖权的主张时，维护自身的直属地位。

相似的考虑因素，也许在针对特里尔的地位良好的城市精英成员的异常多的指控中也起到了重要作用，其中 1589 年 9 月 19 日对昔日狂热的"巫师法官"迪特里希·弗拉德（Dietrich Flade）的审判和处决是最惊人的事件。特里尔城市在 1580 年前后失去了它的直属地位，但是它仍然否认从帝国城市降级为特里尔的邦国城市。在特里尔城的猎巫行动，是选侯试图利用他的教区权，使城市屈服于他的世俗权威的一种方式。

选侯的教区管辖权和作为统治诸侯的权力之间的差异，在这里是显而易见的。选侯国的领地本身（已经属于作为世俗统治者的选侯的领地）似乎并没有出现激烈的猎巫活动，尽管选侯主教约翰七世·冯·舍嫩贝格（Johann Ⅶ von Schönenberg，1581～1599 年在位）是一名积极的改革者，并且和他的副主教彼得·宾斯费尔德一样，明显对被施以巫术感到恐惧。不过，这名大主教极力支持宾斯费尔德在他本人统治的领地之外的大主教辖区进行猎巫，特别是在那些他正在试图拓展自己的权威的地区。这些地区就包括特里尔城，也包括圣马克西曼修道院以及破碎的萨尔和埃菲尔区域、洛林的部分地区，以及西属尼德兰的卢森堡省份的大部分地区，这些地区都出现了频繁的巫师审判。[64]

受教育者和普通人对巫师持有相同的信念。即使是那些反对审判的人，或者至少是敦促谨慎实行审判的人，普遍上也并没有完全反对这种信念。从一开始，很多审判造成了行政机构内部的激烈争论，怀疑论者和支持谨慎的人都在努力抑制猎巫者的狂热。在大多数案件中，那些最初敦促谨慎和限制的人反对司法过程中使用的方式，特别是酷刑只会带来施刑者想听到的内容，这几乎是不可避免的结果。

　　这正是一些最为突出的反对审判者所采取的路线。杜塞尔多夫的加尔文宗宫廷医师约翰·魏尔（Johann Weyer，1516~1588）痛斥 1561 年开始的第一波迫害浪潮，他在 1563 年发布了《论魔鬼的欺骗》（De praestigiis daemonum），这部著作成了在接下来超过两个世纪的时间里对巫师迫害的大多数反对的来源。[65]值得注意的是，他并不否认魔鬼的力量或者巫师的存在，但他认为巫师的言论不过是魔鬼放置在他们无知的头脑中的错觉。[66]他相信巫师是真正的受害者，他们在酷刑下承认的罪行只是魔鬼所为。耶稣会士亚当·坦纳（Adam Tanner，1572~1632）和弗里德里希·冯·施佩（1591~1635），以及路德宗神学家马特霍伊斯·梅法特（Matthäus Meyfahrt，1590~1642）也是著名的反对者。施佩 1631 年的著作《犯罪警示》（Cautio Criminalis）出版的环境并不完全清楚。耶稣会士没有为他们的成员规定对巫术的统一看法，然而显而易见的是，这部作品以匿名的方式出现在黑森的路德宗的林特尔恩（Rinteln）大学，也许是为了躲避审查。总的来说，坦纳和施佩都主张使巫师转变信仰而非实施处决，并且主张更有效的教牧关怀而非容易失控的巫师迫害。

　　几乎没有人公开质疑关于巫术和魔鬼的任何信念的全部基础。然而，从相对较早的阶段开始，对于巫师审判能够造成的混乱以及任意指控的结果，一些人似乎就已经有着务实的认知，这逐渐导致迫害的终结。一些有影响力的著作，例如彼得·宾斯费尔德 1589 年的小册子，希望使那些想要相信上帝不会允许对任何受到不公正指控的人定罪之人消除疑虑。然而很多人仍然持有怀疑。

例如，在巴伐利亚，第一波真正严重的审判浪潮发生在 16 世纪 90 年代。到 90 年代结束时，在政府核心成员之间，支持更多审判的人（大部分是从全欧洲招募的耶稣会士以及法学家），与支持谨慎和温和的人（大部分是本地贵族和权贵）发生了严肃的对抗。亚当·坦纳的著作反映了温和派的观点，并且从 17 世纪 20 年代起，也强化了德意志东南部和其他地区的温和观点。[67]然而，首先是猎巫者取得了胜利，而且在 1612 年巴伐利亚发布了一个针对所有类型的巫师的 40 页的全面命令。[68]仅仅一年之后，韦姆丁（Wemding）的"巫师法官"戈特弗里德·扎特勒（Gottfried Sattler）为了侵占受害者的财产，发送错误的报告，下令任意逮捕并施以酷刑，当这件事情被揭露时，温和派重新掌握了主动权。他在一场简短的审判后被处决，而他的案件被广泛引用：首先是坦纳，随后是施佩，作为在巫师迫害中采用的司法程序腐败且存在缺陷的证据。[69]他们关于这一案件和其他案件的讨论，逐渐削弱了猎巫派的强硬立场。

坦纳和施佩的著作直到 18 世纪仍然有影响力，并且在 17 世纪 70 年代巫师审判有效终止之后，新的评论者，例如阿姆斯特丹布道士巴尔塔扎·贝克尔（Balthasar Bekker，1634～1698）和克里斯蒂安·托马修斯（Christian Thomasius，1655～1728），开始争论巫师信念的鬼神学基础。[70]这些著作的广泛影响保证在此之后，巫师更可能被指控施展法术或者诡计，而不是与魔鬼订立契约。与之相似，巫师的指控者越来越可能被裁决为诽谤和制造麻烦，而不是领导一场猎巫。[71]

557　　巫师迫害揭示了困扰人们的某种程度上的绝望，人们无法为自己的问题找到任何世俗的理由。巫师迫害也揭示了政府面对着广泛的社会恐慌，而且其原因大部分源自臣民的心态。巫师迫害本质上是同样的精神世界的一部分。政府不断在为了推行道德和加强宗教仪式的立法中，寻求解决饥饿和疾病的影响的措施。因此，他们支持对那些被怀疑与魔鬼签订契约的人的迫害是符合逻辑的。与此同时，猎巫似乎凸显了政府对他们所统治的人和他们试图规训的人的依赖。如果政府拒绝调查和惩罚，它们的权威也许会不可避免地被削弱。因此，对巫师审判最开明的批判者能够提出的最好建议，就是尽一切努力使犯错误的巫师重新融入基督教社会。

　　在某种意义上，巫师迫害通常是对犯罪和不道德行为的盛行态度的极端案例。[72]在很多区域，犯罪的数据无法轻易获取。巴伐利亚是一个被极为彻底地研究的地区，1560~1630年大约有90%的死刑是针对暴力犯罪（包括谋杀）以及关于财产、道德或宗教的犯罪。[73]在前半个世纪，对道德和宗教犯罪的起诉（36%）超过了对财产犯罪的起诉（25%）以及对暴力犯罪的起诉（20%）。[74]在大部分区域，对巫师的处决只占相对较小的百分比。[75]例如，1574~1591年在慕尼黑被处决的48个人之中，有31个人是由于抢劫被惩罚，因谋杀和巫术被处决的则各有4个人。[76]

　　1560~1580年似乎成了死刑的高峰期，这一事实与第一次危机的发生以及政府和教会相互配合的改革的开始有关，此时在很多邦国和城市都出现了政府和教会改革的势头。人们存在的领域比以往更多地逐渐进入政府的视野，这些政府渴望推动改革事业，既包括宗教改革也包括社会改革（尽管政府很少区分二者）。亵渎神明被定义为"伤害神性威严的罪行"（crimen laesae maiestatis divinae），并且被规定为政府追究的罪行。[77]关于性的越轨行为，包括婚姻不忠和卖淫，也被定罪，还有一份列有其他性犯罪的清单。到 16 世纪 40 年代，大多数福音教邦国已经关闭了妓院，而天主教邦国在 1555 年之后也逐渐跟随了趋势。1591 年，科隆是最后关闭妓院的城市之一，这里的妓院是市政官员自己在 15 世纪早期建立的，试图借助抑制和管理以控制卖淫行为。在巴伐利亚，卖淫在 1562 年被定为犯罪。随后，公爵威廉五世（1579~1598 年在位）通过将最后七名妓女送到女修道院，凸显了他关闭 1433 年建立的慕尼黑的妓院的动机。他被称为"虔诚者威廉"（Wilhelm the Pious）不是没有原因的。[78]

558

这一扩大司法范围的进程在各地区的发展是不平衡的。[79]即使是改革相对成功的地区以及被视为典范的地区，其影响也可能是混乱和随机的。颁布的法律向政策的转变，以及政策在基层的实际执行，是一个不确定的过程。在大多数地区，改革给社会带来的真正的控制程度是相当有限的。

然而，看上去很清晰的一点在于，无论法律的制定和执行多么不充分，但是这一过程在很大程度上反映了统治者和被统治者双方的利益。尽管对原则和具体案件存在阶段性的冲突，法律和惩罚却仍然来源于政府、教会、等级和社区之间的协作。即使法律的执行有限，但如果没有公众的合作也是不可能实现的。事实上，很多罪行只有在向当局告发时才被揭露。强调原罪是违法行为的原因，也反映了受教育者与普通人的共同观点：对巫术以及与魔鬼的契约的指控，只是原罪最为极端的表现形式。

对罪行的严厉惩罚也反映了这种共识。臣民、法官、诸侯以及他们的议员都相信，清除巫师和恶人将会恢复与上帝的自然秩序一致的有序世界。[80]并不存在通过修正提升个人的概念；因此惩罚聚焦在赎罪，并且为其他人树立了极为可怕的示例。通过将人关在感化所的方式进行惩罚的想法，直到 17 世纪才逐渐确立。[81]在此之前，各种形式的死刑（包括绞刑、斩首、车裂、火刑）是对严重违法行为仅有的真正制裁。因此公开处决也是净化的仪式和指导的场面。公众并不只是作为旁观者被动地参与这些事件，某种程度上也是对话者，因此也成了仪式的参与者。没有当众执行的死刑，也就没有社会效力。[82]

恐慌和压抑、对控制的绝望尝试以及千禧年复兴的期望，这几个因素混合在一起，使三十年战争之前的局势尤为紧张。自 16 世纪 60 年代以来，困扰帝国大部分地区的恐慌和不安全感，其基本的自然和经济原因一直持续到 17 世纪 20 年代和 30 年代，而很多问题仍然没有得到解决。然而，常年的战争加剧了这些问题，并且造成了更多压力，这种压力导致新解决方案的出现以及解决政府问题的新方式。1600 年前后的幻想者对全面的宗教复兴怀有期待。由于对 16 世纪宗教改革持续行动的失败感到失望，一些人，例如约翰·瓦伦丁·安德烈埃，相信他们所处的这一时期的混乱标志着新时代的序幕。现实中发生的事情远不及全面的宗教改革。然而，在

1648 年终结了战争的新的帝国的制度性协定被证明是相当持久的，并且有助于帝国及其组成部分的长期安全和稳定。

注释

1. 怀疑的观点可见：Schmidt，'Sozialdisziplinierung?'。
2. Stolleis, *Öffentliches Recht*, i, 198-203；Stolleis, *Arcana*. 关于更广泛的背景，可见：Burke，'Tacitism'以及 Muhlack，'Tacitismus'。
3. Press, *Kriege*, 316-17；*DBE*, v, 506-7；Wollgast, *Philosophie*, 221-62；Donahue，'Astronomy'，581-4.
4. Lanzinner，'Kepler'.
5. North，*Astronomy*，309-26.
6. Friedeburg, *Lebenswelt*, 24-36.
7. Schulze, *Deutsche Geschichte*, 266-7.
8. Hippel, *Armut*, 43；Friedeburg, *Lebenswelt*, 33；Schubert，'Mobilität'.
9. Schubert, *Arme Leute*, 254；Fricke, *Zigeuner*, 143, 146-8, 408-24.
10. Schulze，'Untertanenrevolten'，300-1.
11. 关于这种态度以及很多例子，可见：Dixon，'Astrology'。
12. Schulze，'Untertanenrevolten'，301.
13. Kühlmann, *Gelehrtenrepublik*, 42-66.
14. Wollgast, *Philosophie*, 282-99；Hardtwig, *Genossenschaft*, 158-75. 另见本书页边码 462~464 页。
15. Hotson, *Paradise*, 109-20, 160.
16. Behringer，'Krise'，148.
17. Schulze, *Türkengefahr*, 40-6.
18. Behringer，'Krise'，54-8, 77-101. 对该问题更全面的讨论，见：Behringeret al.，*Konsequenzen* 中的文章。

19. Behringer,'Krise', 62-75.

20. Behringer,'Krise', 101-28.

21. Behringer,'Krise', 128-33, 151-2.

22. Behringer,'Krise', 133.

23. Behringer,'Krise', 137-42.

24. Jütte, *Armenfürsorge*, 330-67; Fehler, *Poor relief*, 109-53. 另见本书页边码 267~268 页。

25. Hippel, *Armut*, 21.

26. Jütte, *Poverty*, 171, 174-5. 另见第二卷页边码 260~261、507~512 页。

27. Hippel, *Armut*, 35-6, 42. 对吉卜赛人数量的估计只能基于纯粹的猜测。

28. Roeck, *Außenseiter*, 7-22.

29. Fricke, *Zigeuner*, 34-5, 149; Härter,'Kriminalisierung', 45-7.

30. Häberlein,'Minderheiten', 153-61.

31. Battenberg, *Juden*, 11-12.

32. Battenberg, *Juden*, 11-12.

33. Roeck, *Außenseiter*, 32-3.

34. Battenberg, *Zeitalter*, 188.

35. Battenberg, *Zeitalter* 175-6. 见本书页边码 106~108 页。

36. Hippel, *Armut*, 41.

37. 1544 年的帝国特权承认在犹太人日常定居地点以外，不需要佩戴这样的标记。Battenberg, *Zeitalter*, 188.

38. Battenberg, *Zeitalter*, 190.

39. Meyer, *German-Jewish history*, i, 87-91.

40. Battenberg, *Zeitalter*, i, 242-5. 另见第二卷页边码 264~266 页。

41. Friedrichs,'Politics'; Lustiger,'Fettmilchaufstand'; Ulmer, *Turmoil*, 23-51.

42. Schulze, *Deutsche Geschichte*, 270-2, 282-92; Schmidt, *Geschichte*, 137-42.

43. Gabel,'Untertanen',275-6.

44. Baumann,'Advokaten';Troßbach,'Reichsgerichte',129-31; Below and Breit, *Wald*, 157-9.

45. Gabel,'Untertanen',276;Troßbach,'Reichsgerichte',129-30, 132; Gabel,'Beobachtungen',149, 165-6.

46. 例子见：Roper, *Witch craze*。Roper 的书在任何语言中都是对这一现象最佳的全面研究。

47. Behringer, *Hexen*, 192-4.

48. Behringer, *Hexen*, 135.

49. Behringer, *Hexen*, 72-9.

50. Behringer, *Hexen*, 403-4; Roper, *Witch craze*, 15-43. 在说德语的欧洲地区，最后一次处决巫师的事件于 1782 年发生在福音教的瑞士格拉鲁斯州。

51. Behringer, *Persecution*, 389.

52. Midelfort, *Witch hunting*, 72; Behringer, *Persecution*, 63.

53. Schormann, *Hexenprozesse*, 116-22.

54. Midelfort, *Witch hunting*, 193-4; Roper, *Witch craze*, 6, 18, 90, 95.

55. 大量地方和区域性的信息得到汇编，网址是：http://www.historicum. net/themen/hexenforschung/lexikon/。

56. Behringer,'Krise', 73.

57. Midelfort, *Witch hunting*, 69-70.

58. Rummel,'"Weise" Frauen'.

59. Friedeburg, *Lebenswelt*, 76-8.

60. Behringer, *Persecutions*, 409.

61. Behringer, *Hexen*, 183, 399; Völker, *Faust*, 181-2; Coupe, *Reader*, 215-17; Midelfort, *Witch hunting*, 70; Evans,'Culture', 20. 这部书在 1600 年有 671 页。

62. Schulze, *Deutsche Geschichte*, 252-3.

63. Voltmer,'Superhunt?', 229-30 fn. 17, 249-51. 这名修道院长

也拒绝支付给选侯任何税金，包括用于土耳其战争的税金。圣马克西曼修道院维持自身相对特里尔的独立性的努力，在 1669 年最终失败。

64. 关于副主教的领导作用，见：Brodkorb, 'Weihbischöfe', 73, 81。

65. Behringer, *Hexen*, 134-5.

66. Schormann, *Hexenprozesse*, 34-5.

67. Behringer, *Persecutions*, 322-3, 355-7.

68. 这个法令在 1665 年和 1746 年被更新，并且名义上保持生效，直到 1813 年刑法的全面改革。Behringer, *Persecutions*, 287.

69. Behringer, *Persecutions*, 292-5.

70. Schormann, *Hexenprozesse*, 39-40. 对于 1672 年在霍恩洛厄伯国发生的晚期的巫师恐惧和巫师审判的案例而言，几乎没有新思想的证据，见：Robisheaux, *Last witch*。

71. Midelfort, *Witch hunting*, 81-4.

72. Van Dülmen, *Kultur*, ii, 246-74 以及 Conrad, *Rechtsgeschichte*, ii 406-35 都是出色的研究。

73. Behringer, *Hexen*, 130.

74. Behringer, 'Mörder', 99.

75. Behringer, *Hexen*, 268.

76. Behringer, 'Mörder', 95. 三名再洗礼派由于异端被处决；两个人由于伪造货币被处决，一个人因为暴力威胁，一个人因为鸡奸，一个人因为重婚，还有一个人因为通奸。

77. Van Dülmen, *Kultur*, ii, 247, 258, 269-74.

78. Behringer, 'Mörder', 100; Hippel, *Armut*, 38-9.

79. Lanzinner, 'Zeitalter', 167-8.

80. Lanzinner, 'Zeitalter', 171.

81. Spierenburg, 'Confinement', 9-24.

82. Van Dülmen, *Theater*, 147.

第七部分

三十年战争 （1618～1648）

第四十八章

德意志历史中的三十年战争

自 19 世纪以来，对于三十年战争是德意志历史上最大灾难的
观点，几代历史学者认为这是不言自明的。正如约阿希姆·费斯特
（Joachim Fest）在 2004 年提出的观点，战争是德意志人的"最初
的灾难"（Urkatastrophe）。[1] 他认为，这标志着德意志威权主义传统
的起源。当诸侯践踏他们的人民时，外国军队也在侵犯德意志。民
族事业被延误了两个世纪。

费斯特的评论反映了专注于两个主题的长期传统。第一，在格
里美豪森（Grimmelshausen）和另一些人的著作中的文学证词，详
述了战争对德意志社会造成的灾难性影响。20 世纪灾难性的战争
使很多后来的作家，从托马斯·曼到布莱希特和格拉斯，将他们当
时的事件与 17 世纪的冲突进行类比。事实上，格里美豪森的《痴
儿西木传》（*Der abenteuerliche Simplicissimus Teutsch*），这部史诗小
说描述了无知的西木在常年冲突中的痛苦经历，这使他舍弃了欧
洲，以隐居的方式在南大西洋了却余生。这部著作在 20 世纪才真
正成为畅销书。出于同样的原因，安德烈亚斯·格吕菲乌斯
（Andreas Gryphius）的诗歌《哀祖国之泪》（*Tränen des Vaterlandes*

anno 1636）也许仍然是唯一广为人知的 17 世纪的德意志诗歌，并且几乎被包含在所有德意志诗歌的选集中。

当代的历史研究带来了更具差异性的观点。一方面，战争无疑对帝国很多地区的很多社区而言是灾难性的；人口大规模减少，战争的惨痛经历塑造了后面几代人的思想。另一方面，战争对德意志社会和经济发展的长期影响，也许并不是像民族传统所认为的那样严重。

第二，文学和政史作者都试图确立这场战争和《威斯特伐利亚和约》对德意志历史整体发展的意义。长期代表着这种范式的极为消极的评价的典例，是海因里希·劳贝（Heinrich Laube）在他 1863～1866 年的小说《德意志战争》（*Der deutsche Krieg*）中的哀叹。他宣称，这场战争标志着德意志人立于欧洲中心的超过 500 年时期的终结。根据劳贝的观点，《威斯特伐利亚和约》"毒害了德意志帝国的心灵和灵魂，毒害了皇帝，毒害了民族".[2] 这种观点长期主导着德国历史的主流叙事，并且在今天仍然有影响力。然而在 1998 年《威斯特伐利亚和约》350 周年的纪念活动，见证了很多更为积极的观点。[3] 该和约被称赞为欧洲长期和平秩序的基础以及德意志的宪法，甚至是德意志法治国家（Rechtsstaat）的基础，在这种公民国家，权利和自由受到法律的保障。

战争前夕帝国的状况，乍看上去不利于对旧的民族主义观点的任何修正。国际形势是很紧张的，大多数欧洲势力卷入国内的冲突中，并且准备好对抗任何外部敌人，无论是真实的还是想象中的敌人。

　　在帝国本身，情况糟糕到了极点。几十年的寒冬和歉收已经造成了食物短缺、疾病和恐慌。乡村和城市的起义是很普遍的。巫师迫害只不过是处于巨大压力下的社会的最惊人的症候。教派的敌意非常普遍。[4]天主教和加尔文宗的激进分子以无端的偏执信念相互对抗。对于很多加尔文宗教徒而言，所有天主教徒都受到"嗜血的耶稣会士"的控制，耶稣会士的领导者正在与马德里和罗马结盟，构建一个普世的君主国。对于很多天主教徒而言，所有福音教徒（即使是路德宗的忠诚者）也处于危险的加尔文宗教徒的控制之下，加尔文宗教徒是恶魔的代理人，目的是消灭天主教信仰并且使皇帝和所有等级服从加尔文宗激进分子的统治，他们也是马基雅维利的冷酷且不负责任的继承者。教派的分歧，特别是随之而来的跨教派婚姻的禁忌，削弱了德意志上层贵族传统的团结。

　　帝国的全部政治体系呈现瘫痪的状态。鲁道夫二世和马蒂亚斯多年以来软弱无力的政府已经削弱了皇帝的权威。帝国司法系统已经停止运转，不再能使 1555 年和约的条款有意义。帝国议会也过于分裂，以至于召开会议不再有任何意义。在大约 1606 年之后，土耳其威胁的减弱从帝国的保留节目中移除了一个重要的政治纪律的工具。军事联盟已经形成，这与帝国的精神和所有传统都是背道而驰的，因此很多人已经认为这是一场不可避免的内战的预兆。

　　然而所有这些非常明显的政治-教派冲突只是揭露了部分图景。双方的极端主义者都忽视了一个相当大的群体的观点，这种观点占据了二者之间的大量空间。当然，过去处于中间位置的很多人也在某一时刻卷入冲突。但是几乎无一例外，他们仍然对帝国的事业保持忠诚。事实上，即使是极端主义者也并没有否认帝国。天主教论战者指控加尔文宗教徒旨在瓦解帝国以及"破坏和颠倒事物现存的秩序"，而加尔文宗的论战者则指出耶稣会士的世界性暴政的威胁，这两种指控都是不着边际的。他们从根本上无法就 1555 年和约条款的解释达成一致，并且这反映在帝国最高法院和帝国议会的僵局之中。

　　这种不一致也暗示了关于帝国自身性质的更大的问题。从某种意义上讲，这一问题围绕帝国宫廷参事院的角色展开，随着帝国最高法院越来越多地卷入教派争论中，这一直接由皇帝控制的法院越来越多地被用来发布有利于天主教徒的法令。自 16 世纪 80 年代早期以来使帝国局势更加恶化的原因之一，是福音教徒这一并非不准确的观点：帝国宫廷参事院正在被用作帝国政府的代理机构，而非真正的司法法院。这进而唤起了关于皇帝的特权以及皇帝和等级之间的权力平衡的所有这些旧争论。从根本上讲，1600 年前后的问题，和 1500 年前后关于马克西米利安一世的改革方案中存在的问题，二者是一致的。二者的区别在于，教派分歧通过促成皇帝和天主教等级之间的同盟，加强了皇帝的地位。这首先是他们决心保卫教会领地免于福音教颠覆的结果。但是这种利益共同体也是有限的和有条件的：天主教等级想要皇帝保护他们，但他们并不想要强有力的皇帝本身。

注释

1. *Die Welt*, 1 September 2004, http：//www. welt. de/print - welt/ article339631/Mitleidlosigkeit_ bis_ zum_ allerletzten_ Punkt. html （accessed 4 May 2011）.
2. Mannack，'Streit'，702. Cramer，*Thirty Years' War* 是对 19 世纪的 德意志人的记忆的出色研究。
3. 可见 Bussmann and Schilling，*1648* 中收录的文章。
4. Gotthard，*Altes Reich*，80-2.

第四十九章

何种类型的冲突?

566   历史学者对三十年战争的范围和本质一直存在分歧。[1]一些人认为德意志的事件应当被视作更长期和更广泛的斗争的一部分。一些人认为德意志的三十年战争是八十年战争的一部分，后者中的核心问题是哈布斯堡家族在欧洲的地位。在这场更为漫长的冲突中，最重要的元素是从 1568 年起尼德兰对西班牙统治的反抗以及西班牙和法国之间的竞争，这场竞争在 1635～1659 年的长期军事冲突中达到了顶点。

然而，当时的人很快就将帝国内的问题视作"德意志的战争"。根据这一结论，很多人已经将其称为"三十年的德意志战争"，借此指明它的期限并且与上一个世纪的施马尔卡尔登战争进行区分。[2]当然，德意志战争无法不与其他当时的冲突产生关联。大量德意志诸侯，从哈布斯堡家族自己开始，在帝国外都有亲戚和利益，随着政治和军事形势的发展，这会影响他们对自身地位和利益的认知。同样地，邻近的势力，例如法国、波兰和瑞典的统治者，都无法忽视帝国的危机，并且将他们对帝国危机的评估添加到自己的算盘中。

法国对哈布斯堡在欧洲持续的霸权的敌意，以及对受到西班牙和奥地利两面夹击的担心，是在 17 世纪上半叶一个核心的根本因素，这种局面在 16 世纪的大部分时期就已经如此了。不过，路易十三最初同情斐迪南的处境，因为在 17 世纪 20 年代的大部分时间内，他在法国的西南部地区面临着类似的荷兰式的胡格诺教徒分离的威胁。[3]直到 1628 年胡格诺教徒的拉罗谢尔（La Rochelle）要塞被摧毁，这一问题被解决之后，法国的政策才更持续地关注哈布斯堡夹击的问题，西班牙和帝国内的奥地利领地都是其目标。荷兰的起义也仍然在帝国内产生回响。事实上，从法律上讲，荷兰的省份直到 1648 年才不再是帝国的一部分。西班牙和荷兰在 1609 年达成的《十二年停战协定》即将到期，随着最终日期的临近，各方的所有政治家都对此非常关注。

在北意大利，敌对的军事力量也持续威胁哈布斯堡的地位，特别是威尼斯和萨伏伊，他们一直得到法国的支持，也拥有教皇这一并不可靠的盟友。[4]此外，随着《十二年停战协定》即将到期，以及西班牙和奥地利哈布斯堡在 1617 年《奥尼亚特条约》中达成的协议的背景下，意大利的形势呈现出新的意义。[5]西班牙军队需要能够抵达蒂罗尔，既能够帮助奥地利，也能够从这里前往低地国家。奥地利的军队则需要能够抵达伦巴第。

关键地点是瓦尔泰利纳（Valtelline），它位于科莫湖（Lake Como）和因河（Inn）之间，是一个在坚信福音教的格劳宾登州下的天主教主导的地区。1618 年在这里发生的对天主教叛乱的严酷镇压，成为哈布斯堡在 1620 年干预的借口。以大量福音教徒的鲜血为代价，这里得以暂时保全。但是意大利仍然充满危险：法国准备好代表格劳宾登进行干预，并且关于曼托瓦的继承问题存在着持续的不确定性，法国和哈布斯堡在这里都有自己的利益。到 1617 年，西班牙和奥地利哈布斯堡对各自的和相互的利益的理解达到了罕见的程度，并且决心协作推动双方的利益。如果他们所有的目标都能够实现，那么他们在欧洲的势力将是巨大的。然而，这并不意味着他们有着建立哈布斯堡统治的普世君主国的计划，像他们的一些敌人所宣称的那样。[6]

波罗的海地区也开启了新的潜在的冲突。波兰的天主教瓦萨王朝仍然维持着对瑞典王位的宣称。西吉斯蒙德三世是皇帝斐迪南二世的妹夫，他在 1592 年获得了瑞典王位，但是被他的叔叔卡尔公爵驱逐。后者的儿子——路德宗的古斯塔夫·阿道夫雄心勃勃，希望他的王位免于可能的来自波兰的任何进攻，以及将足迹踏过波罗的海。[7]这进而给丹麦带来了挑战。

丹麦人在 1563～1570 年和 1611～1613 年与瑞典人进行了两场重大的战争，目的是保卫他们在斯堪的纳维亚的霸权和对波罗的海的主权。在第二场战争之后，克里斯蒂安四世（1588～1648 年在位）与荷兰人结成了防御性的同盟。他也作为荷尔斯泰因公爵直接参与到帝国事务之中，因为他本人也是帝国的诸侯。克里斯蒂安四世拥有大量财富，厄勒海峡的通行税（Sound Dues）以及在 1613 年从瑞典人身上榨取的 100 万塔勒的赔款的巨额收益，使他的财富进一步膨胀。[8]他的前任弗里德里克二世（1559～1588 年在位）一直谨慎行事，扮演福音教的"灰衣主教"（éminence grise），并且确

立了不容忽视的名声，但是他又明智地从未投身于任何由法国、荷　**568**
兰、英国和德意志的使者带给他的各种保卫欧洲福音教信仰的方
案。克里斯蒂安四世几乎没有考虑更广泛的西欧福音教的局势，而
是完全关注在他相信自己能够控制的地区舞台上，争取他个人的政
治、领地和王朝的利益。[9]

　　三十年战争中发生了大量相互关联的冲突，这一事实也造成了
关于这场战争的实质的争论。对于不同的参与者而言，答案当然也
是不同的。很多人确实将冲突视为在欧洲范围内对抗哈布斯堡的斗
争。德意志福音教徒的宣传通过将"德意志的自由"和"西班牙
的奴役"并列在一起，多次强调德意志人对哈布斯堡当局的斗争在
国际层面的意义，和他们的前辈在 16 世纪 80 年代所做的事情一
样，表明西班牙是真正的敌人。[10]关于这个主题的一个变体，是主张
这场冲突是一场欧洲范围的针对耶稣会士和天主教信仰的斗争，这
场斗争是为了福音教在每个地方的生存。斐迪南二世本人有时会相
信，自己在进行一场圣战。[11]然而，当他对华伦斯坦下令时，他要求
他的将军尽可能利用"宗教的借口"，就像他的敌人所做的并产生
良好效果的那样。[12]

　　宗教从来都不是唯一的推动力。在战争开始之后，福音教联盟
没有进行一场战争就很快瓦解了。事实上，这场战争并不是天主教
徒和福音教徒之间的直接冲突。福音教徒被分化了，很多路德宗教
徒对归正宗或者说加尔文宗的激进主义者的怀疑，和他们对更激进
的天主教徒的怀疑程度是一样的。[13]路德宗的萨克森选侯在一段时间
内是皇帝最重要的盟友之一。与那些公开身份认同与尼德兰和法国

的加尔文宗教徒一致的统治者相比，一些温和的归正宗统治者与路德宗的忠诚主义者的共同点更多。而一些路德宗教徒对萨克森选侯的权威感到厌恶，并因此支持普法尔茨选侯。同样地，并非所有天主教徒都盲目投身于对抗福音教信仰的斗争中。巴伐利亚公爵马克西米利安对皇帝的支持，是为了追求他自己的王朝和领地的利益。后来，那些相同的利益促使他反对皇帝。

　　即使是耶稣会士，在很多福音教的宣传中被丑化为狂热致力于唯一的宗教目的的统一力量，但他们在现实中也是相当灵活的。耶稣会的政策在不同区域是各异的。耶稣会的告解者和顾问更关注他们的诸侯和王室主人的世俗利益；将他们自己的精神关切与这些利益结合在一起，通常意味着提出妥协而非对抗的建议。[14]由耶稣会的告解者威廉·拉莫尔迈尼（Wilhelm Lamormaini，1570~1648）和亚当·康岑在维也纳和慕尼黑提出的建议，各自坚定支持激进的反宗教改革措施。然而他们的目标并非完全胜利，而是恢复天主教在1555年根据《奥格斯堡和约》享有的地位。到17世纪30年代，实现这一点似乎不可能了，并且在1635年之后他们的继任者——维也纳的约翰·甘斯（Johann Gans，1591~1648年后）和慕尼黑的约翰内斯·维沃（Johannes Vervaux，1585~1661）支持更加温和的态度并且对神圣使命的一切观念的放弃。他们在法国和西班牙的同僚也采取不同的路线：在马德里，弗朗西斯科·阿瓜多（Francisco Aguado）将这场战争视作本质上的世俗冲突，在这场冲突中西班牙真正的敌人是和荷兰人和法国人，而非德意志的福音教徒。耶稣会总会长穆齐奥·维泰莱斯基（Muzio Vitelleschi，1563~1645）并没有掌管完全统一的组织。更确切地说，他努力在不同地区之间采取不同的路线，每个地区都有独特的视角。

　　帝国内的任何冲突几乎不可避免地涉及宗教，从这个意义而言，这场冲突也是一场宗教冲突。毕竟，德意志诸侯在教会管辖权事务上的权力是他们最基本的特权之一。关于《奥格斯堡和约》模糊之处的争议，是帝国持续的制度性危机的根源。特别重要的是，关于教会领地的问题从来没有被明确解决。从这个意义上讲，1618年开始的冲突，是几十年来一直搅动帝国的政治和法律冲突在军事层面的延续。如果说这场战争最初是为了恢复哈布斯堡在奥地利和波希米亚的控制而打响的，那么这场战争很快就转变为一场更全面的斗争，围绕着关于德意志的主教辖区的问题与皇帝权威的问题展开。事实上，皇帝对弗里德里希五世的处理方式本身就成了核心问题，因为这一事件带来了关于帝国的传统和法律以及皇帝权力的重要问题。

　　最后，从两个方面而言，这场战争和此前任何冲突都是相当不同的。首先，这场战争伴随着比以往任何时候都更多的宣传。这部分反映了在前一个世纪印刷品的稳定发展。小册子和传单成了任何一种政治路线必不可少的一部分。[15]到 17 世纪早期时，定期的单页新闻和第一份报纸开始出现。另外，1600 年前后，以布鲁塞尔为基础的西班牙的邮政服务正式从帝国的邮政服务中分离出来，这导致由塔克西斯家族运营的更加有效的帝国邮政（Reichpost）建立起来，这成为一个高利润的商业事业，很大程度上加速了信息的传递和交换。[16]此外，帝国有效的中央政府的缺失，意味着德意志系统的私人用途既不受到宗教裁判所的约束，也不会受到政府的限制，这种约束直到 17 世纪 20 年代仍然限制在法国和英格兰同样的系统的私人使用。

德意志的战争是在通信革命的背景下进行的第一场战争，这场革命既创造了对新闻的需求，并且越来越多地开始创造新闻本身。约翰·冯·德·比登（Johann von der Birghden）在 1615 年被邮政总局局长拉莫拉尔·冯·塔克西斯（Lamoral von Taxis）任命为法兰克福的邮政局局长，领导新建立的法兰克福邮政局，并且很快将网络延伸到纽伦堡、莱比锡、汉堡和其他中心地区，并且为其供应自己的报纸——《法兰克福帝国邮报》（*Frankfurter kaiserliche Reichsoberpostamtszeitung*）。[17]据说他的报道以及（同样重要的）错误的报道，价值相当于一支军队。作为一名路德宗教徒，他不可避免地对天主教的帝国权威持怀疑态度，并且在 1626 年因为所谓的政治煽动被解雇（然而在瑞典 1631～1635 年占领法兰克福期间，他的职位立即得以恢复）。

战争形势的变化最终毁掉了很多印刷商，但是很多人最初从印刷的繁荣中获取了收益。仅 1618 年，波希米亚危机就带来了超过 1800 种小册子和几百种传单。这种量级的产量再没有达到过，然而在 1629～1633 年、1635 年和 1643～1648 年，出现了另外几次宣传和文学活动的高峰。另外两种形式的出版物在战争期间也一直很重要。第一种是由德意志统治者在每个阶段委托本国或者其他"友好的"大学的法律或其他专家提出的大量观点。在 1640 年之前，帝国机构无法运转，并且帝国议会没有召开会议的阶段，诸侯通过小册子和意见书（Denkschriften）的方式交流他们的反应。[18]学者们，

570

尤其是公法这一新领域的代表人物，通常非常乐意效劳。与这一活动相关的是公布被缴获的敌方文件的做法，这些文件揭露了所谓的背信弃义，并且阐明了错综复杂的阴谋的影响。对于那些出版这些文件的人，例如获得了"冬王"（Winter King，即弗里德里希五世）的文件后的斐迪南二世，他们的目的显然就是宣称道德和法律的制高点，同样也是警告那些小角色，他们的行动已经暴露，不要再进行任何进一步的煽动行为。[19]

德意志战争的另一个新特征，是战争在军事层面的展开方式。[20]帝国内大部分阵营不幸地并没有为任何长期冲突做好准备。德意志统治者在之前的几十年里所组建的民兵，在 17 世纪 20 年代的斗争中被证明几乎没有用处。与此同时，组建雇佣军使除了少数人之外的其他人的资源变得紧张。到 16 世纪 20 年代初，甚至是在任何严重的战役之前，很多德意志邦国就已经陷入了经济危机。到 1625年，这场战争的规模已经远远超过了此前的任何冲突，并且在接下来的十年里，超过 25 万人的军队在帝国内服役。[21]

为军事目的筹集资金的传统方式通常被证明是不充分的。外国的援助对双方都至关重要，但允许军队在作战中以土地为生的这种更加复杂和繁重的方式也是如此。各种形式的"贡金"成了惯例。一种方式包含简单的掠夺，为军队提供他们所需要的食物、马匹和其他货物。另一种方式包含正式指定特定区域，以支持驻军或者其他军队，在敌对行动期间将所有定期税费都用于这一目的。在这一点上，一个早期的例子是皇帝在 1620 年授予马克西米利安公爵对上普法尔茨和上奥地利领地进行占领和征税的权力。[22]对"反叛者"的财产的征用

571

或者临时没收成了皇帝筹集战争资金的一个主要工具，但是与此同时，这也成了皇帝与帝国内的批评者之间另一个争论的焦点。

在 17 世纪 20 年代，由波希米亚指挥官阿尔布雷希特·华伦斯坦建立有效的帝国军队这一最为大胆的尝试，同样充满争议。[23]与其说华伦斯坦是一名创新者，不如说他是将贡金制度发挥到极致的创业者。为了避免贡金拖延支付的影响，他通过自己的银行家汉斯·德·维特（Hans de Witte）建立了信用额度。后者是一名来自佛兰德的难民，1603 年在布拉格定居时正式成为加尔文宗教徒，在这里他利用自己的跨国关系建立了繁荣的银行业务，其客户也包括皇帝的宫廷。即便他的宗教信仰是加尔文宗，他在 1618 年之后也不再与布拉格的加尔文宗政权来往；他倾向于在信仰上妥协，而不是容忍波希米亚等级的腐败和不胜任。[24]

华伦斯坦的动机受到了很多猜测。他后来宣称自己只是希望组建一支军队，而不是维持他的私人军队作为永久的基础。华伦斯坦出身于波希米亚的一个破落贵族家庭，在 20 岁时改信天主教，从 1615 年开始担任上校，为摩拉维亚的等级服役。在对抗威尼斯的战斗中，他组建了一支人数不多的雇佣军为斐迪南作战，并且参与了斐迪南在波希米亚的胜利战役，在这里他通过购买弗里德兰（Friedland）和赖兴贝格（Reichenberg）的领地获得收益。这一领土基础形成了他的领地的核心，他的领地很快就不断扩张和整合，斐迪南于 1624 年将其提升为公国。与此同时，1623 年与哈拉赫（Harrach）伯爵的女儿的婚姻，加强了华伦斯坦与斐迪南宫廷中一些最具影响力的成员的关系。他的军事事业也迅速扩张，因为组建新的军团的业务被分包给其他人，而这些人订立军队招募的契约以组建军队。和这一时期的其他雇佣军指挥官不一样，华伦斯坦以自己而非他的雇主的名义发布招募许可。[25]

如果说华伦斯坦的第一步行动揭露出他是一名野心家，为了获得自己的利益而支持皇帝，但二者的关系很快就出现了反转。皇帝逐渐依赖于他，更确切地说是依赖他组建和维持一支 24000 人的军队，以及借给皇帝大约 800 万古尔登的能力。弗里德兰公国的创立只是他的回报的第一部分。1627 年，他被授予西里西亚的萨甘（Sagan）侯国和另一些被没收的财产。在下一年，他被授予梅克伦堡公国，1632 年的一个秘密协定暗示如果他能够征服勃兰登堡，他可以获得勃兰登堡选侯国。 **572**

这样的权力引起了嫉妒、敌意和警觉。巴伐利亚公爵等天主教诸侯憎恶被这个进取的暴发户边缘化。华伦斯坦的权势会达到怎样的程度，以及他也许会开始作为一个独立的准最高权力行动，以维护他自己逐渐发展的国中之国的利益，而非哈布斯堡家族利益的迹象，即使是皇帝最亲密的顾问也对这些问题感到惊恐。因此在选侯们的坚持下，华伦斯坦于 1630 年 6 月被解雇。1632 年，当巴伐利亚的马克西米利安失去了他的领地以及他的军事指挥官让·采克拉斯·冯·蒂伊（Jean Tserclaes de Tilly）① 后，华伦斯坦再次被召唤以对抗瑞典人。到这一年末为止，他已经组建并武装了 120000 人

---

① 原文如此，疑为蒂伊伯爵约翰·采克拉斯（Johann Tserclaes, Count of Tilly, 1559~1632）。——编者注

的军队。然而，华伦斯坦没有在 1632 年 11 月 16 日的吕岑战役对古斯塔夫·阿道夫取胜后乘胜追击，这引起了维也纳方面的怀疑。1634 年 2 月，皇帝的法令剥夺了他的指挥权并且命令将他监禁，如果无法囚禁的话就执行处决，这导致他被谋杀。

　　华伦斯坦是雇佣军首领中最引人注目的案例。尽管规模较小，但是恩斯特·冯·曼斯费尔德伯爵（直到在 1626 年去世）和萨克森-魏玛公爵伯恩哈德在 17 世纪 30 年代的运作方式也大体相同。这样的事业能够在 1618 年后的帝国内蓬勃发展，是因为帝国正常运转的规则因政治和法律机构的瘫痪而中止。他们交替给双方带来希望，希望能够强制实现解决方案。在这场战争的大约前十年中的大部分时间，皇帝和天主教徒更有理由感到乐观。

注释

1. Asch，*Thirty Years War*，1-8 有着出色的概论。也可见：Burkhardt，*Krieg*，*passim*。
2. Mortimer，' Contemporaries '；Mueller，' Thirty Years' War '；Schmidt，'Teutsche Kriege'，49.
3. Lublinskaya，*Absolutism*，146-219；Asch，*Thirty Years War*，77-9.
4. 关于萨伏伊，见：Osbourne，*Dynasty*，19-49，143-92。
5. Parker，*Thirty Years War*，37-8.
6. Asch，*Thirty Years War*，34-46；Parker，*Thirty Years War*，2-10.
7. Parker，*Thirty Years War*，62.
8. 自 1429 年起，对穿行丹麦海峡的所有船只征收厄勒海峡的通行税，船只被要求停泊在赫尔辛格，1567 年设立的费用是货物价值的 1%~2%。当丹麦在 1660 年被迫将海峡东部割让给瑞典之后，厄勒海峡通行税的价值就降低了；通行税在 1857 年才被废除。

9. Lockhart, *Frederik II*, 316-17.

10. Schmidt, *Universalmonarchie*, 29-50, 440-50.

11. Bireley, 'Religious war'.

12. Schormann, 'Krieg', 277.

13. Gotthard, 'Wer sich salviren könd'.

14. Bireley, *Jesuits*, 1-32, 267-75.

15. Burkhardt, *Krieg*, 225-32; Schmidt, *Universalmonarchie*, 84-94; Langer, *Thirty Years War*, 235-57.

16. Behringer, *Merkur*, 166-75. 另见本书页边码 370~371 页。

17. *ADB*, ii, 658-60; Behringer, *Merkur*, 382-92.

18. Parker, *Thirty Years War*, 99.

19. Schormann, *Krieg*, 32; Press, *Kriege*, 200.

20. 这场战争的军事史以及所有战役的细节叙述，可见：Guthrie, *Battles* 以及 Guthrie, *Later Thirty Years War*。英语书籍中对战争最全面的描述，包括大量出色的军事分析，是 Wilson, *Europe's tragedy*。也可见 Langer, *Thirty Years War*, 127-86。

21. Parker, *Thirty Years War*, 186.

22. Press, *Kriege*, 208.

23. *BWDG*, iii, 3025-31.

24. Schormann, *Krieg*, 88.

25. Anderson, *War*, 48-9.

第五十章

奥地利和波希米亚的再征服（1618~1623）

573   在冲突的第一阶段，斐迪南调动盟友和资源以恢复他在奥地利和波希米亚的权威。教皇提供了 200 万古尔登。西班牙提供了军队，大使伊尼戈·奥尼亚特伯爵劝说斐迪南向巴伐利亚的马克西米利安许诺补偿他承担的任何代价，许诺相当大的行动自由，以及许诺德意志天主教同盟征服的任何领地，也包括将普法尔茨选侯头衔转交给他。终结普法尔茨的维特尔斯巴赫家族对巴伐利亚的维特尔斯巴赫家族的优越地位的可能性，是马克西米利安无法抗拒的。在 1619 年 10 月 8 日的《慕尼黑条约》中，马克西米利安同意组建一支天主教同盟的军队以对抗起义者。

接下来的春天，在维尔茨堡和米尔豪森召开的选侯和一些诸侯的一系列会议上，为阻止"波希米亚之火"扩散到帝国内而争取更多支持被证明是可行的。天主教选侯承诺，只要世俗化的教会领地的所有者保持对皇帝的忠诚，那么这些领地将不会被要求归还，或者如果要求归还，也会给予公平的补偿。萨克森选侯得到许诺，如果他组建一支军队，就可以得到在卢萨蒂亚的留置权。巴伐利亚提出的对普法尔茨选侯发布帝国禁令的要求，被推迟到敌对行动之后。

　　皇帝在 7 月从法国获得了进一步支持，在昂古莱姆公爵的调停之下，天主教同盟和福音教联盟的军队于 7 月 3 日在乌尔姆达成了协定。[1]路易十三最初主动提供一支军队：他对远亲斐迪南面临的问题抱有同情，因为他自己也面临着同样的加尔文宗教徒的威胁。然而最终形成了一个复杂的和平方案，而在下一阶段，皇帝和弗里德里希五世之间并没能达成和平协定。与此同时，乌尔姆的停战协定给皇帝一方带来了决定性的优势，因为天主教同盟的军队能够出发前往奥地利，而福音教联盟的军队则由于安布罗西奥·迪·斯皮诺拉（Ambrogio di Spinola）从尼德兰进军的消息而被限制在西部。[2]

　　对比之下，布拉格的政府几乎没能实现任何事情。作为吸引起义者的一个重要因素，弗里德里希的国际关系没有提供任何有意义的帮助。他的王位得到了丹麦、瑞典、荷兰共和国和威尼斯的承认，但只有荷兰提供了资金援助。[3]他的岳父詹姆士一世出于原则对承认一个篡位者感到犹豫不决，但他也希望波希米亚事件不应破坏他寻求与西班牙达成谅解的努力：普法尔茨的激进派并没能理解詹姆士一世想要与荷兰和西班牙双方维持和平。[4]

574

　　弗里德里希胜利进入布拉格，掩盖了岌岌可危的局势。波希米亚的军队联合拜特伦·加博尔的军队，在 1619 年 10 月再次进军维也纳。哈布斯堡军队在匈牙利的失利是一次严重的打击，西班牙大使认为哈布斯堡家族的命运悬于一线。[5]然而，由于波兰国王允许斐迪南雇用哥萨克军队的消息，拜特伦的进军被迫停止。11 月，这些军队已经向南进入上匈牙利，并且威胁他自己的特兰西瓦尼亚侯国。即便反叛的匈牙利议会在 1620 年 1 月 15 日选举他成为匈牙利亲王，拜特伦还是不得不撤出这场战争。

这使弗里德里希失去主要的盟友并且只能依赖自己的资源、波希米亚和奥地利的等级，以及屈指可数的较小的德意志诸侯，其中很多都是只有很少领地或者没有领地的幼子，更不用说他们自己名下的资金了。当危机到来时，曼斯费尔德伯爵大约 4000 人的雇佣军没有起到多大作用，因为在比尔森时他的军队只剩下了四分之一。无论如何，曼斯费尔德已经与帝国指挥官比夸伯爵谈判背叛波希米亚的事业，以换取他被擢升为帝国伯爵，并且被任命为卢森堡省份的总督。[6]弗里德里希本人几乎没有资金：普法尔茨在几十年以来一直处于严重的财政危机之中。波希米亚的金库同样无法支持一场重大的冲突。[7]到 1619 年初，这一临时政府过于缺乏资金，以至于借助武力从城市中筹集资金。到 8 月，他们已经拖欠了他们的军队 180 万塔勒。弗里德里希在布拉格宫廷的最初几个月里，举办了大型的庆祝活动，挥霍几乎不受限制。因此他很快就被迫抵押他的银盘和其他贵重物品，这也并不奇怪。

弗里德里希并非在统治一个统一的政权。各等级之间的区域划分仍然很稳固：波希米亚联邦及其下属成员并没有明确的核心或者驱动力。几乎所有地区仍然包含大量天主教贵族，以及仍然保持谨慎或者根本上忠于皇帝的福音教贵族。[8]此外，贵族的激进领导者在自己的事业中可能成了起义者，但是当涉及他们自己的农民时，他们通常是严格的专制主义者。[9]尽管以年轻的马丁·奥皮茨为代表的人文主义诗人赞美这一新君主国的进步，但是公众对他的事业几乎

没有热情。弗里德里希绝不是他狂热的加尔文宗顾问的受骗者，但 575
是他几乎没有时间巩固自己在布拉格的地位，更不用说在整个王国
了。[10]布拉格的圣维特大教堂（St Vitus Cathedral）的加尔文宗改革，
造成了在这座由路德宗教徒和天主教徒占优势地位的城市中的疏远
和惊恐。在任何阶段都没有出现捍卫波希米亚自由的大规模起义的
真正可能性。

　　结局以惊人的速度和果断的方式到来。蒂伊伯爵领导的天主教
同盟军队在 1620 年 7 月末占领了上奥地利。比夸领导的帝国军队
占领了下奥地利。在北方，萨克森军队进军卢萨蒂亚。蒂伊和比夸
随即向北进军前往布拉格，11 月 8 日在白山遭遇波希米亚的军队。
这场战役只持续了不到两个小时。人们没有准备保卫布拉格，事实
上，城市关闭了大门以阻止战败的波希米亚军队进入，甚至暗示将
会交出国王。第二天拂晓，弗里德里希和他的宫廷逃往布雷斯劳。
在西里西亚进行了组织抵抗的徒劳尝试之后，他首先逃往勃兰登
堡，并从这里逃往海牙。"冬王"的统治结束了。

　　弗里德里希作为普法尔茨选侯的日子也在倒数。如果服从皇帝
的权威，他将会得到宽大处理，但是他拒绝妥协，这直接导致他在
1621 年 1 月受到帝国禁令。这对大多数德意志福音教徒造成了直接
影响。再加上进一步的帝国保证，这导致福音教联盟在 4 月的自愿
解散以及军队的遣散。弗里德里希五世对普法尔茨的保有依赖于三
支雇佣军的支持，每一支军队都由一个亡命之徒或者冒险家领导。
在波希米亚的惨败之后，曼斯费尔德向西行进。路德宗的巴登-杜
尔拉赫边疆伯爵以巨大的成本组织了近 10000 人，这并不是出于对

普法尔茨的忠诚，而是因为他的天主教亲戚已经获得了帝国宫廷参事院针对他的裁决。他认为如果普法尔茨失败，他也会失去所有。[11] 哈尔伯施塔特的教区长官——不伦瑞克的克里斯蒂安的动机则并不清楚。他被称为"哈尔伯施塔特的疯子"，迷恋弗里德里希的英格兰妻子，并且受到了宏大的骑士精神的启发。这里的教士团不同意他的军事冒险，并且尽可能将他排除在政府之外，作为不伦瑞克-沃尔芬比特尔公爵的弟弟以及主教辖区的路德宗长官，如果皇帝取得胜利，他也会面对灾难。[12]

他们没有能力保卫普法尔茨。巴登-杜尔拉赫边疆伯爵在 1622 年 5 月 6 日于温普芬被击败。曼斯费尔德屡战屡败并且撤退到阿尔萨斯。不伦瑞克的克里斯蒂安缓慢地从北方开辟道路抵抗帝国和黑森军队，掠夺城镇和教会资金以供应他的部队。然而，在赫希斯特（Höchst），他最终于 6 月 20 日在跨过美因河之前被蒂伊的军队击败。到此时为止，斯皮诺拉的西班牙军队占领了普法尔茨在莱茵河左岸的领地，而蒂伊的天主教同盟军队占领了右岸的领地。海德堡在 9 月 19 日落入蒂伊之手，曼海姆不久之后也是如此。1623 年 3 月，选侯从海牙发出命令，放弃位于弗兰肯塔尔（Frankenthal）的最后一座普法尔茨的大型堡垒。

在海德堡陷落之后，萨克森-魏玛公爵威廉四世在仅仅六周之后发出了对德意志和平同盟的呼吁，但几乎没有希望。所有人都应当被宽恕，以及包括普法尔茨选侯在内的帝国等级应当与皇帝召开会议，商讨达成授予所有人宗教自由的永久和平协定，这个想法显然是相当不现实的。[13]没有主要的支持者，这个想法也缺少可信度。

对萨克森选侯而言，除了一贯的忠诚，他此时更专注于从卢萨蒂亚获得补偿，而不是那些被牵连到叛乱中的贵族的处境。威廉公爵的另一个恩斯特系的堂兄弟——萨克森-阿尔滕堡（Saxony-Altenburg）公爵弗里德里希组建了一支小规模军队，但是除此之外，这个呼吁完全失败。在下一年的夏天，蒂伊追上了不伦瑞克的克里斯蒂安的军队，此时这支军队正从威斯特伐利亚向北撤退。1623 年 8 月 6 日，在靠近荷兰边境的施塔特洛恩（Stadtlohn）附近，计划中向荷兰共和国的逃离被蒂伊的天主教同盟军队彻底挫败。核心参与者，包括魏玛公爵威廉在内，作为犯人被送往维也纳；克里斯蒂安本人与少量军队一起堪堪逃走，但是他承担了失败的结果，即放弃对哈尔伯施塔特的管理权，转而支持丹麦王子弗里德里克。

注释

1. Parker, *Thirty Years War*, 54.
2. 斯皮诺拉（1569~1630）是热那亚人，担任西班牙的军事指挥官。他在西班牙 17 世纪早期征服尼德兰的努力中发挥了关键作用。Israel, *Dutch Republic 1476-1806*, 387-8.
3. Schormann, *Krieg*, 30-1; MacHardy, *War*, 72-3.
4. Pursell, *Winter King*, 53-7; Clasen, *Palatinate*, 25.
5. Schormann, *Krieg*, 30; Parker, *Thirty Years War*, 46-50, 52.
6. Ritter, *Geschichte*, iii, 192-3. 曼斯费尔德是幼子，因而不是统治诸侯。

7. Schorman, *Krieg*, 87-8; Clasen, *Palatinate*, 31-2.

8. MacHardy, *War*, 76-88.

9. Wilson, *Reich*, 121-2.

10. Pursell, *Winter King*, 93-116.

11. Press, 'Badische Markgrafen', 36-8.

12. *ADB*, iv, 677-83.

13. Menzel, 'Union', 38-40.

第五十一章

斐迪南的胜利

皇帝的胜利是全方位的。但他对胜利的处理方式被证明是灾难性
的。他现在必须兑现对盟友的承诺。西班牙希望被允许保有对莱茵河
左岸的普法尔茨的控制，以保证军队向北进入尼德兰的路线。与此同
时，西班牙人希望奥地利支持他们对瓦尔泰利纳的军事占领，格劳宾
登已经在 1622 年 9 月被迫根据《林道条约》（Treaty of Lindau）将这
里割让给奥地利和西班牙。然而，仅仅六周之后，法国国王与胡格诺
教徒达成了《蒙彼利埃和约》（Peace of Montpellier）。这个和约使法
国腾出手恢复对瑞士福音教徒的支持，正在崛起的黎塞留（1623 年
被正式任命）急切地主张这里是削弱哈布斯堡霸权的关键。

斐迪南欠巴伐利亚的马克西米利安的债务同样棘手。选侯头衔
的许诺是秘密的。然而，普法尔茨的议员路德维希·卡梅拉留斯
（Ludwig Camerarius）将秘密通信公开，这使皇帝无法否认这个交易
已经达成。此外，教皇敦促选侯职位应当正式转让，并且要求将著
名的海德堡图书馆给予罗马教廷，作为提供支持的回报。对于向弗
里德里希五世施加巨大的惩罚，皇帝持犹豫的态度。马克西米利安
对于从自己王朝的财产中给予教皇这样昂贵的礼物也感到犹豫。此

外，他呈递给皇帝的他自己的成本账单，总计为 116000771 古尔登、40 十字币以及 1 海勒（heller）。[1]

尽管图书馆最初交给慕尼黑，但是最终交给了罗马教廷，其中每一卷都附有新的巴伐利亚选侯的藏书票（ex-libris）。[2] 1623 年 1 月到 2 月在雷根斯堡召开的一场选定诸侯的会议上，马克西米利安正式被授予选侯的地位，并且普法尔茨被置于西班牙和巴伐利亚的联合管理之下。[3] 海德堡在 1648 年之前一直处于巴伐利亚之手，1633 ~ 1635 年瑞典军队的占领短暂中断了这一状态。马克西米利安也得到了对上普法尔茨和上奥地利暂时的留置权，以帮助他重新获得斐迪南承认的 1200 万古尔登的成本。1628 年，上普法尔茨被正式永久移交给他，以补偿皇帝仍然欠他的 1000 万古尔登。

除了黑森-达姆施塔特邦国伯爵以外，受邀请的福音教诸侯都没有出席雷根斯堡会议。萨克森选侯和勃兰登堡选侯对于皇帝秘密许诺如此重要的事情而没有咨询他们的事实感到愤怒。最后，他们派出代表表达了他们的关切。萨克森选侯正式退出了与皇帝的同盟，但没有放弃对上卢萨蒂亚的留置权，并且保有了下卢萨蒂亚的一部分作为萨克森承担的费用的补偿。[4] 选侯们的反对导致皇帝将选侯头衔转交给马克西米利安，只是在他的一生中针对个人的，而不是永久转交他的支系。然而，这并没有平息福音教徒对皇帝不公正地处理弗里德里希五世越来越多的愤恨。

对被征服的领地确定的处理方式，进一步刺激了他们的愤怒。在普法尔茨的莱茵河左岸领地，西班牙军队立即开始了系统的反宗教改革运动。[5] 在普法尔茨的莱茵河右岸领地和上普法尔茨，巴伐利亚的马克西米利安也是如此行事。海德堡大学被关闭，一所耶稣会学校在 1622 年被创建。那些促进普法尔茨的加尔文宗文化，并且借此蓬勃发展的出版社被迫停业。占领军与施派尔主教克里斯托夫·冯·索特恩（Christoph von Soetern，自 1623 年起也成为特里尔大主教）合作推动系统化的反宗教改革，而马克西米利安也高度依赖耶稣会士和嘉布遣会修士。

各种因素阻碍了这些努力。在这里并没有足够的天主教士取代被驱逐的加尔文宗教徒。更为严重的是各方势力之间的冲突。作为施派尔主教，索特恩曾被普法尔茨攻击。因此，他此时希望普法尔茨成为一个天主教邦国，但在政治上是虚弱的。与之相反，马克西米利安则计划将这里打造成一个耶稣会士的阵地、莱茵地区的一个激进天主教信仰的堡垒，这使索特恩与美因茨选侯和科隆选侯感到不安。西班牙人只关注军事问题，但是他们将军队向北送到尼德兰的需要，不可避免地使他们与三名教会选侯发生冲突，后者的领地将受到这种行动的影响。

马克西米利安在上普法尔茨不受这样的限制。[6]这里的行政机构迅速清洗了所有加尔文宗官员，天主教信仰被系统性地重新引入。1626 年，归正宗的所有布道士被驱逐，两年之后，路德宗传教士也被驱逐；很多过去的路德宗精英也离开这里，宁愿流亡也不愿意被迫改信。与莱茵兰的普法尔茨领地相比，这里的天主教反宗教改革是成功的。到 1628 年，马克西米利安获得了这一领地的永久头衔，此时上普法尔茨已经完全是天主教的。 579

斐迪南二世在自己的领地内也推行类似的措施。过去令他在格拉茨赢得控制权的方式，此时得到更普遍的运用。[7]政治控制的重建与系统性的反宗教改革结合在一起。在波希米亚，当局在每一个层级都采取了决定性的措施，以解决反叛和异端。1621 年 6 月 21 日，26 名领导者，包括 10 名贵族以及布拉格大学的校长扬·耶森斯基（Jan Jesenský），在由斐迪南的总督卡尔·冯·列支敦士登（Karl von Liechtenstein）亲王主持的公共场合下被处决。超过 1500 名其他贵族在"没收法庭"前受到审讯，大约有 600 人失去了他们的部分或者全部财产。那些放弃部分财产的人实际上被剥夺了全部财产，因为他们只不过是获得了剩余部分的经济补偿。

而用来支付这笔钱的货币被列支敦士登亲王进行了故意且系统性的贬值，他与汉斯·德·维特和犹太金融家雅各布·巴斯维（Jacob Bassevi）勾结，他们作为一个有着 15 名成员的财团的参与者，在 1622 年 1 月租借波希米亚、摩拉维亚和下奥地利的所有铸币厂一年的时间。其目的在于摧毁起义者，并且促进忠诚的天主教徒购买他们的财产；其结果是摧毁了波希米亚的经济。[8]他们的行动也破坏了帝国其他地方的稳定性，因为其他统治者很快就效仿了他们的案例；在两年的时间内出现了普遍的货币不稳定，这一时期被称为"起伏时期"（Kipper-und Wipperzeit，即劣币危机）。[9]

在波希米亚，政治反对派被消灭后，紧接着就是宗教统一的推行。首先是加尔文宗，随后是路德宗的官员都被驱逐。一切类型的宗教自由都被正式废除，再洗礼派和其他宗派全部被驱逐。随后轮到城镇，它们的特权被废除，土地也被没收。1627 ~ 1628 年，全部贵族都面临着改信天主教或者流亡的选择。与此同时，过去有助于

起义的法律和制度架构也被系统性颠覆。1627 年，波希米亚颁布了
《更新邦国条例》（Verneuerte Landesordnung）；摩拉维亚在下一年
也收到了类似的法令。[10]

　　新的制度实质上否定了等级的权力。波希米亚王位不再由选举
产生，并且被宣布在哈布斯堡家族世袭。天主教被宣布为唯一的宗
教，教士恢复了他们作为第一等级的地位。只有犹太教也被宽容。
从此以后，所有国家官员被要求向国王宣誓效忠。卡尔施泰因城堡
伯爵一直以来是王权象征物的监管人，他的办事处也被取缔。[11]其他
办事处也服从于王室的任命（以及驱逐），与此同时国王从等级手
中获得了授予贵族特权的权力。王室的司法权也得到了很大提升。　580
最后，德语被宣布在所有国家用途中等同于捷克语。

　　总计大约 15 万人离开波希米亚流亡。1640 年，法令的条款有
所松动，此时议会重新获得了一些主动权，但是这一根本性的政
治-宗教解决方案定义了波希米亚的政权，直到 19 世纪。从被没收
的财产的售卖中受益的人并不都是非波希米亚出身。然而，17 世
纪 20 年代变革的整体影响，仅因 30 年代和 40 年代授予意大利、
爱尔兰和法国的军事指挥官土地而略有改变，这一整体影响是创造
了一个忠于控制社会各阶层的王室的独立的权贵阶层。[12]在摩拉维亚
也发生了相似的变革，这种变化是受政治判断而非情绪驱动的：即
使是像卡尔·齐罗廷这样的人物，此时也没有因为他们在 1618 ~
1619 年的危机中展现的忠诚得到奖赏。在叛乱之后齐罗廷被监禁，
并且最终在 1629 年摩拉维亚兄弟会被驱逐之后开始流亡。[13]

　　上卢萨蒂亚和下卢萨蒂亚躲过了这些措施，因为它们已经被授

予萨克森选侯，他保障了居民现有的宗教自由。西里西亚也出现了相似的局面，选侯代表皇帝征服了这里。[14]在 1621 年 2 月 28 日的《德累斯顿协定》（Dresden Compact）中，萨克森选侯同意以 30 万古尔登的罚款以及正式承认斐迪南二世为合法统治者，换取西里西亚恢复 1618 年的状态。因为斐迪南不愿意反对萨克森选侯，拜特伦·加博尔的威胁也在分散他的精力，他不情愿地接受了这个方案。随着哈布斯堡逐渐获得了对西里西亚的一个又一个领地的控制，西里西亚的反宗教改革也在零星地进行。这种控制起初是通过征服，此后则是更为缓慢地，随着一些本地的王朝灭亡，通过继承实现的。即使如此，布里格公爵和利格尼茨-沃劳公爵，以及布雷斯劳市和奥尔斯（Oels）亲王在 1633 年加入了与萨克森、勃兰登堡和瑞典的"同盟"，并且最终在《威斯特伐利亚和约》中获得了对他们的权力的承认。

1625 年当选新任布雷斯劳主教的瓦萨家族的卡尔·斐迪南王子此时只有 12 岁，这一事实并没能为西里西亚的反宗教改革事业提供帮助。等到成年时，他已经积累了其他高级教职，尽管如此他并没有被祝圣为教士或者接受主教的涂油礼。他最终更喜欢住在华沙，这一事实对于他的教区而言是一种幸运，因为这至少允许一位积极的教会官员和一名坚定的副主教自 17 世纪 30 年代中期开始发起真正的改革。

在上奥地利和下奥地利，两个截然不同的进程逐渐发展。在下奥地利，斐迪南在 1620 年就已经说服 148 名贵族（包括 86 名福音教贵族）向他宣誓效忠。[15]福音教徒得到了宗教自由的许诺。那些

拒绝宣誓效忠的人被驱逐，并且受到和波希米亚的福音教徒一样的　581
没收财产的惩罚。1627 年，斐迪南将他对宗教自由的承诺，修改为
只是对个人良心自由的保证，并且阻止贵族在他们的城堡中接纳福
音教布道士和校长，因为他们只会侮辱天主教信仰以及煽动叛乱。

　　上奥地利经历了与波希米亚大体一致的残酷对待。[16]巴伐利亚的
军队刚一进驻，叛军领袖格奥尔格·伊拉斯谟·奇尔诺梅利就逃往
符腾堡。然而，由于马克西米利安和斐迪南最初在目标上存在分
歧，政治压迫和反宗教改革的进程被推迟。马克西米利安最初希望
榨取金钱以支付他的军队并收回成本，而这需要稳定。斐迪南想要
惩罚以及规训，这会威胁这种稳定。每个月收取 26000 古尔登税金
来支持巴伐利亚的驻军，与 1622～1623 年的货币贬值，1622 年、
1623 年和 1624 年的歉收以及 1625～1626 年的瘟疫的影响相结合，
制造了高度不稳定的局势。亚当·冯·赫伯斯托夫（Adam von
Herberstorff）领导下的巴伐利亚占领当局执行斐迪南针对异端的敕
令，进一步加剧了这种局势。1624 年 10 月，福音教布道士和教师
被给予四周时间离开这里；所有非贵族被要求或者改信，或者在
1626 年复活节之前离开。

　　最后一根稻草是罗马的传布信仰圣部（Congregation for
Propagation of the Faith）派遣的大量意大利传教士的到来，他们是
用来弥补符合条件的德意志教士的缺失。当外国人来到过去的福音
教区时，奥地利的平信徒开始抵抗。1626 年 5 月，问题在弗兰肯堡
（Frankenburg）达到了顶点，此时 5000 名武装农民包围了城堡，他
们的领导者宣称，他们宁死也不愿意转向"天主教"（papist）。赫

伯斯托夫的反应是残酷的不妥协。他带领一支 650 人的军队和一名剑子手进军弗兰肯堡，抓捕了 36 名来自城镇和乡村的有身份之人，命令他们扔骰子决定命运，并且立即处死了 17 个失败的人。

"弗兰肯堡的骰子游戏"的消息像野火一样传播。不久之后，在农民和官员助理斯特凡·法丁格（Stefan Fadinger）以及他的姐夫克里斯托夫·策勒（Christoph Zeller）的领导下，一场大规模起义被组织起来。最初，起义很成功，但是法丁格在 7 月的一场战斗中去世，使这场运动失去了领导。农民也无法获得任何外部的帮助。一名丹麦的使者进行了联系，但是他无法提供任何帮助。一场在奥地利和波希米亚南部由贵族领导的"全面骚乱"的传言，激励了曼斯费尔德伯爵和萨克森-魏玛的约翰·恩斯特向南进军，与拜特伦·加博尔再一次联合进攻维也纳。然而，上奥地利的贵族避免与农民合作，担心普遍的农民战争会既反对统治者也反对领主。[17] 此外，官厅也谨慎地给予贵族 50 年的时间选择改信或者离开。

582　　　到 1626 年底，这场起义已经被镇压。1627 年 1 月，暴力再次爆发，但是被迅速且残酷地镇压。审判、没收财产、大规模处决，以及在该地驻扎的 12000 人的军队，迫使群众愤恨地屈服。作为令局势恶化的一个重要原因，巴伐利亚的占领在 1628 年被终止，而且马克西米利安一世永久获得上普法尔茨，债务就此付清。然而，上奥地利仍然处在动荡之中，在 1632 年以及 1635～1636 年起义再次爆发。不稳定局面使再天主教化进程的推行被推迟到 1631 年，但是此后这里的发展和其他地方一样不可逆转。超过 100000 人被迫流亡，这些人主要来自上奥地利。

　　在哈布斯堡的大部分核心领地上，同时进行的拓展政治控制和宗教统一的行动，有时会给人以有别于帝国的集权化和哈布斯堡国家的整合的趋势的印象。奥地利的宫廷首相府计划独立于帝国大首相美因茨选侯，它的创建当然是令哈布斯堡的领地豁免于所有帝国法律的又一措施。[18]然而，实际上，这只是使自 15 世纪晚期以来提出的主张正式化，并且首相府在形成任何有意义的功能上进展缓慢。更为立竿见影的是斐迪南对他的宫廷的重振，使上奥地利和下奥地利的高级贵族加入，此时也接纳波希米亚和摩拉维亚的源于德意志和当地的权贵。皇帝的耶稣会告解者被置于核心地位，斐迪南的宫廷成为他的领地上新的稳定和宗教统一的象征。[19]

　　然而，在其他方面，斐迪南表现得很像他的前任。他在蒂罗尔和前奥地利设置了一个新的王朝支系，他的弟弟利奥波德最初在这里担任总督，随后当他放弃帕绍和斯特拉斯堡主教辖区并与克劳迪娅·德·美第奇（Claudia de Medici）结婚之后，自 1621 年起，他成了这里的统治诸侯。[20]当紧迫的危机平息之后，在斐迪南控制的区域，地方机构逐渐开始再次发挥作用，并且在任何地方，只要当地贵族信仰天主教并忠于皇帝，他就愿意对当地贵族做出妥协。[21]

　　此外，在 17 世纪 20 年代，斐迪南一直努力维持他在匈牙利的地位。土耳其人对拜特伦·加博尔的支持，使这位特兰西瓦尼亚亲王对匈牙利王室发起多次攻击，并且通过与皇帝在帝国内的和东部的福音教敌人的联系，对其造成威胁。拜特伦的失败主要是因为奥斯曼人自身在东部与波斯的斗争：他们重夺巴格达（1624 年失去）的战斗的失败迫使拜特伦在 1626 年 12 月末与斐迪南达成《普雷斯

583　堡和约》（Peace of Pressburg）。[22]敌对行动很快恢复，但拜特伦的支持的不可靠性也是如此。他在 1629 年的去世使问题仍然没有得到解决；他的继承人捷尔吉·拉科奇（György Rákóczi）与法国和瑞典合作的尝试没有取得成功，并且最终以 1647 年的《林茨条约》告终。斐迪南以及 1637 年即位的儿子斐迪南三世（Ferdinand Ⅲ）成功保有匈牙利王室，尽管直到 17 世纪 70 年代都没能推行再天主教化（后来也并不完全）。[23]

　　波希米亚和奥地利的叛乱结束之后所推行的政策远非创新，这表明斐迪南正在追随很多德意志统治者在几十年前就已经开始采取的政策。他是第一个在自己的领地内系统化地执行教随国定原则的哈布斯堡成员。根据当时流行的战争规则，他针对起义者的行动是合适的；根据 1555 年宗教和约，他的宗教政策是恰当的。他确实明显偏离过去的政策以及可以说偏离法律准则的是，他试图在整个帝国推行一样的政策。

注释

1. Langer, 'Krieg', 290.
2. Keunecke, 'Maximilian'; Kirschberger, 'Vorbereitung'. 只有德语的手稿在 1816 年维也纳会议之后被送回，图书时至今日仍然在罗马。《马内塞古抄本》并没有被送往罗马。这部抄本可能在弗里德里希五世带到布拉格的书中，后来流落到巴黎，并且在 1888 年最终被送还给海德堡。

3. Gotthard, *Säulen*, i, 100-12.

4. Köbler, *Lexikon*, 468, 483. 哈布斯堡在 1635 年的《布拉格和约》中正式将这些领地割让给萨克森。

5. Schindling and Ziegler, *Territorien*, v, 39-42.

6. Schmid, 'Kurfürst Maximilian'.

7. Winkelbauer, *Ständefreiheit*, i, 73-8, 98-104.

8. Parker, *Thirty Years War*, 80-1.

9. Kindelberger, 'Economic crisis'.

10. Evans, *Making*, 197-200.

11. Evans, *Making*, 198.

12. Evans, *Making*, 200-10.

13. Bosl, *Böhmen*, 289.

14. Schindling and Ziegler, *Territorien*, ii, 130-5; Evans, *Making*, 299-301.

15. Schindling and Ziegler, *Territorien*, i, 130-1.

16. 以下内容可见：Langer, 'Krieg', 309-12; Schindling and Ziegler, *Territorien*, i, 131-2。

17. Press, *Kriege*, 208-9.

18. Conrad, *Rechtsgeschichte*, ii, 78-9.

19. Press, *Kriege*, 207; Press, 'Imperial court', 307-9; Bireley, *Religion*, 82-97.

20. *BWDG*, ii, 1628-9; *ADB*, xviii, 398-402.

21. Parker, *Thirty Years War*, 78; Pamlényi, *Hungary*, 154-7.

22. Press, *Kriege*, 203.

23. Evans, *Making*, 235-7.

第五十二章

丹麦以及帝国的战争（1623~1629）

584 　　斐迪南对叛乱大力镇压的过程在帝国所有地方回响，这造成了同等程度的震惊和震慑。1623年8月6日蒂伊对不伦瑞克的克里斯蒂安的胜利是决定性的。尽管在福音教的宫廷中，包括英格兰的詹姆士一世宫廷，逐渐出现更多的善意，但是流亡的弗里德里希五世似乎很难找到在帝国内可能从事他的事业的重要盟友。几乎每一个德意志的福音教宫廷，以及很多帝国外的宫廷都接纳了一些难民，他们讲述了信仰被镇压的可怕故事。成千上万的人在匈牙利、波兰、西里西亚、瑞典、丹麦、荷兰共和国和英格兰开始了新的生活。另一些人选择让步，并且试图在新条件下重建他们的旧生活。安哈尔特的克里斯蒂安曾经是斐迪南最坚定的反对者，在1621年1月被施加帝国禁令之后，他首先前往不来梅主教辖区的福音教教区长官的领地施塔德（Stade）。接下来他在斯德哥尔摩和弗伦斯堡（Flensburg）寻求避难。然而，对自己王朝的忠诚以及保护领地的愿望占据了上风，他最终欣然接受了与皇帝的和解（由他的儿子调解）。1624年6月，他在维也纳向皇帝宣誓效忠，并且返回自己在安哈尔特的领地，不再在政治生活中发挥作用。[1]

　　哈布斯堡的地位仍然在加强。法国军队在 1624 年秋天入侵格劳宾登（包括瓦尔泰利纳），但这只是一个暂时的挫折。西班牙针对尼德兰的战争的进展似乎更顺利，在 1625 年 6 月达到了顶点，此时斯皮诺拉占领了过去奥兰治的防御重镇布雷达（Breda）。在同一年，热那亚成功抵御法国和萨伏伊的进攻，荷兰人被驱逐出巴西的巴伊亚（Bahía），一支英格兰军队也被驱逐出加的斯（Cadiz）。奥利瓦雷斯伯爵-公爵（Count-Duke of Olivares）写道："上帝是西班牙人，这些天是上帝在为我们的国家战斗。"[2]

　　1625 年西班牙沿莱茵河和埃姆斯河以及在利珀的要塞派遣了大约 11000 人的军队，这似乎也加强了皇帝的地位。这些军队的目的是对荷兰共和国实行严格的经济封锁，最初的成果则是为蒂伊在威斯特伐利亚和黑森的驻军的西部侧翼提供了安全。至于东部，在极为保密的条件下，华伦斯坦的新军队从波希米亚移师到下萨克森的边境。自 1623 年以来，他已经成为弗里德兰公爵，在 1625 年 4 月被任命为帝国内和尼德兰的所有帝国军队的最高统帅，并且被委任组建一支 24000 人的军队支援蒂伊。前一年，在马德里和维也纳，人们已经开始讨论如何为哈布斯堡的陆军在北海和波罗的海补充海上的能力。[3]

　　在追求这一战略目标上，哈布斯堡的两个王朝有着不同的目标。马德里很显然希望维持对荷兰共和国的经济封锁，也希望建立一个商业网络（包括帝国在北海和波罗的海的港口以及波兰王国），这个商业网络依赖海上力量。奥利瓦雷斯认识到西班牙已经不再希望征服荷兰，他也敏锐地认识到西班牙有限的资源和岌岌可危的财

585

政状况。他最希望的是以较 1609 年停战协定更有利的条款建立持
久的和平。

　　斐迪南则有着更多样的目标。他的顾问敦促他考虑支持西班牙
的计划，因为整个帝国都能够从"印第安（南美）的宝藏"中获
益。但是他们也想要保证东弗里斯兰和易北河的港口仍然由帝国牢
牢掌控，以及西班牙的北海-波罗的海计划中属于帝国的预计每年
100 万塔勒的收入，直接流入斐迪南自己的金库。[4]与此同时，17 世
纪 20 年代早期的危机为以有利于教会和皇帝的方式，解决过去几
十年的一些关键的争议性问题提供了机会。[5]

　　1620 年在米尔豪森，美因茨选侯和科隆选侯以及巴伐利亚公爵
代表所有天主教等级做出保证，在下萨克森和上萨克森大区的教会
财产将不会被触碰，只要财产所有者保持对皇帝的忠诚。[6]这暂时帮
助保证了萨克森和另一些地区的忠诚，尽管与此同时，天主教诸侯
重申了他们对 1555 年法律有效性的信念，包括教会保留原则（其
中规定如果教会诸侯改信路德宗，就应当放弃他的主教辖区）。然
而在 1620 年，他们并没有能力坚持他们对《奥格斯堡和约》的解
释。但是在 1623 年 8 月 6 日蒂伊在施塔特洛恩取得决定性的胜利，
帝国军队深入德意志西北部之后，对皇帝而言，有可能考虑各种方
式来解决被转让的教会财产的问题。至少，他可以对那些没有保持
忠诚的人采取行动。此外，此时教会领地的全面归还，以及借助西
班牙的军事阵线、领地上的各种帝国军队与将要在北海和波罗的海
创建的帝国海军的能力对这些领地进行保护，这些都是可以设想
的。哈布斯堡家族的候选人在这些主教辖区的任命，能够进一步提

586

升皇帝的权威。

这一切产生的影响远远超出了帝国教会的未来。皇帝和他的顾问正在将他们的战略想法延伸到一部分此前很少被帝国政策触及的地区。如果他们真的实现了所有目标，他们将会将帝国实质上转变为一个非常强大的君主国。

哈布斯堡的计划是在几年的时间内逐渐发展的。然而，到 1623 年，斐迪南和巴伐利亚的马克西米利安在波希米亚、奥地利以及普法尔茨的领地采取的措施，已经足够使一些福音教统治者确信他们不会停下来。多种因素结合在一起，形成了反对哈布斯堡霸权的新势力。流亡的弗里德里希五世争取获得恢复地位的支持的努力获得了新动力，他过去的普法尔茨议员路德维希·卡梅拉留斯在 1623 年成为他的流亡政府的主导人物。[7]他重新激活了与所有福音教势力的联系，特别是将瑞典和丹麦吸引到可能的国际联盟的讨论中。

由于英格兰和法国不愿意投入公开且直接的行动中，事态受到了阻碍；詹姆士一世在 1625 年 4 月的去世造成了进一步的推迟。另一个主要问题是瑞典和丹麦之间的竞争关系。卡梅拉留斯支持瑞典领导的行动。[8]1623 年，这一计划是穿过波兰入侵帝国，恢复弗里德里希为波希米亚国王，这也符合瑞典国王自己的王朝目标，削弱他在波兰的天主教亲戚的力量。第二年，这一计划被调整为从西部入侵，更为有限的目标是恢复弗里德里希的普法尔茨选侯国。然而，最终古斯塔夫要求的 50000 人军队被认为数量太多，他提出法国必须被排除在任何联盟之外，这也被认为不合理。

与瑞典的长期协商不可避免地引起了丹麦的敌意，丹麦担心古斯塔夫·阿道夫也许会利用在德意志的胜利，来推进自 1611 年即位以来就激励着他的野心，即扩大在整个波罗的海的霸权。作为对这种威胁的回应，克里斯蒂安四世于 1616 年就在易北河的汉堡以北建立了港口格吕克施塔特（Glückstadt），目的在于控制河口并夺取汉堡的贸易。1621 年，他迫使汉堡城市承认丹麦国王的宗主权。当瑞典领导恢复弗里德里希地位的行动的可能性出现时，克里斯蒂安尽其所能向盟友提出比古斯塔夫更合理的提议。他完全有能力这样做，因为他的财政状况非常好，他可以自己组建一支相当大的军队，并且不会受制于国内任何不安的等级的阻挠。

587

　　克里斯蒂安四世关心帝国的形势还有其他原因。和古斯塔夫·阿道夫不一样，克里斯蒂安是帝国的诸侯以及下萨克森大区的成员。此外，他在不来梅、费尔登和奥斯纳布吕克主教辖区有着重要的王朝利益，这些地区位于他的石勒苏益格公国的西南部。[9] 不来梅和费尔登特别重要，因为它们潜在地掌握着控制威悉河和易北河河口的关键。1621 年，克里斯蒂安的儿子弗里德里克已经成为不来梅大主教辖区的副主教，而他的同族约翰·弗里德里希·冯·荷尔斯泰因-戈托尔普（Johann Friedrich von Holstein-Gottorp）是这里的教区长官（1597～1634 年在位）。1623 年，他也继任不伦瑞克-沃尔芬比特尔的菲利普·西吉斯蒙德，成为费尔登主教。[10] 在菲利普·西吉斯蒙德的另一个主教辖区奥斯纳布吕克，安排弗里德里克继承他的职位的尝试受到了阻碍，因为这里的天主教刚好占据教士团的多数，他们选举了枢机主教艾特尔·弗里德里希·冯·霍亨索伦-锡格马林根（Eitel Friedrich von Hohenzollern-Sigmaringen）。[11] 弗里德里

克在奥斯纳布吕克被拒绝，这本身就是一场公开的政治示威和一种
意向声明：教士团选举的是斐迪南二世和科隆选侯巴伐利亚的斐迪
南这二人共同的重要顾问，而这二人正是在帝国内领导天主教反击
之人。

　　即使克里斯蒂安有着重要的王朝原因，来组建一支防御性军队
以保护由他的儿子控制的教会领地，他对捍卫下萨克森大区自由的
真诚许诺也不应当被低估。他能够在作为丹麦国王的更广泛的战略
关切，和作为德意志诸侯反抗皇帝以捍卫自由的承诺之间做出明确
区分。[12]与瑞典的竞争、对西班牙在波罗的海计划的担忧、在下萨克
森主教辖区的王朝利益以及对代表区域内天主教徒利益的帝国干预
的恐惧这几个因素混杂在克里斯蒂安的想法中，想要确切计算出各
自所占比例也许是不可能的。然而，这些因素的结合促使他在 1625
年展开行动。

　　他的第一个任务是动员下萨克森大区。在大量争执之后，1625
年 4 月，克里斯蒂安成功使自己当选为大区军队的指挥官。[13]科隆选
侯的代表（以希尔德斯海姆主教的身份）自然反对他，但是大区的
很多福音教成员也感到犹豫，不愿意卷入任何冲突中并且不愿意提
供任何资金。当他们最终同意组建一支 10000 名步兵和 3000 名骑
兵的军队时，立即要求克里斯蒂安提前拿出资金，承诺在合适的时
候还给他。他们也坚持军队只能部署在下萨克森大区内，并且只能
用于防御目的。然而，克里斯蒂安接受的任务是恢复弗里德里希的
普法尔茨选侯国，1625 年 12 月的海牙会议（Hague Convention）正
式在这一问题上达成一致，这立即为他的政策增加了进攻性的目

588

标。[14]这更加引起了他在下萨克森大区的很多邻国的不安。吕贝克、汉堡和不来梅这几座城市特别将他视为一个危险且具有侵略性的外国人。事实上，在海牙会议之前，大区的团结就已经开始瓦解了。[15]

在战争真正爆发之前，敌对行动就开始了，因为双方都要保证冬季的营地和补给线。除了他自己的军队以外，克里斯蒂安也能够争取曼斯费尔德和萨克森-魏玛的约翰·恩斯特的雇佣军。然而，这些军队无法匹敌帝国军队的阵势：蒂伊在威斯特伐利亚大区边境驻扎，华伦斯坦越来越多的军队很快向北进军到了易北河。1625年的小规模冲突演变为1626年帝国军队的全面进攻，以4月帝国军队在德绍的胜利为开端。[16]曼斯费尔德随后试图向南撤退，与拜特伦·加博尔联络并再次进攻维也纳，而华伦斯坦则展开了从安哈尔特的采尔布斯特南下前往上匈牙利的800千米的惊人行军。计划中对维也纳的进攻没能实现：拜特伦的土耳其支持者在巴格达经历了一场失败，所以他和斐迪南议和而非战斗。曼斯费尔德和约翰·恩斯特不久之后都去世了，他们军队的残余力量被丹麦的指挥官带回了北方。与此同时，1626年8月27日，克里斯蒂安本人在巴伦山麓卢特（Lutter am Barenberge）经历了一场灾难性的失利。

结局是漫长的。下萨克森大区的大多数成员几乎立刻就放弃了。克里斯蒂安的外甥——不伦瑞克-沃尔芬比特尔的弗里德里希·乌尔里希立即撤出了他的军队并且切断了与丹麦的一切联系；梅克伦堡的公爵们很快接受了他们的贵族对和平的要求。[17]1627年，蒂伊和华伦斯坦能够很轻易地追赶克里斯蒂安的军队进入荷尔斯泰因和日德兰。[18]帝国军队开始瓜分战利品以及为北德意志计划新的秩序。最直接的受益者是华伦斯坦本人：1628 年 2 月 1 日，他正式被授予梅克伦堡公国，这是他的军队在前一年占领的地盘。他被提升为帝国诸侯；而将被征服的公国领地交给一个外人，而非被驱逐的前任所有者的亲属，这是违反所有传统的。这导致很多人在后来对他和斐迪南怀有怨恨。但在 1628 年，没有人敢反对。

　　哈布斯堡的两个主要的政策目标此时似乎也触手可及。第一，作为北方的军事胜利的结果，奥利瓦雷斯的波罗的海-伊比利亚商业网络的计划看上去将会实现。[19]除了梅克伦堡公国之外，华伦斯坦也被授予了新的头衔——所有皇帝军队的"元帅"（Generalissimo），他的权力包括斐迪南过去为自己保留的权力，以及"大洋和波罗的海海军上将"（General of the Oceanic and Baltic Seas）。舰队此时还不存在，并且整个计划依赖汉萨城市和其他港口的合作。

　　强迫波美拉尼亚具有战略意义的港口施特拉尔松德在 1628 年 **589** 接受帝国驻军的尝试，凸显了无法控制海洋的以陆地为基础的军事阵地的弱点。施特拉尔松德对帝国军队的围城进行了抵抗，方式是与瑞典签订为期 20 年的条约，并且收到八条有武器和人员的船只作为回报。因此这座城市最终将自由放弃给了瑞典，但华伦斯坦放弃围城是帝国军队第一次严重的挫折。他在这里的失败使克里斯蒂安四世敢于夺取邻近的乌瑟多姆岛（Usedom），并且通过在荷尔斯泰因和波美拉尼亚的沿岸对华伦斯坦进行一系列袭击以分散其注意力，从而成功保卫了日德兰和丹麦的核心领土。[20]这进而使克里斯蒂安能够与皇帝在吕贝克达成相当体面的和平协定：他被允许保有自己所有的领地，承诺不再在帝国内进行任何进一步干预。此外，由于克里斯蒂安仅仅是在陆地上被击败，并且保有对他大获成功的海军的控制，因此创建哈布斯堡海军的所有希望，或者即使是北海-波罗的海的哈布斯堡商业网络的希望，都变成了幻觉。

第二，军事胜利开启了能够处理主教辖区的可能性。它们出现在各种提案中。[21]巴伐利亚的马克西米利安希望立即任命天主教的主教和主教座堂教士团，但要求保留主教辖区十年内的收入以支付战争的成本。在 1626 年秋天布鲁塞尔的一次会议上，斐迪南的使者主张皇帝应当将被征服的圣职分配给他"值得的教士"。华伦斯坦建议依据战争法没收哈尔伯施塔特和马格德堡，并且任命斐迪南的次子——14 岁的利奥波德·威廉大公。在 1627 年 10 月和 11 月的米尔豪森的选侯会议上，天主教选侯被要求就应当如何归还自 1552年以来在他们看来被非法夺取的主教辖区和其他教会财产的问题提出建议。

事情立刻出现了进展。在奥斯纳布吕克，弗朗茨·威廉·冯·瓦滕贝格（Franz Wilhelm von Wartenberg）是马克西米利安一世的叔父巴伐利亚公爵斐迪南的贵贱通婚的儿子，他在 1625 年被选举接替艾特尔·弗里德里希·冯·霍亨索伦-锡格马林根，并且在1628 年克里斯蒂安四世战败后就职。[22]利奥波德·威廉大公分别于1627 年在哈尔伯施塔特，1628 年在马格德堡当选为采邑主教。[23]在北方取得的这些进展，鼓励其他地区的一系列天主教统治者采取激烈的教派化行动。美因茨和科隆选侯国，艾希施泰特、班贝格和维尔茨堡采邑主教区，以及施瓦本的埃尔旺根的采邑教务长的领地，在这一波剧烈的天主教复兴浪潮中非常突出。在其中大部分地区，严重的猎巫首次开始，其强度比战争前发生的任何猎巫都更加剧烈。[24]包括巴伐利亚的马克西米利安和皇帝个人的耶稣会士告解者威廉·拉莫尔迈尼在内的有影响力的意见，要求斐迪南进行强有力的领导。 590

　　斐迪南此时明显处于权力巅峰，并且受到天主教诸侯看似团结的鼓舞，他认为推行自己对帝国问题的解决方案是合适的。1629 年3 月6 日，他发布了《归还教产敕令》（Edict of Restitution）。[25]1555 年和约的所有模糊之处得到解决，帝国最高法院被要求接受帝国（也就是天主教）对法律的解释。帝国的委员将会监督自 1552 年以来被福音教徒夺取的所有教会财产的归还。信仰《奥格斯堡信纲》的人们的权利得到了确认，但是加尔文宗教徒和其他派别都被明确排除在宗教和约之外。任何阻碍法令执行的人都会受到"禁令和双重禁令"（Acht und Aberacht）的威胁。[26]

　　这一措施的影响是引起了恐慌。几乎所有世俗化的主教辖区都受到了直接威胁。这不仅仅意味着不来梅和马格德堡，也包括明登、哈尔伯施塔特、吕贝克、费尔登、拉策堡、什未林以及卡明，其中一些长期被视为"邦国的"主教辖区。勃兰登堡选侯国内的勃兰登堡、哈弗尔贝格和莱布斯主教辖区的地位是不清楚的，尽管人们认为皇帝应该不敢触碰这几个地区。萨克森选侯得到了迈森、梅泽堡和瑙姆堡主教辖区的安全保证，这几个地区是他的前任们已经领地化的主教辖区。然而，事实上，无论是萨克森还是勃兰登堡都没有得到任何超出 1627 年在米尔豪森得到的承诺，即未经法律程序不得收回任何财产，或者是更早的承诺，即只要保证对皇帝的忠诚，所有的领地就能够保全。

大约 500 个位于施瓦本、弗兰科尼亚和下萨克森的修道院，以及潜在的在任何福音教邦国的任何教会财产，都被明确包含在敕令中。甚至在敕令发布之前，利奥波德大公就已经着手在阿尔萨斯进行所有教会财产的归还行动，并且强迫他的所有臣民改信天主教。在其他地区，这项工作在敕令发布后立即开始。在两年的时间内，五个主教辖区和超过 100 个修道院被恢复。以华伦斯坦的帝国军队为依靠的帝国委员夺回了接近 20 个修道院机构；在不伦瑞克公国、黑森和拿骚的修道院财产也被要求归还。这些行动造成了全面的愤怒，特别是因为福音教徒准备在 1630 年 6 月纪念《奥格斯堡信纲》的一百周年。在一些地区出现了激烈的抵抗。在马格德堡，修道院的归还开始于 1628 年，城市居民反抗他们的市政会，随即迫使华伦斯坦在 1629 年 9 月放弃围城。[27]福音教的教区长官勃兰登堡的克里斯蒂安·威廉在 1630 年 7 月返回马格德堡，重新要求 16 岁的利奥波德·威廉大公归还他的领地。马格德堡大主教辖区最终在 1631 年 5 月被蒂伊占领，此前的战斗使几乎整个城市在大火中被完全毁灭。他的胜利是短暂的；1631 年 9 月，大多数邦国城市被瑞典军队占领。

瑞典对战争的干预立即结束了教产归还的进程。然而在古斯塔夫·阿道夫 1630 年 7 月 6 日登陆波美拉尼亚的乌瑟多姆岛之前很久，斐迪南的权力基础就已经受到了削弱。尽管皇帝表面上是在从一个胜利走向另一个胜利，但是很多人已经变得不满和不安。

天主教选侯对西班牙的北海–波罗的海的海上计划深感担忧，

并且怀疑这是哈布斯堡颠覆德意志自由的阴谋的一部分。[28]在1627年9月于米尔豪森召开的会议上，他们激烈地申诉西班牙军队对他们的邦国的侵犯。科隆选侯巴伐利亚的斐迪南也是希尔德斯海姆、明斯特、列日和帕德博恩的主教，他在自己所有的领地内，尤其受到西班牙对荷兰的贸易禁令以及帝国内的西班牙驻军的影响。最重要的是，没有哪个天主教选侯想要被拖入西班牙和荷兰的冲突中。

巴伐利亚的马克西米利安对皇帝和华伦斯坦1626年11月在莱塔河畔布鲁克（Bruck an der Leitha）达成秘密协议的传言感到恐慌，据称皇帝授予华伦斯坦占据整个帝国的权力，他将把帝国榨干，随后交到皇帝手中。[29]1627年2月天主教同盟在维尔茨堡开会，向维也纳发送了一份正式的抗议文件。即使是对北方的主教辖区的再征服，也加剧了慕尼黑和巴伐利亚之间的紧张关系。[30]维特尔斯巴赫家族的科隆选侯已经将自己确立为一个重要的区域强权，他在下莱茵和威斯特伐利亚控制多个主教辖区。皇帝随即决定推举自己的儿子利奥波德·威廉大公。马克西米利安在已经成功推举他的儿子之后，现在同样决定推举家族的亲戚弗朗茨·威廉·冯·瓦滕贝格。作为一名暴发户式的选侯，马克西米利安特别受到萨克森和勃兰登堡的怨恨和不信任，但是对于任何加强皇权的企图，他和其他选侯是一样敏感的。

福音教诸侯中不断增长的不满也许是不可避免的。萨克森在17世纪20年代一直保持着忠诚，但也受到了严峻的考验。勃兰登堡边缘性地参与了海牙会议之前的讨论，但是在克里斯蒂安四世动员下萨克森大区之前就退出了。[31]两名选侯都拒绝同意将普法尔茨的选侯头衔转交给巴伐利亚，因为这使教派平衡决定性地倒向天主教徒，并且他们否认皇帝有权授予这样的头衔，更不用说是授予一个地位较低的诸侯。[32]他们都没有参加 1627 年在米尔豪森的选侯会议，但是都为华伦斯坦的全部行动以及将梅克伦堡公国的领地转交给他的决定寄去了强烈的书面抗议。

和其他很多福音教诸侯一样，1627 年，萨克森选侯和巴伐利亚选侯为帝国最高法院确认了帝国宫廷参事院在 1623 年对黑森进行分割的决定感到愤怒。[33]路德宗的达姆施塔特系反对归正宗的卡塞尔系在 1604 年对绝嗣的马尔堡系领地的占领。首先是帝国宫廷参事院，随后是帝国法院，做出了支持达姆施塔特的格奥尔格二世的决定，除此之外还要求卡塞尔的威廉五世支付 100 万塔勒用来补偿他的前任的非法占领。两名选侯再一次对皇帝和他的帝国宫廷参事院决定这种事务的权力提出质疑，特别是卡塞尔系显然是因为自己的宗教而受到了迫害。《归还教产敕令》将萨克森和勃兰登堡都推到了公开反对的边缘。勃兰登堡的格奥尔格·威廉尤为愤怒，很大程度上是因为他收到了来自维也纳的传言，据称斐迪南正在与波兰国王密谋将普鲁士公国再天主教化，而普鲁士正是他控制的波兰采邑。

即使如此，两名福音教选侯仍然对放弃他们的忠诚主义政策感到犹豫。他们都受到了相当大的诱惑。由于传统的忠诚以及帮助镇压波希米亚的起义，萨克森已经获得了卢萨蒂亚。勃兰登堡的地位也很复杂，因为选侯（以及他的枢密院）是归正宗，而勃兰登堡的等级是路德宗。作为弗里德里希五世被驱逐后的唯一加尔文宗选侯，勃兰登堡的格奥尔格·威廉是极易受到攻击的。早期对英格兰-荷兰-丹麦同盟的兴趣，由于等级拒绝为军队提供资金而被终止。此后，勃兰登堡的政策由选侯的亲信——下莱茵兰的天主教伯爵亚当·冯·施瓦岑贝格（Adam Von Schwarzenberg）决定。他与维也纳有着良好的联系，但是他采取明显非教派化的态度，他推行的政策是为了促进他的君主的王朝利益，而非他的信仰。[34]这意味着支持皇帝以换取对马格德堡和克莱沃的保障、预期出现的波美拉尼亚公爵系绝嗣之后皇帝为勃兰登堡的继承提供支持的承诺，以及在华伦斯坦之后继承梅克伦堡的模糊承诺。

曼托瓦战争为天主教和福音教选侯都提供了一个采取行动的理由。曼托瓦和蒙费拉公爵文森特二世去世且没有留下男性继承人，这引发了法国和西班牙之间的斗争，法国支持讷韦尔（Nevers）公爵的宣称权，而西班牙国王想要不惜一切代价阻止法国的继承。作为这一公国的宗主，并且由于西班牙和奥地利相互支持的保证，斐迪南不可避免地卷入这场斗争中。由于 1628 年 9 月 8 日荷兰人夺取了美洲运输银的船只，西班牙严重的财政困难进一步恶化。这使讷韦尔人得以占领这里，而且西班牙人对卡萨莱（Casale）的长期围攻进一步加剧了紧张形势。失去卡萨莱是西班牙人在与荷兰人冲突的关键时刻无法承受的。

1628 年 10 月，法国国王最终在拉罗谢尔粉碎了胡格诺教徒，在这之后局势进一步恶化。1629 年 2 月，路易十三领导一支军队跨过阿尔卑斯山，以解除西班牙人对卡萨莱的围城。[35]对于挽救西班牙 593

在北意大利的地位，奥地利的干预变得极为重要。随之而来的是两个严重的结果。第一，法国与西班牙和奥地利之间的战争此时已经不可避免。第二，德意志的选侯强烈反对将华伦斯坦军队中的大约50000人部署到意大利，这也反映了诸侯普遍持有的意见。利用德意志帝国的制度追求西班牙哈布斯堡的利益，似乎证明了流言制造者是正确的：皇帝想要通过试图在德意志建立在法国和卡斯蒂利亚存在的那种类型的君主制，来削弱"德意志自由"。

注释

1. Press，'Fürst Christian I'，213–14；*ADB*，vi，149. 施塔德位于易北河南部、汉堡西部，自16世纪晚期以来就有一个小型的荷兰加尔文宗社区。Schindling and Ziegler，*Territorien*，iii，52–4.

2. Parker，*Thirty Years War*，92.

3. Bireley，*Religion*，24–5；Elliott，*Olivares*，216–19；Lockhart，*Denmark*，85–6.

4. *Documenta Bohemica*，iii，258–64：memoranda from Georg Ludwig von Schwarzenberg and Johann Ulrich von Eggenberg.

5. Bireley，*Religion*，25–7；*Documenta Bohemica*，iii，264.

6. Wolgast，*Hochstift*，326.

7. Schubert，*Camerarius*，189–213；Clasen，*Palatinate*，26–30. 另见本书页边码578页。

8. 1626~1641年，卡梅拉留斯也是在荷兰共和国的瑞典使者：Schubert，*Camerarius*，306–38；*ADB*，iii，724–6。

9. Lockhart，*Denmark*，74.

10. Lockhart, *Frederik II*, 306-8.

11. 艾特尔·弗里德里希是马格德堡、科隆和斯特拉斯堡的教务长，是科隆大主教的大主管，也是皇帝1619年在法兰克福和慕尼黑的谈判中的亲密顾问，保罗五世因此在1621年1月任命他为枢机主教。*ADB*, xlviii, 327-8.

12. Lockhart, *Denmark*, 131-2.

13. Schormann, *Krieg*, 36; Guthrie, *Battles*, 118-19.

14. Asch, *Thirty Years War*, 80-8.

15. Lockhart, *Denmark*, 126.

16. Guthrie, *Battles*, 120-2.

17. Lockhart, *Denmark*, 149.

18. Lockhart, *Denmark*, 174-6.

19. Elliott, *Olivares*, 332-5, 360-1.

20. Lockhart, *Denmark*, 189-91.

21. Wolgast, *Hochstift*, 326.

22. Schwaiger, *Wartenberg*, 23 - 8, 31 - 43; *NDB*, v, 365; Gatz, *Bischöfe 1648 bis 1803*, 558-61.

23. Wolgast, *Hochstift*, 327-8.

24. 见本书页边码550~557页。

25. Frisch, *Restitutionsedikt*, 22-68（这一敕令被出版，可见：183-94）。

26. "双重禁令"在一年零一天之后生效。禁令和双重禁令的区别已经被废除了，然而这种方案仍然被用来强调犯罪行为的严重性：Conrad, *Rechtsgeschichte*, i, 582-3 and ii, 424-5。

27. Schindling and Ziegler, *Territorien*, ii, 81-3.

28. Kessel, *Spanien*, 52-7, 269-303; Israel, *Dutch Republic*, 204-23.

29. Mann, *Wallenstein*, 441-50.

30. Wolgast, *Hochstift*, 327-9.

31. Lockhart, *Denmark*, 116-18.

32. Gotthard, *Säulen*, i, 105-12.

33. Schindling and Ziegler, *Territorien*, iv, 283-4; Parker, *Thirty Years*

War, 86.

34. Kober, 'Favorit', 237–8.

35. Wilson, *Europe's tragedy*, 424, 440 – 6; Press, *Kriege*, 212 – 15; Parker, *Thirty Years War*, 41, 105–9; Schormann, 'Krieg', 245–9; Kampmann, *Europa*, 65–6.

第五十三章

何种类型的帝国？ 瑞典以及捍卫德意志自由
（1630~1635）

    自 1630 年起的五年冲突通常被称为"瑞典战争"。这完全反映   594
了古斯塔夫和他的首相阿克塞尔·奥克森谢尔纳（Axel Oxenstierna）
在这几年里发挥的极为重要的作用。然而，这种描述分散了人们对
《归还教产敕令》之后德意志政治的主要推力的关注：尽管天主教
徒和福音教徒很多时候不和，但是他们为了保护帝国，当然也为了
自身的利益，反抗帝国和瑞典的野心所做出的努力。

    反抗皇帝的第一个决定性行动是由天主教选侯驱动的。此时他
们对华伦斯坦的担忧逐渐加剧，而他们也有更多的余地讨价还价。
从 1628 年开始，斐迪南开始急切地希望已经成为波希米亚和匈牙
利国王的儿子被选为罗马人的国王。这个问题甚至没有被正式列入
美因茨选侯于 1630 年 7 月在雷根斯堡召集的会议的议程。[1]在近五个
月的会议期间，这个问题被明显搁置了，而选侯们也计划性地将他
们自己的担忧带回国。

    斐迪南被迫同意在未来，他不会在没有得到选侯同意时就将帝
国投入战争中。他被要求停止在意大利的军事行动，并且在 10 月

与法国达成和约。最重要的是，他被要求解雇华伦斯坦并且将帝国军队（规模大致减少了四分之三）的指挥权移交给天主教同盟的将军蒂伊。斐迪南本希望选侯考虑的关于帝国干预荷兰的冲突的任何想法都遭到拖延，理由是这是会影响所有等级的问题，因而也需要由所有人商讨。关于被驱逐的前任普法尔茨选侯的命运以及《归还教产敕令》执行的问题仍然没有得到解决。在帝国继承的问题上，人们并没有采取行动。

雷根斯堡选侯会议执行了天主教选侯的议程，他们在会议中也是天主教同盟的领导者。两名福音教选侯事实上并没有出席会议。相比对华伦斯坦的担忧，他们对归还教产问题更为担心。天主教多数派群体在这个问题上拒绝让步，使他们重新评估在整个 17 世纪20 年代一直采取的忠诚主义政策是否明智。然而，即使在 17 世纪30 年代，萨克森的约翰·格奥尔格仍然犹豫不决，而勃兰登堡的格奥尔格·威廉采取了行动。这两人在 1630 年 4 月在安娜贝格（Annaberg）的会议没能产生明确的结果；9 月在察伯尔蒂茨（Zabeltitz）召开的第二次会议，导致约翰·格奥尔格在 1631 年 2月召集了一次所有德意志福音教统治者的会议，讨论他们的不满并且在行动计划上达成一致。[2]

天主教选侯通过宣布一次用来重新审视《归还教产敕令》的天主教徒和福音教徒的会议，以预先阻止此次会议，这次尝试几乎使约翰·格奥尔格再次改变主意。然而，萨克森和勃兰登堡的主要神学家也在莱比锡集会，并且决心"在未来相互展现基督徒的爱"，这一事实对于统治者的思考被证明是有帮助的。[3]1631 年 4 月，他们组建一个防御联盟，以及一支由萨克森选侯领导的 40000 人军队。他们要求废除《归还教产敕令》、蒂伊的帝国军队和天主教同盟的军队退出所有福音教领地，并且停止为维持这支军队继续征税。他们宣称，他们的总体目标是"维护基本法律、帝国制度以及福音教等级的德意志自由"。[4]

最后，两名福音教选侯之间达成协定的一个关键因素，是瑞典国王在 1630 年 7 月登陆德意志的消息。在雷根斯堡选侯会议之后留下的权力真空中，他们可能会成为皇帝和瑞典之外的第三支力量。

相似的考虑因素也使巴伐利亚的马克西米利安在 1631 年 5 月与法国结盟。[5]在法国和瑞典于 1631 年 1 月达成《贝尔瓦尔德条约》（Treaty of Bärwalde）之后，马克西米利安此时对瑞典权力的担忧正如他对皇帝权力的担忧一样，特别是因为法国和瑞典的协定决定恢复"帝国受压迫的等级"。秘密的《枫丹白露条约》（Treaty of Fontainebleau）给予了他想得到的保证：为期八年的共同防御协定，法国对他的选侯头衔的承认，以及对他向皇帝和帝国的义务的谅解。对于黎塞留而言，最直接的吸引力在于其他天主教诸侯此时也会审视他们对皇帝的忠诚的可能性。这同样为法国创造了一个作为瑞典及其在帝国内的反对者之间的潜在的调停者角色。

然而，由于皇帝地位的削弱而引起的所有盘算，很快被瑞典军队的进展破坏。这一进程是如此迅速，以至于它也终止了对《归还教产敕令》的含义的跨教派讨论的最后一次尝试。[6]由天主教选侯提议的讨论宗教不满的会议于 1631 年 8 月在法兰克福召开，14 个天

596　主教邦国和 21 个福音教邦国出席。到 10 月初，没有结果达成，而此时天主教的代表不得不逃走以避免落入前进的瑞典军队手中。

　　当古斯塔夫在 1630 年 7 月 6 日仅带领 1000 名步兵和 3000 名骑兵登陆乌瑟多姆，版图甚至没有扩张到易北河时，人们几乎是无法预想这种局面的。19 世纪和 20 世纪早期的德意志福音教徒将瑞典国王描绘成英勇的福音教布道士、德意志福音教国家的捍卫者、在政治层面与路德相当的人物，或者是金发的北欧雅利安超人。[7]当他在帝国内第一次取得军事胜利后，当时的一些小册子甚至将他称颂为“北方雄狮”。曾经存在着匿名但极为流行的战前预言：“北方雄狮”会作为真正的基督教信仰的捍卫者，哈布斯堡家族的灾难，以及帝国内和平、稳定和团结新时代的构建者。[8]然而，在他于 1630 年 6 月登陆前发表的宣言中没有提及关于捍卫福音教的内容，并且即使在六年之后，也是国王在 1632 年去世四年之后，瑞典首相阿克塞尔·奥克森谢尔纳提醒他的国务会议，这场战争“与其说是关于宗教问题，不如说是为了挽救政治形势，而宗教问题也被包含进来”。[9]

　　事实上，随着战争的胜利超出了最初的所有预期，瑞典的战争目标也相应变化。在一开始，战争是完全为瑞典的利益发起的。尽管古斯塔夫在 17 世纪 20 年代初期就已经对干预德意志的政治产生了兴趣，但他最初关心的问题是关于他在波兰的天主教亲戚一直以来对他的王位的宣称，以及丹麦在波罗的海对瑞典造成的威胁、丹麦和瑞典一系列长期冲突的最新情况。对波罗的海的控制最初并不一定是战争目标，而是能够保障安全和带来更多所需收入的事情。普法尔茨的议员路德维希·卡梅拉留斯在 1623 年曾经设想发动一场战争以恢复弗里德里希的波希米亚王位，并且使古斯塔夫·阿道夫当选神圣罗马帝国皇帝。[10]但是当沿着维斯瓦河首先进攻波希米亚，而后进攻奥地利的想法被放弃之后，瑞典国王很快就失去了兴趣，并且在1625年他对波兰发起了单独行动，对利沃尼亚和波兰属普鲁士展开进攻。[11]

这一行动再一次与首先进攻西里西亚，而后进攻奥地利世袭领地的战斗第二阶段的想法结合在一起。1626年，古斯塔夫成功在但泽到纳尔瓦的波罗的海东部的大部分海岸线确立控制，这不可避免地引起皇帝的担忧，他既是波兰国王西吉斯蒙德三世的姐夫，也在德意志北方有着自己的军事野心。华伦斯坦对瑞典攻击波美拉尼亚沿岸感到恐惧，在1626年8月发起了一场将瑞典人驱逐出普鲁士的行动，并且在下一年派遣一支军队支援波兰国王。正如他不久后评论的那样，忽视瑞典人的威胁会创造一个比土耳其人更糟糕的敌人。[12]华伦斯坦的策略进而迫使古斯塔夫·阿道夫重新将他的注意力从作为一个最终目标的西里西亚，转向下萨克森这一更直接的威胁来源。事实上，西班牙-奥地利的北海-波罗的海的海上同盟（包括波兰）的计划对瑞典所取得的一切都造成了威胁，由于波兰的加入，也对瑞典的瓦萨王朝本身产生了威胁。

古斯塔夫·阿道夫保卫他的王朝对抗瑞典的控制的斗争，因此不可避免地带来了与哈布斯堡家族的双重冲突：一方面，奥地利哈布斯堡支持他的竞争对手——天主教瓦萨家族；另一方面，西班牙和奥地利哈布斯堡都有着对波罗的海的计划，这也会提升波兰的实力。瑞典17世纪20年代的宣传反映了能够在后来适应德意志的冲突的需要和可能性的两种方式。[13]第一，与波兰的斗争被描述为福音教和天主教之间的斗争，在这场斗争中瑞典国王有着不容推辞的宗教道德义务。第二，17 世纪 20 年代的冲突能够以民族神话的语境呈现，这种神话将瑞典的历史追溯到哥特起源。经过 16 世纪人文主义学者的润色，瑞典人是最古老民族的说法可以被用来论证任何事情的合理性，从他们优越于神圣罗马帝国统治者的愿望，到根据 9 世纪贝里克国王（King Berik）的先例对波兰、波美拉尼亚和梅克伦堡的远征。[14]

此外，瑞典的哥特神话直接挑战了西班牙的哥特起源神话。瑞典人和西班牙人都宣称他们来源于同一支登陆西班牙的西哥特人，这使 1600 年前后两个国家的学者都在构建他们所谓的哥特西班牙人起源的神话。[15]在这两种情况下，这种神话都被用来解释和论证对更广泛的、普遍的宗教冲突的参与。宗教的主题主要是面向普通民众的，哥特神话则吸引受教育者，但是一些绘画式的宣传，通过描绘哥特勇士和罗马皇帝一起将瑞典雄狮抬过海洋，将二者结合在一起。[16]

在华伦斯坦于 1627 年 11 月决定性地击败丹麦国王克里斯蒂安四世之后，古斯塔夫·阿道夫在 1628 年 1 月获得了他的等级对反对皇帝的战争的同意。克里斯蒂安寻求瑞典人的帮助，但他的幸存使古斯塔夫推迟了干预，这对他与波兰的冲突是代价很高且转移注意力的事情，并且这只会帮助加强他过去的丹麦敌人的力量。华伦斯坦在 1628 年夏天对施特拉尔松德的围攻提供了一个更有希望的机会。瑞典的少量援助迫使华伦斯坦退缩，并且保证古斯塔夫与这座城市结成同盟，这座城市牢牢地将自身与瑞典解放者结合在一起，瑞典人在这里保留了强大的驻军。[17]这代表着他最近沿着波兰的波罗的海海岸建立的控制线向西拓展，并且不久后他开始考虑夺取位于更西部的维斯马（Wismar），这也是华伦斯坦唯一的重要海军基地。尽管他在 1629 年 1 月再次决定与皇帝作战，但并没有采取引发大规模对抗的行动。

古斯塔夫在这一阶段的目标仍然是他针对波兰的战略的延伸：逼迫华伦斯坦的军队远离海岸，并且保证这些军队不会返回。从这个意义上讲，在 1630 年 7 月登陆佩讷明德（Peenemünde）前发出的宣言是相当真诚的：宣言控诉皇帝为波兰提供支持，哈布斯堡家族的波罗的海计划对瑞典造成了威胁。其中也增添了古斯塔夫希望保卫德意志诸侯自由的内容。这一点也意在通过恢复 1618 年状态，并且保证得到恢复的福音教诸侯不会再一次被拥护帝国的天主教军队击败，从而保护波罗的海海岸。这将通过瑞典在施特拉尔松德、维斯马和其他地方的根据地得到保证，这种控制将持续有效，直到可以安全撤离。[18]

最后，正是法国的干预促使瑞典人加入战斗。1629 年 9 月，在法国的调停下，波兰和瑞典在阿尔特马克（Altmark）达成了为期六年的停战协定，其中允许瑞典保有利沃尼亚以及在但泽和纳尔瓦之间的波罗的海港口的关税收入，而波兰则被允许保有对瑞典王位的宣称权。尽管这个协定对于古斯塔夫而言是一次相当大的冒险，但他在波罗的海获得的战略性地位，以及最重要的，他获得的收入（相当于瑞典全部收入的三分之一）是极为宝贵的。[19]根据 1631 年 1 月的《贝尔瓦尔德条约》，法国承诺提供每年 40 万塔勒、为期五年的援助，以支持一支 36000 人的瑞典军队，这使立即采取行动的时机似乎已经成熟。

　　瑞典军队登陆时，皇帝的权力在衰退。华伦斯坦已经被解雇；最好的军队被限制在意大利、波兰和尼德兰；那些仍然在帝国内的军队则卷入一场争端中，这场争端是关于帝国军队是否应当与天主教同盟的军队合并，以及蒂伊是否应当担任这两支独立的军队的总指挥。这对于瑞典是很有利的，因为在一开始，瑞典几乎无法负担一场大规模的行动，并且对瑞典干预的回应也远非积极。事实证明，转移到大陆并且在波美拉尼亚建立桥头堡是很容易的，根据《斯德丁条约》（Treaty of Stettin，1630 年 7 月 20 日），瑞典迫使这里的公爵们加入"永久"联盟，将他们的资源交给瑞典使用，并且如果博吉斯拉夫十四世（Bogislav XIV）去世后没有继承人，瑞典有权占有公国。[20]至于其余地区，只有陷入困境的马格德堡和不来梅立即与瑞典人结盟，此外还有一小部分被驱逐的诸侯。与他们中的大多数人达成的协定只涉及了他们的教产归还问题以及补偿（satisfactio）的支付，这也是瑞典国王最初有限的战争目标的重要表现。只有波罗的海沿岸的领地受到了"永久"条约的约束，这是为了确保持续的安全性（assecuratio）以及对瑞典的补偿。[21]与此同时，萨克森和勃兰登堡与其他福音教诸侯于 1631 年 2 月在莱比锡举行集会，宣布他们的中立和独立性。[22]

　　他们希望莱比锡同盟的形成能够促使斐迪南让步，从而使瑞典的干涉变得多余。而蒂伊在 1631 年 5 月对马格德堡的进攻使这种希望破灭了。[23]古斯塔夫的进军太迟以至于没能挽救马格德堡，但是对城市大量人口的屠杀以及随后大火造成的城市毁灭创造了一个新局面。蒂伊所谓的暴行——事实上,他也许不应该被指责——通过报纸、小册子和大报传遍了整个欧洲。在国际上以及帝国内,对福音教事业的广泛同情既加强了古斯塔夫的地位,也说服勃兰登堡选侯加入他的战斗,瑞典人无论如何需要通过他的领地进军马格德堡。在斐迪南命令蒂伊对萨克森选侯的领地发起先发制人的攻击之后,萨克森选侯也顺应了这一潮流。

斐迪南通过武力推行他的意志的努力再一次失败,并且更糟糕的事情即将到来。9 月 17 日,瑞典及其多个盟友的联军,在莱比锡附近的布赖滕费尔德 (Breitenfield) 导致蒂利遭受了一场灾难性的失利。这场战争改变了一切,因为它结束了长期以来帝国军队的优势。古斯塔夫此时处在使自己成为德意志主宰的地位,并且执行他在 1631 年 5 月制订的在他的领导下的德意志同盟的计划。[24]这场胜利使他远远超出了促使他最初干涉帝国事务的波罗的海沿岸的战略考虑。他的首相阿克塞尔·奥克森谢尔纳持怀疑态度,并且想要知道国王如何能够从莱茵、施瓦本或者巴伐利亚的根据地保卫他在波罗的海的地位。[25]然而,在瑞典的宗教和哥特式宣传中所隐含的模糊的目标,此时突然看上去是可行的:对胜利的福音教同盟的领导权 600 以及在德意志创建瑞典帝国。与此同时,瑞典的胜利使很多德意志福音教诸侯的要求变得激进,这使在一段时间内与皇帝达成妥协方案变得不太可能。[26]

瑞典人允许蒂伊的军队逃走。其中一部分军队在帕彭海姆 (Pappenheim) 伯爵的领导下向西北部行军,这支军队在这里持续对瑞典人的补给线造成威胁。蒂伊本人撤退到黑森-卡塞尔，此后向南抵达讷德林根，与马克西米利安合兵一处共同保卫巴伐利亚。古斯塔夫的军队也分开了。一支军队向北行进保卫梅克伦堡。另一支军队向马格德堡行进，而后前往威斯特伐利亚。萨克森军队通过波希米亚进军并占领了布拉格，一支下属的军队占领了西里西亚。瑞典的主力军队通过图林根前往美因茨选侯的城市爱尔福特，古斯塔夫在这里对被召集的城市议员和代表宣称自己是福音教的救世主。从这里开始，他横扫了弗兰科尼亚地区，跨过这里占领了法兰克福和美因茨，并在这里建立了冬季的营地。

在美因茨，古斯塔夫·阿道夫试图确立德意志的新秩序的基础。[27]他的妻子玛丽亚·埃莉奥诺拉（Maria Eleonora）被安置在美因茨的一座新宫廷，而他的首相阿克塞尔·奥克森谢尔纳也被召来。天主教诸侯和主教逃走了，他们的领地被视为战利品。这里的图书馆以及教会、修道院和诸侯的艺术收藏品都被掠夺一空，最好的书籍和艺术品被运送到斯德哥尔摩。古斯塔夫称自己为新的弗兰科尼亚公爵，他将这里的很多领地授予忠诚的指挥官，例如魏玛公爵伯恩哈德（Duke Bernhard of Weimar）。

瑞典国王此时吸引了比之前多得多的盟友，但是他们仍然主要来自帝国较弱小的贵族：弗兰科尼亚的帝国骑士、恩斯特系的萨克森-魏玛的几个年轻的王子、包括乌尔姆和斯特拉斯堡在内的帝国城市的代表，以及那些在17世纪20年代期间被驱逐的诸侯，其中最重要的就是此前的普法尔茨选侯弗里德里希五世，他立即从海牙前来向美因茨的新主人献上他的赞美。其他人则被迫与瑞典人结为盟友，这些协定对于古斯塔夫·阿道夫令德意志的邦国为他的军队买单是非常关键的。被强加的沉重的财政负担并没有造就一个受欢迎的政权。同盟的创建或者国王对于帝国机构改革的各种计划没有取得多大的进展。他是否想要成为皇帝，或者只是成为帝国的诸侯，或者是完全毁灭帝国，这些也并不清楚。但是暂时而言，军队的绝对优势保证了对他的事业的忠诚。

　　帝国的情况将会进一步恶化。蒂伊在 1632 年 3 月试图将瑞典军队驱逐出班贝格，这给了古斯塔夫·阿道夫进军巴伐利亚的理由。到目前为止，《贝尔瓦尔德条约》要求他对巴伐利亚保持中立，因为巴伐利亚已经在《枫丹白露条约》中与法国结盟。在几周之内，瑞典国王的主力军队已经抵达了巴伐利亚的边境。蒂伊的军队在赖恩（Rain）被击败，蒂伊本人受了致命伤。5 月 17 日，古斯塔夫·阿道夫和被驱逐的弗里德里希五世胜利进入慕尼黑。正如弗里德里希十年前在海德堡经历的一样，马克西米利安的收藏品遭到掠夺。他的火炮和其他武器被俘获，周边的城镇和村庄也被掠夺；马克西米利安本人逃到了萨尔茨堡，并且在三年内没有回到他自己的都城。

　　皇帝此时的处境是绝望的。他无法再依赖天主教同盟。与此同时，他的西班牙亲戚也很难在帝国内提供帮助。[28]瑞典人对莱茵河的征服破坏了“西班牙之路”，尽管 1632 年春天重新夺回了施派尔，西班牙的处境仍然是脆弱的。在荷兰的新攻势之下，西班牙在尼德兰的官厅召唤他们驻扎在帝国的军队，但是这些军队无法避免 1632 年 8 月马斯特里赫特的沦陷。在意大利，曼托瓦战争后暴发了严重

601

的瘟疫，西班牙军队因此受到了削弱。

在这种越来越糟糕的处境下，除了召回华伦斯坦，皇帝似乎别无选择。1631 年 12 月，谈判就已经进行。这位将军同意为皇帝招募并装备一支新的 70000 人的庞大军队。1632 年 4 月，他被授予全面的指挥权。[29]在下奥地利的格勒尔斯多夫（Göllersdorf）达成的协定的确切条款并不为人所知，但是其中似乎包括签订有限的和平条约的权力、对帝国内皇帝的所有军队的最高指挥权，以及没收他征服的所有土地或者宽恕这些统治者的权力。此外，皇帝同意匈牙利国王（皇帝的继承人以及未来的斐迪南三世）应当被排除在主动的军事义务之外，而且《归还教产敕令》应当被撤销。如果华伦斯坦自己在战斗中失去了任何领地，都会通过授予奥地利的领地进行补偿。

华伦斯坦的策略很谨慎：他不希望用唯一剩余的帝国军队冒险。他向西进军与马克西米利安在上普法尔茨的残兵会和，接下来他驻扎在纽伦堡外的一座防御坚固的城堡内。与此同时，他的指挥官开始将萨克森人向北驱逐出波希米亚和摩拉维亚。古斯塔夫在纽伦堡围攻华伦斯坦的企图，只是把自己束缚了几个月，给自己带来了严重的损失，并且失去了前往维也纳所需要的关键突破。当古斯塔夫放弃围攻之后，华伦斯坦向东北进入萨克森，并且在 11 月 1日占领了莱比锡。他相信这一年的战争即将结束，将他的部队派往冬季营地，但是之后就被瑞典人惊到了。瑞典人跟随他北上，并且此时在吕岑与他遭遇。势均力敌的军队之间爆发了一场激烈的战斗，双方都遭受了严重的损失。在看不到胜利希望的情况下，华伦斯坦选择撤退并且退往波希米亚。他将失利归罪于他的一些军官的背叛，他总计处决了 17 个人。瑞典人也无法享受他们的胜利，因为古斯塔夫·阿道夫在战斗中阵亡。

古斯塔夫·阿道夫去世时年仅 39 岁，他的去世造成了他的盟 **602** 友普遍的惊慌：最后一个真正有超凡魅力的人物离开了舞台。他的继承人——女儿克里斯蒂娜此时只有六岁。瑞典在帝国内外的政策都由首相阿克塞尔·奥克森谢尔纳掌控。他对德意志非常了解，因为他曾经在罗斯托克、耶拿和维滕贝格学习。和他已故的君主相比，他更为谨慎，在政治上更加机敏，并且更不会冲动。尽管他在与诸侯和君主打交道时充满自信，但是他缺少国王的权威。

从一开始，法国就倾向于限制瑞典的地位。黎塞留对瑞典在西部和南部持续的胜利感到担忧，一直为德意志诸侯和城市提供保护：1631 年的特里尔，1632 年和 1633 年的其他很多城市。1633 年 8 月，法国军队入侵洛林并且占领了南锡（Nancy）和另一些重要地点。到 1634 年底，法国控制了南至巴塞尔，北至科布伦茨，西至洛林的一大片帝国领地，在凯撒斯劳滕（Kaiserslautern）、施派尔、菲利普斯堡（Philippsburg）、曼海姆以及特里尔的埃伦布赖特施泰因（Ehrenbreitstein）有着强大的驻军。与此同时，给瑞典的援助支付金额减少，而且伴随着越来越严苛的条件。

即便如此，奥克森谢尔纳起初能够在政治方面比古斯塔夫取得更多进展。他仍然推行着保卫波罗的海沿岸和构建友好的诸侯联盟以保卫波罗的海沿岸的二元战略。到 1633 年 4 月，他基于弗兰科尼亚、施瓦本、莱茵选侯大区和上莱茵大区创建了海尔布隆同盟

（Heilbronn League），这一同盟致力于为保卫"德意志自由"、恢复福音教等级以及瑞典的补偿而战。他本人成为这一同盟的唯一领导者。[30]他为弗里德里希五世（他在古斯塔夫去世后几周内去世，享年36岁）的继承人恢复普法尔茨以及选侯头衔，菲利普·路德维希·冯·锡门担任监护人。这一行为给出了他未来的打算的明确信号。[31]

弗里德里希五世和古斯塔夫·阿道夫的其他前盟友也得到了丰厚的赏赐：路德宗的巴登-杜尔拉赫得到了天主教的巴登-巴登；符腾堡获得了上施瓦本的天主教领地；霍恩洛厄的伯爵们获得了大量新领地；帝国城市被允许没收在城市围墙之内剩余的天主教教会财产。瑞典的将军和官员也得到了土地奖励，例如，瑞典陆军元帅霍恩被授予条顿骑士在梅根特海姆的土地。奥克森谢尔纳为自己作为瑞典首相预留了帝国大首相美因茨选侯的土地，这体现了他的个人野心。他立即着手构建一个由帝国骑士组成的政府，并且开始实施经济和行政改革的方案。坐落于美因河和莱茵河交汇处、能够容纳17000人的规模巨大且戒备森严的古斯塔夫堡（Gustavburg），是奥克森谢尔纳的德意志体系的军事支柱。

603　　　尽管他得到了很多，但他的体系在两个方面存在根本缺陷。首先，它的财政基础是不稳定的。[32]海尔布隆同盟决定维持一支大规模军队，其成本是每年超过1000万塔勒。此外，盟友同意支付各支军队的大规模欠款：一些军队自1627年以来就没有被支付，甚至不能确定确切的拖欠金额。法国和荷兰的援助此时直接进入了同盟的金库；同盟的成员同意每年支付250万塔勒，但是这仍然留下了巨大的缺口，只能通过直接的地方税弥补。奥克森谢尔纳别无选择，只能放手让他的指挥官自行解决，并且屈服于一些无理的要求。魏玛的伯恩哈德作为同盟军队的联合总指挥，得到了维尔茨堡和班贝格主教的领地来为他的军队提供资金；作为一名没有领地的幼子，他被提升为瑞典国王封臣的弗兰科尼亚公爵，这满足了他获得自己的世袭邦国的野心。[33]

与伯恩哈德共同指挥的瑞典指挥官——比约博格（Björnborg）伯爵古斯塔夫·卡尔松·霍恩（Gustav Karlsson Horn）获得了对阿尔萨斯大部分地区的控制。在 1632~1633 年的冬天，军队中明显的不满和叛乱的威胁使其他指挥官和官员得到了类似的赏赐。在奥克森谢尔纳的许可之下，很多人只是掠夺和残酷地剥削他们控制下的土地。一些人不仅付清了军队的费用，还获得了巨大的收益：大量款项被运送回斯德哥尔摩以建造新的宫殿，并且用很多抢夺来的艺术品来装饰这些宫殿。[34]7 月在法兰克福召开的联盟会议上，对所有包含在联盟中的土地征收更多税款得到了批准，但是财政问题从未完全被解决。奥克森谢尔纳甚至求助于售卖仍未被征服的教会财产。例如，在 1633 年，他将艾希施泰特和奥格斯堡作为世袭财产卖给布兰登施泰因（Brandenstein）伯爵，获得了超过 100 万塔勒，并且增添了康斯坦茨采邑主教区以及附赠的"康斯坦茨亲王"的头衔作为礼物。[35]尽管古斯塔夫·阿道夫出于政治庇护的目的对教会土地的利用较为适度，但是奥克森谢尔纳不得不首先将它们作为金钱来源对待。

更突出的问题是，奥克森谢尔纳没能获得勃兰登堡或者萨克森的完全支持。[36]这两个人在一开始都不希望加入奥克森谢尔纳的同

盟。对于勃兰登堡而言，关键问题是波美拉尼亚的继承。根据1493
年的继承协定，在博吉斯拉夫十四世去世之后，勃兰登堡有权获得
波美拉尼亚，这将使勃兰登堡能够通向奥得河河口和波罗的海。然
而波美拉尼亚在瑞典的计划中也扮演着关键角色，这里和梅克伦堡
604　是瑞典人决心不惜一切代价保有的领地。关于格奥尔格·威廉的儿
子和克里斯蒂娜女王婚姻的讨论（格奥尔格·威廉的妹妹已经嫁给
了古斯塔夫·阿道夫），并不足以对勃兰登堡选侯在波美拉尼亚的
挫败进行调解。对瑞典关于波美拉尼亚的打算的不信任，足以说服
勃兰登堡选侯采取他的王朝一贯的追随萨克森领导的策略，尽管他
表达了希望萨克森和勃兰登堡促成某种和约的强烈愿望。

　　在德累斯顿，萨克森选侯被试图说服他的使者包围了。奥克森
谢尔纳本人拜访了他，而后又派遣其他人前去。丹麦派遣瓦滕斯莱
本（Wartensleben）伯爵在德累斯顿和维也纳之间调停，尽管双方
几乎都不感兴趣。黑森-达姆施塔特邦国伯爵格奥尔格担心他的亲
戚归正宗的黑森-卡塞尔邦国伯爵威廉将会利用他与瑞典人的同盟，
重新夺取他的父亲在1627年失去的马尔堡的领地，因而也密谋与
皇帝谈判。华伦斯坦派出使者带着各种持续变化的和平和战争的方
案。前来劝说的外国使者带来了各种类型的建议。在古斯塔夫去世
之后，萨克森选侯本人在1632年12月退出了与瑞典的同盟。此时
他并不倾向于恢复这个同盟。奥克森谢尔纳的计划只是引起了他的
愤怒，他对德意志福音教徒传统的领导地位正在被忽视，并且他反
对任何使他成为瑞典国王的附属品的方案。

　　然而，由于皇帝最初的要求过于严厉，并且由于没有任何合理

的方案，1633 年春天萨克森再一次同意与瑞典结盟。萨克森选侯最初被一个不太现实的想法吸引，即萨克森的继承人可能在瑞典人的帮助下获得波希米亚王位，因为普法尔茨的王位宣称者弗里德里希五世已经于 1632 年 11 月 29 日在美因茨去世。这一野心很快被修改为入侵西里西亚的计划，这为与皇帝进行最终谈判保留了更大的空间。萨克森与瑞典结成的新联盟（勃兰登堡也参与进来）没有取得任何进展，因为奥克森谢尔纳与萨克森选侯互相公开指责。[37]萨克森或者勃兰登堡正式加入海尔布隆同盟的可能性在 1634 年 7 月完全消失，此时奥克森谢尔纳表明了瑞典对补偿的全部要求，其中包括整个梅克伦堡和波美拉尼亚。[38]

　　在 1633 年到 1634 年初的这段时间展开各种谈判的同时，战争仍然在持续：在西南部，法国和瑞典军队为一方，西班牙、奥地利和天主教同盟的军队为另一方；在西北部，瑞典的盟友和帝国军队在威悉河作战。然而，这两地的冲突都是边缘的，二者都不会成为决定性的冲突。真正的对抗阵地在东部，瑞典及其盟友为一方，华伦斯坦的帝国军队为另一方。在这里，1633 年的事件很大程度上由华伦斯坦本人决定，其中外交比战争更重要。

注释

1. Gotthard, *Säulen*, i, 370–8 and ii, 606–7, 713–19.
2. Press, *Kriege*, 216–17; Gotthard, 'Luthertum', 88–90.

3. Parker, *Thirty Years War*, 117. Nischan, 'Reformed Irenicisim'.

4. Parker, *Thirty Years War*, 118. Nischan, 'Brandenburg's Reformed Räte'.

5. Parker, *Thirty Years War*, 106-8.

6. Gotthard, *Säulen*, i, 378-9.

7. Cramer, 'Cult'; Kroener, 'Gustav-Adolf-Mythos'; Opgenoorth, 'Gustav Adolf'.

8. Gilly, 'Löwe', 252-3, 263-8. 另见本书页边码 473 页。

9. Parker, *Thirty Years War*, 109.

10. Parker, *Thirty Years War*, 62, 66.

11. Ritter, *Geschichte*, iii, 353; Roberts, *Imperial experience*, 32-5.

12. Mann, *Wallenstein*, 466.

13. Roberts, *Imperial experience*, 69-73.

14. Roberts, *Imperial experience*, 71-2; Roberts, *Early Vasas*, 91-2, 152-3, 201, 469; Frost, *Northern wars*, 134-5.

15. Burkhardt, *Krieg*, 58-9.

16. Burkhardt, *Krieg*, 58; Goetze, *Oxenstierna*, 22-8.

17. Roberts, *Essays*, 82-3.

18. Roberts, *Essays*, 85-6.

19. 西吉斯蒙德三世的继任者瓦迪斯瓦夫四世（1632~1648 年在位）在 1632~1634 年被一场与俄国的战争分散精力，在这场战争中他没能重新获得失去的领地，也没能维护自己在 1611~1619 年掌握的沙皇皇位。随后在 1635 年，波兰议会批准了在斯图姆斯多夫达成的为期 26 年的和约，其中允许瑞典人再次获得利沃尼亚，但要把普鲁士和波罗的海的港口关税权还给波兰，借此先发制人地阻止了国王发动重夺瑞典王位的战争的企图。Stone, *Polish-Lithuanian state*, 149 - 55; Frost, *Northern wars*, 33, 142-7.

20. Roberts, Essays, 86-7. 这与勃兰登堡选侯对于自己将会继承波美拉尼亚的期望是冲突的。勃兰登堡的继承依据是 1529 年的

《格里姆尼茨条约》（Treaty of Grimnitz），在条约中勃兰登堡放弃了对波美拉尼亚的宗主权的主张并承认这一公国的直属地位，以换取波美拉尼亚公爵系绝嗣之后明确的继承权。勃兰登堡仍然可以使用波美拉尼亚的盾徽和头衔。博吉斯拉夫十四世在1633 年中风之后被宣告不胜任统治，在 1637 年未留下子嗣而去世，瑞典人随即在这里建立了占领政府。Miller and Taddey, *Lexikon*, 143, 483; *ADB*, iii, 56 – 8; Schindling and Ziegler, *Territorien*, ii, 203–4.

21. Roberts, *Essays*, 86–92.

22. Gotthard, ' Luthertum ', 88–90.

23. Schmidt, *Krieg*, 51 – 2; Wilson, *Europe's tragedy*, 468 – 70; Langer, ' Krieg ', 301.

24. Roberts, *Essays*, 91–2.

25. Goetze, *Oxenstierna*, 87–90.

26. Frisch, *Restitutionsedikt*, 160–9.

27. Langer, ' Krieg ', 301–2.

28. Parker, *Thirty Years War*, 116–17, 119.

29. Mann, *Wallenstein*, 826–34.

30. Roberts, ' Oxenstierna ', 77–81.

31. Ritter, *Geschichte*, iii, 552. .

32. Parker, *Thirty Years War*, 121–2; Asch, *Thirty Years War*, 107–8; Langer, ' Heilbronner Bund ', 121.

33. 因此他并不是帝国的诸侯（只有皇帝能够授予这种地位），并且他不得不同意如果他去世之后没有继承人，他的公国将会交给瑞典国王。Langer, ' Heilbronner Bund ', 120.

34. Frost, *Northern wars*, 134.

35. Wolgast, *Hochstift*, 337.

36. Dickmann, *Frieden*, 74–7; Roberts, ' Oxenstierna ', 75–6.

37. Langer, ' Heilbronner Bund ', 119.

38. Langer, ' Heilbronner Bund ', 121–2.

第五十四章

华伦斯坦及之后

605   我们并不确切了解华伦斯坦正在试图实现的目标。个人的王朝野心是不可能的，因为他没有男性继承人。后来背叛的指控几乎可以肯定是没有根据的，但是他的一些谈判确实可以解释为违背了皇帝的利益。在他再一次得到任命之前，他曾经和古斯塔夫·阿道夫通信，而皇帝并不知道这一点。[1]当他在 1632 年 4 月再次被任命时，他获得了与萨克森谈判的权力，但是他与法国、瑞典甚至是波希米亚流亡者的谈判几乎可以肯定超出了他的任务。他一直以来的主要战略目标是在瑞典和福音教选侯之间制造不和，并且他同意与萨克森达成为期两个月的停战协定以促进这一目的。1633 年 10 月，他向北进入西里西亚并且在施泰瑙（Steinau）击败了一支瑞典军队；此后他占据了勃兰登堡和卢萨蒂亚重要的邻近城镇。然而他没有侵犯萨克森并且撤退回波希米亚的冬季营地。接下来他向德累斯顿和柏林再一次提出和平协定。

      对于他周边的很多人来说，他的行为是难以理解的。他很少解释，并且经常表现得专横傲慢且冷酷无情。在他身上，出众的才华和奢华、自我陶醉的虚荣与狂妄自大结合在一起。在他生命的大约最后一年里，他也处于明显的病态并且经常出现幻觉，他追求的目标几乎可以肯定是相互矛盾的。这在德意志的诸侯中并不罕见，然而他们中几乎没有人真正接受华伦斯坦为他们的一员。他始终是一个局外人，他有着多样的能力以及无休止的创造力，以至于他无法成为皇帝温顺的臣仆。然而他没有独立于皇帝的权威；很多人拒绝承认他的德意志邦国，实际上他几乎是刚一得到就立即失去了。

然而，尽管有着许多对他不利的因素，华伦斯坦也有着非凡的狡诈和实用主义的能力。尽管他领导了天主教在北方的反击，但是当他成为梅克伦堡公爵时，他立即向福音教贵族保证了他们的宗教自由。[2]在弗里德兰，作为波希米亚国王的封臣，推行天主教是他的职责；作为帝国的诸侯，以何种方式行使宗教改革权是他的特权。在 1630 年被解雇时，他没有提出抗议就返回了波希米亚的封地，但是当他再次被授予广泛的权力时，他立即寻求光荣地与皇帝和解。1628~1629 年，他阻止了终结克里斯蒂安四世的战斗，因为他意识到自己缺乏资源去毁灭一个掌握着关键的海上资源和一支颇具规模的军队的君主。1632~1633 年，他谋求解决方案，一直对萨克森和勃兰登堡寻求让步，面对他的敌人，特别是瑞典和法国，他认为自己无法战胜这些敌人。对于维也纳希望帮助促进西班牙在意大利和尼德兰的野心，他始终持批判态度。

在维也纳，批判华伦斯坦的声音越来越多。他在 1633 年拖拉的行为被表述为叛变，而不是必要的将外交作为高于军队的首要手段。他的军事失败为那些想要利用这些失败的人提供了足够的证据：福音教徒控制了巴伐利亚大部和西部地区。在西里西亚，华伦

606

斯坦并没有利用他在施泰瑙的胜利。此后，在华伦斯坦没能赶来援救马克西米利安的 2000 人的驻军之后，雷根斯堡在 1633 年 11 月落入了魏玛的伯恩哈德之手。

华伦斯坦的盟友一个接一个抛弃了他，并且加入围绕着耶稣会士告解者拉莫尔迈尼的群体，后者对行动没有耐心。他们的决心得到了西班牙代表桑乔·德·卡斯塔涅达侯爵（Marquis Sancho de Castañeda，以及从 1633 年 10 月起奥尼亚特伯爵）的支持，他们为华伦斯坦众所周知地反对奥地利促进西班牙在意大利和尼德兰的野心的努力感到愤怒。此时他们透露了派遣一支由枢机主教斐迪南亲王领导的西班牙军队的计划，但是要等到华伦斯坦主动放弃或者被剥夺帝国内所有天主教军队的指挥权。[3]

最后一根稻草，是这位元帅在 1634 年 1 月 12 日要求他的所有上校在比尔森向他个人宣誓效忠的消息传到了皇帝的宫廷。"比尔森誓言"的消息促使斐迪南命令逮捕华伦斯坦，无论他是死是活。在前一年 12 月，斐迪南已经秘密联络了华伦斯坦的三个主要将领——约翰·冯·阿尔德林根（Johann von Aldringen）、马蒂亚斯·冯·加拉斯（Matthias von Gallas）以及奥克塔维奥·皮科洛米尼（Octavio Piccolomoni）。1 月 24 日，一个秘密会议剥夺了华伦斯坦的指挥权；即使是 2 月 24 日在比尔森的第二次宣誓，也不再能够保证他的大多数官员的忠诚。华伦斯坦和一小波亲密的下属从布拉格逃到了埃格尔，逃向萨克森人和瑞典人。此后，他的亲信克里斯蒂安·冯·伊洛（Christian von Ilow）、亚当·特尔奇卡（Adam Trčka）和威廉·金斯基（Vilém Kinsky）被谋杀。

华伦斯坦本人被沃尔特·巴特勒（Walter Butler）、沃尔特·莱斯利（Walter Leslie）、沃尔特·德弗罗（Walter Devereux）和埃格尔驻军的指挥官约翰·戈丹（John Gordan）刺杀。他们都参与了一次或者两次比尔森誓言。参与谋杀的所有人都从被谋杀的这位将军的大量财产中获得了慷慨的赏赐。[4]无论斐迪南二世是否想要华伦斯坦死——他请求他的耶稣会士为这次行动的胜利结果祈祷，这一事实表明他确实这样希望——这一残忍的司法谋杀并没有帮助他提高自己在帝国内的名声。[5]奥克森谢尔纳立即向勃兰登堡和萨克森指出，这整个事件只是证明了与皇帝打交道是多么危险。[6]

然而，这的确为一场重要的胜利铺平了道路。奥克森谢尔纳没能在 1634 年 4 月延长他的海尔布隆同盟，但是当战争在 7 月恢复时，瑞典人和他们的盟友仍然取得了重大的进展。[7]萨克森人再次进军波希米亚并且直插布拉格，海尔布隆的军队进军巴伐利亚并且夺取了兰茨胡特。此时华伦斯坦的指挥权已经交给了皇帝的儿子匈牙利的斐迪南，他夺取了雷根斯堡和多瑙沃特，并且包围了讷德林根。9 月一开始，枢机主教斐迪南亲王就带着许诺的西班牙军队抵达了这里。这两个斐迪南一起夺取了这座城市，并且对魏玛的伯恩哈德的福音教军队造成了毁灭性的打击：他的 25000 人中几乎一半被杀，还有 4000 人被俘。伯恩哈德向西逃往阿尔萨斯，奥克森谢尔纳撤回了美因河以南的所有驻军。这一战打破了瑞典人不可战胜的神话。海尔布隆同盟瓦解了；奥克森谢尔纳离开了德意志，并且只在 1636 年短暂回来之后就永久离开了。[8]他最长久的盟友黑森-卡塞尔邦国伯爵威廉，相信只有法国能够将德意志福音教徒从哈布斯

607

堡的暴政中拯救出来。他甚至想要选举法国国王为皇帝，因为他相信只有这样才能保卫"德意志自由"。[9]

在战争结束后的几十年，出现了关于法国人成为皇帝的很多讨论。[10]然而，对于此时而言，皇帝是哈布斯堡家族的，并且瑞典权力的崩溃使向皇帝妥协成了唯一的选项。在讷德林根战役之后，黑森-达姆施塔特、萨克森和皇帝之间于 1633 年在利特梅里茨开始谈判，并且在新的地点皮尔纳（Pirna）取得了迅速的进展。皇帝最近的胜利极大地加强了他的地位，然而对于他的顾问而言，他很显然也需要做出一定的让步，以确保达成可行的协定。最后，在 1635 年 5 月 30 日，皇帝和萨克森选侯在布拉格达成了和约。

和约宣布签署者的希望是将"珍贵的德意志民族恢复到其过去的完整、安定、自由和安全"的状态。[11]这个和约是用来解决这场冲突的主要的制度、宗教和领地问题。在 1552 年《帕绍条约》之前福音教徒夺取的所有主教辖区和其他教会财产，都以目前的状态得到确认。从 1552 年到 1627 年 11 月 12 日所有权发生变化的所有教产，仍然由当前的统治者保有四十年的时间，并且不改变其宗教。《归还教产敕令》因此中止了。在四十年之后，由同等数量的天主教徒和福音教徒组成的委员会将寻求达成友好协定，如果无法达成协定，就仍然保持 1627 年的情况。

然而，值得注意的是，帝国骑士以及除纽伦堡、斯特拉斯堡、乌尔姆和法兰克福以外的所有帝国城市都被排除在豁免之外，这意味着《归还教产敕令》的条款仍然会在施瓦本和弗兰科尼亚的大部分地区继续执行。马格德堡被授予萨克森选侯的次子奥古斯特，他当选为马格德堡的教区长官，并且终其一生担任这一职位。他要给勃兰登堡支付终生的费用，以承认其在 1628 年之前的管辖权。利奥波德·威廉大公放弃了对马格德堡的所有宣称，但是被确认为哈尔伯施塔特采邑主教。

　　核心机构将会被改革和恢复，并且会议批准了保证帝国从外国军队的解放以及此后维持和平与稳定的措施。根据设想，帝国最高法院的成员中，天主教和福音教的人数应当保持均等，而且选侯应该商议帝国宫廷参事院未来的成员。帝国军队将继续存在，等级将为更多将要合并到帝国军队的部队提供资金。尽管皇帝将会对这支军队拥有总体的权威，但是萨克森被授予对所有福音教军队的领导权，而巴伐利亚的马克西米利安被授予实质上相当于天主教同盟的军队的指挥权。[12] 除了选侯的联盟和传统的王朝之间的世袭协定之外，所有同盟和联盟都将被解散。

　　一些主要的诸侯得到了奖赏，一些被驱逐的人得以恢复地位。萨克森得到了在 1620 年和 1623 年的协定下对卢萨蒂亚的所有权的确认，也从马格德堡获得了一些领地。勃兰登堡被许诺了在波美拉尼亚的继承。梅克伦堡公爵和洛林公爵恢复了他们自己的领地。普法尔茨的选侯头衔转移到巴伐利亚，以及上普法尔茨的授予都得到了确认；作为回报，马克西米利安承诺为帝国军队提供大量资助。对于哈布斯堡而言，主要的收获是除西里西亚的部分领地之外，所有领地豁免于限制其宗教改革权的法律：斐迪南准备好接受《归还教产敕令》在帝国内的中止，但是并不在他自己的领地。

　　另一些人则受到了惩罚。弗里德里希五世的继承人被永久剥夺了他们的领地和选侯头衔，尽管皇帝承诺如果他们变得忠诚，就提供给他们诸侯的身份。他们暂时仍然被排除在普遍的大赦之外，和他们一起的还有参与"波希米亚和普法尔茨问题"的其他所有人。归正宗的黑森-卡塞尔邦国伯爵被驱逐，他的领地被他在黑森-达姆施塔特的路德宗的亲戚接管。路德宗的符腾堡公爵和归正宗的巴登-杜尔拉赫边疆伯爵作为 17 世纪 20 年代的核心反叛者也被排除在外，直到皇帝决定在某个时候宽恕他们。[13]恩斯特系的萨克森-魏玛的各公爵则获得了被包含在大赦中的可能性，只要他们向皇帝的权威屈服。[14]

　　斐迪南二世将草拟的和约方案递交给一个 24 名神学家的会议。他自己的告解者拉莫尔迈尼和其他四名耶稣会士一起极力反对这个草案。然而最终，16 名神学家的多数票认同由特劳特曼斯多夫（Trauttmannsdorff）伯爵提出的更为折中的方案。他是皇帝与萨克森选侯、华伦斯坦、匈牙利国王、西班牙哈布斯堡的代表以及帝国枢密院的各种谈判中的关键顾问。[15]

　　拉莫尔迈尼可能会抱怨做出的让步已经超出了上帝允许的范围，但是实际上这些让步并不够。和平方案相当详细，但仍然在关键问题上留下了冲突的可能性和含糊之处。这个和平方案整体上相当有利于皇帝和天主教一方；尤其是这个方案保证了德意志西南部地区，传统上作为哈布斯堡有着强大影响力的地区，仍然由天主教诸侯主导。《归还教产敕令》被中止，但是并没有被正式废除。归正宗在帝国内的法律地位的问题仍然没有得到解决：勃兰登堡选侯只是被包含在大赦的一小部分加尔文宗教徒之一。那些仍然被驱逐的人持续追求着他们的主张。梅克伦堡公爵和波美拉尼亚公爵的领地归还（以及勃兰登堡对后者继承权的恢复）都很好，但是瑞典人仍然占领着他们的领地，并且没有为瑞典人对补偿的要求做出任何规定。事实上，也许这个和约的主要缺陷，就在于其看上去依赖于瑞典的权力已经被永久摧毁以及法国人不会进一步干预的假设。然而这些假设很快就会被证明是错误的。

《布拉格和约》是一个德意志的和约，并且几乎所有德意志等级很快就正式同意这个和约。[16]随之而来的是一波爱国的和平宣传的强烈浪潮，宣告了德意志自由的拯救和政体的恢复。[17]皇帝的支持者和他的盟友自然强调新的帝国秩序的好处。更值得注意的是，在过去十年左右的时间里站在对立一方的人，或者至少对皇帝保持冷漠的人的热烈响应。甚至归正宗的安哈尔特的诸侯也宣称这个和约是真正的"德意志统一的纽带"。一些人此时也大力反对对抗自己祖国的军事义务，并且将和平和统一置于教派团结之上。仍然在瑞典军队服兵役的德意志人面临着退出军队并且为自己的民族服役的压力，而且丰收学会的三名成员事实上辞去了他们在瑞典的职务。[18]

诚然，用来称颂《布拉格和约》的话语是以明显不同的方式呈现的。奥地利和西班牙的作家更多提及"德意志民族"（团结在皇帝之下）。[19]而很多诸侯首先考虑的是"德意志自由"的措辞（免于哈布斯堡的专制）。这些细微的差别在和约的早期余晖中是被忽视的。但是不可回避之处在于，更大的政治-制度问题仍然存在。特别是，皇帝多次否决了黑森-达姆施塔特邦国伯爵格奥尔格提出的

610　建议，即等级作为整体应当召开会议来决定关键问题，并且瑞典应当被包含在所有和平协定之内。代表诸侯达成的协定（即他们应当为帝国军队的维持支付费用）是一个重要的创新，其中的含义对他们中的很多人而言并不陌生：他们传统的决定权被绕过了。天主教选侯也质疑皇帝仅与单独的诸侯达成协定的行为，其他所有人也应当同意协定。解决方案也许是召集帝国议会，但是帝国议会自1613年以来就没有召开过，皇帝也并不渴望它的恢复。[20]

《布拉格和约》真正标志着德意志和平运动的开始，并且通过各种变化一直持续到战争结束。最终，布拉格体系的元素和它所激发的情绪，塑造了在1648年达成的更为持久的协定。但是1635~1648年的年月也代表着制度斗争的另一阶段，这些斗争从一开始就处于战争的核心。

注释

1. Suvanto, *Politik*, 37-41.

2. Mann, *Wallenstein*, 580

3. Asch, *Thirty Years War*, 108-9.

4. Evans, *Making*, 202-3.

5. Parker, *Thirty Years War*, 125.

6. Suvanto, *Politik*, 185-6.

7. Roberts, 'Oxenstierna', 83-4..

8. Roberts, 'Oxenstierna', 85-92.

9. Parker, *Thirty Years War*, 127.

10. Schmidt, 'Französischer Kaiser?'.

11. Wandruszka, *Reichspatriotismus*, 66.

12. Asch, *Thirty Years War*, 115.

13. 符腾堡公爵在 1638 年被宽恕，并且收回了一些他的领地；巴登-杜尔拉赫的弗里德里希五世在 1648 年才被恢复：Schindling and Ziegler, *Territorien*, v, 144-5, 188-9。

14. 除了魏玛的伯恩哈德以外，所有人都这样做了：*ADB*, ii, 439-50。

15. Bireley, *Jesuits*, 162-4; *ADB*, xxxviii, 531-7.

16. Asch, *Thirty Years War*, 114.

17. Wandruszka, *Reichspatriotismus*, 71 - 81; Schmidt, *Geschichte*, 167-8; Hansen, 'Patriotismus', 36-48. Schmidt, *Vaterlandsliebe*, 358-415.

18. Schmidt, *Geschichte*, 168.

19. Asch, *Thirty Years War*, 110-11.

20. Höbelt, *Ferdinand Ⅲ.*, 163-76.

第五十五章

法国、瑞典和德意志道路（1635～1648）

611   在《布拉格和约》签署的同一个月，法国正式向西班牙宣战。战争理由是西班牙军队逮捕了菲利普·克里斯托夫·冯·索特恩，他是特里尔选侯并且自 1631 年以来就是法国的盟友；西班牙军队将他交给皇帝，皇帝一直监禁他到 1645 年。这场斗争的真正焦点是佛兰德，比利牛斯山、阿尔卑斯山西部以及北意大利是次要的冲突地点，最终的冲突发生在上莱茵、中莱茵以及阿尔贡（Argonne）。法国和西班牙之间的主要冲突一直持续到 1659 年的《比利牛斯和约》（Peace of Pyrenees），但是在德意志的行动在三十年战争的最后一个阶段发挥了重要作用，并且论证了法国在 1648 年德意志的和约的参与和补偿要求的合理性。在帝国西北部，法国继承了瑞典体系的遗产以及瑞典人的战略选择。

     瑞典人已经在 1634 年被击败，但瑞典在德意志的地位并没有被摧毁。到此时的冲突已经给瑞典的资源造成了相当大的压力。撤退到德意志北部的同时，人们也越来越认识到瑞典应当尽快退出战争。然而与此同时，斯德哥尔摩的人们也一致认为，在和约达成之前，某些前提条件必须得到满足：瑞典必须为其代表德意志福音教徒的利益做出的牺牲得到补偿；瑞典必须被允许维持对波罗的海所有港口的控制；必须找到永久限制哈布斯堡在北德意志霸权的方式。不管怎样，瑞典人相信他们不得不继续战斗，直到这些条件得到满足。

从某种意义而言，此时事情对他们变得更容易了。由于《布拉格和约》的局限性，仍然存在着一些不满的德意志诸侯，例如被驱逐的黑森-卡塞尔的威廉五世。他被驱逐出自己的邦国，但是他仍然能够带领他的军队。在他 1637 年去世之后，他的遗孀阿马莉·伊丽莎白（Amalie Elisabeth）仍然拒绝承认《布拉格和约》。在一个广泛的和平协定之后，在 17 世纪 40 年代期间，她独自发起了战争，并且在法国的帮助下，为他的儿子——后来的威廉六世获得了巨大的成功。[1]

与之相似，归正宗的很多韦特劳伯爵失去了他们的领地，他们的领地落入黑森-达姆施塔特、美因茨以及邻近的天主教王朝手中，或者是皇帝此时能够直接分配赏赐的一些新来的人，例如阿德尔贝特·冯·洛布科维茨（Adelbert von Lobkowitz）亲王、帝国副首相斐迪南·西格蒙德·库尔茨（Ferdinand Sigmund Kurz）伯爵以及勃兰登堡选侯的天主教亲信——亚当·冯·施瓦岑贝格伯爵。[2]在北方，不伦瑞克的公爵们为失去他们的主教辖区感到怨恨，在 1642 年之前一直维持着一支军队。在法国公开参与战争的情况下，瑞典也有了一个强有力的新盟友。1636 年 3 月，双方在维斯马协商法国和瑞典之间的条约（尽管在三年内并没有正式签署），而奥克森谢尔纳先是四处寻求由萨克森选侯调解的条约的可能性，之后又试图

612

发动一场深入勃兰登堡和萨克森的进攻。最终，在 1638 年 3 月，
奥克森谢尔纳发现别无选择，只能在汉堡签订条约，这为瑞典的进
一步军事行动提供了大量经济援助。

奥克森谢尔纳是有理由犹豫的，因为法国的战争努力在一开始
并不成功。法国也缺少资源。自 17 世纪 20 年代早期以来，法国一
直只是暗中参与到战争中，这已经花费了巨额资金。税收的增加是
一把双刃剑，因为在 1635 年前后的大规模起义要求成本高昂的军
事对抗措施。公开的行动因为军事失利而受阻。法国和荷兰在 1635
年的进攻没能实现任何目标，在意大利的第一次干预也没有任何收
获；由萨克森-魏玛的伯恩哈德和枢机主教德·拉·瓦莱特（de la
Valette）入侵南德意志的尝试完全失败。与之相反，西班牙-帝国
军队在 1636 年入侵法国北部直到亚眠（Amiens），而且帝国将军加
拉斯非常接近成功夺取第戎（Dijon）。

只有魏玛的伯恩哈德的第二次行动取得了成功。从 1637 年开
始，他一步步控制了整个阿尔萨斯，并且在 1638 年 12 月夺取了莱
茵河重要的堡垒和城市布赖萨赫（Breisach）。尽管伯恩哈德的军事
能力是无须质疑的，但他仍然不是一个合适的盟友。从 1635 年一
开始，他就提出了黎塞留难以满足的资金需求，并且他希望能够维
持相对法国的独立性。[3]他始终坚持被承认为他自己的军队的总指
挥，而不是服从法国国王的权威。

此外，随着瑞典人在美因茨的政权的终结，瑞典人授予他的弗
兰科尼亚公国也消失了，此时他要求获得阿尔萨斯邦国伯爵领地以
及布赖萨赫（此前都是哈布斯堡前奥地利领地的一部分）。问题在

于，从黎塞留的角度而言，伯恩哈德也要求独立掌控这个领地，而不是成为法国国王的封臣。在有战略意义的地区构建自治权力的潜在问题，只是通过伯恩哈德的去世才得以解决。他在 1639 年 7 月 11 日因病去世，时年 35 岁。伯恩哈德将他的土地留给了任何一个愿意接受的兄弟，并且表达了他的愿望：这些土地应当保留在德意志帝国内，而且他的继承者应当保持忠于瑞典。事实上，他的去世为黎塞留控制他的领地和他的军队提供了机会，这支军队此时掌控在伯恩哈德的副职——约翰·路德维希·冯·埃拉赫（Johann Ludwig von Erlach）手中。

伯恩哈德在德意志西南地区的胜利，恰好与战争整体的一个新的推动力一致。占领阿尔萨斯切断了西班牙的领地到佛兰德的道路。1639 年 10 月，西班牙舰队在多佛尔附近被荷兰海军上将马尔滕·特龙普（Maarten Tromp）摧毁，这也切断了西班牙的海上路线。[4] 第二年，西班牙王国又被两场重大的起义震动：1640 年春天加泰罗尼亚人的起义，领导者在 1641 年 1 月将自身置于法国的保护之下；随后在 1640 年 12 月，葡萄牙人的起义。[5] 第一场起义一直拖到 1652 年，直到加泰罗尼亚再次服从卡斯蒂利亚的统治；第二场起义得到了来自巴西的资源的支持，并且导致葡萄牙在 1668 年永久分离。

被破坏的补给线以及将资源调配到其他地方的需求，使佛兰德的西班牙军队越来越不受保护，并且 1643 年在罗克鲁瓦（Rocroi）经历了一场对法国人的惨败。事实上，没有任何事情能够阻挡法国向北的扩张：到 1646 年，敦刻尔克也陷落了。荷兰人发现强大和侵略性的法国作为邻国是相当令人警惕的，因此他们立即与西班牙人展开和平协商，这最终导致对抗荷兰起义者的西班牙的八十年战争正式结束，并且导致在 1648 年的《明斯特和约》中对荷兰共和国的独立的国际承认。

西班牙哈布斯堡不再有能力为奥地利人提供帮助，西班牙几乎从德意志福音教的宣传中消失了。[6]与此同时，尽管感受到自身资源的巨大压力，但是法国和瑞典仍然顶得住这种压力。他们的条约约定瑞典人从北方进攻奥地利的世袭领地，与此同时法国人向东部进军通过南德意志。

瑞典军队由杰出的将领约翰·巴纳（Johan Banér，1641 年之前）、伦纳特·托尔斯滕松（Lennart Torstensson，1641 ~ 1645）以及卡尔·古斯塔夫·弗兰格尔（Karl Gustav Wrangel，1645 年之后）领导。瑞典军队进行了一系列有效的行动，尽管没有人取得决定性的胜利。1639 年，巴纳进军经过勃兰登堡和萨克森，并且在击败一支帝国军队之后，深入波希米亚直抵布拉格。1641 年，瑞典和法国军队朝雷根斯堡进军，试图威胁那里的帝国议会。1642 年，托尔斯滕松的军队向南进军摩拉维亚，其骑兵深入维也纳附近。随着帝国军队的接近，他的军队撤退到萨克森，接下来在布赖滕费尔德决定性地打败帝国军队。此时瑞典在北德意志的行动非常自由，以至于当听说维也纳和哥本哈根展开关于结盟的讨论的消息时，并且希望将丹麦人排除在未来的任何和约会议之外，斯德哥尔摩在 1643 年12 月向丹麦宣战。[7]托尔斯滕松的军队能够取得相对轻松的胜利，这实质上终结了丹麦作为国际强权的角色。

一支帝国军队被派遣到北方援助丹麦人，但是瑞典与特兰西瓦尼亚的捷尔吉·拉科奇结成了转移帝国注意力的同盟，这导致了对匈牙利的袭击，而土耳其人拒绝支援拉科奇，使斐迪南能够在1645 **614** 年12月达成《维也纳和约》。然而，之前将帝国军队召回，使当帝国军队在从荷尔斯泰因返回波希米亚时，托尔斯滕松有机会在马格德堡附近挫败这支军队。帝国组建一支新军队的努力，遇到了瑞典人对波希米亚的又一次入侵。1645年3月6日，在布拉格东南部的扬考（Jankau），对帝国而言这次努力以灾难的方式结束，这是在整个战争期间，他们经历的最为灾难性的一场失利。在几周的时间里，瑞典军队夺取了多瑙河畔的克雷姆斯（Krems），并且维也纳当局看到了河对岸的骑兵。失去了与皇帝的联盟之后，萨克森选侯别无选择，只能与瑞典人达成和约。等到和约谈判真诚地展开的时候，瑞典能够在谈判桌上占据一席之地，并且实现已经成为其唯一的真正的战争目标的补偿。

尽管面对更大的困难，法国也能够在和约之前达到更有利的地位。无论是黎塞留的去世还是路易十三的去世，都没有导致政策上的改变：毛佐林（Mazalin）仍然推动法国军队进军南德意志。1643年和1644年，由弗朗茨·冯·梅西（Franz von Mercy）伯爵领导的巴伐利亚军队抵抗了一次法国的进攻，并且重新夺取弗赖堡。1645年，蒂雷纳（Turenne）再次进军并且攻占了梅根特海姆，但巴伐利亚人随即于1645年8月3日在讷德林根附近的阿勒海姆（Alerheim）站稳了脚跟。

第二年，法国和瑞典军队占领了巴伐利亚。然而，巴伐利亚和占领方之间达成的协定只带来了短暂的喘息机会，因为巴伐利亚在仅仅几个月之后就回到了帝国一方，这也导致了这个国家的又一场灾难。直到和约实际签订时，这场占领才结束。1648 年 5 月，蒂雷纳和弗兰格尔在奥格斯堡附近的楚斯马斯豪森（Zusmarshausen）最后一次击败了马克西米利安的军队，这导致巴伐利亚大部再一次被劫掠。最迟到 1648 年 10 月，在约翰·克里斯托夫·冯·柯尼希斯马克（Johann Christoph von Königsmarck）将军领导下的瑞典军队围攻了布拉格，并且实际上占据了较小的城镇以及王室城堡（城堡区），他们在这里劫掠了鲁道夫二世的收藏品。[8]

波希米亚和巴伐利亚的战争一直持续到和约的消息抵达这里。然而扬考战役和阿勒海姆战役实质上标志着战争的结束。皇帝已经经历了耻辱性的失败，巴伐利亚人被排除在斗争之外。法国和瑞典都没能实现入侵奥地利世袭领地的最终目标。然而，他们能够对皇帝造成足够的伤害，以保证皇帝能够对他们的德意志盟友做出让步，并实现他们双方各自想要的补偿。

并不存在最终决定性的战役。然而这场阵地战的趋势是很明显的。帝国军队没有能力组织真正的反击。1640 年后西班牙援助的丧失关键性地削弱了奥地利为更多军队借债的能力。当瑞典军队在 1645 年抵达维也纳时，斐迪南能做的，只有发誓如果圣母玛利亚能够保证这座城市幸免于难，他将为她树立一座丰碑，皇帝的略记作者后来称赞这是一种合适的回应。[9]皇帝的军事地位以及因此他的外交议价能力被削弱的程度，体现在 1648 年帝国内大约 200 个要塞中，只有 14.5% 在奥地利和巴伐利亚手中的事实：42% 由瑞典控制，28%由法国控制，13.5%由他们的盟友黑森-卡塞尔控制。[10]

尽管敌对行动持续到最后，但是对于几乎所有势力而言，他们对和平都有着真诚的愿望。所有参与者都正在感受到战争的紧张感，这种紧张感正在造成严重的国内压力。在法国，1636～1643年出现了一系列民众起义，加剧的紧张形势在1648年1月掌权贵族的一系列叛乱，即投石党运动（Frondes）中爆发。在瑞典，很多人开始主张他们在征服其他人的时候已经毁灭了自己。1642年开始的英国内战使英国的政策从支持被驱逐的普法尔茨人转变为中立，并且使大陆上的很多人更加小心避免在他们自己的领地内引起类似的动荡。和平的愿望在帝国自身也很强烈，并且17世纪40年代早期出现了另一波爱国主义创作的浪潮，表达了期待冲突解决的渴望。[11]

对于德意志的参与者而言，通往和平的道路受到对皇帝声望的持续打击以及皇帝和帝国等级之间的关系的影响。在战争的最后一个阶段，一系列和平举措在不同层面展开，并且涉及包含参与者的各种组合。皇帝、选侯、单独的诸侯和诸侯团体在不同阶段会采取这些措施。这些措施与法国和瑞典的措施一直相互影响，但是有时也会伴随着由教皇、丹麦和其他国家进行调解的尝试。这种通常相当不协调的一系列和平举措，最重要的特征是与帝国内旧的权力斗争的新形式的联系。

在一开始，皇帝和选侯的结合似乎能够决定帝国的政治特征。在1636年9月雷根斯堡的选侯会议上，他们没有任何困难地同意斐迪南二世的继承人——已经成为波希米亚和匈牙利国王的斐迪南三世当选罗马人的国王。[12]选侯为了迫使斐迪南实现和平，将对选举的承认推迟了几个月。与此同时，他们更新了《布拉格和约》中包含的征收的税金，并且讨论了通常会在帝国议会出现的那种广泛的议题。在采取真正迈向和平的举措之前，斐迪南二世去世了。斐迪南三世在 1637 年 2 月继承皇位，他继承了追求和平的相同目标，以及在有利于哈布斯堡的条件下统一帝国、重新获得最高军事权以及驱逐外国军队的相同策略。然而，布拉格体系的失败变得越来越明显，皇帝做出让步的意愿也在增加。到 1645 年，斐迪南三世迫切希望不惜任何代价实现和平。

616　　　然而斐迪南二世和斐迪南三世也都下定决心，应当由他们真正实现和平。选侯们持有不同的看法。在帝国议会缺位的情况下，他们越来越将自己视为帝国的统治机构。他们的会议实质上取代了帝国议会在政体中的地位，并且他们越来越使自己与其他诸侯区分开。从 17 世纪 20 年代晚期开始，他们开始为自己的地位抗议，特别是他们主张在帝国内拥有国王的地位和权力。[13] 1628 年，美第奇家族的一名使者在帝国礼拜堂获得了比他们更好的地位。这导致威尼斯和热那亚共和国没过多久也主张同等的地位，这使选侯们的愤怒在下一个十年里不断高涨。他们坚持在礼拜堂只有他们应当坐在皇帝旁边，这不只是关于座位和席位安排的问题。真正的问题是选侯的"优先权"、他们的优先地位和他们作为帝国"支柱"的权威。

　　这种情况的另一方面在于他们与皇帝的关系。选侯在多大程度上有代表皇帝制定政策的权威？他们是否能够迫使皇帝达成违背他个人意愿的和约？选侯内部的观点是不一致的，但是在 17 世纪 30 年代的大部分时间，巴伐利亚选侯主导着这些讨论，通常扮演着皇帝最为忠诚的盟友和最为坚定的反对者的双重角色，通过与维也纳和巴黎打交道，持续试图为巴伐利亚获得最好的结果。马克西米利安的动机很清晰。他想要保有战胜普法尔茨所赢得的所有东西，而且他经常表现得好像他并不在意这些是不是在皇帝或者法国国王的帮助下实现的。

到 1640 年，选侯们对斐迪南三世施加的压力变得很大。在纽伦堡的讨论中，他们再一次提出应当召开一场特殊会议以制订和平方案。他们也提出大区的代表（执行诸侯）应当被邀请。[14]在这件事情中，这并不是一个坏想法：这能够使为任何行动筹集资金变得更容易，甚至会激发类似于 1635 年形成的那种爱国主义的动力。然而，这也有着另外的含义，无论对于维也纳还是对于其他诸侯都是无法接受的。这个举措源于选侯，他们也设想扩大邀请的范围，这一事实使皇帝被边缘化。这明显削弱了他独有的召开帝国会议的权力，并且隐含地挑战了他代表帝国达成和约的权威。与此同时，由不伦瑞克公爵领导的一个诸侯群体发出了强烈抗议，认为他们的权力也在被破坏：关于整个帝国的决议只应当由帝国全体（也就是帝国议会的各等级）做出。

因此，选侯既出于自身的利益对和约感兴趣，也对关于谁能够制定和约的原则感兴趣。由他们自己和大区的执行诸侯组成的新机构的集会，将会给予他们在这一过程中的重要角色。事实上，这可能会将帝国转变为寡头政治，其中选侯作为寡头。面对这种可能

617

性，皇帝和其他帝国等级此时更愿意恢复在帝国议会进行政治协商和管理的传统形式。然而，这不可避免地再一次提出了皇帝和帝国等级之间的权力平衡的问题。

皇帝坚持帝国议会此时应当被召集，是基于他的信念，即只有所有等级都同意的和约才可能长期维持。这也基于他相信大区的广泛成员仍然或能够再一次忠于皇帝，或者至少支持皇帝作为帝国的最高和平维持机构。

这并不是完全错误的。在帝国议会和其他帝国机构已经瘫痪之后，帝国大区几乎是在战争期间唯一持续运转的帝国基础架构。[15]有些大区仍然执行它们的经济职能，这在 17 世纪 20 年代早期货币不稳定的时期是至关重要的。有些大区通过组织天主教和福音教成员各自的会议，以应对越来越严重的教派冲突。有些大区做出坚决的努力，避免为交战各方服务，有时还取得了成功。皇帝不断为了军队和金钱向他们求助。瑞典占领区利用大区的结构作为新政权的基础，这凸显了大区对于帝国区域组织的重要性。1635 年的《布拉格和约》，尤其是再一次利用大区收税和征募人力的决定，使整个大区体系获得了新的推动力。

这也导致了一些大区的新主张。在下莱茵大区，普法尔茨-诺伊堡的沃尔夫冈·威廉，自 1614 年以来于利希的统治者，向大区会议提出整个区域应当被宣布中立，并且帝国军队和福音教的军队应当全部撤离。这一方案没能产生结果：太多阵营对于维持在于利希这一具有战略意义、有着大量莱茵河口岸的邦国的存在抱有兴趣。然而，在 1639 年，相似的举措使下萨克森大区正式宣布其中立。[16]

这一趋势持续到 17 世纪 40 年代初期。个体和团体都与最直接的敌人达成单独的和平协定，或者加入在帝国等级中对和约的普遍要求，他们希望和约能够真正保护他们的权力和特权。勃兰登堡选侯在 1641 年与瑞典达成的协定树立了一个令人印象深刻的范例，对皇帝代表整个帝国的主张造成了严重的打击。[17]萨克森在 1645 年效仿了这一趋势。到 1648 年，皇帝唯一真正的德意志盟友是巴伐利亚，巴伐利亚选侯也经历了一系列重大失利，他也在法国和奥地利之间反复摇摆。

自 1640 年 9 月起，雷根斯堡帝国议会召开了超过一年的时间。[18]皇帝能够反对关于他的军队应当接受等级的控制的要求，但是在另一些问题上他不得不做出让步：广泛的大赦，尽管普法尔茨、不伦瑞克-吕讷堡以及黑森-卡塞尔仍然被排除在外；在 1627 年 1 月 1 日已经受到世俗统治者控制的所有教会领地将不会被触碰，这意味着放弃《归还教产敕令》和《布拉格和约》。后者是在教皇的强烈反对下达成的，这是对皇帝到目前为止的运行原则的又一次重大背离。

然而，在所有等级与皇帝达成和约之前，这一协定的执行处于中断状态。[19]帝国议会也使皇帝能够进行和约谈判，但是诸侯也应当被授权直接参与的要求被证明有些遥远：他们只被允许派遣使者参与谈判。斐迪南则仍然希望，关于内部事务的问题应当保持独立于与外国势力的任何和约谈判。在被提出的所有问题上达成协定，这被证明是不可能的，所有遗留问题都被交给一个专门的会议或者说代表会议，这个会议将于下一年在法兰克福召开。

　　哪些人应当被授权参与谈判，这个问题此时很尖锐。1641 年 12 月，皇帝已经命令他在汉堡的代表同意法国和瑞典的代表参与正式的和约谈判。他反对除了诸侯代表以外的人员参与谈判，但被随后的事件削弱。很多福音教诸侯仍然要求他们被包含进来。尤其是黑森-卡塞尔邦国伯爵夫人阿马莉·伊丽莎白，她仍然是法国和瑞典的盟友，要求法国和瑞典国王维护德意志诸侯的权力和自由。法国人和瑞典人向所有人发出了邀请，并且很快就有大量诸侯或者他们的代表离开法兰克福，前往明斯特和奥斯纳布吕克。最终，当皇帝的军队在扬考战败之后，斐迪南做出让步并且承认所有帝国等级出席和参与的权利。法兰克福会议被匆忙解散，帝国议会自身在两场平行的会议上得到召开并进行和约谈判：天主教徒在明斯特，福音教徒在奥斯纳布吕克。

　　通过在 1645 年做出的这一让步，和约的第一个关键问题得到了解决：皇帝承认诸侯参与做出关于战争与和平的任何决议的权利。在三年的和约谈判开始时，皇帝和帝国等级作为帝国主权的联合或者共同持有者的平衡已经被恢复。斐迪南二世的关于创建德意志君主国的所有计划都被抛弃。同样重要的是，也不再有关于选侯寡头制的讨论。就像诸侯于 1644 年在法兰克福宣称的那样，人们不能误以为帝国只由皇帝和选侯组成；如果事情真的是这样，那么以后他们也应当独自作战（并且自己承担费用）。[20] 17 世纪初期的制度性危机所破坏的皇帝与帝国之间的平衡也开始恢复。然而，正如和约谈判将会呈现的那样，当法国和瑞典国王谈到他们支持德意志自由时，这并不一定是他们所考虑的问题。

注释

1. *ADB*, i, 383-5.

2. Schmidt, *Grafenverein*, 447.

3. *ADB*, ii, 439-50.

4. Israel, *Dutch Republic 1476-1806*, 537.

5. Elliott, *Olivares*, 519-32, 571-99.

6. Schmidt, *Universalmonarchie*, 443.

7. Lockhart, *Denmark*, 257-65.

8. Frost, *Northern wars*, 134.

9. Repgen, 'Ferdinand Ⅲ', 147; Gantet, *Paix*, 232.

10. Repgen, 'Ferdinand Ⅲ', 151; Höbelt, *Ferdinand Ⅲ.*, 224-64.

11. Stein, 'Religion'; Hansen, 'Patriotismus', 149-69; Schmidt, *Geschichte*, 173-7; Meid, *Literatur*, 482-3.

12. Wilson, *Europe's tragedy*, 585-7.

13. Gotthard, *Säulen*, ii, 727-31. 选侯们在几十年之内追求他们的主张，在 1648 年的和平谈判中这成了一个问题，此时他们第一次要求为主权国家的使者正式保留"阁下"（excellence）的头衔。Croxton and Tischer, *Peace*, 80.

14. Gotthard, *Säulen*, i, 384-99.

15. Magen, 'Reichskreise'.

16. Parker, *Thirty Years War*, 149; Burkhardt, *Krieg*, 113.

17. Dickmann, *Frieden*, 105-10.

18. Dickmann, *Frieden*, 99-103.

19. Croxton and Tischer, *Peace*, 78-9.

20. Burkhardt, *Krieg*, 11.

第五十六章

《威斯特伐利亚和约》

619   交战各方关于和约的第一次沟通早在 1628～1630 年就已经发生。[1]从 1635 年开始，这样的联系变得越来越频繁。教皇 1636 年在科隆举行和平会议的建议没能实现，因为教皇不会与异端打交道，他们也不会与教皇的代表打交道。1638 年在吕贝克举行的会议，随后迁到汉堡，也没能带来影响。然而，达成能够解决法国和西班牙、西班牙和尼德兰、神圣罗马帝国皇帝和法国、瑞典及其在帝国内外的盟友的冲突的全面和平（pax universalis）的想法逐渐被人接受。1641 年，在丹麦的调解下又进行了一次达成协定的尝试。

      有关各方都希望达成最符合自身利益的和约，这反映在关于谁应当被允许参与谈判以及以何种条件参与谈判的激烈争论中。[2]由于斐迪南三世是在他的父亲去世之前当选罗马人的国王的，法国因此没有正式承认斐迪南三世，这一事实使事情变得更为复杂。根据法国人的说法，既然他在父亲去世后自动继承了皇位，那么实际上他并没有被选为皇帝。法国人坚持将他视为匈牙利国王，并且否认他参与任何条约的权利。此外，法国坚持西班牙应当在条约签署之前同意条约的条款。结果是，1641 年 12 月，帝国和瑞典代表之间达成了《汉堡条约》，而帝国和法国代表只是交换了意见书，并且丹麦国王保证西班牙国王会同意。

这一条约至少为和平会议提供了框架。通过指定两个邻近的地点——法国和天主教势力之间的谈判在明斯特进行，瑞典及其盟友与皇帝的谈判在奥斯纳布吕克进行，达成大量协定以及考虑教派敏感性的需求都得到了解决。从皇帝的角度而言，这种安排给了他构建一个天主教联盟的希望，这可以反对瑞典过高的要求；与此同时，帝国当局希望德意志的问题可以被排除在主要的谈判之外。在谈判期间，这两座城市处于多国军队的控制之下，成为非军事化地区。会议最初计划在 1642 年 3 月 25 日开始，但是实际上推迟到了 1643 年 7 月 11 日。所谓的初步条约并没有包含全面的停战协定，这意味着战争一直持续到最终协定签署之时。正如强硬的天主教大使、修道院长亚当·阿达米（Adam Adami）所说的那样："在冬天，我们谈判；在夏天，我们打仗。"[3]

程序问题，特别是参与的问题，在 1642~1645 年继续扮演着中心的角色。[4]会议召开日期刚一公布，非德意志的势力就开始向会议派遣使者。然而，作为他们自己追求的战争目标的一部分，法国和瑞典支持由黑森-卡塞尔和一些福音教诸侯大力主张的要求，即所有帝国等级都应当被邀请参与会议。直到 1645 年 8 月 29 日，在阿勒海姆和扬考的关键性失利之后，皇帝才最终发布了全面的邀请，极大地增加了代表的数量以及扩大了将要决议的事项的范围。在某个阶段，有 194 个外交使团（其中一些成员人数达到 200 人），以及 176 名全权代表（代表 16 个欧洲国家、140 个帝国等级和 38 个

620

其他势力）在明斯特或者奥斯纳布吕克参加会议。仅会议的成本，据估计就达到了 320 万塔勒。[5]

明斯特是这两个地点中更具有声望的，因为国际谈判在这里进行，并且法国通过教皇特使法比奥·基吉（Fabio Chigi）和威尼斯大使阿尔维塞·孔塔里尼（Alvise Contarini）进行谈判。然而，当法兰克福的等级集会（代表会议）被解散，福音教诸侯的代表加入与瑞典代表进行的涉及帝国内的政治和宗教协定的和约关键问题的谈判时，奥斯纳布吕克获得了重要的影响力。瑞典直接与皇帝打交道，因为瑞典在 1643~1645 年的战争中将丹麦的调解者排除在外。在皇帝不得不邀请所有德意志诸侯参加会议之后，这两地的会议都伴随着帝国议会的会议场次，这些会议被分为天主教等级和福音教等级各自在明斯特和奥斯纳布吕克同时进行的会议，但是时常互相通信和交换意见。

这些会议带来了什么？这些谈判并没能带来法国和西班牙之间的和约：西班牙盘算着法国国王在国内明显的弱势（表现在 1648 年 1 月起愈演愈烈的起义，在 7 月的国家破产和 8 月投石党人起义时达到顶点），这使继续战争对他们而言是合理的。[6]然而，在 1648 年 1 月，西班牙和荷兰共和国缔结了和约以终结他们的冲突，这场冲突使欧洲在过去八十年的大部分时间里出现分化。到 1646 年 9 月，法国已经就其补偿要求达成协定；瑞典在 1647 年 2 月也是如此。关于帝国的主要协定在 1648 年 4 月达成。接下来几个月的问题集中于为撤军而支付给瑞典的资金问题，以及法国人对于皇帝正式同意停止对西班牙的任何援助以及洛林被排除在和约之外的坚持主张。1648 年 10 月 24 日，皇帝与法国和瑞典分别签署了《明斯特和约》（Instrumentum Pacis Monasteriense）和《奥斯纳布吕克和约》（Instrumentum Pacis Osnabrugense）。为后者制定的关于德意志的条款也被包含在前者之中。这两个条约都是在明斯特签署的，它们一起组成了《威斯特伐利亚和约》。[7]

代表团及其代表的利益的绝对数量，使关于几乎所有要点的谈判都变得漫长且格外复杂。外国势力的使者经常对哪些人能够代表德意志诸侯进行贬损。法国使者达沃伯爵（Count d'Avaux）曾经轻蔑地评论道，"他们都是博学的［法律］专家"。即使是皇帝的全权大使马克西米利安·冯·特劳特曼斯多夫伯爵（他已经习惯于德意志诸侯派遣到帝国议会和其他类似会议的各种代表），也抱怨称德意志诸侯派遣了"一群导师和教授，这些人除了混乱什么也没创造"。[8]然而，这位高傲的法国贵族忽视了重点，特劳特曼斯多夫则因为这些博学的专家迫使他做出如此多的让步而感到愤怒。这场战争是德意志的制度和法律问题造成，并且围绕这些问题展开的。在 1600 年之后的几年里，这些问题已经得到了大量福音教专家的描述和分析。那些被派到明斯特和奥斯纳布吕克的代表大体上是这些文献方面的专家。

对于在奥斯纳布吕克的福音教徒而言，现在是将那些原则引入法律的时候了：在解决 16 世纪的所有争议性问题的全面和约中，捍卫，或者在很多情况下是恢复他们的主人的法律和王朝的权力。这意味着解决帝国内的普遍制度性原则以及宗教和约的条款的问题。考虑到战前和战时帝国内的财产状况的诸多争议性变化，这也意味着解决大量的个案。由于皇帝已经利用在 17 世纪 20 年代期间夺取的很多世俗和教会财产来补偿他的支持者，而这些人得到了一旦这些财产需要交还原先的主人，他们将得到补偿的许诺，因此对个案的检视不仅包括对财产被转移时所处的确切环境的详查，也包括对皇帝能够支付的补偿的详查。[9]

从忠诚主义者到激进主义者，福音教徒对主要问题的态度也各不相同。最不妥协的人们支持由希波利图斯·阿·拉庇德（Hippolithus à Lapide，实际上是菲利普·博吉斯拉夫·冯·开姆尼茨）创作的小册子《论罗马-德意志帝国内的国家理性》（*De ratione status in Imperio nostro Romano-Germanico*）中表达的观点。[10]这本小册子可能写于 1640 年前后，作者是瑞典军队的一名军官，在 1640～1647 年

622　的某个时点出版。这也许是对《布拉格和约》迟来的反应，或者是哈布斯堡的敌人在和平谈判期间的一个口号。无论如何，它强烈反对哈布斯堡，并且提出了以皇帝的特权为代价的德意志自由的激进主张。运用博丹的主权理论，开姆尼茨认为皇帝只是一个名义领袖，并且得出结论——帝国是纯粹的贵族政治。他提出皇帝头衔应当转移给其他王朝，哈布斯堡皇帝的特权应当转交给帝国议会，帝国议会召开的频次应当增加。他只是稍少地抨击选侯，他认为选侯对剥夺帝国等级整体的权利和自由负有主要责任。[11]

最激进的福音教诸侯群体由那些被排除在《布拉格和约》之外的人组成，其中绝大多数信仰归正宗。他们最突出的支持者是黑森-卡塞尔邦国伯爵夫人阿马莉·伊丽莎白，她是法国和瑞典的最后一个德意志盟友，不遗余力地为德意志自由的事业努力调动法国

和瑞典的支持。另一些人，特别是传统的路德宗忠诚主义者，他们也许大体上认同德意志自由的修辞，但是并不认同开姆尼茨的观点。大多数福音教作家批判开姆尼茨的著作，尤其是因为它否定宗教与帝国的相关性以及公开接受马基雅维利的思想。事实上，这本书在很多地区被禁止，并且被执行者公开烧毁。然而，在 1645 年萨克森选侯与瑞典达成停战协定之后，他传统上作为德意志福音教徒领导者的影响力受到了削弱。激进主义者的观点只是因为他们获得的让步以及法国的怀疑才有所缓和。

　　明斯特的天主教诸侯之间也存在分歧。有些人对于反对福音教徒在北德意志的补偿主张有着强烈的兴趣。有三个人最初扮演了关键角色，他们都是皇帝和西班牙的狂热支持者。[12]例如，枢机主教弗朗茨·威廉·冯·瓦滕贝格强烈渴望重新获得他在 1625 年被选举为主教的奥斯纳布吕克主教辖区，以及明登和费尔登采邑主教辖区。他也代表他的同族科隆选侯斐迪南的利益。除了他自己的投票权，他还代表其他 15 人的投票权。亚当·阿达米是符腾堡的穆尔哈特（Murrhardt）本笃会修道院长，是科维（Corvey）采邑修道院长、施瓦本的几个修道院长和 41 名施瓦本高级教士的使者。约翰·勒赫塞尔林（Johann Leuchselring）代表奥格斯堡的天主教少数派统治精英以及施瓦本的其他 16 个天主教帝国城市。然而，这个有着大量集体投票权的"三人组"的讨价还价的能力，由于皇帝军事处境的逐步虚弱而被削弱。随着他们的影响力下降，态度更为温和的群体形成了多数派，他们往往是法国的支持者，例如特里尔选侯和他的代理人。最终，巴伐利亚选侯认识到相比促进帝国教会的利益，他能够从保卫德意志自由中获得更多。

623 　　如果说在明斯特和奥斯纳布吕克有一个英雄，这个人就是马克西米利安·冯·特劳特曼斯多夫伯爵（1584~1650），他在 1645 年 11 月抵达这里，在 1647 年 6 月离开。[13]特劳特曼斯多夫自 1609 年就是帝国宫廷参事院的成员，自 1618 年成为帝国枢密院的成员（1637 年以来成为枢密院主席），他是斐迪南三世最信任的顾问。他从来没有像法国的黎塞留或马萨林，或者西班牙的奥利瓦雷斯那样成为独立的操盘者，但是斐迪南三世交给他广泛的任务，而他出色地完成了这些任务。特别是，他努力保障奥地利哈布斯堡作为邦国统治者的利益，同时维护他们作为皇帝的地位。他尽可能地确保和约的达成是以其他人为代价的。这些人不仅包括帝国教会以及那些在帝国内被剥夺财产的世俗统治者，也包括皇帝的西班牙亲戚，他们为皇帝与法国达成协定感到愤怒，而这是达成和约的最后一个要求。斐迪南三世的秘密指令所设想的让步，比特劳特曼斯多夫实际做出的让步更多。等到他在 1647 年 6 月返回维也纳并转交给伊萨克·沃尔玛（Isaak Volmar）时，他已经审视了和约的所有重要元素。帝国保持完整并且处于哈布斯堡的领导之下，以及有效且持久的和约的达成，都归功于他充满技巧的谈判。

　　和约的基本原则是"永久的遗忘和大赦"（perpetua oblivia et amnestia）。[14]战争期间发生的每一件事情都应当被遗忘，所有人都不应当被排除在普遍的大赦之外；所有王朝都应当恢复其领地和尊严；没有人应当由于他们在战争前或者战争期间的行为受到惩罚。与之相似，所有立即得到恢复的领地和财产将适时地受到帝国法院的审查，如果有必要的话，对它们的恢复进行修改。事实上，在和约的条款下超过 10000 件案件得到了处理，一些案件在文本中被明确规定，但是更多的成千件案件隐含在和约的一般性规定中。[15]

最重要的大赦和归还行动是关于普法尔茨的，对普法尔茨的权力的剥夺以及被驱逐的统治者正是开战的原因。尽管对于弗里德里希五世的儿子和继承人——普法尔茨的卡尔·路德维希而言，条款是令人失望的，但这实际上也是平衡和妥协的范例。巴伐利亚被允许永久保留普法尔茨选侯的头衔，这保证马克西米利安一世成为首要的世俗选侯。他也继续保留上普法尔茨，作为回报，他正式勾销1623 年之前的军事支援所带来的哈布斯堡对他的债务，并且放弃从上奥地利获取任何收入的剩余主张；关于这些主张的所有文件都被交给皇帝，从而能够被销毁。新的第八个选侯国为卡尔·路德维希和他的继承人创建；至于领地，他收到了过去的莱茵兰-普法尔茨，在规模上略有缩小，并且受到了关于其居民的宗教权利的某些限制。更多条款处理了在战争期间被没收土地的巴登-巴登、符腾堡和 16 个伯爵家族的归还。一系列的一般性条款将大赦的范围扩大到覆盖在战争期间失去的所有封地或者进行的交易、所有奥地利臣民，以及其他大量群体。

归还在逻辑上也意味着在一开始导致剥夺的法律问题的解决方案，这意味着一个新的宗教协定。[16]1552 年的《帕绍条约》和《奥格斯堡和约》得到延长并且被确认为帝国的基本法，但是它们并没有得到明确的解释。所有德意志统治者的宗教改革权得到了确认，并且此时正式扩展到帝国城市和帝国骑士，但实际上只在奥地利、波希米亚以及在哈布斯堡直接控制下的西里西亚部分地区是以纯粹的形式生效的。哈布斯堡家族自身豁免于适用于其他德意志统治者的一般性限制。

通过将 1624 年 1 月 1 日定为"规范年"，邦国的官方信仰得到了具体规定。[17]因此，天主教的教会领地自此以后得到了保障，因为在职的主教或者其他职务的所有者一旦转变信仰，将会立即被剥夺圣职。然而，在 1624 年 1 月 1 日由天主教徒和福音教徒共同组成的主教座堂教士团的地方，这种平衡将会永久被保护。这条规则唯一的例外，是和约规定的明确世俗化的领地，这些领地与瑞典的补偿要求的满足相关。尽管在南部和西部的帝国教会的地位因此得到保障，但是对于被视为或者此时正式确立为福音教信仰的邦国，主教的教区权被终止。对于奥格斯堡、丁克尔斯比尔、比伯拉赫和拉芬斯堡这几个在 1618 年之前天主教徒和福音教徒共享权力的帝国城市，和约制定了特殊的规定，以保证各个教派团体的政治和宗教权得到保护。为奥格斯堡设立的制度甚至规定职位一年一度或者两年一度在天主教徒和福音教徒之间轮换。多瑙沃特案件（其问题是战争的重要起因）被留给未来的帝国议会决议。[18]

在每个地方，同样的一般性原则被应用于作为教派团体成员的个体的权利。天主教统治者的所有福音教臣民以及福音教统治者的所有天主教臣民，在 1624 年 1 月 1 日享有的权利（包括教堂和修道院的所有权以及提名圣职的权利）得到了保证。官方宗教的信仰者享有公共的礼拜权；其他人得到了在小教堂进行私人礼拜的权利（exercitium religionis privatum），这些小教堂没有尖顶或者钟。1624

年 1 月 1 日之前在任何类型的城市或者领地内没有礼拜权的天主教　**625**
徒或者福音教徒，获得了家庭礼拜的权利（exercitium religionis
domesticum），这意味着在家庭内进行祷告和教育孩子，以及到邻近
领地的教堂做礼拜或者把孩子送到邻近领地上学的权利。没有人会
因为宗教受歧视，或者被排除在商业、贸易、手工艺或公共葬礼
之外。

　　在 1624 年之前信仰被宽容的人享有如果他们愿意就可以移民
的权利（beneficium emigrandi）。[19] 与之相反，统治者可以要求 1624
年之前信仰没有被容忍的人，或者是在 1624~1628 年放弃官方信仰
的人移民，但是需要给他们五年时间；对于在 1648 年之后转变信
仰的人，这一期限是三年。[20] 如果臣民决定或者被统治者要求因为信
仰而移民，他将被允许出售自己的财产，或者保有财产并且由其他
人代替他管理。[21]

　　所有这些权利只适用于天主教徒和《奥格斯堡信纲》的福音教
信徒。归正宗的福音教徒或者加尔文宗教会被定义为"将自己称为
归正宗"的信仰者，因此被包含在《奥格斯堡信纲》内。在这一
福音教徒（pretestantes，这个词语在条约中只出现了一次）的群体
内，人们同意如果诸侯从一种信仰转变为另一种信仰，他应当尊重
现有的官方信仰的权利，并且满足于任命其个人信仰的宫廷布道
士。[22] 这同样隐含地适用于从福音教改信天主教的任何诸侯。其他基
督教派别在帝国内的任何地方都不被容忍。

　　实质上，教随国定的原则已经被废除了。一些福音教徒主张那
些被要求移民的人的宽限期应当延长到 15 年，并且统治者无权在

未经同意的情况下将宗教信仰强加给臣民，就像他们无权强行征税一样。他们在一份建议书中主张，这是因为德意志人是"自由的人"。[23]即便存在局限性，新的协定却去除了使此前的和约被削弱的模糊之处。此外，尽管所有过去的协定都强调了基督教会之间分裂的暂时性本质，但是此时的和约或多或少承认了这种分裂的永久性。《奥斯纳布吕克和约》在多个地方强调了具体条款的有效性，直到"各宗教被上帝的恩惠重新统一"，但是条约并没有交代任何人类的机构实现这一点。[24]

与之相反，宗教分裂已经在帝国制度中被牢牢地固定下来。1555 年的对诋毁或者破坏和约的任何出版物的禁令得到延续；统治

626　者被要求阻止他们的臣民，特别是学术性的法学家和神学家，以可疑的或者引起争议的方式解释其条款。宗教平等（互相完全平等，aequalitas exacta mutuaque）原则被列入帝国制度。[25]所有代表会议都要包含相等数量的天主教徒和福音教徒。[26]在帝国议会上，关于宗教问题的事务会由两教派团体独立讨论（itio in partes），随后进行友好的谈判（amicabilis compositio），或者如果双方无法达成一致就推迟；在这些问题上不再存在多数票。同样的平等也适用于帝国最高法院和帝国宫廷参事院的法官和程序；帝国宫廷参事院需要受到美因茨选侯"必要且经常"的视察，并且他应当将争议性问题交给帝国议会；帝国最高法院将会尽快恢复运转。[27]

最近冲突的核心问题既来源于也围绕着皇帝和等级之间的关系，因此和约包含了旨在永久解决关于政体本质的争论的条款。这方面的推动力部分来自法国和瑞典对限制哈布斯堡在帝国内的权力

的愿望。这一目标看上去与受到开姆尼茨等作家启发的福音教激进主义者的愿望完全吻合。

　　然而实际上，等级避免对帝国现状的任何激进调整。法国和瑞典提出的皇帝在世期间（vivente imperatore）禁止帝国选举的建议，将会使哈布斯堡家族无法确保他们对皇位的世袭。另一个关于只有帝国议会一致同意的决议才能够成为法律，并且所有帝国决议都应当由帝国议会签署的提议，将会使整个体制瘫痪。德意志诸侯拒绝了这两个提议。法国代表遗憾地得出结论，认为德意志人对他们的祖国有着过多的热爱。[28]在现实中，德意志诸侯对强大的法国或者瑞典的担忧，超过了对通常较弱势的哈布斯堡的恐惧，并且他们更了解哈布斯堡；他们想要回到自马克西米利安一世统治时期以来，成为德意志政体基础的"皇帝与帝国"之间的权力平衡。

　　对于大多数诸侯而言，他们被允许加入谈判，这足以体现这件事本身的法律和制度意义。他们对自己邦国的政治和教会权得到确认，这只是意味着对 16 世纪期间已经确立的领主权（ius territoriale）和领地至高权力（ius terriorii et superioritas）的确认。[29]诸侯由此获得的权力与授予帝国城市的权力是一样的，并且帝国骑士和他们的权力此时也正式在帝国法律中得到承认，但仍然缺少至高权力。事实上，帝国等级并不是作为个体签署和平条约的，一个相对较小的群体代表所有等级签署了条约。每一个帝国等级对帝国内法律的通过或者解释、对战争与和平问题、对军队的招募和驻扎以及建造要塞的投票权，也得到了确认。

　　在未来，所有这些问题将由帝国议会的所有等级通过自由投票

627　　决定。与此同时，帝国等级互相结盟或者与外国势力结盟的权利得到确认，但是这项权利受到禁止联盟针对皇帝或帝国的条款的限制。[30]这实际上也只是旧传统，斐迪南二世试图在《布拉格和约》中废除这一条款，此时则正在被恢复。帝国议会自身将在条约签署后的六个月内举行会议，以讨论更广泛的改革，包括皇位指定继承人的选举程序、永久性的皇帝的让步协定、对帝国等级施以帝国禁令的程序、大区的改革以及帝国税制的改革。和约并没有试图定义，更不用说限制皇帝的特权。

　　和约中做出重大改变的地方，是法国和瑞典同意的补偿。对瑞典的让步尤其对帝国教会和一些北德意志诸侯有着重大影响，而对法国的让步在帝国西南部构建了新的力量平衡。即便法国和瑞典谈判代表有此意图，他们获得的东西也没有在真正意义上改变帝国。

　　与瑞典的谈判相当直接。[31]瑞典实现了在南部波罗的海沿岸确立永久立足点的目标。瑞典获得了波美拉尼亚西部，包括斯德丁、施特拉尔松德和吕根（Rügen），以及西波美拉尼亚在东波美拉尼亚控制的前主教辖区卡明的部分圣职，东波美拉尼亚此时被定义为一个没有主教、世俗化的福音教主教辖区。此外，瑞典也获得了梅克伦堡的港口维斯马和两个附带的辖区，以及此前的不来梅、汉堡大主教辖区和费尔登主教辖区作为世俗公国。

　　所有这些领地都是以帝国采邑的形式授予瑞典的。瑞典国王因此成了帝国的诸侯，尽管对于这些被授予瑞典的领地，条约也授予了对两个帝国最高级别法院的豁免权（不得上诉特权，这意味着居民无法越过最高的邦国法院进行上诉）。瑞典也被授权建立一所新

大学。施特拉尔松德市的权力和特权得到了特别保障，其他领地的
等级和臣民也得到了更普遍的保障。事实证明，更难解决对瑞典军
事费用的补偿问题：瑞典最初要求 2000 万塔勒；最终达成一致的
金额是 500 万塔勒，以换取瑞典人同意撤离大约 60000 人的军队
（其中三分之二是外国雇佣兵，急需支付工资和欠薪）。[32]

对瑞典做出的让步使有必要对很多邦国做出补偿。作为失去在
西波美拉尼亚和吕根的权力的补偿，勃兰登堡获得了哈尔伯施塔特
和明登主教辖区，以及在时任教区长官去世之后（这发生在 1680
年）继承马格德堡大主教辖区的权力。对勃兰登堡相对慷慨的待
遇，部分原因是法国的利益是在德意志北部制造对瑞典的制衡。梅
克伦堡获得了世俗化的什未林主教辖区和拉策堡主教辖区，作为失
去什未林的补偿。在马格德堡、不来梅－汉堡、哈尔伯施塔特以及
拉策堡主教辖区的世俗化之后，即使不伦瑞克－吕讷堡也由于失去
了获得多个教会圣职的机会而得到补偿，获得了现任主教弗朗茨·威
廉·冯·瓦滕贝格去世之后提名奥斯纳布吕克主教的权力。第一位
福音教的采邑主教将由天主教徒继任，此后双方永久轮流掌管主教
职位，这不会损害主教辖区的天主教地位，或者科隆大主教作为都
主教对这里的权力。

关于瑞典的所有商议，核心特征是诉诸利用教会财产作为补
偿。皇帝取代教皇成为吕贝克（1586 年开始由石勒苏益格－荷尔斯
泰因－戈托尔普控制）和奥斯纳布吕克福音教采邑主教的最高权威，
天主教的主教在福音教领地的教区权被永久终止。[33]这一问题并没有
其他选项，因为除了波美拉尼亚公爵之外，所有北德意志的王朝熬

过了战争，并且它们都需要与瑞典看齐。尽管皇帝只是放弃了事实上已经失去了很久的教会领地，但是这种做法为未来设定了一个重要的先例，因为这种做法将世俗化的原则写入了帝国的制度实践。

法国和帝国之间的具体协定代表着双方的妥协。[34]法国想要削弱哈布斯堡在欧洲的霸权，首先是分化西班牙和奥地利哈布斯堡王朝，其次是加强德意志诸侯的自主性。黎塞留和马萨林都设想创建在法国保护下的意大利和德意志联盟，这会使皇帝不可能动员帝国。1642年以来由马萨林主导的法国政策，还坚持要求阿尔萨斯的领地补偿以及获得对莱茵河关键要塞的控制。

洛林问题与阿尔萨斯和莱茵要塞的问题是密切相关的。[35]洛林在1542年不再是帝国采邑，但是仍然处在帝国的保护之下，而与之结合的位于洛林西北部的巴尔公国则是法国国王的采邑。尽管公爵亨利二世（1624年去世）保持中立，但是公爵查理四世支持斐迪南二世和腓力四世，因此法国在1634年占领了他的土地，后来否决了洛林加入和约谈判的权利。在洛林的地位上达成正式协定被证明是不可能的，因此法国的占领持续下去，并且在1697年之前，洛林的统治者主要在皇帝的宫廷处于流亡状态。与此同时，被占领的洛林公国嵌在西北部的法国领地和南部的阿尔萨斯领地之间，在使法国国王的领地完整上发挥了关键作用。

条约声明了加强皇帝与法国国王之间的和平与友谊以及促进总体安全的愿望。由于法国一直以来宣称他们的行动是无私地支持德意志诸侯的自由，严格意义上讲法国最终实现的收获是一种购买。法国国王同意在三年时间里支付给前奥地利统治者——蒂罗尔的斐

迪南·卡尔大公总计 300 万里弗尔，并且承担哈布斯堡在昂西塞姆 629
（Ensisheim）的政府三分之二的债务。作为回报，奥地利放弃了上阿
尔萨斯和下阿尔萨斯邦国伯爵领地及所有相关的权利，以及布赖萨赫
城市和要塞。奥地利也放弃了哈格瑙辖区及其对阿尔萨斯十城联盟
（Decapolis）的管辖权。此外，法国得到了维持莱茵河右岸的布赖萨
赫和菲利普斯堡要塞的权利（在特里尔选侯的领地内），以及不受限
制地通过水路或陆路到达这里的权利；在巴塞尔和菲利普斯堡之间的
莱茵河右岸地区不再建设要塞，莱茵河的航线也不会被改变。

　　自 1552 年以来就处于法国控制之下的梅斯、图勒和凡尔登主
教辖区正式成为法国所有，尽管这只意味着采邑主教辖区的领地，
还是意味着主教区包含的更广泛的区域，存在着相当重要的模糊之
处。没有被哈布斯堡直接控制的阿尔萨斯的帝国城市和其他采邑仍
然是帝国的一部分，但它们的地位也是不明确的。其中部分问题在
于，奥地利割让给法国的"阿尔萨斯邦国伯爵领地"实际上并不存
在，这只是一个法律上的虚构概念，用来吸引法国以及使马萨林将
注意力从法国国王可能会成为帝国诸侯的想法中转移出来。在意大
利，根据《凯拉斯科和约》（Peace of Cherasco），法国也获得了皮
埃蒙特前线的皮内罗洛（Pinerolo）要塞。

　　一方面，马萨林既没能创造一个在法国保护下的德意志联盟，
也没能将法国国王渗透到德意志诸侯的成员当中。另一方面，法国
和皇帝之间达成的领地条款，为法国未来对帝国的干预保留了相当
大的余地。

　　也许首先最重要的条款是禁止奥地利向西班牙提供任何援助：

勃艮第大区被确认为帝国的一部分，但是皇帝和帝国等级（无论是联合还是独自）都被禁止参与西属尼德兰或弗朗什孔泰的任何冲突。[36]斐迪南三世一直到最后都强烈反对这一条款，直到巴伐利亚选侯发出最后通牒才屈服。这一条款的一个有趣的含义是，荷兰共和国作为勃艮第大区的一部分，严格意义上讲仍然是神圣罗马帝国的一部分，尽管由于被包含在同意该条约的皇帝和瑞典的盟友清单中，荷兰的独立性含蓄地得到了承认。[37]

与之相反，第三个"胜利者"——黑森-卡塞尔邦国伯爵夫人的领地要求的协定是更温和的。[38]当谈到自己的领地要求时，她在追求德意志自由的事业中所获得的成功却抛弃了她。她获得了过去的赫斯费尔德帝国修道院，但是对美因茨、科隆、帕德博恩、明斯特以及富尔达帝国修道院的土地的主张，被转换为 600000 塔勒的财务协定，以换取她的军队的撤离。此外，黑森-达姆施塔特同意归还在 1623 年凭借帝国宫廷参事院的裁决获得的马尔堡遗产。

在最后关头，德意志等级想恢复帝国的愿望占据了上风。等级本质上的保守态度甚至表现在他们不愿意同意正式将瑞士排除在帝国之外。在大量争论之后，他们才同意表述瑞士各州"实质上可以说拥有完全的自由以及免于帝国的管辖"的条款，这是一种相当委婉的方式，确认了瑞士从 1499 年起就与帝国不再有关系的事实。[39]

整体而言，一旦人们就解决过去对帝国权力的滥用达成一致，就不再有进行任何创新的改革的意愿。从某种程度而言，这也反映在所有相关方都愿意将通行费和关税制度恢复到 1618 年的状态。[40]法国和瑞典越来越坚持这一点，并且和约中相关的条款在没有咨询

630

等级的情况下就被制定。除了极少数例外，在战争期间各君主和诸侯征收的所有通行费和税收都被废除。上莱茵的边境完全对商业开放。在北方，瑞典被允许拥有一定的权利帮助支付军事开支（相对瑞典自身的财政基础仍然很多），但是瑞典被要求保证通行费不会削弱波美拉尼亚和梅克伦堡的商业活动。对于其他地区而言，通行费由皇帝和选侯批准的旧制度得到了确认。

关于执行的条款也体现了法国和瑞典的目标作为一方，皇帝和帝国等级的利益作为另一方，双方之间的妥协。最初，外国的势力想要规定会议的所有参与者——包括主要势力和所有单独的德意志等级——应当有义务维护和约的所有条款，如果有必要的话要借助军队的力量。[41]然而，皇帝的大使清楚地认识到这会削弱帝国法院，因此剥夺皇帝作为最高司法权威的关键角色。这也正是法国和瑞典大使的意图所在。当他们立即拒绝相反的提议，即瑞典国会（Riksdag）与法国最高法院（Parlement）和三级会议（États généraux）应当得到相似的授权时，他们已经暗中承认了这个目的。

最终，皇帝和帝国等级实质上被定义为代表帝国的联合签署人（这符合德意志政体的主权实体作为"皇帝和帝国"的公法的理解）。每一个主要的签署人都是和约的保障者。因此一旦和约被违反，法国和瑞典有权在帝国内进行干预。然而，这种干预权在实践中受到限制，因为和约中的条款规定所有争端应当首先递交帝国法院，并且除非在三年的时间内争端没有得到和平解决，保障人的职能才会被激活。[42]

和约中明确设想所有争端能够通过和平谈判或者帝国法院得到正常解决。这个和约与《金玺诏书》以来的其他帝国基本法（leges et constitutiones fundamentales imperii）一起被视为帝国的永久宪法（perpetua lex et pragmatica imperii sanctio）。这个和约将开创的永久和平，将借助帝国大区维护和平力量的巩固而得到加强（这是另一种恢复或者延长而非创新）。帝国等级不被允许以武力追求自身权力。[43]作为和平的最后保证，并且也许比授予法国和瑞典的角色的作用更突出，和约中插入了一个预先阻止对和约的任何最终抗议的条款。[44]这显然是针对教皇对教会财产的世俗化和废除教区权的反对。[45]

撤离军队和归还财产的过程花费了几年时间，最后一支瑞典占领军在 1653 年才离开。值得一提的是，过渡期是和平地实现的。帝国宫廷参事院在 1654 年 7 月之前收到了 973 件申诉，但是几乎所有申诉都很快得到解决。[46]在和约中明确规定的过渡性安排，包括裁决争端的委员会的任命，以及延期支付战争期间带来的债务的条款，大体上是有效的。瑞典军队的撤离以及应付给瑞典的资金带来了一些问题，从 1649 年 5 月到 1650 年 11 月在纽伦堡召开的执行会议努力解决这些问题。[47]即使当会议已经完成任务之后，还有很多问题没有解决。大量问题确实被拖延到了下一次帝国议会。然而，人们有着充分的理由长期纪念这一和约。这些纪念活动起始于 1648 年 5 月 15 日和 17 日在明斯特的庆祝活动，结束于 1660 年三一节之后的第二个星期日在施韦因富特的庆祝活动。仅 1648 年 5 月到 12 月，在帝国各地就举行了 178 场纪念活动。[48]

注释

1. Repgen,'Hauptprobleme',401. Croxton and Tischer,*Peace* 是英文世界最全面的参考著作,其中参考了在 1998 年《威斯特伐利亚和约》350 周年纪念仪式之后出版的大量德语文献。如果没有特别指出,接下来的叙述极大地依赖这部极佳的参考著作。

2. Dickmann,*Frieden*,103-4.

3. Parker,*Thirty Years War*,160.

4. Dickmann,*Frieden*,163-89.

5. Bosbach,*Kosten*,224.

6. Repgen,'Hauptprobleme',407-8;Asch,*Thirty Years War*,136-7.

7. 网络资源(原文加上了翻译)可以在这一网址找到:http://www.paxwestphalica.de。下文中引用的一个很好的德语版本,可见:Buschmann,*Kaiser*,ii,11-128。

8. Dickmann,*Frieden*,195.

9. Croxton and Tischer,*Peace*,78-9.

10. Stolleis,*Öffentliches Recht*,i,203-6;Gross,*Empire*,235-54;Wandruszka,*Reichspatriotismus*,81-3;Schmidt,*Vaterlandsliebe*,404-10. 另见本书页边码 46 页。

11. Gross,*Empire*,247-8.

12. Dickmann,*Frieden*,199-201.

13. Croxton and Tischer,*Peace*,297-9;*ADB*,xxxviii,531-6;Dickmann,*Frieden*,195,243-6;Repgen,'Ferdinand III.',157-61;Höbelt,*Ferdinand III.*,266-70.

14. 《明斯特和约》和《奥斯纳布吕克和约》最容易获得的文本可见:Buschmann,*Kaiser*,ii,11-108。大赦原则出现在:*IPO* Art. II。

15. Press,*Kriege*,261.

16. Wolgast,'Religionsfrieden',esp. 64-75,86-91.

17. *IPO* Art. V,§2. 对于普法尔茨,"规范年"是 1618 年(IPO

Art. IV，§6）。因为否则的话，这名福音教选侯需要恢复到1624年时已经被再天主教化的领地（尽管福音教社区不久后得以恢复）。

18. 问题是巴伐利亚在1608年占领了这座城市，这是为了补偿巴伐利亚在执行法院对这座城市的福音教徒的裁决时产生的成本。多瑙沃特仅在1705~1714年短暂地重新获得独立，此后被永久确认为巴伐利亚的邦国城市。见本书页边码421页。

19. *IPO* Art. V，§30.

20. *IPO* Art. V，§36-7.

21. 臣民在任何时候都有权不受限制地返回故乡，以便在任何时候检视或处理与这些财产相关的事务。

22. *IPO* Art. VII.

23. Asch，'Glaubensfreiheit'，113.

24. *IPO* Art. V，§1，14，25，31.

25. *IPO* Art. V，§1.

26. *IPO* Art. V，§51-2.

27. *IPO* Art. V，§53-62.

28. Asch，*Thirty Years War*，138-9；Repgen，'Hauptprobleme'，411.

29. *IPO* Art. Ⅷ，§1. IPO Art. IV，§17 and Art. Ⅷ，§4.

30. Ash，*Thirty Years War*，141-2.

31. IPO Art. X，§1-16.

32. *IPO* Art. XVI，§8. Dickmann，*Frieden*，422-4.

33. Wolgast，*Hochstift*，340-5.

34. *IPM* Preamble and §3-4，69-91.

35. Croxton and Tischer，*Peace*，175-7；Dickmann，*Frieden*，224-6，478-82.

36. *IPM* §3；Buschmann，*Kaiser*，ii，109.

37. *IPO* Art. XVII，§10-11；Buschmann，*Kaiser*，ii，104；Repgen，'Hauptprobleme'，407. 皇帝仍然授予西班牙国王对整个低地国家的封建权威，直到18世纪：Croxton and Tischer，*Peace*，309。

38. Repgen,'Hauptprobleme',426-7. *IPO* Art. XV §1-15: Buschmann, *Kaiser*, ii, 88-93.

39. *IPO* Art. VI. See Croxton and Tischer, *Peace*, 288-9. 像荷兰共和国一样, 瑞士在 1648 年并没有正式获得主权, 而且瑞士的法学家直到 18 世纪中叶仍然认为瑞士各州为帝国的一部分, 即便免于所有义务。然而, 从近代的视角而言, 将 1648 年视为瑞士事实上的主权的起源也许是准确的。

40. Repgen,'Regelungen'. 与之相似, 和约明确规定, 在未来带领军队通过帝国的人有义务承担他们所造成的成本; 不能再向平民征税: *IPO* Art. XVII, §9。

41. Asch, *Thirty Years War*, 140.

42. *IPO* Art. XVII, §6. Aretin, *Altes Reich*, i, 26-9.

43. *IPO* Art. XVII, §7.

44. *IPO* Art. XVII, §3: Croxton and Tischer, *Peace*, 241-3..

45. 从严格意义上讲, 教皇的调停者法比奥·基吉反对创设第八个选侯投票权是正确的, 因为《金玺诏书》明确规定在没有教皇同意的情况下, 选侯院不能有任何变化: Croxton and Tischer, *Peace*, 220。

46. Luh, *Reich*, 15-18.

47. Croxton and Tischer, *Peace*, 208-9.

48. Gantet, *Paix*, 192, 213; Repgen. 'Friede', 632-7; Hansen, 'Patriotismus', 149-69.

第五十七章

战争对德意志社会的影响

632   1636 年，威廉·克朗（William Crowne）陪同英国大使参加了雷根斯堡的选侯会议，他生动地描述了战争的影响。在美因茨和法兰克福之间除了废墟一无所有。[1]美因茨的人们是如此虚弱，以至于他们甚至无法爬起来接受提供给他们的救济品。在纽伦堡，担任大使的阿伦德尔（Arundel）伯爵托马斯·霍华德（Thomas Howard），能够以 350 塔勒的价格购买著名的皮克海默图书馆，包括丢勒的手稿，因为它的所有者急需金钱和食物。克朗并不是唯一对国家的完全毁灭和人民的落魄处境、野蛮的场景，以及肆意谋杀和自相残杀的流言感到震惊的旅人。

这样的描述构建了民众对战争的记忆，并且塑造了几代历史学者对战争的叙述。然而，最近的研究经常会对过去描绘的极度衰败的景象提出怀疑，并且质疑人们往往会得出的战争对德意志社会和文化发展的影响的结论。有三个主要的争论领域：第一，战争实际影响的强度和范围的问题；第二，战争对德意志社会和德意志经济发展的影响；第三，战争的心理和文化影响的问题。

解答这些问题的主要困难在于史料的性质。很多史料，例如克朗和其他人的描述，无疑是对特定事件或者经历的真诚描述。然而，这些描述经常会被也许并不可靠的书面或者宣传的资料放大。例如，约翰·雅各布·克里斯托弗尔·冯·格里美豪森，他在 1621 年或 1622 年出生在帝国城市盖尔恩豪森，因此亲身经历了冲突，但是在他的著名小说《痴儿西木传》（1669）以及《女骗子和女流浪者库拉舍》（*Trutz Simplex：Oder Ausführliche und wunderseltzame Lebensbeschreibung der Ertzbetrügerin und Landstörzerin Courasche*，1670）中对这些经历的呈现，无论部分内容多么现实，仍然是小说。[2]肆无忌惮的暴力、难以想象的残忍、大规模杀婴和奸淫、自相残杀和破坏尸体的故事，无疑有时借鉴了真实经历，但这些也经常是没有依据的传言的产物（即使不是文学的传统主题），通过引起轰动和妖魔化起到了突出真正的苦难和不幸的作用。

　　确凿的数据证据更难获得。即使整体的人口数据也是极为模糊的。[3]德意志的人口历史学者传统上基于 1871 年或者 1914 年的边境内的假定人口进行估计。最近对帝国人口的估计基于不那么过时的标准，但仍然只是猜测。根据对由 1871 年德国边界确定的区域的计算，一项估计显示，在 1600 年前后的 1500 万到 1700 万人口减少到 1650 年的 1000 万到 1300 万人口。[4]那些以近代早期帝国人口数量的估计为基础的估算，表明在战争期间人口数量从 2000 万减少到 1600 万到 1700 万。[5]如果这些数据是准确的，那么在三十年战争期间人口减少的比例高于第二次世界大战。[6]

　　金特·弗朗茨指出总人口下降了大约 33%，其中农村下降 40%，城市社区下降 30%；另一些人指出整体的下降接近 15%。在不同的区域，人口减少的比例当然也是不同的。受到最严重的打击的地方是东北部的波美拉尼亚和梅克伦堡、中德意志的图林根和黑森以及西南部地区。在哈布斯堡的领地，波希米亚王国的领地（波希米亚、摩拉维亚、西里西亚、上卢萨蒂亚和下卢萨蒂亚）经历了10%~30%的人口下降，而奥地利各公国的人口，除了"正常的"传染病和宗教敕令执行之后的驱逐之外，大体上保持稳定。

在帝国的其他地区，符腾堡遭受了相当严重的打击。据估计1634年到1655年，人口下降了57%，有些地区失去了77%的人口，而另一些地区则失去了31%的人口，直到1750年才恢复到战前水平。与之相反，德意志西北部地区大部几乎没有受到战争的影响。即使一些地区人口的减少数量看上去很多，这种人口减少也通常是暂时的移民而非死亡导致的。例如，在1637年，当饥荒和疾病侵袭萨克森的农村时，莱比锡的人口暂时增长了三分之一。[7]

符腾堡的案例说明了战争对于平民人口影响的一些重要方面。大多数平民不是死于战斗，而是死于掠夺的军队或占领的军队对他们生活的影响。帝国军队在讷德林根击败瑞典人之后，入侵并占领了符腾堡。他们发动了一场掠夺和破坏的行动，类似于法国人和瑞典人后来到达巴伐利亚之后造成的破坏。经济损失、饥饿和疾病是不可避免的后果。总体而言，在1634~1635年之后的几年，军队争夺更有利的地位，以提升他们的主人在和平谈判中的议价能力，因而与17世纪20年代相比也许会出现更多的平民死亡。

事实上，在战争的第一阶段，有证据表明军事指挥官往往会试图降低他们的行动对平民人口造成的影响。正如华伦斯坦和其他指挥官认识到的，他们需要依靠对当地社区征税来筹集资金的能力：受到残酷对待和创伤的平民无法提供太多税金，特别是如果他们的财产已经被毁掉。[8]然而，过高的税金施加给平民无休止的压力，这本身往往足以毁掉很多区域。这些负担往往是由外国人或者其他教派身份的军队施加的，这一事实往往是负担加剧的特征。

在很多地区，战前的模式在战争年代有所加剧。随着恶劣的冬天和歉收而来的传染病和食物短缺，是 1625 年奥地利农民起义的重要原因，而巴伐利亚的占领所导致的征税和斐迪南二世实行的再天主教化的措施使形势不可避免地进一步恶化。[9]在巴伐利亚自身的领地，1633~1634 年，农民起义是对巴伐利亚和瑞典军队双方征收的部分反应。选侯的回应是不妥协：只要起义的范围明确，并且农民将自己组织成武装团体，他的军队就会赶来镇压农民。他的宫廷随后会对领导者施以极为残酷的惩罚；然而，此后他犹豫是否要将军队驻扎在受影响最严重的地区。[10]

大致同一时期在阿尔萨斯和布赖斯高的起义也有着相似的原因。17 世纪 20 年代末期和 30 年代早期在科隆、美因茨、班贝格、艾希施泰特、埃尔旺根和维尔茨堡发生的猎巫也复制了战前的模式。战争使这些事件进一步加剧，因为这些事件与很多统治者，特别是教会诸侯在《归还教产敕令》之后推行的再天主教化政策有着更为明显的联系。在一些地区，瑞典人的到来才使猎巫终止；在另一些地区，例如科隆，选侯和帝国法院之间的通信导致了猎巫的终止。[11]

尽管很多地区的冲突直接或间接地造成了破坏和毁灭，但是恢复似乎来得相当快。例如，在符腾堡和巴伐利亚大部，农村人口很快恢复。事实上，如果说战争之前的德意志社会的很多压力来源于人口过多，那么这一问题至少在此时已经被解决。战后的时期出现了新的机会。一些商业中心，例如汉堡，其次是不来梅，以及西南的斯特拉斯堡，在战争期间实际上得到了发展，并且在各个层面都从中获益。被废弃的农场很快找到了新的所有者。在城市里，随着新的劳动力的出现，手工业和贸易再次恢复，并且一些手工业实际上在战争期间就得到了发展。

635

一些主要城市（如奥格斯堡），以及一些较小的中心（如讷德林根），则呈现出相当不同的景象。最富裕的人受到贡金、征收军事税以及普遍的抢劫和掠夺的影响程度最大。他们也是受到战前贷款的利息无法偿付，或者受劣币危机时期的货币贬值的影响最大的人。穷人最多地受到饥饿和疾病的影响。中等群体通常也只是在战争的起起伏伏中勉强活下来。[12]同样的模式也普遍符合很多农村地区。很多贵族，特别是帝国伯爵和帝国骑士，在战前的几十年里对价格上涨进行投机，他们被战争期间收入的中断以及冲突造成的长期经济下滑毁灭。[13]一些家族直到19世纪仍然背负着长久的债务。

然而，在易北河以东的地区，战争对同样类型的问题的影响是加强了土地生产的制度，这进一步加强了贵族对农民的掌控，使农民变成了不自由的农奴。对于所有地方的贵族（既包括直接臣属于皇帝的贵族，也包括臣属于诸侯的贵族）而言，战争激化的经济压力使他们在17世纪再次对在诸侯宫廷服务产生了兴趣。

战争在帝国整体经济发展的作用是无法确知的。17 世纪经济活动的很多发展模式在 16 世纪就已经确立。战争使一些进程加速，例如上德意志帝国城市长期的相对衰弱。然而，欧洲经济重心从地中海世界向北海－大西洋世界的转移在战争之前很久就已经开始，而且这种转移是独立于战争发展的。

更确定的一点是，这场战争以及 1648 年之后几十年里的冲突，对邦国的管理以及隐含地对帝国大区的区域结构形成了新的挑战。正如行政机构试图应对 16 世纪晚期能够感知到的无序状态一样，它们此时试图应对长期冲突的所有明显后果。重建往往伴随着制订持久解决方案的决心，是寻求秩序和稳定的新形式。这是自 16 世纪 20 年代以来德意志统治者应对历次危机的特点。在更大的邦国，解决方案包括创建常备军，常备军最终取代了在过去两个世纪中主导战争的雇佣军。华伦斯坦和魏玛的伯恩哈德不仅是最为成功的军事创业者，也是最后的这类人物。

因此战争使一些长期趋势加剧或者加速。大量的城市、城镇、乡村和区域承受了灾难性的阶段性疾病危机，或者是涉及破坏甚至彻底毁灭的军事占领。然而在最后，经济和社会的绝对韧性令人印象深刻。这场战争是一次重大的危机，但是社区往往会从战争最坏的影响中极为迅速地恢复。另一件使评估三十年战争的长期影响变得困难的事情，是帝国在二十年之内陷入了另外一系列毁灭性的战争。后来的冲突中的战斗确实发生在帝国的边缘，但是财政成本甚至更高。

尽管衡量经济和社会的标志并且评估它们的重要性是一门并

636

不精确的科学，但几乎不可能评估这场冲突所造成的社会和文化破坏的程度。战争的经历是否促进了某种形式的宗教虔诚，推动了怀疑论或者神秘主义哲学的发展，或者促进了某种类型的音乐的发展？人们在过去往往主张三十年战争是德意志人的本性和精神的增强剂甚至是其原因，这种主张通常告诉我们更多的是关于19世纪的民族主义历史学者发明的持久的神话，而不是17世纪的现实。[14]三十年战争在后来的所谓延迟的或者非政治的民族的诞生神话的构建中扮演了关键角色。[15]然而在这一过程中，19世纪和20世纪初期的几代人的雄心和精神被添加到神话构建之中。他们充满悲情地描述被剥削的和不完整的德意志历史，这扭曲了现实。这种现实是更平淡的，并且对1648年之后的帝国历史具有重大意义。

当时的流行文化和文学文化确实看上去反映了对和平和稳定的迫切愿望。德意志人民的苦难和德意志祖国的压迫，这一主题贯穿这一时期大多数主要作家的著作。看上去并不令人惊讶的是，德意志在这一时期形成了戏剧性的传统，专注于暴君和殉道者的生命，专注于苦难和审判。在这种传统中，任何戏剧如果没有一系列可怕的暴行和恐怖的故事，都是不完整的。正如格奥尔格·菲利普·哈斯多夫在他1647～1653年关于德意志诗歌的专著中所定义的，悲剧的内容是"国王、诸侯和领主的绝望，谋杀，迫害，伪证，欺骗，乱伦，战斗，死亡，墓志铭，哀歌，以及类似的内容"。[16]与此同时，哈斯多夫和奥皮茨以及其他人一样，坚持认为所有内容都应当是符合现实的：艺术和经历之间的相关性提供了丰富的主题。

看上去同样合乎逻辑的是，这种专注在战争结束后注入对和平的渴望中。在几十年的动荡之后，很多社区也准备好庆祝正常状态的恢复，在很多地方，庆祝活动甚至早于和平到来的现实一段时间。[17]

注释

1. Parker, *Thirty Years War*, 146−7.
2. Kühlmann, 'Simplicissimus'.
3. Pfister, *Bevölkerungsgeschichte*, 12−15, 76−9.
4. Schmidt, *Krieg*, 91−2. 对人口减少最详细的按照区域进行的研究仍然是 Franz, *Krieg*, 5−51。Franz 的结果在符腾堡得到了确认：Hippel, 'Bevölkerung'。Theibault, 'Demography' and Vasold, 'Bevölkerungsverluste'.
5. Schormann, 'Krieg', 269.
6. Parker, *Thirty Years War*, 192−3.
7. Parker, *Thirty Years War*, 189.
8. Schormann, *Krieg*, 114−16.
9. 见本书页边码 579~583 页。
10. Langer, 'Krieg', 312−13; Press, 'Soziale Folgen', 253−4.
11. Schormann, *Hexenprozesse*, 54−6, 63−71.
12. Asch, *Thirty Years War*, 181−2.
13. Press, 'Soziale Folgen', 246−7.
14. Neveux, *Vie spirituelle*, ix−xlvii and *passim*.
15. Faulenbach, *Ideologie*, 38−42; Schönemann, *Rezeption*; Mannack,

'Rezeption'; Mannack, 'Streit'; Cramer, 'War'; Cramer, *Thirty Years' War*; Smith, *Continuities*, 74–108.

16. Brenner, 'Drama', 541.

17. Repgen, 'Friede', 632–5; Gantet, *Paix*, 127–67.

第五十八章

三十年战争和德意志政体

评估三十年战争对德意志政体的意义，与评估其对社会和经济
的意义一样具有争议性。一方面，《威斯特伐利亚和约》通常被积
极地视作欧洲权力均势的起源，根据这种观点，"威斯特伐利亚体
系"为欧洲各主权国家之间的关系带来了持续的稳定。另一方面，
德意志的历史学者往往会指责和约是德意志民族的灾难，和约最终
削弱了帝国的残余，并且将德意志人交给外国强权和残暴的德意志
诸侯手中。因此人们经常主张，勃兰登堡-普鲁士勇敢地承担了民
族命运的责任，这才将德意志从这种悲惨的命运中解救出来。这两
种判断都应当被推翻。

对于制定《威斯特伐利亚和约》的人而言，他们的意图并不是
创造欧洲内主权国家的权力均势。[1]权力均势的观点可能是和约非常
长期的结果之一。然而，在谈判和约时，没有人过多考虑一个不承
认任何更高权威的主权国家体系的出现，或者是由三个强权保证的
体系，在这个体系中所有主权国家无论规模大小都享有平等地位。
当时的谈判目标是解决最近的关键问题。从法国的角度来说，它的
主要目标是破坏西班牙和奥地利哈布斯堡的权力轴心，并且阻止在

帝国内建立哈布斯堡专制君主国。

后来的评论者，例如莱布尼茨、卢梭、康德和席勒，称赞《威斯特伐利亚和约》是走向普世和平的第一步，然而他们对未来的预测不应当被误认为是对现实的描述。1648 年，法国和西班牙之间的冲突，在某种程度上被双方视作真正的斗争，仍然没有解决；在波罗的海，重大的敌对行动一直持续到大约 1660 年。此外，没过多久欧洲就再次陷入多场冲突之中。如果说真的存在一个威斯特伐利亚体系，那么这个体系在 1670 年前后就已经死去了，成了法国和瑞典滥用其作为和约保证者的角色的受害者。下一次真正的权力平衡又要等三十年后才会出现。

638　　当然，一些根本问题在 1648 年得到了解决。西班牙和荷兰共和国达成和约，移除了欧洲政治的一个关键问题。荷兰起义者对西班牙人的斗争，在八十年内的绝大部分时间，使在欧洲几乎每个国家的支持者和反对者之间造成了分裂。[2]人们不再认为低地国家斗争中的意识形态-教派对立折射出他们自身的立场，这一事实明显促进了欧洲政治中教派元素的减少。1648 年另一个事件无意的结果，也许同样推动了这一趋势。从教廷的观点而言，教皇对《威斯特伐利亚和约》的抗议（在 1649 年 5 月广泛流传）也许是符合逻辑的，但是这也凸显了教皇在欧洲政治越来越无关紧要。[3]教皇和他代表的教会不再是需要被考虑的势力。事实上，这也正是明斯特和奥斯纳布吕克的谈判者通过在条约中插入了一个"反对抗议"的条款，以提前应对教皇的挑战的原因。[4]《威斯特伐利亚和约》是一个世俗和约，并且产生了世俗化的影响，因为和约明确否认了教会势力、宗教会议或者教皇对其进行挑战的权力。

关于《威斯特伐利亚和约》对国际体系发展的影响的推断忽视了一个事实：《威斯特伐利亚和约》根本上是一个德意志的和约。除了对和平意图的全面表述之外，条款内容并没有提及作为整体的欧洲，而是主要提及了关于德意志的大量内容。关于和约在德意志历史上的意义的观点，传统上是消极的。弗里茨·迪克曼（Fritz Dickmann）的著作仍然是关于《威斯特伐利亚和约》的权威著作，他在1959年总结道，和约是"一场对德意志人民和神圣罗马帝国的民族灾难……是最终压垮帝国的致命疾病的开始"。他完全相信，"1648年是我们的历史中最为灾难性的年份之一"。[5]他认为，帝国不再是一个国家，并且帝国的所有政府职能都被邦国接管，这些邦国的主权得到确认。在做出这个判断时，迪克曼遵循了过去一个半世纪的大多数德意志历史学者的观点，他们认为这个和约使德国人遭受法国人操纵和控制的暴政，并且通过确立德意志诸侯的主权，这个和约使德意志统一的事业倒退了两个世纪。德意志民族的历史学传统关注阿尔萨斯、瑞士和尼德兰的丧失，以及在他们看来帝国作为统一和运转的实体的崩溃。

这样的消极观点与和约之后的一个半世纪里人们对和约的积极评价形成了鲜明对比。18世纪末之前的作家仍然不曾怀疑《威斯特伐利亚和约》是真正的帝国宪法，并且和约为帝国的和平发展提供了基础和框架，是帝国居民的自由的来源。[6]此时对和约条款的积极评价是很平常的。例如，约翰·戈特弗里德·冯·迈恩（Johann Gottfried von Meiern）在1734~1736年编纂了和约会议的记录，他

639

写道"这是上帝的恩典与怜悯的礼物"。约翰·雅各布·施毛斯（Johann Jacob Schmauss）在 1766 年宣称，和约是"保护德意志帝国的和平以及天主教徒和福音教徒的友谊的契约"。[7]克里斯托夫·马特霍伊斯·普法夫（Christoph Matthäus Pfaff）在 1742 年写道，"和约是德意志教会自由的守护者"。[8]在关于 18 世纪帝国的法律和政治的大量同时代的文献中，相似的观点是很常见的。1748 年的《威斯特伐利亚和约》的百年纪念活动同样以援引和约带来的好处以及和约作为帝国基本宪法的角色为特征。[9]

　　对和约做出更为积极判断的当代历史学者，尤其是在 1998 年和约的 350 周年纪念活动之后，再一次认真对待这些当时的评价。和约并没有使帝国落入外国势力手中。毕竟，皇帝与法国和瑞典共同保证和平，并且保证的条款相当模糊，以至于几乎不可能被援引。[10]对于那些在受激烈的法德仇恨、阿尔萨斯争端以及 1919 年之后凡尔赛"惩罚"（Diktat）的主导时写作的历史学者而言，保障条款和阿尔萨斯的"失去"是非常重要的。同样地，民族主义的目的论扭曲了那些确认帝国等级权力的条款的含义。条约中用的术语是"领主权"（ius territoriale），字面上与德语的 Landeshoheit 最为接近；出现在各版本法语草稿中的"至高权力"（droit de souveraineté，标准的同义词是 maiestas）并没有出现在和约中。[11]如果说和约真的是"德意志诸侯的大宪章"，那么他们得到确认的权力是缺少最高统治权的。[12]诸侯仍然受到帝国的法律、帝国法院的管辖权，以及最终受到皇帝的管辖权的约束。

　　结果证明，一些较大邦国的诸侯最终能够利用和约中规定的相当模糊的地位的潜力。小诸侯和低级别帝国等级，特别是帝国骑士和帝国城市，并没有同样的潜力，他们可能非常珍惜这一体系的保障，保护他们在政体内准独立的存在。后来的发展与皇帝将会在 17 世纪晚期在帝国内重建强大地位的事实，都不是可以预料到的。1648 年标志着创建德意志专制君主国的任何尝试的终结。然而，这一和约也使皇帝在"皇帝和帝国"的主权实体中占据一席之地，成 **640** 为帝国最终的司法权威，以及帝国封建体制的君主。条约回避了对皇帝的特权和权力的任何精确定义。

在其他方面，《威斯特伐利亚和约》明显加强了奥地利哈布斯堡的力量。他们的领地豁免于宗教和约，这使他们能够在奥地利和波希米亚巩固他们的政权。这是在帝国内恢复皇帝权威的必要基础；如果没有这一点，哈布斯堡将无法发挥他们在 17 世纪晚期保卫帝国抵御土耳其人和法国人的关键作用。从更长期来看，1648 年之后哈布斯堡君主国的整合，也为奥地利脱离帝国并转向纯粹的哈布斯堡（奥地利-匈牙利）帝国奠定了基础。然而，这是无法在 1648 年预料到的，并且在此后超过一个世纪的时间内，这也没有进入哈布斯堡家族或者他们的顾问的盘算中。

《威斯特伐利亚和约》是关于帝国的一系列基本法之一，它也是其中最全面的基本法之一。它包含了对旧的权力平衡的新定义。它的关于大赦和归还财产的大量条款试图解决过去一个世纪的所有法律和制度问题。确定这些问题的工作是由创建新的公法主题的（主要是福音教的）作者和评论者进行的。《威斯特伐利亚和约》代表着他们制定的帝国公法的宪法实施。这本质上是 1500 年前后自关于马克西米利安一世的改革提议的争论时出现的体系的正式化，其原则成了几乎后来每一次政治争论和危机的核心。

在 1648 年确立的核心原则是"德意志自由"和法律的准则。在此之前当帝国等级反对皇帝时，德意志自由经常会成为战斗口号，此时则被牢牢地载入宪法中。[13]法律的准则在关于冲突解决方案和维持帝国等级之间和平的条款中正式生效。"德意志自由"的概念此时也得到延伸。尽管和约中具体规定的大部分权力是统治者的权力，但是宗教和约的条款限制了这些权力，也保障了个人的权利。尽管限于天主教徒以及路德宗和加尔文宗的福音教徒，但个人良心自由的原则得到确立，同样得到确立的还有财产保护的原则：政府强制推行宗教信仰或者榨取财产的权力都被否定。如果帝国等级或者个人的权利受到了侵犯，他们都获得了通过法院获得裁决以追求自身权利的可能性，这种裁决是有法律效力的，并且能够由大区的武装军队执行。始于 16 世纪中叶帝国"法治化"的进程也产生了结果。

641　　　宗教冲突的政治解决方案是确定的。没有明确规定的案件，或者没有通过利用"规范年"原则得到解决的案件，将由法院解决。将宗教平等的原则应用于帝国的法院和法律制定的机制，是为了保证即使出现了这样的争端，也不再会引发内战。其结果是德意志政治明显的去教派化。这并不意味着教派争端不再出现，也不意味着帝国内的政治派系不再呈现出教派的特征。在 18 世纪 20 年代出现过严重的教派危机，并且在 1740 年之后，弗里德里希大王作为一名自称的无信仰者，在必要的时候成了教派政治的掌控者。

　　然而，从根本上而言，帝国和帝国法律在 1648 年实现了世俗化。尤为重要的是，在波希米亚的起义被镇压以及起义的加尔文宗领导者在全欧洲流亡后，以及在古斯塔夫·阿道夫失败之后，千禧年的传统在主流的德意志政治，以及事实上的欧洲政治中消失了。[14]路易十四在 1685 年撤销《南特敕令》确实导致了末世论宣传的恢复，这种宣传不仅是由法国的加尔文宗受害者推动的，也是由全欧洲的同信仰者推动的。但这只是相对短暂的，并且不再有早期末世论想象中的真正的千禧年的推动力：这只是功能性的宣传，旨在通过恢复旧的消极的刻板印象以动员群体观点。没有人认真地认为路易十四是人类的救世主，他也并没有许诺建立地上天国。

　　实质上，这预示着任何普世帝国或者神圣帝国概念的终结。尽管如此，天主教和福音教的法学家仍然谈论这件事情。帝国的合法性从没有被放弃或者被消除；帝国的习惯（Reichsherkommen）是帝国体制的一个强有力的原则，并且保证没有传统会被放弃，无论实际上多么多余。事实上，普世主义的理想永久地吸引着某些德意志知识分子，从 17 世纪晚期的莱布尼茨到 18 世纪晚期的席勒或者年轻的浪漫派。这样的想法经常被视为德意志人持续渴望或怀念丧失的宏大的帝国梦想的证据，或者是持续渴望重建某种世界帝国的证据，这种渴望有时是温和的，有时是傲慢和专横的。在现实中，总的来说，普世主义的修辞更多地是投射人类发展理想的载体，而不是推进德意志人的帝国理想的载体。它的出发点是被视为超越个别国家的秩序的基督教概念。

　　帝国的政治现实是由帝国议会的政府职能和皇帝的封建职能定

义的。二者的结合也产生了 1648 年的帝国地理范围的定义。封建
642 的帝国包括部分北意大利以及勃艮第，瑞士和荷兰共和国事实上被
排除在外。波希米亚王国领地的地位是矛盾的，也许更附属于哈布
斯堡而非帝国。这些地区都是与"德意志民族的帝国"无关的，而
"德意志民族的帝国"是由那些出席帝国议会的等级定义的，或者
对于帝国骑士的情况，是以支付帝国税定义的。在 1500 年前后，
这个帝国大体上集中于上德意志和霍亨施陶芬体系的旧核心区域。
在 1648 年前后，旧的核心区域仍然处于中心，并且这些区域形成
了与皇室关系极为密切的特征。然而，帝国此时也在北方发挥作
用，尽管 1655~1660 年的北方战争很快再一次表明帝国的法令在波
罗的海区域的局限性。在 1648 年之后，过去对成员身份不感兴趣
的很多地区此时寻求承认和参与，以及伴随的所有利益。

　　如果说帝国拥有宪法以及有效的政治和法律体系，那么帝国是
一个国家吗？如果帝国的居民利用和参与这一体系，并且认同帝
国，以帝国保障的自由正向地定义自己，以帝国的敌人反向地定义
自己，帝国是否能够被描述为"德意志民族的国家"？德意志的历
史学者在传统上是否认这一点的。例如，弗里茨·迪克曼在 1959
年写道，帝国在 1648 年之后不再是一个国家，这再一次重复了长
期的传统。[15] 即使在 1945 年之后抛弃普鲁士-德意志传统的很多人，
也坚持将帝国视为前民族的非国家联邦。如果有什么的话，帝国被
视作统一的欧洲的先驱，而不是 19 世纪的民族国家。事实上，
1989 年之前的联邦德国的后民族国家的特征，似乎引入了前民族的
近代早期历史的构建作为它的先驱，而 1871~1945 年民族国家阶段

是对这一路径的背离。

格奥尔格·施密特在 1999 年提出了新颖的观点，他将帝国称为"帝国-国家"（Reichs-Staat），视其为德意志人近代早期的民族国家，这一观点引起了一些激烈的回应。[16]然而他举出的支持自己观点的证据很有说服力。帝国并不是一个集权或者正在集权的国家，而是一个政府职能被转移到各层级的国家：皇帝和帝国议会、帝国大区、邦国政府。就这一点而言，帝国与当时的其他很多欧洲君主国有很多共同点，这些国家是复合君主国，而非统一的集权国家。帝国与一些西欧君主制国家的愿望，或者与其中一些国家形成的模式的对比是有误导性的，而且肯定不如与波兰-立陶宛联邦、荷兰共和国或者瑞士联邦的比较有帮助。

这种观点的批评者有时会采取相当奇怪的迂回说法，以避免使用"国家"（state）一词。有人将帝国描述为"独特的双层政府体系"；也有人更喜欢用"部分近代化的帝国体系"的表述；还有人认为帝国最恰当的描述是由大约 10000 个大体上自治的"地方管辖区"（lokale Herrschaften）组成的"分裂的宪法体系"。[17]这些观点的共同点，是强调被认为对欧洲国家而言必不可少的特征的缺失：国民或公民的一体化机构、一体化的领地、有最高权力的集中的国家权力机构、外部的行动自由以及内部的权力垄断。[18]

很少被使用的术语"帝国-国家"事实上可能确实证明不了什么。"Staat"在近代早期的德意志往往只是"体系"的意思，因此当这一术语被用于帝国或者属于帝国的邦国时，它不一定意味着"国家"（state）。帝国也确实与其他邻近的政体有着显著的区别。

其中一个最根本的区别在于，帝国是以帝国的封建网络为基础的，这意味着，例如，帝国维持了这种体系在中世纪维持和平的最初功能。帝国缺少后中世纪的国家的一些特征，这些特征带来了军事强权、扩张主义或者殖民主义的外部表现。

然而，1648~1806 年写到帝国的公法理论家们并没有忌讳将帝国称为国家。[19]没有人比路易十四更了解国家是什么，而他也并没有怀疑这一点。他带着尖刻的轻蔑态度，告诉王储（Dauphin）不要被皇帝响亮的头衔打动或者吓倒："公正地说，他们应当被视作德意志共和国的领袖和总指挥官"——帝国是一个国家，但不是一个极有力的国家；是一个共和国，而非真正的君主国。[20]

对帝国是一个国家的观点的否认，带来的一个常见推论是认为帝国是一个在 1648 年之后无法进一步发展的体系。换句话说，和约解决了过去一个世纪的问题，但是据称并没有为应对进一步的挑战提供空间。乍看上去这个说法似乎是合理的，因为这反映了大量被引用的评价，这些评价涉及帝国和帝国机构在其最后时期没有能力且僵化的本质。此外，《威斯特伐利亚和约》在目的上无疑是保守的，旨在将帝国恢复到过去的状态，而不是创造一些新事物。[21]

然而，将国家写入和约中，而这个和约宣布自身是帝国永久法律和一般性制度，并且在仅仅六年之后帝国议会承认其为神圣帝国的基本法，这本身就是一种创新。[22]值得一提的是，"帝国基本法"这一术语是在 1636 年斐迪南三世的《选举让步协定》中第一次出现在正式的法令文件。1654 年，《威斯特伐利亚和约》被确定为一系列基本法的终点和结论，这些基本法由 1356 年的《金玺诏书》、

1495 年的《永久和平条例》、1555 年的《奥格斯堡和约》以及相　644
关的执行条例组成。与此同时，和约会议留下了一些将由接下来的
帝国议会决定的关键问题（所谓的遗留问题，negotia remissa）。在
接下来几十年，这些问题的答案将困扰帝国。这些争论，以及帝国
的全部本质，受到一系列重大外部挑战的影响，而这些挑战也保证
了帝国政体一直到 19 世纪早期的持续演进。

注释

1. Duchhardt 'Westphalian System'; Parker, *Thirty Years War*, 192–
   6; Repgen, 'Friede', 639–40; Wolfrum, *Krieg*, 33–46.

2. Parker, *Thirty Years War*, 196.

3. Dickmann, *Frieden*, 494–6; Heckel, 'Konfessionalisierung', 672–84.

4. *IPO* Art. XVII，§3.

5. Dickmann, *Frieden*, 496. 这个判断在 1998 年出版的第七版仍然没
   有变化。也可见：Aretin, *Altes Reich*, i, 26–7。

6. Repgen, 'Friede', 637–41; Kremer, *Friede*, *passim*.

7. Schmidt, *Geschichte*, 192.

8. Schneider, *Ius reformandi*, 479（fn 72）.

9. Gantet, *Paix*, 303 – 60; Repgen, 'Friede', 637 – 8; Whaley,
   Toleration, 186, 194; François, *Grenze*, 153–67.

10. Aretin, *Altes Reich*, i, 26–9.

11. Gotthard, *Altes Reich*, 103.

12. Press, 'Soziale Folgen', 244.

13. Schmidt, 'Westfälischer Friede'.

14. Lau, *Stiefbrüder*, 202–51, 464–9 指出自 16 世纪 60 年代以来法

国的入侵引发了全欧洲范围内一系列民族的反应，这些反应从路易十四作为"世俗化的敌基督"的妖魔化形象中汲取力量：源于宗教传统的形象此时激发了纯粹的世俗战斗，这为新的"近代"民族身份认同奠定了基础。

15. Dickmann, *Frieden*, 494.

16. Schmidt, *Geschichte.* 关于争论，可见：Whaley, 'Old Reich'; Schnettger, 'Reichsverfassungsgeschichtsschreibung', 145–51。关于施密特的回应，可见：Schmidt, 'Frühneuzeitliches Reich'。

17. Schilling, 'Reichs-Staat', 394; Reinhardt, 'Frühmoderne Staat'; Marquardt, *Reich*.

18. Reinhard, 'Frühmoderner Staat', 347; Reinhard, *Staatsgewalt*, 52–5.

19. Kremer, *Friede*, 67–79.

20. Noël, 'Nation allemande', 327.

21. Press, 'Krise'.

22. Conrad, *Rechtsgeschichte*, ii, 360.

参考文献

Abel, Wilhelm, *Geschichte der deutschen Landwirtschaft vom frühen Mittelalter bis zum 19. Jahrhundert*, 2nd edn (Stuttgart, 1967).

Abray, Lorna Jane, *The people's reformation: Magistrates, clergy and commons in Strasbourg 1500–1598* (Oxford, 1985).

Albrecht, Dieter, *Maximilian I. von Bayern 1573–1651* (Munich, 1998).

Allgemeine Deutsche Biographie, 56 vols (Munich and Leipzig, 1875–1902).

Altmann, Hugo, *Die Reichspolitik Maximilians I. von Bayern 1613–1618* (Munich, 1978).

Amann, Hektor, 'Wie groß war die mittelalterliche Stadt?', in C. Haase (ed.), *Die mittelalterliche Stadt, Band 1: Begriff, Entstehung und Ausbreitung* (Darmstadt, 1969), 408–15.

Anderson, Alison D., *On the verge of war: International relations and the Jülich-Kleve succession crises (1609–1614)* (Boston, 1999).

Anderson, M. S., *War and society in Europe of the Old Regime 1618–1789* (London, 1988).

Angermeier, Heinz, 'Die Reichsregimenter und ihre Staatsidee', *Historische Zeitschrift*, ccxi (1970), 265–315.

——, 'Der Wormser Reichstag in der politischen Konzeption König Maximilians. I', in Heinrich Lutz (ed.), *Das römisch-deutsche Reich im politischen System Karls V.* (Munich and Vienna, 1982), 1–13.

——, *Reichsreform und Reformation* (Munich, 1983).

——, *Die Reichsreform 1410–1555: Die Staatsproblematik in Deutschland zwischen Mittelalter und Gegenwart* (Munich, 1984).

——, 'Politik, Religion und Reich bei Kardinal Melchior Khlesl', *Zeitschrift der Savigny-Stiftung für Rechtsgeschichte*, Germanistische Abteilung, cxxiii (1993), 249–330.

——, 'Der Wormser Reichstag 1495: Ein europäisches Ereignis', *Historische Zeitschrift*, cclxi (1995), 739–68.

Aretin, Karl Otmar von, *Das Reich: Friedensordnung und europäisches Gleichgewicht 1648–1806* (Stuttgart, 1986).

——, *Das Alte Reich 1648–1806*, 4 vols (Stuttgart, 1993–2000).

Arndt, Johannes, *Das Heilige Römische Reich und die Niederlande 1566 bis 1648: Politisch-konfessionelle Verflechtung und Publizistik im Achtzigjährigen Krieg* (Cologne,1998).

Asch, Roland G., *The Thirty Years War: The Holy Roman Empire and Europe, 1618–48* (Houndmills, 1997).

——, '"Denn es sind ja die Deutschen . . . ein frey Volk": Die Glaubensfreiheit als Problem der westfälischen Friedensverhandlungen', *Westfälische Zeitschrift*, cxlviii (1998), 113–37.

Asche, Matthias and Anton Schindling (eds), *Dänemark, Norwegen und Schweden im Zeitalter der Reformation und Konfessionalisierung: Nordische Königreiche und Konfession 1500 bis 1600* (Münster, 2003).

Aubin, Herman and Wolfgang Zorn (eds), *Handbuch der Deutschen Wirtschafts und Sozialgeschichte, Band 1:Von der Frühzeit bis zum Ende des 18. Jahrhunderts* (Stuttgart, 1978).

Baade, Anne A., *Melchior Goldast von Haiminsfeld: Collector, commentator, and editor* (New York, 1992).

Bagchi, D. V. N., '"Teutschland uber alle Welt": Nationalism and Catholicism in Early Reformation Germany', *Archiv für Reformationsgeschichte*, lxxxii (1991), 39–58.

Bahlcke, Joachim, *Regionalismus und Staatsintegration im Widerstreit: Die Länder der Böhmischen Krone im ersten Jahrhundert der Habsburgerherrschaft (1526–1619)* (Munich, 1994).

——, 'Calvinism and estate liberation movements in Bohemia and Hungary (1570–1620)', in Karin Maag (ed.), *The Reformation in Eastern and Central Europe* (Aldershot, 1997), 72–91.

Bailey, Michael D., 'Religious poverty, mendicancy, and reform in the late Middle Ages', *Church History*, lxxii (2003), 457–83.

Baron, Hans, 'Imperial Reform and the Habsburgs 1486–1504', *American Historical Review*, xliv (1939), 293–303.

Battenberg, J. Friedrich, *Das Europäische Zeitalter der Juden*, 2 vols (Darmstadt, 1990).

——, 'Juden vor dem Reichskammergericht', in Ingrid Scheurmann (ed.), *Frieden durch Recht: Das Reichskammergericht von 1495 bis 1806* (Mainz, 1994), 322–7.

——, *Die Juden in Deutschland vom 16. bis zum Ende des 18. Jahrhunderts* (Munich, 2001).

Bauer, Joachim, Andreas Klinger, Alexander Schmidt, and Georg Schmidt, *Die Universität Jena in der Frühen Neuzeit* (Heidelberg, 2008).

Baumann, Anette, 'Advokaten und Prokuratoren am Reichskammergericht in Speyer (1495–1690): Berufswege in der Frühen Neuzeit', *Zeitschrift der Savigny-Stiftung für Rechtsgeschichte*, Germanistische Abteilung, cxxx (2000), 550–63.

Baumann, Franz Ludwig (ed.) *Quellen zur Geschichte des Bauernkriegs aus Rothenburg an der Tauber* (Tübingen, 1878).

Baumann, Reinhard, *Landsknechte: Ihre Geschichte und Kultur vom späten Mittelalter bis zum Dreissigjährigen Krieg* (Munich, 1994).

Bautz, Friedrich Wilhelm (ed.), *Biographisch-bibliographisches Kirchenlexikon* (Hamm, 1970), available in updated form at http://www.bautz.de/bbkl/ (accessed 4 May 2011).

Bechtoldt, Hans-Joachim, 'Aspekte des Finanzwesens des Franz von Sickingen: Verträge im Kontext des Silberbergbaus in der Umgebung der Ebernburg im frühen 16. Jahrhundert', *Jahrbuch für westdeutsche Landesgeschichte*, xxxiii (2007), 175–212.

Becker, Winfried (ed.), *Der Passauer Vertrag von 1552: Politische Entstehung, reichsrechtliche Bedeutung und konfessionsgeschichtliche Bewertung* (Neustadt an der Aisch, 2003).

Begert, Alexander, *Böhmen, die böhmische Kur und das Reich vom Hochmittelalter bis zum Ende des Alten Reiches: Studien zur Kurwürde und zur staatsrechtlichen Stellung Böhmens* (Husum, 2003).

Béhar, Pierre, 'Martin Opitz: Weltanschauliche Hintergründe einer literarischen Bewegung', *Germanisch-Romanische Monatsschrift*, xxxiv (1984), 44–53.

Behringer, Wolfgang, *Hexen und Hexenprozesse in Deutschland* (Munich, 1988).

——, 'Mörder, Diebe, Ehebrecher. Verbrechen und Strafen in Kurbayern vom 16. bis 18. Jahrhundert', in Richard van Dülmen (ed.), *Verbrechen, Strafen und soziale Kontrolle: Studien zur historischen Kulturforschung III.* (Frankfurt am Main, 1990), 85–132, 287–93.

——, *Witchcraft persecution in Bavaria: Popular magic, religious zealotry and reason of state in early modern Europe* (Cambridge, 1997).

——, 'Die Krise von 1570: Ein Beitrag zur Krisengeschichte der Neuzeit', in Manfred Jakubowski-Tiessen and Hartmut Lehmann (eds), *Um Himmels Willen: Religion in Katastrophenzeiten* (Göttingen, 2003).

——, *Im Zeichen des Merkur: Reichspost und Kommunikationsrevolution in der Frühen Neuzeit* (Göttingen, 2003).

——, Hartmut Lehmann, and Christian Pfister, 'Kulturelle Konsequenzen der "Kleinen Eiszeit"? Eine Annäherung an die Thematik', in Wolfgang Behringer, Hartmut Lehmann, and Christian Pfister (eds), *Kulturelle Konsequenzen der 'Kleinen Eiszeit'* (Göttingen, 2005), 7–27.

Beiderbeck, Friedrich, 'Heinrich IV. von Frankreich und die protestantischen Reichs-stände', *Francia, xxiii/2* (1996), 1–31 and xxv/2 (1998), 1–25.

——, 'Frankreich und das Reich um 1600: Kooperation und Abgrenzung in den Beziehungen zwischen Heinrich IV. und den protestantischen Reichsfürsten', in Friedrich Beiderbeck (ed.), *Dimensionen der europäischen Außenpolitik* (Berlin, 2003), 35–59.

——, *Zwischen Religionskrieg, Reichskrise und europäischem Hegemoniekampf: Heinrich IV. von Frankreich und die protestantischen Reichsstände* (Berlin, 2005).

Below, Stefan von and Stefan Breit, *Wald. Von der Gottesgabe zum Privateigentum: Gerichtliche Konflikte zwischen Landesherren und Untertanen um den Wald in der frühen Neuzeit* (Stuttgart, 1998).

Benecke, Gerhard, *Maximilian I (1459–1519): An analytical biography* (London, 1982).

Bergbaureviere im 16. Jahrhundert. Vorträge des Historischen Kolloquiums (Clausthal-Zellerfeld, 1994).

Bergerhausen, Hans-Wolfgang, '"Exclusis Westphalen et Burgundt": Zum Kampf um die Durchsetzung der Reichsmünzordnung von 1559', *Zeitschrift für historische Forschung*, xx (1993), 189–203.

Berns, Jörg Jochen, 'Zur Tradition der deutschen Sozietätsbewegung im 17. Jahrhundert', in Martin Bircher and Ferdinand van Ingen (eds), *Sprachgesellschaften, Sozietäten, Dichtergruppen* (Hamburg, 1978), 53–73.

——, 'Die Festkultur der deutschen Höfe zwischen 1580 und 1730', *Germanisch-Romanische Monatsschrift*, 65 (1984), 295–311.

Betz, Hans Dieter et al. (eds), *Die Religion in Geschichte und Gegenwart Handwörterbuch für Theologie and Religionswissenschaft*, 9 vols (4th edn, Munich, 1998–2007).

Bireley, Robert, *Religion and politics in the age of Counterreformation: Emperor Ferdinand II, William Lamormaini, S.J., and the formation of imperial policy* (Chapel Hill, 1981).

——, 'The Thirty Years' War as Germany's religious war', in Konrad Repgen (ed.), *Krieg und Politik 1618–1648: Europäische Probleme und Perspektiven* (Munich, 1988), 85–106.

——, *The Jesuits and the Thirty Years War: Kings, courts and confessors* (Cambridge, 2003).

Birtsch, Günter, 'Franz von Sickingen 1481 bis 1523: Reichsritter aus Rheinpfalz', in Dieter Lau (ed.), *Vorzeiten: Geschichte in Rheinland-Pfalz* (Mainz, 1988), 87–104.

Bischoff-Urack, Angelika, *Michael Gaismair: Ein Beitrag zur Sozialgeschichte des Bauernkrieges* (Innsbruck, 1983).

Blaich, Fritz, *Die Reichsmonopolgesetzgebung im Zeitalter Karls V.: Ihre ordnungspolitische Problematik* (Stuttgart, 1967).

——, *Die Wirtschaftspolitik des Reichstags im Heiligen Römischen Reich: Ein Beitrag zur Problemgeschichte wirtschaftlichen Gestaltens* (Stuttgart, 1970).

Blänsdorf, Agnes, 'Staat—Nation—Volk: Österreich und Deutschland; Zu Gerald Stourzhs Auseinandersetzung mit Karl Dietrich Erdmann', *Geschichte in Wissenschaft und Unterricht*, xlii (1991), 767–74.

Blickle, Peter, *Landschaften im Alten Reich: Die staatliche Funktion des gemeinen Mannes in Oberdeutschland* (Munich, 1973).

——, *Die Revolution von 1525*, 2nd edn (Munich and Vienna, 1981).

——, *Gemeindereformation: Die Menschen des 16. Jahrhunderts auf dem Weg zum Heil* (Munich, 1985).

——, 'Die Eidgenossen verlassen das Reich', in H. Duchhardt (ed.), *In Europas Mitte: Deutschland und seine Nachbarn* (Bonn, 1988), 96–100.

——, *Unruhen in der ständischen Gesellschaft 1300–1800* (Munich, 1988).

——, *Die Reformation im Reich*, 2nd edn (Stuttgart, 1992).

Blickle, Peter, *Der Bauernkrieg: Die Revolution des Gemeinen Mannes* (Munich, 1998).

——, 'Politische Landschaften in Oberschwaben: Bäuerliche und bürgerliche Repräsentation im Rahmen des frühen europäischen Parlamentarismus', in *idem* (ed.), *Landschaften und Landstände in Oberschwaben: Bäuerliche und bürgerliche Repräsentation im Rahmen des frühen europäischen Parlamentarismus* (Tübingen, 2000), 11–32.

——, *Von der Leibeigenschaft zu den Menschenrechten: Eine Geschichte der Freiheit in Deutschland* (Munich, 2003).

——, *Das Alte Europa: Vom Hochmittelalter bis zur Moderne* (Munich, 2008).

Blickle, Renate, 'Agrarische Konflikte und Eigentumsordnung in Altbayern, 1400–1800', in Winfried Schulze (ed.), *Aufstände, Revolten, Prozesse: Beiträge zu bäuerlichen Widerstandsbewegungen im frühneuzeitlichen Europa* (Stuttgart, 1983), 166–87.

Bock, Ernst, *Der Schwäbische Bund und seine Verfassungen (1488–1534): Ein Beitrag zur Geschichte der Zeit der Reichsreform*, 2nd edn (Aalen, 1968).

Bog, Ingomar, *Oberdeutschland: Das Heilige Römische Reich des 16. bis 18. Jahrhunderts in Funktion* (Idstein, 1986).

Bonney, Richard, *The European dynastic states 1494–1660* (Oxford, 1991).

Boockmann, Hartmut, *Der Deutsche Orden: Zwölf Kapitel aus seiner Geschichte* (Munich, 1981).

——, *Stauferzeit und spätes Mittelalter: Deutschland 1125–1517* (Berlin, 1987).

——, *Ostpreußen und Westpreußen*, 2nd edn (Berlin, 1993).

——, 'Über den Zusammenhang von Reichsreform und Kirchenreform', in Ivan Hlaváček (ed.), *Reform von Kirche und Reich zur Zeit der Konzilien von Konstanz (1414–1418) und Basel (1431–1449)* (Constance, 1996), 203–14.

Borchardt, Frank L., *German antiquity in Renaissance myth* (Baltimore and London, 1971).

Borgolte, Michael, *Die mittelalterliche Kirche* (Munich, 1992).

Bornkamm, Heinrich, *Luther in mid-career 1521–1530*, transl. E. Theodore Bachmann (London, 1983).

Borst, Arno, *Der Turmbau von Babel: Geschichte der Meinungen über Ursprung und Vielfalt der Sprachen und Völker*. 3 vols in 4 (Stuttgart, 1957–63).

Borth, Wilhem, *Die Luthersache (Causa Lutheri) 1517–1524: Die Anfänge der Reformation als Frage von Politik und Recht* (Lübeck and Hamburg, 1970).

Bosbach, Franz, *Die Kosten des Westfälischen Friedenskongresses: Eine strukturgeschichtliche Untersuchung* (Münster, 1984).

Bosl, Karl, *Böhmen und seine Nachbarn: Gesellschaft, Politik und Kultur in Mitteleuropa* (Munich, 1976).

——, Günther Franz, and Hanns Hubert Hofmann (eds), *Biographisches Worterbuch zu deutschen Geschichte* 3 vols (2nd edn, Munich, 1973–4).

Brady, Thomas A., *Turning Swiss: Cities and empire 1450–1550* (Cambridge, 1985).

——, 'The common man and the lost Austria in the West: A contribution to the German Problem', in E. I. Kouri and T. Scott (eds), *Politics and society in Reformation Europe: Essays for Sir Geoffrey Elton on his sixty-fifth birthday* (London, 1987), 142–57.

——, 'Peoples' religions in Reformation Europe', *The Historical Journal* xxxiv (1991), 173–82.

——, *Protestant politics: Jacob Sturm (1489–1553) and the German Reformation* (Atlantic Highlands, NJ, 1995).

——, 'Economic and social institutions', in Bob Scribner (ed.), *Germany: A new social and economic history 1450–1630* (London, 1996), 259–90.

——, 'In search of the godly city: The domestication of religion in the German Reformation', in *idem, Communities, politics and Reformation in early modern Europe* (Leiden, 1998), 169–88.

——, 'The Holy Roman Empire, 1555–1648', in *idem, Communities, politics and Reformation in early modern Europe* (Leiden, 1998), 371–406.

——, *German histories in the age of Reformations, 1400–1650* (Cambridge, 2009).

Brauer, Adalbert, 'Die kaiserliche Bücherkommission und der Niedergang Frankfurts als Buchhandelsmetropole Deutschlands', *Genealogisches Jahrbuch, ix* (1979), 185–97.

Braunfels, Wolfgang, *Die Kunst im Heiligen Römischen Reich*, 6 vols (Munich, 1979–89).

Braunstein, Philippe, 'Innovations in mining and metal production in Europe in the late Middle Ages', *The Journal of European Economic History*, xii (1983), 573–91.

Brechenmacher, Thomas, *Großdeutsche Geschichtsschreibung im neunzehnten Jahrhundert: Die erste Generation (1830–48)* (Berlin, 1996).

——, '"Österreich steht außer Deutschland, aber es gehört zu Deutschland": Aspekte der Bewertung des Faktors Österreich in der deutschen Historiographie', in Michael Gehler et al. (eds), *Ungleiche Partner: Österreich und Deutschland in ihrer gegenseitigen Wahrnehmung. Historische Analysen und Vergleiche aus dem 19. und 20. Jahrhundert* (Stuttgart, 1996), 31–53.

Brecht, Martin, *Martin Luther*, transl. James L. Schaaf, 3 vols (Philadelphia and Minneapolis, 1985–93).

——, 'Christoph Besold: Versuch und Ansätze einer Deutung', *Pietismus und Neuzeit*, xxvi (2000), 11–28.

Brendle, Franz, 'Kurmainz, Bayern und die Liga', in Albrecht Ernst and Anton Schindling (eds), *Union und Liga 1608/09: Konfessionelle Bündnisse im Reich: Weichenstellung zum Religionskrieg* (Stuttgart, 2010), 97–115.

Brenner, Peter J., 'Das Drama', in Albert Meier (ed.), *Die Literatur des 17. Jahrhunderts: Hansers Sozialgeschichte der deutschen Literatur vom 16. Jahrhundert bis zur Gegenwart Band 2* (Munich, 1999), 539–74.

Breuer, Dieter, *Oberdeutsche Literatur, 1565–1650: Deutsche Literaturgeschichte und Territorialgeschichte in frühabsolutistischer Zeit* (Munich, 1979).

——, 'Deutsche Nationalliteratur und katholischer Kulturkreis', in Dieter Borchmeyer (ed.), *Poetik und Geschichte* (Tübingen, 1989), 701–15.

Breul-Kunkel, Wolfgang, *Herrschaftskrise und Reformation: Die Reichsabteien Fulda und Hersfeld ca. 1500–1525* (Gütersloh, 2000).

Brodkorb, Clemens, 'Die Weihbischöfe im Heiligen Römischen Reich, 1448–1648', *Römische Quartalschrift für christliche Altertumskunde und Kirchengeschichte*, xcii (1997), 72–102.

Bruckmüller, Ernst and Peter Claus Hartmann, (eds), *Putzgers Historischer Weltatlas* (103rd edn, Bedin, 2001).

Bryce, James, *The Holy Roman Empire* (Oxford, 1864, 6th edn with corrections, 1906).

Buchholz, Stephan, 'Der Landgraf und sein Professor: Bigamie in Hessen', in Gerhard Köbler (ed.), *Wirkungen europäischer Rechtskultur* (Munich, 1997), 39–63.

Bücking, Jürgen, *Michael Gaismair: Reformer, Sozialrebell, Revolutionär; Seine Rolle im Tiroler 'Bauernkrieg' (1525/32)* (Stuttgart, 1978).

Bundschuh, Benno von, *Das Wormser Religionsgespräch von 1557: Unter besonderer Berücksichtigung der Kaiserlichen Religionspolitik* (Münster, 1988).

Burgdorf, Wolfgang, *Ein Weltbild verliert seine Welt: Der Untergang des Alten Reiches und die Generation 1806* (Munich, 2006).

Burger, Christoph. 'Huttens Erfahrungen mit Kirche und Frömmigkeit und seine Kritik', in Johannes Schilling and Ernst Giese (eds), *Ulrich von Hutten und seine Zeit* (Kassel, 1988), 35–60.

Burke, Peter, 'Tacitism, scepticism and reason of state', in J. H. Burns and M. Goldie (eds), *The Cambridge history of political thought 1450–1700* (Cambridge, 1996), 479–98.

Burkhardt, Johannes, *Der Dreißigjährige Krieg* (Frankfurt am Main, 1992).

Burleigh, Michael, *Prussian society and the German order: An aristocratic corporation in crisis c.1410–1466* (Cambridge, 1984).

Buschmann, Arno (ed.), *Kaiser und Reich: Verfassungsgeschichte des Heiligen Römischen Reiches Deutscher Nation vom Beginn des 12. Jahrhunderts bis zum Jahre 1806 in Dokumenten*, 2nd edn (Baden-Baden, 1994).

Bussmann, Klaus and Heinz Schilling (eds), *1648: War and peace in Europe*, 3 vols (Münster, 1998).

Buszello, Horst, 'The common man's view of the state in the German Peasant War', in Bob Scribner and Gerhard Benecke (eds), *The German Peasant War 1525: New Viewpoints* (London, 1979), 109–22.

——, 'Legitimation, Verlaufsformen und Ziele', in Rudolf Endres and Horst Buszello (eds), *Der deutsche Bauernkrieg* (Paderborn, 1984), 281–321.

——, 'Oberrheinlande', in Rudolf Endres and Horst Buszello (eds), *Der deutsche Bauernkrieg* (Paderborn, 1984), 61–96.

Buttlar, Kurt Treusch von, 'Das tägliche Leben an den deutschen Fürstenhöfen des 16. Jahrhunderts', *Zeitschrift für Kulturgeschichte*, iv (1897) 1–41.

Cameron, Euan, *The European Reformation* (Oxford, 1991).

Carl, Horst, 'Der Schwäbische Bund und das Reich: Konkurrenz und Symbiose', in Volker Press (ed.), *Alternativen zur Reichsverfassung in der Frühen Neuzeit?* (Munich, 1995), 43–63.

——, 'Landfriedenseinung und Standessolidarität: Der Schwäbische Bund und die Raubritter', in C. Roll (ed.), *Recht und Reich im Zeitalter der Reformation* (Frankfurt am Main, 1996), 471–92.

Carsten, F. L., *Princes and parliaments in Germany from the fifteenth to the eighteenth century* (Oxford, 1959).

Chisholm, M. A., 'The *Religionspolitik* of Emperor Ferdinand I (1521–1564): Tyrol and the Holy Roman Empire', *European History Quarterly*, xxxviii (2008), 551–77.

Clark, Peter, 'Introduction: the European crisis of the 1590s', in Peter Clark (ed.), *The European crisis of the 1590s: Essays in comparative history* (London, 1985), 3–22.

Clasen, Claus-Peter, *The Palatinate in European history 1555–1618*, revised edn (Oxford, 1966).

——, *Anabaptism: A social history, 1525–1618: Switzerland, Austria, Moravia, South and Central Germany* (Ithaca, NY, 1972).

——, *The Anabaptists in South and Central Germany, Switzerland and Austria: Their names, occupations, places of residence and dates of conversion: 1525–1618* (Ann Arbor, 1978).

Clot, André, *Suleiman the Magnificent: The man, his life, his epoch* (London, 1992).

Cohn, Norman, *The pursuit of the millennium: Revolutionary millenarians and mystical anarchists of the Middle Ages*, 3rd edn (London, 1970).

Cohn, H. J., 'The territorial princes in Germany's Second Reformation, 1559–1622', in Menna Prestwich (ed.), *International Calvinism 1541–1715* (Oxford, 1985), 135–65.

——, 'Church property in the German Protestant principalities', in E. I. Kouri and T. Scott (eds) *Politics and society in Reformation Europe: Essays for Sir Geoffrey Elton on his sixty-fifth birthday* (Houndmills, 1987), 158–87.

——, *The government of the Rhine Palatinate in the fifteenth century*, 2nd edn (Aldershot, 1991).

——, 'The electors and imperial rule at the end of the fifteenth century', in Björn K. V. Weiler (ed.), *Representations of power in medieval Germany 800–1500* (Turnhout, 2006), 295–318.

Conersmann, Klaus, 'Die Tugendliche Gesellschaft und ihr Verhältnis zur Frucht-bringenden Gesellschaft: Sittenzucht, Gesellschaftsidee und Akademiegedanke zwischen Renaissance und Aufklärung', *Daphnis. Zeitschrift für Mittlere Deutsche Literatur*, xvii (1988), 513–626.

Conrad, Franziska, *Reformation in der bäuerlichen Gesellschaft: Zur Rezeption reformatorischer Theologie im Elsass* (Stuttgart, 1984).

Conrad, Hermann, *Deutsche Rechtsgeschichte*, 2 vols (Karlsruhe, 1962–6).

Coupe, W. A. (ed.), *A sixteenth-century German reader* (Oxford, 1972).

Cramer, Kevin, 'The cult of Gustavus Adolphus: Protestant identity and German nationalism', in Helmut Walser Smith (ed.), *Protestants, Catholics and Jews in Germany, 1800–1914* (Oxford, 2001), 97–120.

——, *The Thirty Years' War and German memory in the nineteenth century* (Lincoln, NB, 2007).

——, 'Religious war, German war, total war: The shadow of the Thirty Years' War on German war making in the twentieth century', in Jenny Macleod (ed.), *Defeat and memory: Cultural histories of military defeat in the modern era* (Houndmills, 2008), 81–96.

Croxton, Derek and Anouschka Tischer, *The Peace of Westphalia: A historical dictionary* (Westport, CT, 2002).

DaCosta Kaufmann, Thomas, *Court, cloister and city: The art and culture of central Europe 1450–1800* (London, 1995).

Dähn, Horst, 'Martin Luther und die Reformation in der Geschichtswissenschaft der DDR', in Stefan Laube (ed.), *Lutherinszenierung und Reformationserinnerung* (Leipzig, 2002), 373–90.

Delius, Hans-Ulrich, 'Religionspolitik und kirchliche Ausgleichsbemühungen des Kurfürsten Joachim II. von Brandenburg', *Jahrbuch für Berlin-Brandenburgische Kirchengeschichte*, lii (1980), 25–87.

Derndarsky, Michael, 'Zwischen "Idee" und "Wirklichkeit". Das Alte Reich in der Sicht Heinrich von Srbiks', in Matthias Schnettger (ed.), *Imperium Romanum—Irregulare Corpus—Teutscher Reichs-Staat: Das Alte Reich im Verständnis der Zeitgenossen und der Historiographie* (Mainz, 2002), 189–205.

Deutsches Städtebuch: Handbuch städtischer Geschichte, edited by Erich Keyser, 5 vols in 11 (Stuttgart, 1939–74).

Dickel, Günther, *Das kaiserliche Reservatrecht der Panisbriefe auf Laienherrenpfründen: Eine Untersuchung zur Verfassungsgeschichte des Alten Reichs und zur kirchlichen Rechtsgeschichte nach Wiener Akten* (Aalen, 1985).

Dickens, A. G., *The German nation and Martin Luther*, 2nd edn (London, 1976).

——, *Ranke as Reformation historian* (Reading, 1980).

—— and John M. Tonkin, *The Reformation in historical thought* (Oxford, 1985).

Dickmann, Fritz, *Der Westfälische Frieden* (Münster, 1959, 7th edn 1998).

Dixon, C. Scott, 'Popular astrology and Lutheran propaganda in Reformation Germany', *History*, lxxxiv (1999), 403–18.

——, 'Urban order and religious coexistence in the German Imperial City: Augsburg and Donauwörth, 1548–1608', *Central European History*, xl (2007), 1–33.

Documenta Bohemica bellum tricennale illustrantia, ed. Josef Janáček, Josef Kočí, Gabriela Čechová, 7 vols (Prague, 1971–81).

Donahue, William, 'Astronomy', in Katharine Park and Lorraine Daston (eds), *The Cambridge history of science*, Vol. 3: *Early modern science* (Cambridge, 2006), 564–95.

Dorner, Andreas, *Politischer Mythos und symbolische Politik: Sinnstiftung durch symbolische Formen am Beispiel des Hermannsmythos* (Opladen, 1995).

Dorpalen, Andreas, *German history in Marxist perspective: The East German approach* (London, 1985).

Dotzauer, Winfried, *Die deutschen Reichskreise (1383–1806): Geschichte und Aktenedition* (Stuttgart, 1998).

Dreitzel, Horst, *Monarchiebegriffe in der Fürstengesellschaft: Semantik und Theorie der Einherrschaft in Deutschland von der Reformation bis zum Vormärz*, 2 vols (Cologne, 1991).

——, 'Samuel Pufendorf', in Helmut Holzhey, Wilhelm Schmidt-Biggemann, and Vilem Mudroch (eds), *Die Philosophie des 17. Jahrhunderts: Das Heilige Römische Reich Deutscher Nation, Nord- und Ostmittel-Europa*, 2 vols (Basle 2001), ii, 757–812.

——, 'Zehn Jahre Patria in der politischen Theorie in Deutschland: Prasch, Pufendorf, Leibniz, Becher 1662 bis 1672', in Robert von Friedeburg (ed.) *'Patria' und 'Patrioten' vor dem Patriotismus: Pflichten, Rechte, Glauben und Rekonfigurierung europäischer Gemeinwesen im 17. Jahrhundert* (Wiesbaden, 2005), 367–534.

Driedger, Michael D., *Obedient heretics: Mennonite identities in Lutheran Hamburg and Altona during the confessional age* (Aldershot, 2002).

Du Boulay, F. R. H., 'Law enforcement in medieval Germany', *History*, lxiii (1978), 345–55.

——, *Germany in the later Middle Ages* (London, 1983).

Duchhardt, Heinz, *Deutsche Verfassungsgeschichte 1495–1806* (Stuttgart, 1991).

——, '"Westphalian System": Zur Problematik einer Denkfigur', *Historische Zeitschrift*, cclix (1999), 305–15.

Dülfer, Kurt, *Die Packschen Händel: Darstellung und Quellen* (Marburg, 1958).

Eckert, Georg and Gerrit Walther, 'Die Geschichte der Frühneuzeitforschung in der Historischen Zeitschrift 1859–2009', *Historische Zeitschrift*, cclxxxix (2009), 149–97.

Edelmayer, Friedrich, Maximilian Lanzinner, and Peter Rauscher, 'Einleitung', in idem (eds), *Finanzen und Herrschaft: Materielle Grundlagen fürstlicher Politik in den habsburgischen Ländern und im Heiligen Römischen Reich im 16. Jahrhundert* (Vienna, 2003), 9–19.

Edwards, Mark U., *Luther and the false brethren* (Stanford, 1975).

Ehmer, Hermann, 'Die Kirchengutsfrage in der Reformation', *Blätter für württembergische Kirchengeschichte*, c (2004), 27–45.

Ehrenpreis, Stefan and Lotz-Heumann, Ute, *Reformation und konfessionelles Zeitalter* (Darmstadt, 2002).

—— and Ruthmann, Bernhard, 'Ius reformandi—ius emigrandi: Reichsrecht, Konfession und Ehre in Religionsstreitigkeiten des späten 16. Jahrhunderts', in Michael Weinzierl (ed.), *Individualisierung, Rationalisierung, Säkularisierung: Neue Wege der Religionsgeschichte* (Vienna, 1997), 67–95.

Eickels, Christine van, *Schlesien im böhmischen Ständestaat: Voraussetzungen und Verlauf der böhmischen Revolution von 1618 in Schlesien* (Cologne, 1994).

Eisenhardt, Ulrich, *Die kaiserliche Aufsicht über Buchdruck, Buchhandel und Presse im Heiligen Römischen Reich Deutscher Nation (1496–1806): Ein Beitrag zur Geschichte der Bücher- und Pressezensur* (Karlsruhe, 1970).

——, *Die kaiserlichen privilegia de non appellando* (Cologne, 1980).

Eisenstein, Elizabeth L., *The printing press as an agent of change*, 2 vols (Cambridge, 1979).

Elliott, J. H., *Europe Divided 1559–1598* (London, 1968).

——, *The Count-Duke of Olivares: The statesman in an age of decline* (New Haven, 1986).

——, 'A Europe of composite monarchies', *Past and Present*, cxxvii (1992), 48–71.

Emrich, Wilhelm, *Deutsche Literatur der Barockzeit* (Königstein im Taunus, 1981).

Enderle, Wilfried, 'Die katholischen Reichsstädte im Zeitalter der Reformation und der Konfessionsbildung', *Zeitschrift der Savigny-Stiftung für Rechtsgeschichte*, Kanonistische Abteilung lxxv, cvi (1989) 228–69.

——, *Konfessionsbildung und Ratsregiment in der katholischen Reichsstadt Überlingen (1500–1618) im Kontext der Reformationsgeschichte der oberschwäbischen Reichsstädte* (Stuttgart 1990).

Endres, Rudolf, *Adelige Lebensformen in Franken zur Zeit des Bauernkrieges* (Würzburg, 1974).

——, 'Die wirtschaftlichen Grundlagen des niederen Adels in der frühen Neuzeit', *Jahrbuch für fränkische Landesforschung*, xxxvi (1976), 215–37.

——, 'Der Kayserliche neunjährige Bund vom Jahr 1535 bis 1544', in Peter Blickle (ed.), *Bauer, Reich und Reformation* (Stuttgart, 1982), 85–103.

——, 'Der Landsberger Bund (1556–1598)', Pankraz Fried (ed.), *Festschrift für Andreas Kraus zum 60. Geburtstag* (Kallmünz, 1982), 197–212.

——, 'Thüringen', in Horst Buszello and Rudolf Endres (eds), *Der deutsche Bauernkrieg* (Paderborn 1984), 154–76.

——, 'Ursachen', in Horst Buszello and Rudolf Endres (eds), *Der deutsche Bauernkrieg* (Paderborn 1984), 217–53.

——, *Adel in der frühen Neuzeit* (Munich 1993).

Engels, Heinz, *Die Sprachgesellschaften des 17. Jahrhunderts* (Giessen, 1983).

Erler, Adalbert and Ekkehard Kaufmann (eds), *Handwörterbuch zur Deutschen Rechtsgeschichte* (Berlin, 1964–).

Eulenburg, Franz, *Die Frequenz der Deutschen Universitäten von ihrer Gründung bis zur Gegenwart* (Leipzig, 1904).

Evans, R. J. W., *Rudolf II and his world: A study in intellectual history, 1576–1612* (Oxford, 1973).

——, *The Wechel presses: Humanism and Calvinism in Central Europe 1572–1627* (Oxford, 1975).

——, *The making of the Habsburg monarchy 1550–1700: An interpretation* (Oxford, 1979).

——, 'Rantzau and Welser: Aspects of later German humanism', *History of European Ideas*, v (1984), 257–72.

——, 'Culture and anarchy in the Empire, 1540–1680', *Central European History*, xviii (1985), 14–30.

Eymelt, Friedrich, *Die Rheinische Einung des Jahres 1532 in der Reichs- und Landesgeschichte* (Bonn, 1967).

Fabian, Ekkehart, *Die Entstehung des Schmalkaldischen Bundes und seiner Verfassung 1524/29–1531/35*, 2nd edn (Tübingen, 1962).

Faulenbach, Bernd, *Ideologie des deutschen Weges: Die deutsche Geschichte in der Historiographie zwischen Kaiserreich und Nationalsozialismus* (Munich, 1980).

Fehler, Timothy G., *Poor relief and Protestantism: The evolution of social welfare in sixteenth-century Emden* (Aldershot, 1999).

Fellner, Fritz, 'Reichsgeschichte und Reichsidee als Problem der österreichischen Historiographie', in Wilhelm Brauneder and Lothar Höbelt (eds), *Sacrum Imperium: Das Reich und Österreich 996–1806* (Vienna, 1996), 361–74.

Fenlon, Dermot, *Heresy and obedience in Tridentine Italy: Cardinal Pole and the Counter Reformation* (Cambridge, 1972).

Fichtenau, Heinrich, *Die Lehrbücher Maximilians I. und die Anfänge der Frakturschrift* (Hamburg, 1961).

Fichtner, Paula Sutter, *Ferdinand I of Austria: The politics of dynasticism in the age of Reformation* (New York, 1982).

———, *Protestantism and primogeniture in early modern Germany* (New Haven and London, 1989).

———, *Emperor Maximilian II* (New Haven, CT and London, 2001).

Finkel, Caroline, *The administration of warfare: The Ottoman military campaigns in Hungary, 1593–1606* (Vienna, 1988).

Fischer-Galati, Stephen, *Ottoman imperialism and German Protestantism 1521–1555* (Cambridge, MA, 1959).

Flood, John L., *Poets laureate in the Holy Roman Empire: A bio-bibliographical handbook*, 4 vols (Berlin and New York), 2006.

Forster, Leonard, 'Deutsche und europaische Barockliteratur', *Wolfenbütteler Beitrage*, ii (1973), 64–84.

——— 'Harsdörffer's Canon of German Baroque', in Hinrich Siefken and Alan Robinson (eds), *Erfahrung und Überlieferung* (Cardiff, 1974), 32–41.

Forster, Marc R., *Catholic revival in the age of the Baroque: Religious identity in southwest Germany, 1550–1750* (Cambridge, 2001).

———, *Catholic Germany from the Reformation to the Enlightenment* (Houndmills, 2007).

François, Étienne, *Die unsichtbare Grenze: Protestanten und Katholiken in Augsburg 1648–1806* (Sigmaringen, 1991).

Franz, Günther, *Geschichte des deutschen Bauernstandes: Vom frühen Mittelalter bis zum 19. Jahrhundert*, 2nd edn (Stuttgart, 1976).

———, *Der deutsche Bauernkrieg*, 11th edn (Darmstadt, 1977).

———, *Der Dreißigjähige Krieg und das deutsche Volk*, 4th edn (Stuttgart, 1979).

Frauenholz, Eugen von, Walter Elze, and Paul Schmidthenner, *Entwicklungsgeschichte des deutschen Heerwesens*, 3 vols (Munich, 1935–41).

Fricke, Thomas, *Zigeuner im Zeitalter des Absolutismus: Bilanz einer einseitigen Überlieferung; Eine sozialgeschichtliche Untersuchung anhand südwestdeutscher Quellen* (Pfaffenweiler, 1996).

Friedeburg, Robert von, ' "Kommunalismus" und "Republikanismus" in der frühen Neuzeit: Überlegungen zur politischen Mobilisierung sozial differenzierter ländlicher Gemeinden unter agrar- und sozialgeschichtlichem Blickwinkel', *Zeitschrift für historische Forschung*, xxi (1994), 65–91.

———, 'Welche Wegscheide in die Neuzeit? Widerstandsrecht, "Gemeiner Mann" und konfessioneller Landespatriotismus zwischen "Münster" und "Magdeburg"', *Historische Zeitschrift*, cclxx (2000), 561–616.

———, *Lebenswelt und Kultur der unterständischen Schichten in der Frühen Neuzeit* (Munich, 2002).

———, *Self-defence and religious strife in early modern Europe: England and Germany, 1530–1680* (Aldershot, 2002).

Friedrich, Wolfgang, *Territorialfürst und Reichsjustiz: Recht und Politik im Kontext der hessischen Reformationsprozesse am Reichskammergericht* (Tübingen, 2008).

Friedrichs, Christopher R., 'German town revolts and the seventeenth-century crisis', *Renaissance and Modern Studies*, xxvi (1982) 27–51.

———, 'Politics or pogrom? The Fettmilch uprising in German and Jewish history', *Central European History*, xix (1986), 186–228.

Frisch, Michael, *Das Restitutionsedikt Kaiser Ferdinands II. vom 6. März 1629: Eine rechtsgeschichtliche Untersuchung* (Tübingen, 1992).

Frost, Robert I., *The northern wars: War, state and society in northeastern Europe, 1558–1721* (Harlow, 2000).

Fuchs, Walther P., 'Das Zeitalter der Reformation', in Herbert Grundmann (ed.), *Gebhardt: Handbuch der deutschen Geschichte, Band 2*, 9th edn (Stuttgart, 1970).

Gabel, Helmut, 'Beobachtungen zur territorialen Inanspruchnahme des Reichskammergerichts im Bereich des Niederrheinisch-Westfälischen Kreises', in Bernhard Diestelkamp (ed.), *Das Reichskammergericht in der deutschen Geschichte: Stand der Forschung, Forschungsperspektiven* (Cologne, 1990), 143–72.

——, '"Daß ihr künftig von aller Widersetzlichkeit, Aufruhr und Zusammenrottierung gänzlich abstehet": Deutsche Untertanen und das Reichskammergericht', in Ingrid Scheurmann (ed.), *Frieden durch Recht: Das Reichskammergericht von 1495 bis 1806* (Mainz, 1994), 273–80.

—— and Winfried Schulze, 'Folgen und Wirkungen', in Horst Buszello and Rudolf Endres (eds), *Der deutsche Bauernkrieg* (Paderborn 1984), 322–49.

Gäbler, Ulrich, *Huldrych Zwingli: Eine Einführung in sein Leben und sein Werk* (Munich, 1983).

Gantet, Claire, *La paix de Westphalie (1648): Une histoire sociale XVIIe–XVIIIe siècles* (Paris, 2001).

Garber, Jörn, 'Vom universalen zum endogenen Nationalismus: Die Idee der Nation im deutschen Spätmittelalter und in der frühen Neuzeit', in H. Scheuer (ed.), *Dichter und ihre Nation* (Frankfurt am Main, 1993), 16–37.

Gatz, Erwin, *Die Bischöfe des Heiligen Römischen Reiches 1648 bis 1803: Ein biographisches Lexikon* (Berlin, 1990).

——, *Die Bischöfe des Heiligen Römischen Reiches 1448 bis 1648: Ein biographisches Lexikon* (Berlin, 1996).

——, Rainald Becker, Clemens Brodkorb, Helmut Flachenecker, and Karsten Bremer (eds), *Atlas zur Kirche in Geschichte und Gegenwart: Heiliges Römisches Reich, deutschsprachige Länder* (Regensburg, 2009).

Gebhardt, Bruno, *Die Gravamina der deutschen Nation gegen den römischen Hof: Ein Beitrag zur Vorgeschichte der Reformation*, 2nd edn (Breslau, 1895).

Gerteis, Klaus, *Die deutschen Städte in der Frühen Neuzeit: Zur Vorgeschichte der 'bürgerlichen Welt'* (Darmstadt, 1986).

Geschichte des Pietismus, ed. Martin Brecht et al., 4 vols (Göttingen, 1993–2004).

Giesecke, Michael, *Der Buchdruck in der frühen Neuzeit: Eine historische Fallstudie über die Durchsetzung neuer Informations- und Kommunikationstechnologien* (Frankfurt am Main, 1991).

Gilly, Carlos, 'Der "Löwe von Mitternacht", Der "Adler" und der "Endchrist": Die politische, religiöse und chiliastische Publizistik in den Flugschriften, illustrierten Flugblättern und Volksliedern des Dreissigjährigen Krieges', in *Rosenkreuz als europäisches Phänomen im 17. Jahrhundert* (Amsterdam, 2002), 234–68.

——, 'Die Rosenkreuzer als europäisches Phänomen im 17. Jahrhundert und die verschlungenen Pfade der Forschung', in *Rosenkreuz als europäisches Phänomen im 17. Jahrhundert* (Amsterdam, 2002), 19–58.

Gmür, Rudolf, 'Städte als Landesherren vom 16. bis zum 18. Jahrhundert', in Karl Kroeschell (ed.), *Festschrift für Hans Thieme zu seinem 80. Geburtstag* (Sigmaringen, 1986), 177–97.

Gnant, Christoph, 'Die "Österreichische Reichsgeschichte" und ihre Sicht auf das Heilige Römische Reich', Harm Klueting (ed.), *Das Reich und seine Territorialstaaten im 17. und 18. Jahrhundert: Aspekte des Mit-, Neben- und Gegeneinander* (Münster, 2004), 11–22.

Goetze, Sigmund, *Die Politik des schwedischen Reichskanzlers Axel Oxenstierna gegenüber Kaiser und Reich* (Kiel, 1971).

Goffman, Daniel, *The Ottoman empire and early modern Europe* (Cambridge, 2002).

Goldfriedrich, Johann Adolf, *Geschichte des deutschen Buchhandels*, 5 vols (Leipzig, 1886–1923).

Gordon, Bruce, *The Swiss Reformation* (Manchester 2002).

Görner, Regina, *Raubritter: Untersuchungen zur Lage des spätmittelalterlichen Niederadels, besonders im südlichen Westfalen* (Münster, 1987).

Gotthard, Axel, *Konfession und Staatsräson: Die Außenpolitik Württembergs unter Herzog Johann Friedrich (1608–1628)* (Stuttgart, 1992).

——, 'Protestantische "Union" und Katholische "Liga": Subsidiäre Strukturelemente oder Alternativentwürfe?', in Volker Press (ed.), *Alternativen zur Reichsverfassung in der Frühen Neuzeit?* (Munich, 1995), 81–112.

——, *Säulen des Reiches: Die Kurfürsten im frühneuzeitlichen Reichsverband*, 2 vols (Husum, 1999).

——, 'Zwischen Luthertum und Calvinismus (1598–1640)', in Frank-Lothar Kroll (ed.), *Preußens Herrscher: Von den ersten Hohenzollern bis Wilhelm II.*, 2nd edn (Munich, 2000), 74–94.

——, '"Wer sich salviren könd, solts thun": Warum der deutsche Protestantismus in der Zeit der konfessionellen Polarisierung zu keiner gemeinsamen Politik fand', *Historisches Jahrbuch*, cxxi (2001), 64–96.

——, '1591: Zäsur der sächsischen und deutschen Geschichte', *Neues Archiv für sächsische Geschichte*, lxxi (2001), 275–84.

——, *Der Augsburger Religionsfrieden* (Münster, 2004).

——, *Das Alte Reich 1495–1806*, 3rd edn (Darmstadt, 2006).

Göttmann, Frank, 'Zur Entstehung des Landsberger Bundes im Kontext der Reichs-, Verfassungs-, und regionalen Territorialpolitik des 16. Jahrhunderts', *Zeitschrift für historische Forschung*, xix (1992), 415–44.

Grabner, Adolph, *Zur Geschichte des zweiten Nürnberger Reichsregiments 1521–23* (Berlin, 1903).

Gräter, Carlheinz, *Ulrich von Hutten: Ein Lebensbild* (Stuttgart, 1988).

Greyerz, Kaspar von, *Religion und Kultur: Europa 1500–1800* (Darmstadt, 2000).

Grillmeyer, Siegfried, *Habsburgs Diener in Post und Politik: Das 'Haus' Thurn und Taxis zwischen 1745 und 1867* (Mainz, 2005).

Gross, Hanns, *Empire and sovereignty: A history of the public law literature in the Holy Roman Empire, 1599–1804* (Chicago, MI, 1973).

Gross, Lothar, *Die Geschichte der deutschen Reichshofkanzlei von 1559 bis 1806* (Vienna, 1933).

Großmann, G. Ulrich, *Renaissance entlang der Weser: Kunst und Kultur in Nordwestdeutschland zwischen Reformation und Dreißigjährigem Krieg* (Cologne, 1989).

Grotefend, Hermann, *Taschenbuch der Zeitrechnung des deutschen Mittelalters und der Neuzeit*, 12th edn (Hanover, 1982).

Gschließer, Oswald von, *Der Reichshofrat: Bedeutung und Verfassung, Schicksal und Besetzung einer obersten Reichsbehörde von 1559–1806* (Vienna, 1942).

Gundermann, Iselin, 'Die Anfänge der Albertus-Universität zu Königsberg', in Hans Rothe (ed.), *Die Albertus-Universität zu Königsberg: Höhepunkte und Bedeutung; Vorträge aus Anlaß der 450. Wiederkehr ihrer Gründung* (Bonn, 1996), 23–44.

Guthrie, William P., *Battles of the Thirty Years War: From the White Mountain to Nördlingen, 1618–1635* (Westport, CT, 2002).

——, *The later Thirty Years War: From the battle of Wittstock to the Treaty of Westphalia* (Westport, CT, 2003).

Haberkern, Eugen and Jospeh Friedrich Wallach, *Hilfswörterbuch für Historiker*, 8th edn, 2 vols (Tübingen, 1995).

Häberlein, Mark, 'Konfessionelle Grenzen, religiöse Minderheiten und Herrschaftspraxis in süddeutschen Städten und Territorien in der Frühen Neuzeit', in Ronald G. Asch and Dagmar Freist (eds), *Staatsbildungrals uts Kultureller Prozess: Strukturwandel und Legitimation von Herrschaft in der Frühen Neuzeit* (Cologne, 2005), 151–90.

——, *Die Fugger: Geschichte einer Augsburger Familie (1367–1650)* (Stuttgart, 2006).

——, 'Jakob Fugger und die Kaiserwahl Karls V. 1519', in Johannes Burkhardt (ed.), *Die Fugger und das Reich: Eine neue Forschungsperspektive zum 500jährigen Jubiläum der ersten Fuggerherrschaft Kirchberg-Weißenhorn* (Augsburg, 2008), 65–81.

Halkin, Léon-E., *Erasmus. A critical biography*, transl. John Tonkin (Oxford, 1993).

Hamann, Manfred, *Das staatliche Werden Mecklenburgs* (Cologne and Graz, 1962).

Hamm, Bernd, *Bürgertum und Glaube: Konturen der städtischen Reformation* (Göttingen, 1998).

——, 'Einheit und Vielfalt der Reformation—oder was die Reformation zur Reformation machte', in Bernd Hamm, Bernd Moeller and Dorothea Wendebourg (eds), *Reformationstheorien: Eine kirchenhistorischer Disput über Einheit und Vielfalt der Reformation* (Göttingen, 1995), 57–127.

Hammerstein, Notker, 'Samuel Pufendorf', in Michael Stolleis (ed.), *Staatsdenker im 17. und 18. Jahrhundert: Reichspublizistik, Politik, Naturrecht*, 2nd edn (Frankfurt am Main, 1987), 172–96.

—— (ed.), *Handbuch der deutschen Bildungsgeschichte, Band 1: 15. bis 17. Jahrhundert* (Munich, 1996).

——, *Bildung und Wissenschaft vom 15. bis zum 17. Jahrhundert* (Munich, 2003).

—— and Ulrich Hermann (eds), *Handbuch der deutschen Bildungsgeschichte, Band 2: 18. Jahrhundert* (Munich, 2005).

Hansen, Josef, 'Patriotismus und Nationalethos in den Flugschriften und Friedensspielen des Dreißigjährigen Krieges' (Dissertation: Cologne, 1964).

Hardtwig, Wolfgang, *Genossenschaft, Sekte, Verein in Deutschland, Band 1: Vom Spätmittelalter bis zur Französischen Revolution* (Munich, 1997).

Harrington, Joel F., *Reordering marriage and society in Reformation Germany* (Cambridge, 1995).

Härter, Karl, 'Entwicklung und Funktion der Policeygesetzgebung des Heiligen Römischen Reiches Deutscher Nation im 16. Jahrhundert', *Ius commune. Zeitschrift für Europäische Rechtsgeschichte*, xx (1993), 61–141.

——, 'Kriminalisierung, Verfolgung und Überlebenspraxis der "Zigeuner" im frühneuzeitlichen Mitteleuropa', in Yaron Matras (ed.), *Sinti, Roma, Gypsies: Sprache, Geschichte, Gegenwart* (Berlin, 2003), 41–81.

Hartmann, Peter Claus, *Der Bayerische Reichskreis (1500 bis 1803): Strukturen, Geschichte und Bedeutung im Rahmen der Kreisverfassung und der allgemeinen institutionellen Entwicklung des Heiligen Römischen Reiches* (Berlin, 1997).

——, 'Der Augsburger Reichstag von 1555: Ein entscheidender Meilenstein für die Kompetenzerweiterung der Reichskreise', *Zeitschrift des Historischen Vereins für Schwaben*, xcviii (2005), 29–35.

——, 'Das Heilige Römische Reich, ein föderalistisches Staatsgebilde mit politischer, kultureller und religiöser Vielfalt', in *idem* (ed.), *Das Heilige Römische Reich und sein Ende 1806: Zäsur in der deutschen und europäischen Geschichte* (Regensburg, 2006), 11–22.

Hashagen, Justus, *Staat und Kirche vor der Reformation: Eine Untersuchung der vorreformatorischen Bedeutung des Laieneinflusses in der Kirche* (Essen, 1931).

Haug-Moritz, Gabriele, 'Reich und Konfessionsdissens im Reformationszeitalter: Überlegungen zur Reichskonfessionspolitik Landgraf Philipps des Großmütigen von Hessen', *Hessisches Jahrbuch für Landesgeschichte, xlvi* (1996), 137–60.

——, *Der Schmalkaldische Bund 1530–1541/42: Eine Studie zu den genossenschaftlichen Strukturelementen der politischen Ordnung des Heiligen Römischen Reiches Deutscher Nation* (Leinfelden-Echterdingen, 2002).

Headley, John M., 'The Habsburg world empire and the revival of Ghibellinism', *Medieval and Renaissance Studies*, vii (1975), 93–127.

——, 'Germany, the empire and *monarchia* in the thought and policy of Gattinara', in Heinrich Lutz (ed.), *Das römisch-deutsche Reich im politischen System Karls V.* (Munich, 1982), 15–33.

Heckel, Martin, *Deutschland im konfessionellen Zeitalter* (Göttingen, 1983).

——, 'Konfessionalisierung in Koexistenznöten: Zum Augsburger Religionsfrieden, Dreißigjährigen Krieg und Westfälischen Frieden in neuerer Sicht', *Historische Zeitschrift*, cclxxx (2005), 647–90.

Heger, Günther, *Johann Eberlin von Günzburg und seine Vorstellungen über eine Reform in Reich und Kirche* (Berlin, 1985).

Heinrich, Gerd, 'Der Adel in Brandenburg-Preußen', in Hellmuth Rössler (ed.), *Deutscher Adel 1555–1740* (Darmstadt, 1965), 259–314.

Hepp, Frieder, '"Der Pfaltz Haupt flecken": Heidelbergum 1600', in Peter Wolf (ed.), *Der Winterkönig Friedrich V.: Der letzte Kurfürst aus der oberen Pfalz; Amberg, Heidelberg, Prag, Den Haag* (Augsburg, 2003), 75–82.

Herbers, Klaus and Helmut Neuhaus, *Das Heilige Römische Reich: Schauplätze einer tausendjährigen Geschichte* (Cologne, Weimar, and Vienna, 2005).

Hermelink, Heinrich, *Reformation und Gegenreformation* (Tübingen, 1911).

Hermkes, Wolfgang, *Das Reichsvikariat in Deutschland: Reichsvikare nach dem Tode des Kaisers von der Goldenen Bulle bis zum Ende des Reiches* (Karlsruhe, 1968).

Heutger, Nicolaus, *Bursfelde und seine Reformklöster*, 2nd edn (Hildesheim, 1975).

Hippel, Wolfgang von, 'Bevölkerung und Wirtschaft im Zeitalter des Dreißigjährigen Krieges: Das Beispiel Württemberg', *Zeitschrift für Historische Forschung*, iv (1978), 413–48.

——, *Armut, Unterschichten, Randgruppen in der frühen Neuzeit* (Munich, 1995).

Hirsch, Rudolf, *Printing, selling and reading 1450–1550* (Wiesbaden, 1967).

Hirschi, Caspar, *Wettkampf der Nationen: Konstruktionen einer deutschen Ehrgemeinschaft an der Wende vom Mittelalter zur Neuzeit* (Göttingen, 2005).

Hitchcock, William R., *The background to the Knights' Revolt 1522–1523* (Berkeley and Los Angeles, 1958).

Höbelt, Lothar, *Ferdinand III. (1608–1657): Friedenskaiser wider Willen* (Graz, 2008).

Hoberg, Hermann, 'Die Einnahmen der Apostolischen Kammer am Vorabend der Glaubensspaltung', in Erwin Gatz (ed.), *Hundert Jahre Deutsches Priesterkolleg bei Campo Santo Teutonico 1876–1976* (Rome, 1977), 69–85.

Hochedlinger, Michael, 'Die französisch-osmanische "Freundschaft" 1525–1792: Element antihabsburgischer Politik, Gleichgewichtsinstrument, Prestigeunternehmung: Aufriß eines Problems', *Mitteilungen des Instituts für Österreichische Geschichtsforschung*, xii (1994), 108–64.

Hofmann, Hanns Hubert (ed.), *Quellen zum Verfassungsorganismus des Heiligen Römischen Reiches Deutscher Nation 1494–1815* (Darmstadt, 1976).

Hohensee, Ulrike et al. (eds), *Die Goldene Bulle: Politik—Wahrnehmnung—Rezeption*, 2 vols (Berlin, 2009).

Holenstein, André, *Bauern zwischen Bauernkrieg und Dreissigjährigem Krieg* (Munich, 1996).

Holzhey, Helmut, Wilhelm Schmidt-Biggemann, and Vilem Mudroch (eds), *Die Philosophie des 17. Jahrhunderts: Das Heilige Römische Reich Deutscher Nation, Nord- und Ostmittel-Europa*, 2 vols (Basle 2001).

Honemann, Volker, 'Erasmus von Rotterdam und Ulrich von Hutten', in Johannes Schilling und Ernst Giese (eds), *Ulrich von Hutten und seine Zeit: Schlüchterner Vorträge zu seinem 500. Geburtstag* (Kassel, 1988), 61–86.

Hotson, Howard, *Johann Heinrich Alsted, 1588–1638: Between Renaissance, Reformation, and universal reform* (Oxford, 2000).

——, *Paradise postponed: Johann Heinrich Alsted and the birth of Calvinist millenarianism* (Dordrecht, 2000).

——, *Commonplace learning: Ramism and its German ramifications, 1543–1630* (Oxford, 2007)

Howard, Michael, *War in European history* (Oxford, 1976).

Hoyer, Siegfried, 'Arms and Military Organisation in the German Peasant War', in Bob Scribner and Gerhard Benecke (eds), *The German Peasant War 1525: New viewpoints* (London, 1979), 98–108.

——, 'The rights and duties of resistance in the *Pamphlet To the Assembly of the Common Peasantry* (1525)', in Bob Scribner and Gerhard Benecke (eds), *The German Peasant War 1525: New Viewpoints* (London, 1979), 123–43.

——, 'Die Tiroler Landesordnung des Michael Gaismair—Überlieferung und zeitgenössische Einflüsse', in Max Steinmetz (ed.), *Die frühbürgerliche Revolution in Deutschland* (Berlin, 1985), 288–302.

Hubatsch, Walther, 'Die inneren Voraussetzungen der Säkularisation des deutschen Ordensstaates in Preußen', *Archiv für Reformationsgeschichte*, xliii (1952), 145–72.

Hürten, Heinz, 'Die Mainzer Akzeptation von 1439', *Archiv für mittelrheinische Kirchengeschichte*, xi (1959), 42–75.

Hye, Franz Heinz, 'Der Doppeladler als Symbol für Kaiser und Reich', *Mitteilungen des Instituts für Österreichische Geschichtsforschung*, lxxxi (1973), 63–106.

Iorge, Nicolae, *Geschichte des Osmanischen Reiches*, 5 vols (Gotha, 1908–13).

Isenmann, Eberhard, 'Reichsfinanzen und Reichssteuern im 15. Jahrhundert', *Zeitschrift für historische Forschung*, vii (1980), 1–76, 129–218.

——, 'Kaiser, Reich und deutsche Nation am Ausgang des 15. Jahrhunderts', in Joachim Ehlers (ed.), *Ansätze und Diskontinuität deutscher Nationsbildung im Mittelalter* (Sigmaringen, 1989), 145–246.

——, 'Die Reichsstadt in der Frühen Neuzeit', in Georg Mölich (ed.), *Köln als Kommunikationszentrum: Studien zur frühneuzeitlichen Stadtgeschichte* (Cologne, 2000), 39–87.

Israel, Jonathan I., *The Dutch Republic and the Hispanic world, 1606–1661* (Oxford, 1982).

——, *The Dutch Republic: Its rise, greatness and fall, 1476–1806* (Oxford, 1995).

Jäger, Berthold, *Das geistliche Fürstentum Fulda in der Frühen Neuzeit: Landesherrschaft, Landstände und fürstliche Verwaltung; Ein Beitrag zur Verfassungs- und Verwaltungsgeschichte kleiner Territorien des Alten Reiches* (Marburg, 1986).

Janssen, Jonannes, *Geschichte des deutschen Volkes seit dem Ausgang des Mittelalters*, 5th edn, 8 vols (Freiburg im Breisgau, 1890–4).

Jedin, Hubert, Kenneth Scott Latourette, and Jochen Martin (eds), *Atlas zur kirchengeschichte: Die christlichen Kirchen in Geschichte und Gegenwart* (3rd rev. edn, Freiburg, 2004).

Jendorff, Alexander, 'Der Mainzer Hofmeister Hartmut (XIII.) von Kronberg (1517–1591): Kurfürstlicher Favorit oder Kreatur des erzstiftischen Politiksystems?', in

Michael Kaiser and Andreas Pečar (eds), *Der zweite Mann im Staat: Oberste Amtsträger und Favoriten im Umkreis der Reichsfürsten in der Frühen Neuzeit* (Berlin, 2003), 39–57.

Jeserich, Kurt G. A., Hans Pohl, and Georg Christoph von Unruh (eds). *Deutsche Verwaltungsgeschichte, Band 1: Vom Spätmittelalter bis zum Ende des Reiches* (Stuttgart, 1983).

Joachimsen, Paul, *Die Reformation als Epoche der deutschen Geschichte*, ed. Otto Schottenloher (Munich, 1951).

Johnston Gordon, Rona, 'Melchior Khlesl und der konfessionelle Hintergrund der kaiserlichen Politik im Reich nach 1610', in Friedrich Beiderbeck (ed.), *Dimensionen der europäischen Außenpolitik zur Zeit der Wende vom 16. zum 17. Jahrhundert* (Berlin, 2003), 199–222.

Jones, William Jervis, *Sprachhelden und Sprachverderber: Dokumente zur Erforschung des Fremdwortpurismus im Deutschen (1478–1750)* (Berlin, 1995).

Jorio, Marco (ed.), *Historisches Lexikon der Schuweiz* (Basel, 2002–).

Jörn, Nils, 'Beobachtungen zur Steuerzahlung der Territorien des südlichen Ostseeraumes in der Frühen Neuzeit', in Nils Jörn (ed.), *Die Integration des südlichen Ostseeraumes in das Alte Reich* (Cologne, 2000), 312–91.

Jütte, Robert, *Obrigkeitliche Armenfürsorge in deutschen Reichsstädten der frühen Neuzeit: Städtisches Armenwesen in Frankfurt am Main und Köln* (Cologne, 1984).

——, *Poverty and deviance in early modern Europe* (Cambridge, 1994).

——, 'Poverty and poor relief', in Sheilagh Ogilvie (ed.), *Germany: A new social and economic history*, Vol. 2: *1630–1800* (London, 1996), 377–404.

Kalkoff, Paul, *Ulrich von Hutten und die Reformation: Eine kritische Geschichte seiner wichtigsten Lebenszeit und der Entscheidungsjahre der Reformation (1517–1523)* (Leipzig, 1920).

Kampmann, Christoph, *Europa und das Reich im Dreißigjährigen Krieg: Geschichte eines europäischen Konflikts* (Stuttgart, 2008).

Kapp, Friedrich, *Geschichte des deutschen Buchhandels bis in das siebzehnte Jahrhundert* (Leipzig, 1886).

Kapr, Albert, *Fraktur: Form und Geschichte der gebrochenen Schriften* (Mainz, 1993).

Karant-Nunn, Susan C., *Luther's pastors: The Reformation in the Ernestine countryside* (Philadelphia, PA, 1979).

Kellenbenz, Hermann, *Unternehmerkräfte im Hamburger Portugal- und Spanienhandel 1590–1625* (Hamburg, 1954).

——, 'Das Römisch-Deutsche Reich im Rahmen der wirtschafts- und finanzpolitischen Erwägungen Karls V. im Spannungsfeld imperialer und dynastischer Interessen', in Heinrich Lutz (ed.), *Das römisch-deutsche Reich im politischen System Karl V.* (Munich and Vienna, 1982), 35–54.

Kessel, Jürgen, *Spanien und die geistlichen Kurstaaten am Rhein während der Regierungszeit der Infantin Isabella (1621–1633)* (Frankfurt am Main, 1979).

Keunecke, Hans-Otto, 'Maximilian von Bayern und die Entführung der Bibliotheca Palatina nach Rom', *Archiv für Geschichte des Buchwesens*, xix (1978), 1401–46.

Kiesel, Helmuth and Paul Münch, *Gesellschaft und Literatur im 18. Jahrhundert: Voraussetzungen und Entstehung des literarischen Markts in Deutschland* (Munich, 1977).

Killy, Walther (ed.), *Literatur-Lexikon: Autoren und Werke deutscher Sprache*, 15 vols (Gütersloh and Munich, 1988–93).

—— and Rudolph Vierhaus (eds), *Deutsche Biographische Enzyklopädie* 13 vols in 15 (Darmstadt, 1995–2003).

Kindelberger, Charles P., 'The economic crisis 1619 to 1623', *Journal of Economic History*, li (1991), 149–75.

Kirchhoff, Albrecht, 'Die kurf. sächsische Bücher-Commission in Leipzig', *Archiv für Geschichte des Deutschen Buchhandels*, ix (1884), 46–176.

Kirschberger, Timo, 'Die Vorbereitung zu Bewahrung und Sicherstellung der Bibliotheca Palatina in den Jahren 1621 bis 1623', *Bibliothek und Wissenschaft*, xlii (2009), 73–105.

Klaassen, Walter, *Michael Gaismair: Revolutionary and reformer* (Leiden, 1978).

Klein, Ernst, *Geschichte der öffentlichen Finanzen in Deutschland (1500–1870)* (Wiesbaden, 1974).

Klein, Thomas, 'Verpaßte Staatsbildung? Die Wettinischen Landesteilungen im Spätmittelalter und früher Neuzeit', in Johannes Kunisch (ed.), *Der dynastische Fürstenstaat: Zur Bedeutung der Sukzessionsordnungen für die Entstehung des frühmodernen Staates*, (Berlin, 1982), 89–114.

Kleinheyer, Gerd, *Die kaiserlichen Wahlkapitulationen: Geschichte, Wesen, Funktion* (Karlsruhe, 1968).

——, 'Die Abdankung des Kaisers', in Gerhard Köbler (ed.), *Wege europäischer Rechtsgeschichte* (Frankfurt am Main, 1987), 124–44.

Klueting, Harm, *Das Reich und Österreich 1648–1740* (Münster 1999).

Knott, Peter, '"Sonderbotschafter" Johann von Weeze: Administrator des Stiftlands von 1537–1548', in Hans Bäte (ed.), *Dachan, Wolf und Dinostein: Beiträge zur Geschichte unserer Heimat; Zwischen Fichtelgebirge und Böhmerwald* (Pressath, 1998), 180–205.

Kober, Ulrich, 'Der Favorit als "Factotum": Graf Adam von Schwarzenberg als Oberkämmerer und Direktor des Geheimen Rates unter Kurfürst Georg Wilhelm von Brandenburg', in Michael Kaiser and Andreas Pečar (eds), *Der zweite Mann im Staat: Oberste Amtsträger und Favoriten im Umkreis der Reichsfürsten in der Frühen Neuzeit* (Berlin, 2003), 231–52.

Köbler, Gerhard, *Historisches Lexikon der deutschen Länder: Die deutschen Territorien vom Mittelalter bis zur Gegenwart*, 7th edn (Munich, 2007).

Koch, Rainer, '1612–1616: Der Fettmilchaufstand: Sozialer Sprengstoff in der Bürgerschaft', *Archiv für Frankfurts Geschichte und Kunst*, lxiii (1997), 59–79.

Koenigsberger, Helmut G. (1978), 'Monarchies and parliament in early modern Europe: Dominium Regale or Dominium Politicum et Regale', *Theory and Society*, v (1978), 191–217.

——, 'The empire of Charles V in Europe', in G. R. Elton (ed.), *The new Cambridge modern history*, Vol. 2: *The Reformation 1520–1559*, 2nd edn (Cambridge, 1990), 339–76.

Kohl, Wilhelm, 'Die Windesheimer Kongregation', in Kaspar Elm (ed.), *Reformbemühungen und Observanzbestrebungen im spätmittelalterlichen Ordenswesen* (Berlin, 1989), 83–106.

Kohler, Alfred, *Antihabsburgische Politik in der Epoche Karls V.: Die reichsständische Opposition gegen die Wahl Ferdinands I. zum römischen König und gegen die Anerkennung seines Königstums (1524–1534)* (Göttingen, 1982).

——, 'Die innerdeutsche und die außerdeutsche Opposition gegen das politische System Karls V.', in Heinrich Lutz (ed.), *Das römisch-deutsche Reich im politischen System Karls V.* (Munich and Vienna, 1982), 107–27.

——, (ed.), *Quellen zur Geschichte Karls V.* (Darmstadt, 1990).

——, *Das Reich im Kampf um die Hegemonie in Europa 1521–1648* (Munich, 1990).

Kohler, Alfred, 'Die dynastische Politik Maximilians I.', in A. Kohler and F. Edelmeyer (eds), *Hispania—Austria: Die katholischen Könige, Maximilian und die Anfänge der Casa de Austria in Spanien* (Munich, 1993), 29–37.

——, *Ferdinand I. 1503–1564: Fürst, König und Kaiser* (Munich, 2003).

Kohler, Alfred, 'Von Passau nach Augsburg: Zur politischen Emanzipation Ferdinands I. in den Jahren 1552 bis 1555', in Karlheinz Blaschke (ed.), *Moritz von Sachsen: Ein Fürst der Reformationszeit zwischen Territorium und Reich* (Leipzig and Stuttgart, 2007), 42–56.

——, *Expansion und Hegemonie: Internationale Beziehungen 1450–1559* (Paderborn, 2008).

Köhler, Hans-Joachim, 'Erste Schritte zu einem Meinungsprofil der frühen Reformationszeit', in Volker Press and Dieter Stievermann (eds), *Martin Luther: Probleme seiner Zeit* (Stuttgart, 1986) 244–81.

Kohnle, Armin, *Reichstag und Reformation: Kaiserliche und ständische Religionspolitik von den Anfängen der Causa Lutheri bis zum Nürnberger Religionsfrieden* (Gütersloh, 2001).

Koken, Hermann, *Die Braunschweiger Landstände um die Wende des 16. Jahrhunderts unter den Herzögen Julius und Heinrich Julius 1568–1613 im Herzogtum Braunschweig-Wolfenbüttel* (Brunswick, 1914).

Kolb, R., 'The theologians and the peasants: Conservative evangelical reactions to the Peasants Revolt', *Archiv für Reformationsgeschichte*, lxix (1978), 103–30.

Koller, Alexander, 'Der Kaiserhof am Beginn der Regierung Rudolfs II. in den Berichten der Nuntien', in Richard Bösel (ed.), *Kaiserhof, Papsthof (16.–18. Jahrhundert)* (Vienna, 2006), 13–24.

Koller, Heinrich, *Kaiser Friedrich III.* (Darmstadt, 2005).

König, Werner, *dtv-Atlas zur deutschen Sprache* (Munich, 1978).

Kordes, Uwe, *Wolfgang Ratke (Ratichius, 1571–1635): Gesellschaft, Religiosität und Gelehrsamkeit im frühen 17. Jahrhundert* (Heidelberg, 1999).

Korell, Günter, *Jürgen Wullenwever: Sein sozial-politisches Wirken in Lübeck und der Kampf mit den erstarkenden Mächten Nordeuropas* (Weimar, 1980).

Körner, Martin, 'Steuern und Abgaben in Theorie und Praxis im Mittelalter und in der frühen Neuzeit', in Eckhart Schremmer (ed.), *Steuern, Abgaben und Dienste vom Mittelalter bis zur Gegenwart* (Stuttgart, 1994), 53–76.

Kraschewski, Hans-Joachim, 'Steinkohle als Energieträger: Herzog Julius von Braunschweig-Wolfenbüttel und der Kohlenbergbau bei Hohenbüchen am Hils in der zweiten Hälfte des 16. Jahrhunderts', *Niedersächsisches Jahrbuch für Landesgeschichte*, lxxvi (2004), 181–218.

——, 'Organisationsstrukturen der Bergbauverwaltung als Elemente des frühneuzeitlichen Territorialstaates: Das Beispiel Braunschweig-Wolfenbüttel', *Niedersächsisches Jahrbuch für Landesgeschichte*, ixxx (2008), 283–328.

Kratsch, Dietrich, *Justiz—Religion—Politik: Das Reichskammergericht und die Klosterprozesse im ausgehenden sechzehnten Jahrhundert* (Tübingen, 1990).

Krause, Gerhard and Gerhard Müller (eds), *Theologische Realenzyklopädie*, 38 vols (Berlin, 1977–2007).

Krause, Hans-Georg, 'Pfandherrschaften als Verfassungsrechtliches Problem', *Der Staat*, ix (1970), 387–404, 516–32.

Krebs, C. B., 'A dangerous book: The reception of the Germania', in A. J. Woodman (ed.), *The Cambridge companion to Tacitus* (Cambridge, 2010), 280–99.

Kremer, Bernd Mathias, *Der Westfälische Friede in der Deutung der Aufklärung: Zur Entwicklung des Verfassungsverständnisses im Hl. Röm. Reich Deutscher Nation vom Konfessionellen Zeitalter bis ins späte 18. Jahrhundert* (Tübingen. 1989).

Krieger, Karl-Friedrich, *König, Reich und Reichsreform im Spätmittelalter* (Munich, 1972).

Krieger, Leonard, *The German idea of freedom: History of a political tradition from the Reformation to 1871* (Chicago, MI, 1957).

Kroener, Bernhard R., 'Ein protestantisch-arischer "Held aus Mitternacht": Stationen des Gustav-Adolf-Mythos 1632 bis 1945', *Militärgeschichtliche Zeitschrift*, lix (2000), 5–22.

Krüger, Kersten, *Finanzstaat Hessen 1500–1567: Staatsbildung im Übergang vom Domänen-staat zum Steuerstaat* (Marburg, 1980).

——, *Die landständische Verfassung* (Munich, 2003).

——, 'Die landschaftliche Verfassung Nordelbiens in der frühen Neuzeit: Ein besonderer Typ politischer Partizipation', in *idem, Formung der frühen Moderne: Ausgewählte Aufsätze* (Münster, 2005), 199–224.

Kuehnemund, Richard, *Arminius or the rise of a national symbol in literature* (Chapel Hill, NC, 1953).

Kühlmann, Wilhelm, *Gelehrtenrepublik und Fürstenstaat: Entwicklung und Kritik des deutschen Späthumanismus in der Literatur des Barockzeitalters* (Tübingen, 1982).

——, 'Sprachgesellschaften und nationale Utopien', in Dieter Langewiesche and Georg Schmidt (eds), *Föderative Nation: Deutschlandkonzepte von der Reformation bis zum Ersten Weltkrieg* (Munich, 2000), 245–64.

——, *Martin Opitz: Deutsche Literatur und deutsche Nation* (Heidelberg, 2001).

——, 'Grimmelshausens Simplicius Simplicissimus und der Dreißigjährige Krieg: Histor-ische Signaturen und Problemgehalt eines Epochenromans', in Franz Brendle (ed.), *Religionskriege im Alten Reich und in Alteuropa* (Münster, 2006), 163–75.

Kurzmann, Gerhard, *Kaiser Maximilian I. und das Kriegswesen der österreichischen Länder und des Reiches* (Vienna, 1985).

Laan, Adrie van der, 'Rodolphus Agricola Phrisius. A life in letters', in Rudolf Suntrop (ed.), *Stadt, Kanzlei und Kultur im Übergang zur Frühen Neuzeit* (Frankfurt am Main, 2004), 107–21.

Lange, Ulrich, 'Der ständestaatliche Dualismus: Bemerkungen zu einem Problem der deutschen Verfassungsgeschichte', *Blätter für deutsche Landesgeschichte*, cxvii (1981), 311–34.

——, *Landtag und Ausschuß: Zum Problem der Handlungsfähigkeit landständischer Versamm-lungen im Zeitalter der Entstehung des frühmodernen Staates: Die welfischen Territorien als Beispiel (1500–1629)* (Hildesheim, 1986).

Langer, Herbert, *The Thirty Years War* (Poole, 1978).

——, 'Der Dreißigjähriger Krieg (1618 bis 1648)', in Adolf Laube and Günter Vogler (eds), *Deutsche Geschichte, Band 3: Die Epoche des Übergangs vom Feudalismus zum Kapitalismus von den siebziger Jahren des 15. Jahrhunderts bis 1789* (Berlin, 1983), 284–325.

——, 'Der Heilbronner Bund (1633–35)', in Volker Press (ed.), *Alternativen zur Reich-sverfassung in der Frühen Neuzeit?* (Munich, 1995), 113–22.

Langewiesche, Dieter, 'Reich, Nation und Staat in der jüngeren deutschen Geschichte', in *idem, Nation, Nationalismus, Nationalstaat in Deutschland und Europa* (Munich, 2000), 190–216.

——, 'Das Alte Reich nach seinem Ende. Die Reichsidee in der deutschen Politk des 19. und frühen 20. Jahrhunderts: Versuch einer nationalgeschichtlichen Neubewertung in welthistorischer Perspektive', in *idem, Reich, Nation, Föderation: Deutschland und Europa* (Munich, 2008), 211–34.

Lanzinner, Maximilian, 'Die Denkschrift des Lazarus von Schwendi zur Reichspolitik (1570)', in Johannes Kunisch, Klaus Luig and Peter Moraw (eds), *Neue Studien zur frühneuzeitlichen Reichsgeschichte* (Berlin, 1987), 141–85.

——, 'Der Landsberger Bund und seine Vorläufer', in Volker Press (ed.), *Alternativen zur Reichsverfassung in der Frühen Neuzeit?* (Munich, 1995), 65–79.

——, 'Konfessionelles Zeitalter 1555–1618', in Wolfgang Reinhard (ed.), *Gebhardt: Hand-buch der deutschen Geschichte, Band 10*, 10th edn (Stuttgart, 2001), 3–203.

Lanzinner, Maximilian, 'Finanzen in den habsburgischen Ländern und im Heiligen Römischen Reich am Beginn der Neuzeit', in Friedrich Edelmayer, Maximilian Lanzinner and Peter Rauscher (eds), *Finanzen und Herrschaft: Materielle Grundlagen fürstlicher Politik in den habsburgischen Ländern und im Heiligen Römischen Reich im 16. Jahrhundert* (Vienna and Munich, 2003), 291–304.

——, 'Johannes Kepler: A man without confession in the age of confessionalization?', *Central European History*, xxxvi (2003), 531–45.

—— and Dietmar Heil, 'Der Augsburger Reichstag 1566: Ergebnisse einer Edition', *Historische Zeitschrift*, cclxxiv (2002), 603–32.

Lau, Thomas, *'Stiefbrüder': Nation und Konfession in der Schweiz und in Europa (1656–1712)* (Cologne, 2008).

Laubach, Ernst, 'Wahlpropaganda im Wahlkampf um die deutsche Königswürde 1519', *Archiv für Kulturgeschichte*, liii (1971), 207–48.

——, 'Karl V., Ferdinand I. und die Nachfolge im Reich', *Mitteilungen des Österreichischen Staatsarchivs*, xxix (1976), 1–51.

——, *Ferdinand I. als Kaiser. Politik und Herrschaftsauffassung des Nachfolgers Karls V.* (Münster, 2001).

Laube, Adolf, 'Der beginnende Übergang vom Feudalismus zum Kapitalismus. Das Heranreifen der frühbürgerlichen Revolution', in Adolf Laube and Günter Vogler (eds), *Deutsche Geschichte, Band 3: Die Epoche des Übergangs vom Feudalismus zum Kapitalismsus von den siebziger Jahren des 15. Jahrhunderts bis 1789* (Berlin, 1983), 12–94.

Lauchs, Joachim, *Bayern und die deutschen Protestanten 1534–1546: Deutsche Fürstenpolitik zwischen Konfession und Libertät* (Neustadt an der Aisch, 1978).

Lauterbach, Klaus H., 'Der "Oberrheinische Revolutionär" und Mathias Wurm von Geudertheim: Neue Untersuchungen zur Verfasserfrage', *Deutsches Archiv für Erforschung des Mittelalters*, xlv (1989), 109–72.

Lavery, Jason, *Germany's northern challenge: The Holy Roman Empire and the Scandinavian struggle for the Baltic, 1563–1576* (Boston, MA and Leiden, 2002).

Le Gates, Marlene J., 'The Knights and the problems of political organisation in sixteenth-century Germany', *Central European History*, vii (1974), 99–136.

Leppin, Volker, *Martin Luther* (Darmstadt, 2006).

——, ' "...das der Römische Antichrist offenbaret und das helle Liecht des Heiligen Evangelii wiederumb angezündet": Memoria und Aggression im Reformationsjubiläum 1617', in Heinz Schilling (ed.), *Konfessioneller Fundamentalismus: Religion als politischer Faktor im europäischen Mächtesystem um 1600* (Munich, 2007), 115–31.

Leuschner, Joachim, *Deutschland im späten Mittelalter* (Göttingen, 1975).

Lexikon des Mittelalters, 10 vols (Munich, 1980–99).

Liepold, Antonio, *Wider den Erbfeind christlichen Glaubens: Die Rolle des niederen Adels in den Türkenkriegen des 16. Jahrhunderts* (Frankfurt am Main, 1998).

Lindberg, Erik, 'The rise of Hamburg as a global marketplace in the seventeenth century: A comparative political economy perspective', *Comparative Studies in Society and History*, I (2008), 641–62.

Locher, Gottfried W., *Die Zwinglische Reformation im Rahmen der europäischen Kirchengeschichte* (Göttingen, 1979).

Lockhart, Paul Douglas, *Denmark in the Thirty Years' War, 1618–1648: King Christian IV and the decline of the Oldenburg state* (Selinsgrove, PA and London, 1996).

——, *Frederik II and the Protestant cause: Denmark's role in the Wars of Religion, 1559–1596* (Leiden and Boston, MA, 2004).

Lohse, Bernhard, *Martin Luther: Eine Einführung in sein Leben und sein Werk* (Munich, 1981).

Lortz, Joseph, *The Reformation in Germany*, transl. Ronald Walls, 2 vols (London, 1968).

Lossen, Max, *Der Kölnische Krieg*, 2 vols (Gotha, 1882, Munich 1887).

Louthan, Howard, *The quest for compromise: Peacemakers in Counter-Reformation Vienna* (Cambridge, 1997).

Lublinskaya, Aleksandra Dmitrievna, *French absolutism: The crucial phase 1620–1629* (Cambridge, 1968).

Ludolphy, Ingetraut, *Friedrich der Weise: Kurfürst von Sachsen 1463–1525* (Göttingen, 1984).

Ludwig, Ulrike, *Philippismus und orthodoxes Luthertum an der Universität Wittenberg: Die Rolle Jakob Andreäs im lutherischen Konfessionalisierungsprozeß Kursachsens (1576–1580)* (Münster, 2009).

Luh, Jürgen, *Unheitiges Römisches Reich: Der konfessionelle Gegensatz 1648 bis 1806* (Potsdam, 1995).

Lüpkes, Vera and Heiner Borggrefe (eds), *Adel im Weserraum um 1600* (Munich, 1996).

Lustiger, Arno, 'Der Fettmilchaufstand in Frankfurt und die Juden: Eine Neubewertung des historischen Geschehens', in Willi Jasper (ed.), *Preußens Himmel breitet seine Sterne . . . : Beiträge zur Kultur-, Politik- und Geistesgeschichte der Neuzeit* (Hildesheim, 2002), 473–82.

Lütge, Friederich, *Geschichte der deutschen Agrarverfassung vom frühen Mittelalter bis zum 19. Jahrhundert*, 2nd edn (Stuttgart, 1967).

Luttenberger, Albrecht P., 'Kirchenadvokatie und Religionsfriede: Kaiseridee und kaiserliche Reichspolitik im 16. und 17. Jahrhundert', in Rolf Gundlach and Hermann Weber (eds), *Legitimation und Funktion des Herrschers: Vom ägyptischen Pharao zum neuzeitlichen Diktator* (Stuttgart, 1992), 185–232.

——, 'Kaisertum und Ständetum im politischen Denken des Reichspfennigmeisters Zacharias Geizkofler', in Heinz Duchhardt and Matthias Schnettger (eds), *Reichsständische Libertät und habsburgisches Kaisertum* (Mainz, 1999), 81–105.

Lutz, Heinrich, *Christianitas afflicta: Europa, das Reich und die päpstliche Politik im Niedergang der Hegemonie Kaiser Karls V. (1552–1556)* (Göttingen, 1964).

——, 'Italien vom Frieden von Lodi bis zum Spanischen Erbfolgekrieg (1454–1700)', in Theoder Schieder (ed.), *Handbuch der europäischen Geschichte*, 7 vols (Stuttgart, 1968–79), iii, 851–901.

——, 'Perspektiven und Zusammenhänge', in *idem* (ed) *Das römisch-deutsche Reich im politischen System Karls V.* (Munich and Vienna, 1982), 269–82.

——, *Das Ringen um deutsche Einheit und kirchliche Erneuerung: Von Maximilian I. bis zum Westfälischen Frieden, 1490–1648* (Berlin, 1983).

Macek, Josef, *Michael Gaismair: Vergessener Held des Tiroler Bauernkrieges* (Vienna, 1988).

McGrath, Alister E., *The intellectual origins of the European Reformation* (Oxford, 1987).

——, *Reformation thought*, 3rd edn (Oxford, 1999).

MacHardy, Karin J., *War, religion and court patronage in Habsburg Austria: The social and cultural dimensions of political interaction, 1521–1622* (Houndmills, 2003).

Märtl, Claudia, 'Der Reformgedanke in den Reformschriften des 15. Jahrhunderts', in Ivan Hlaváček (ed.), *Reform von Kirche und Reich zur Zeit der Konzilien von Konstanz (1414–1418) und Basel (1431–1449)* (Constance, 1996), 91–108.

Magen, Ferdinand, 'Die Reichskreise in der Epoche des dreißigjährigen Krieges: Ein Überblick', *Zeitschrift für historische Forschung*, ix (1982) 409–60.

Maier, Hans, *Die ältere deutsche Staats- und Verwaltungslehre*, 2nd edn (Munich, 1980).

Maier, Konstantin, 'Der Archidiakon in der Reichskirche: Zur Typologie des Amtes im Spätmittelalter und in der frühen Neuzeit', *Römische Quartalschrift für christliche Altertumskunde und Kirchengeschichte*, lxxxvii (1992), 136–57.

Mann, Golo, *Wallenstein* (Frankfurt am Main, 1971).

Mannack, Eberhard, 'Die Rezeption des Dreißigjährigen Krieges und des Westfälischen Friedens in der deutschen Literatur des 18. bis 20. Jahrhunderts', in Klaus Bußmann (ed.), *1648: Krieg und Frieden in Europa* (Münster and Osnabrück, 1998), 385–91.

——, 'Der Streit der Historiker und Literaten über den Dreißigjährigen Krieg und Westfälischen Frieden', *Daphnis. Zeitschrift für Mittlere Deutsche Literatur und Kultur*, xxxi (2002), 701–12.

Marius, Richard, *Martin Luther: The Christian between God and death* (Cambridge, MA, 1999).

Marquardt, Bernd, *Das Römisch-Deutsche Reich als segmentäres Verfassungssystem (1348–1806/ 48). Versuch zu einer neuen Verfassungstheorie auf der Grundlage der Lokalen Herrschaften* (Zurich, 1999).

Maschke, Erich, 'Soziale Gruppen in der deutschen Stadt des späten Mittelalters', in Josef Fleckenstein (ed.), *Über Bürger, Stadt und städtische Literatur im Spätmittelalter* (Göttingen, 1980), 127–45.

Mathis, Franz, *Die deutsche Wirtschaft im 16. Jahrhundert* (Munich, 1992).

Mauersberg, Hans, *Wirtschafts- und Sozialgeschichte zentraleuropäischer Städte in neuerer Zeit: Dargestellt an den Beispielen von Basel, Frankfurt a. M., Hamburg, Hannover und München* (Munich, 1968).

Maurer, Justus, *Prediger im Bauernkrieg* (Stuttgart, 1979).

May, Georg, 'Zum "ius emigrandi" am Beginn des Konfessionellen Zeitalters', *Archiv für Katholisches Kirchenrecht*, clv (1986), 29–125.

Mayes, David, *Communal Christianity: The life and loss of a peasant vision in early modern Germany* (Leiden, 2004).

Meid, Volker, *Die deutsche Literatur im Zeitalter des Barock: Vom Späthumanismus zur Frühaufklärung, 1570–1740* (Munich, 2009).

Menk, Gerhard, *Die Hohe Schule Herborn in ihrer Frühzeit (1584–1660): Ein Beitrag zum Hochschulwesen des deutschen Kalvinismus im Zeitalter der Gegenreformation* (Wiesbaden 1981).

——, 'Territorialstaat und Schulwesen in der frühen Neuzeit: Eine Untersuchung zur religiösen Dynamik an den Grafschaften Nassau und Sayn', *Jahrbuch für westdeutsche Landesgeschichte*, ix (1983), 177–220.

Menzel, Karl, 'Die Union des Herzogs Wilhem IV. zu Sachsen-Weimar und seine Gefangenschaft in Neustadt (1622–1624)', *Archiv für die Sächsische Geschichte*, xi (1873), 32–80.

Merkel, Kerstin, 'Ein Fall von Bigamie: Landgraf Philipp von Hessen, seine beiden Frauen und deren drei Grabdenkmäler', in Wilhem Maier (ed.), *Grabmäler: Tendenzen der Forschung an Beispielen aus Mittelalter und früher Neuzeit* (Berlin, 2000), 103–26.

Mertens, Dieter, '"Bebelius . . . patriam Sueviam . . . restituit": Der poeta laureatus zwischen Reich und Territorium', *Zeitschrift für Württembergische Landesgeschichte*, xlii (1983), 145–73.

——, 'Hofkultur in Heidelberg und Stuttgart um 1600', in Notker Hammerstein (ed.), *Späthumanismus: Studien über das Ende einer kulturhistorischen Epoche* (Göttingen, 2000), 65–83.

Merz, Johannes, 'Landstädte und Reformation', in Anton Schindling and Walter Ziegler (eds), *Die Territorien des Reiches im Zeitalter der Reformation und Konfessionalisierung: Land und Konfession 1500–1650. Band 7: Bilanz—Forschungsperspektiven—Register* (Münster, 1997), 107–35.

——, 'Der Religionsfrieden, die "Declaratio Ferdinandea" und die Städte unter geistlicher Herrschaft', in Heinz Schilling (ed.), *Der Augsburger Religionsfrieden 1555* (Gütersloh, 2007), 321–40.

Meuthen, Erich, 'Charakter und Tendenzen des deutschen Humanismus' in Heinz Anger-meier (ed.), *Säkulare Aspekte der Reformationszeit* (Munich and Vienna, 1983), 217–66.

——, *Das 15. Jahrhundert*, 3rd edn (Munich, 1996).

Meyer, Andreas, 'Das Wiener Konkordat von 1448: Eine erfolgreiche Reform des Spät-mittelalters', *Quellen und Forschungen aus italienischen Archiven und Bibliotheken*, lvi (1986), 108–52.

Meyer, Manfred, 'Sickingen, Hutten und die reichsritterschaftlichen Bewegungen in der deutschen frühbürgerlichen Revolution', *Jahrbuch für Geschichte des Feudalismus*, vii (1983), 215–46.

Meyer, Michael and Michael Brenner (eds), *German-Jewish history in modern times*, 4 vols (New York, 1996–98).

Meyn, Matthias, *Die Reichsstadt Frankfurt vor dem Bürgeraufstand von 1612 bis 1614: Struktur und Krise* (Frankfurt am Main, 1980).

Midelfort, H. C. Erik, *Witch hunting in southwestern Germany, 1562–1684: The social and intellectual foundations* (Stanford, CA, 1972).

——, *Mad princes of Renaissance Germany* (Charlottesville, VA, 1994).

Miller, Max and Gerhard Taddey, *Handbuch der historischen Stätten Deutschlands: Baden Württemberg*, 2nd edn (Stuttgart, 1980).

Moeller, Bernd, 'Die deutschen Humanisten und die Anfänge der Reformation', *Zeitschrift für Kirchengeschichte*, lxx (1959), 46–61.

——, 'Frömmigkeit in Deutschland um 1500', *Archiv für Reformationsgeschichte*, vi (1965), 5–31.

——, *Deutschland im Zeitalter der Reformation* (Göttingen, 1977).

——, *Reichsstadt und Reformation*, 2nd edn (Berlin, 1987).

——, 'Die Universität Königsberg als Gründung der Reformation', in Bernhart Jähnig (ed.), *450 Jahre Universität Königsberg: Beiträge zur Wissenschaftsgeschichte des Pre-ußenlandes* (Marburg, 2001), 11–23.

Molitor, Hansgeorg, 'Reformation und Gegenreformation in der Reichsstadt Aachen', *Zeitschrift des Aachener Geschichtsvereins*, xcviii–xcix (1992–93), 185–203.

Möller, Hans-Michael, *Das Regiment der Landsknechte: Untersuchungen zu Verfassung, Recht und Selbstverständnis in deutschen Söldnerheeren des 16. Jahrhunderts* (Wiesbaden, 1976).

Monter, William, *Bewitched duchy: Lorraine and its dukes, 1477–1736* (Geneva, 2007).

Montgomery, John Warwick, *Cross and crucible: Johann Valentin Andreae (1586–1654); Phoenix of the theologians*, 2 vols (The Hague, 1973).

Moran, Bruce T., *The alchemical world of the German court: Occult philosophy and chemical medicine in the circle of Moritz of Hessen (1572–1632)* (Stuttgart, 1991).

——, 'Patronage and institutions: courts, universities, and academies in Germany, an overview 1550–1750', in Bruce T. Moran (ed.), *Patronage and institutions: Science, technoloy, and medicine at the European court 1500–1750* (Woodbridge, 1991), 169–83.

Moraw, Peter, 'Versuch über die Entstehung des Reichstags', in Hermann Weber (ed.), *Politische Ordnungen und soziale Kräfte im Alten Reich* (Wiesbaden, 1980), 1–36.

——, *Von offener Verfassung zu gestalteter Verdichtung: Das Reich im Mittelalter 1250 bis 1490* (Berlin, 1985).

——, 'Bestehende, fehlende und heranwachsende Voraussetzungen des deutschen Natio-nalbewußtseins im späten Mittelalter', in Joachim Ehlers (ed.), *Ansätze und Diskontinui-tät deutscher Nationsbildung im Mittelalter* (Sigmaringen, 1989), 99–120.

——, 'Die Funktion von Einungen und Bünden im spätmittelalterlichen Reich', in Volker Press (ed.), *Alternativen zur Reichsverfassung in der Frühen Neuzeit?* (Munich, 1995), 1–21.

Mortimer, G., 'Did contemporaries recognize a "Thirty Years War"?', *English Historical Review*, cxvi (2001), 124–36.

Moser, Johann Jakob, *Grund-Riss der heutigen Staatsverfassung des Teutschen Reiches* (Tübingen, 1754).

Mout, Nicolette, 'Die Niederlande und das Reich im 16. Jahrhundert (1512–1609)', in Volker Press (ed.), *Alternativen zur Reichsverfassung in der Frühen Neuzeit?* (Munich, 1995), 143–68.

——, ' "Dieser einzige Wiener Hof von Dir hat mehr Gelehrte als ganze Reiche Anderer": Späthumanismus am Kaiserhof in der Zeit Maximilians II. und Rudolfs II. (1564–1612)', in Notker Hammerstein (ed.), *Späthumanismus: Studien über das Ende einer kulturhistorischen Epoche* (Göttingen, 2000), 46–64.

Mueller, Günther H. S., 'The "Thirty Years' War" or fifty years of war?', *Journal of Modern History*, l (1978), 1053–6.

Muhlack, Ulrich, 'Der Tacitismus: Ein späthumanistisches Phänomen?', in Notker Hammerstein (ed.), *Späthumanismus: Studien über das Ende einer kulturhistorischen Epoche* (Göttingen, 2000), 160–82.

Mühlen, Heinz von zur, 'Livland von der Christianisierung bis zum Ende seiner Selbständigkeit (etwa 1186–1561)', in Gert von Pistohlkors (ed.), *Deutsche Geschichte im Osten: Die Baltischen Länder* (Berlin, 1994), 26–172.

——, 'Das Ostbaltikum unter Herrschaft und Einfluß der Nachbarmächte (1561–1710/1795)', in Gert von Pistohlkors (ed.), *Deutsche Geschichte im Osten: Die Baltischen Länder* (Berlin, 1994), 174–264.

Müller, K. O., 'Zur wirtschaftlichen Lage des schwäbischen Adels am Ausgang des Mittelalters', *Zeitschrift für Württembergische Landesgeschichte*, iii (1939), 285–328.

Müller, Laurenz, 'Revolutionary moment: Interpreting the Peasants War in the Third Reich and in the German Democratic Republic', *Central European History*, xl (2007), 193–218.

Müller, Matthias, *Das Schloß als Bild des Fürsten: Herrschaftliche Metaphorik in der Residenzarchitektur des Alten Reiches (1470–1618)* (Göttingen, 2004).

Müller, Rainer A., *Der Fürstenhof in der Frühen Neuzeit*, 2nd edn (Munich, 2004).

Mullett, Michael, *The Catholic Reformation* (London, 1999).

Mulsow, Martin, 'Gelehrte Praktiken politischer Kompromittierung: Melchior Goldast und Lipsius' Rede "De duplici Concordia" im Vorfeld der Entstehung der protestantischen Union', in Helmut Zedelmaier (ed.), *Die Praktiken der Gelehrsamkeit in der Frühen Neuzeit* (Tübingen, 2001), 307–47.

——, *Moderne aus dem Untergrund: Radikale Frühaufklärung in Deutschland 1680–1720* (Hamburg, 2002).

—— (ed.), *Spätrenaissance-Philosophie in Deutschland 1570–1650: Entwürfe zwischen Humanismus und Konfessionalisierung, okkulten Traditionen und Schulmetaphysik* (Tübingen, 2009).

Munier, W. A. J., 'De curiale loopbaan van Willem van Enckenvoirt vóór het pontificaat van Adriaan VI', *Archief voor de geschiedenis van de katholieke kerk in Nederland*, i (1959), 120–68.

Münkler, Herfried and Grünberger, Hans, 'Nationale Identität im Diskurs der Deutschen Humanisten', in Helmut Berding (ed.), *Nationales Bewußtsein und kollektive Identität: Studien zur Entwicklung des kollektiven Bewußtseins in der Neuzeit* (Frankfurt am Main, 1994), 211–48.

——, Hans Grünberger and Kathrin Mayer, *Nationenbildung: Die Nationalisierung Europas im Diskurs humanistischer Intellektueller; Italien und Deutschland* (Berlin, 1998).

Murphey, Rhoads, *Ottoman warfare 1500–1700* (London, 1999).

Naujoks, Eberhard, *Obrigkeitsgedanke, Zunftverfassung und Reformation: Studien zur Verfassungsgeschichte von Ulm, Eßlingen und Schwäb. Gmünd* (Stuttgart, 1958).
—— (ed.), *Kaiser Karl V. und die Zunftverfassung: Ausgewählte Aktenstücke zu den Verfassungsfragen in den oberdeutschen Reichsstädten (1547–1556)* (Stuttgart, 1985).
Neue Deutsche Biographie (Berlin, 1953–).
Neuhaus, Helmut. 'Der Augsburger Reichstag des Jahres 1530: Ein Forschungsbericht', *Zeitschrift für historische Forschung*, ix (1982), 167–211.
——, 'Chronologie erb- und thronrechtlicher Bestimmungen europäischer Fürstenhäuser und Staaten', in Johannes Kunisch (ed.), *Der dynastische Fürstenstaat: Zur Bedeutung von Sukzessionsordnungen für die Entstehung des frühmodernen Staates* (Berlin, 1982), 385–90.
——, *Reichsständische Repräsentationsformen im 16. Jahrhundert: Reichstag—Reichskreistag—Reichsdeputationstag* (Berlin, 1982).
——, 'Zwänge und Entwicklungsmöglichkeiten reichsständischer Beratungsformen in der zweiten Hälfte des 16. Jahrhunderts', *Zeitschrift für historische Forschung*, 10 (1983), 279–98.
——, 'Wandlungen der Reichstagsorganisation in der ersten Hälfte des 16. Jahrhunderts', in Johannes Kunisch, Klaus Luig and Peter Moraw (eds), *Neue Studien zur frühneuzeitlichen Reichsgeschichte* (Berlin, 1987), 113–40.
——, *Das Reich in der frühen Neuzeit* (Munich, 1997).
Neveux, Jean Baptiste, *Vie spirituelle et vie sociale entre Rhin et Baltique au XVIIe siècle: de J. Arndt à P. J. Spencer* (Paris, 1967).
Nischan, Bodo, 'Reformed Irenicism and the Leipzig Colloquy 1631', *Central European History*, ix (1976), 3–26.
——, 'Brandenburg's Reformed Räte and the Leipzig Manifesto of 1631', *Journal of Religious History*, x (1979), 365–80.
Noël, Jean-François, 'Le concept de nation allemande dans l'empire au XXVIIe siècle', *XVIIe Siècle*, lxiv (1992) 325–44.
Nonn, Ulrich, 'Heiliges Römisches Reich Deutscher Nation', *Zeitschrift für historische Forschung*, ix (1982), 129–42.
North, John, *The Fontana history of astronomy and cosmology* (London 1994).
North, Michael, 'Integration im Ostseeraum und im Heiligen Römischen Reich', in Nils Jörn (ed.), *Die Integration des südlichen Ostseeraumes in das Alte Reich* (Cologne, 2000), 1–11.
——, 'Münzpolitik in der ersten Hälfte des 16. Jahrhunderts: Das Heilige Römische Reich und Sachsen im europäischen Kontext', in Bertram Schefold (ed.), *Die drei Flugschriften über den Münzstreit der sächsischen Albertiner und Ernestiner* (Düsseldorf, 2000), 82–98.
Nummedal, Tara E., *Alchemy and authority in the Holy Roman Empire* (Chicago, MI, 2007).
Obersteiner, Gernot Peter, 'Das Reichshoffiskalat 1596 bis 1806: Bausteine zu seiner Geschichte aus Wiener Archiven', in Anette Baumann, Peter Oestmann, Stephan Wendehorst, and Siegrid Westphal (eds), *Reichspersonal: Funktionsträger von Kaiser und Reich* (Cologne, 2003), 89–164.
Oestreich, Gerhard, 'Zur Heeresverfassung der deutschen Territorien von 1500 bis 1800', in idem, *Geist und Gestalt des frühmodernen Staates: Ausgewählte Aufsätze* (Berlin, 1969), 290–310.
——, 'Verfassungsgeschichte vom Ende des Mittelalters bis zum Ende des alten Reiches', in Herbert Grundmann (ed.), *Gebhardt: Handbuch der Deutschen Geschichte Band 2*, 9th edn (Stuttgart, 1970), 360–436.
——, *Antiker Geist und moderner Staat bei Justus Lipsius (1547–1606): Der Neustoizismus als politische Bewegung*, ed. Nicolette Mout (Göttingen, 1989).
Ollmann-Kösling, Heinz, *Der Erbfolgestreit um Jülich-Kleve: Ein Vorspiel zum Dreissigjährigen Krieg* (Regensburg, 1996).

Opgenoorth, Ernst, 'Gustav Adolf aus deutscher Sicht: Zu einigen neueren Biographien des Schwedenkönigs', in Michael Salewski (ed.), *Dienst für die Geschichte: Gedenkschrift für Walther Hubatsch (17. Mai 1915–29. Dezember 1984)* (Göttingen and Zurich, 1985), 41–61.

Osbourne, Toby, *Dynasty and diplomacy in the court of Savoy: political culture and the Thirty Years War* (Cambridge, 2002).

Otto, Eduard, 'Zur Geschichte des deutschen Fürstenlebens, namentlich der Hoffestlichkeiten im 16. und 17. Jahrhundert', *Zeitschrift für Kulturgeschichte*, viii (1901) 335–53.

Otto, Karl F., *Die Sprachgesellschaften des 17. Jahrhunderts* (Stuttgart, 1972).

Overfield, James, 'Germany', in Roy Porter and Mikuláš Teich (eds), *The Renaissance in national context* (Cambridge, 1992), 92–122.

Ozment, Steven E., *The Reformation in the cities: The Appeal of Protestantism to sixteenth-century Germany and Switzerland* (New Haven, CT, 1975).

——, *The age of reform 1250–1550: An intellectual and religious history of late Medieval and Reformation Europe* (New Haven, CT, 1980).

Palffy, Géza, 'Der Preis für die Verteidigung der Habsburgermonarchie: Die Kosten der Türkenabwehr in der zweiten Hälfte des 16. Jahrhunderts', in Friedrich Edelmayer, Maimilian Lanzinner and Pater Rauscher (eds), *Finanzen und Herrschaft: Materielle Grundlagen fürstlicher Politik in den habsburgischen Ländern und im Heiligen Römischen Reich im 16. Jahrhundert* (Munich, 2003), 20–44.

Pamlényi, Ervin (ed.), *A History of Hungary* (London, 1975).

Papy, Jan, 'Justus Lipsius and the German republic of letters. Latin philology as a means of intellectual exchange and influence', in Eckhard Keßler and Heinrich C. Kuhn (eds), *Germania Latina, Latinitas teutonica: Politik Wissenschaft, humanistische Kultur vom späten Mittelalter bis in unsere Zeit, Band 1*, (Groningen, 1992), 23–38.

Paravicini, Werner, *Die ritterlich-höfische Kultur des Mittelalters* (Munich, 1994).

Parker, Geoffrey, *The army of Flanders and the Spanish road 1567–1659: The logistics of Spanish victory and defeat in the Low Countries' wars* (Cambridge, 1972).

—— (ed.) *The Thirty Years' War*, 2nd edn (Houndmills, 1987).

——, *The Military Revolution: Military innovation and the rise of the West, 1500–1800* (Cambridge, 1988).

——, *The grand strategy of Philip II* (New Haven, CT and London, 1998).

Partner, Peter, 'Papal financial policy in the Renaissance and Counter-Reformation', *Past and Present*, lxxxviii (1980), 17–62.

Patschovsky, Alexander, 'Der Reformbegriff zur Zeit der Konzilien von Konstanz und Basel', in Ivan Hlaváček (ed.), *Reform von Kirche und Reich zur Zeit der Konzilien von Konstanz (1414–1418) und Basel (1431–1449)* (Constance, 1996), 7–28.

Peters, Christian, *Johann Eberlin von Günzburg ca. 1465–1533: Franziskanischer Reformer, Humanist und konservativer Reformer* (Gütersloh, 1994).

——, 'Der Macht des Kaisers widerstehen: Die süddeutschen Theologen und das Augsburger Interim', in Irene Dingel (ed.), *Politik und Bekenntnis: Die Reaktionen auf das Interim von 1548* (Leipzig, 2006), 65–81.

Petritsch, Ernst D., 'Ferdinand I., Moritz von Sachsen und die osmanische Frage', in Karlheinz Blascke (ed.), *Moritz von Sachsen: Ein Fürst der Reformationszeit zwischen Territorium und Reich* (Leipzig and Stuttgart, 2007), 57–74.

Pfeiffer, Gerhard, 'Der Augsburger Religionsfriede und die Reichsstädte', *Zeitschrift des Historischen Vereins für Schwaben*, lxi (1955), 213–322.

Pfister, Christian, *Bevölkerungsgeschichte und historische Demographie 1500–1800* (Munich, 1994).

——, 'The population of late medieval and early modern Germany', in Bob Scribner (ed.), *Germany: A new social and economic history 1450–1630* (London, 1996), 33–62.

Phillips, Margaret Mann, *Erasmus and the northern Renaissance* (Woodbridge, 1981).

Plessner, Helmuth, *Die verspätete Nation: Über die politische Verführbarkeit bürgerlichen Geistes* (Frankfurt am Main, 1974).

Po-chia Hsia, Ronald, *Society and Religion in Münster, 1535–1618* (New Haven, CT and London, 1984).

——, *Social discipline in the Reformation: Central Europe 1550–1750* (London. 1989).

——, 'People's, city, and princes' Reformation: Rivals or phases?' in Hans R. Guggisberg (ed.), *Die Reformation in Deutschland und Europa: Interpretationen und Debatten* (Gütersloh, 1993), 294–301.

Polenz, Peter von, *Deutsche Sprachgeschichte vom Spätmittelalter bis zur Gegenwart*, 3 vols, 2nd edn (Berlin, 1994–2000).

Pörtner, Regina, *The Counter-Reformation in Central Europe: Styria 1580–1630* (Oxford, 2001).

Potter, G. R. *Zwingli* (Cambridge, 1976).

Powell, Hugh, *Trammels of tradition: Aspects of German life and culture in the seventeenth century and their impact on the contemporary literature* (Tübingen, 1988).

Press, Volker, *Calvinismus und Territorialstaat: Regierung und Zentralbehörden der Kurpfalz 1559–1619* (Stuttgart, 1970).

——, *Kaiser Karl V., König Ferdinand und die Entstehung der Reichsritterschaft* (Wiesbaden, 1970).

——, 'Herrschaft, Landschaft und "Gemeiner Mann" in Oberdeutschland vom 15. bis zum frühen 19. Jahrhundert', *Zeitschrift für Geschichte des Oberrheins*, cxxiii (NF lxxxiv) (1975), 169–214.

——, 'Steuern, Kredit und Repräsentation: Zum Problem der Ständebildung ohne Adel', *Zeitschrift für historische Forschung*, ii (1975), 59–93.

——, 'Die Reichsritterschaft im Reich der frühen Neuzeit', *Nassauische Annalen*, lxxxvii (1976), 101–22.

——, 'Die Landschaft aller Grafen von Solms: Ein ständiches Experiment am Beginn des 17. Jahrhunderts', *Hessisches Jahrbuch für Landesgeschichte*, xvii (1977), 37–106.

——, 'Der deutsche Bauernkrieg als Systemkrise', *Gießener Universitätsblätter*, xi (1978), 106–27.

——, 'Adel, Reich und Reformation', in Wolfgang J. Mommsen (ed.), *Stadtbürgertum und Adel in der Reformation: Studien zur Sozialgeschichte der Reformation in England und Deutschland* (Stuttgart, 1979), 330–83.

——, 'Die Grafen von Erbach und die Anfänge des reformierten Bekenntnisses in Deutschland', in Herman Bannasch (ed.), *Aus Geschichte und ihren Hilfswissenschaften* (Marburg, 1979), 653–85.

——, 'Die Erblande und das Reich von Albrecht II. bis Karl VI. (1438–1740)', in Robert A. Kann und Friedrich Prinz (eds), *Deutschland und Österreich: Ein bilaterales Geschichtsbuch* (Vienna, 1980), 44–80.

——, 'Die Bundespläne Kaiser Karls V. und die Reichsverfassung', in Heinrich Lutz (ed.), *Das römisch-deutsche Reich im politischen System Karls V.* (Munich, 1982), 55–106.

——, 'Schwaben zwischen Bayern, Österreich und dem Reich 1486–1805', in Pankraz Fried (ed.), *Probleme der Integration Ostschwabens in den bayerischen Staat: Bayern und Wittelsbach in Ostschwaben* (Sigmaringen, 1982), 17–78.

Press, Volker, 'Formen des Ständewesens in den deutschen Territorialstaaten des 16. und 17. Jahrhunderts', in Peter Baumgart (ed.), *Ständetum und Staatsbildung in Brandenburg-Preußen* (Berlin, 1983), 280–318.

——, 'Landgraf Philipp der Großmütige von Hessen 1504–1567', in Klaus Scholder and Dieter Kleinmann (eds), *Protestantische Profile* (Königstein im Taunus, 1983), 60–77.

——, 'Wilhelm von Oranien, die deutschen Reichsstände und der niederländische Aufstand', *Bijdragen en Mededelingen van de Geschiednis der Nederlanden*, xcix (1984), 677–707.

——, 'Das Hochstift Speyer im Reich des späten Mittelalters und der frühen Neuzeit – Porträt eines geistlichen Staates', in *idem*, Eugen Reinhard, and Hansmartin Schwarzmeier (eds), *Barock am Oberrhein* (Karlsruhe, 1985), 251–90.

——, 'Die Niederlande und das Reich in der Frühen Neuzeit', in Willem Pieter Blockmans and Herman van Nuffel (eds), *État et religion aux xve et xvie siècles* (Brussels, 1986), 321–39.

——, 'Die Reformation und der deutsche Reichstag', in Horst Bartel (ed.), *Martin Luther. Leistung und Erbe* (Berlin, 1986), 202–15.

——, 'Die "Zweite Reformation" in der Kurpfalz', in Heinz Schilling (ed.), *Die reformierte Konfessionalisierung in Deutschland: Das Problem der "Zweiten Reformation"* (Gütersloh, 1986), 104–29.

——, *Das Reichskammergericht in der deutschen Geschichte* (Wetzlar, 1987).

——, 'Ein Epochenjahr der württembergischen Geschichte: Restitution und Reformation 1534', *Zeitschrift für Württembergische Landesgeschichte*, xlvii (1988), 203–34.

——, 'Führungsgruppen in der deutschen Gesellschaft im Übergang zur Neuzeit um 1500', in Hans Hubert Hofmann and Günther Franz (eds), *Deutsche Führungsschichten in der Neuzeit: Eine Zwischenbilanz* (Boppard am Rhein, 1988), 29–77.

——, 'Patronat und Klientel im Heiligen Römischen Reich', in Antoni Maczak (ed.), *Klientelsysteme im Europa der Frühen Neuzeit* (Munich, 1988), 19–46.

——, 'Soziale Folgen des Dreißigjährigen Krieges', in Winfried Schulze (ed.), *Ständische Gesellschaft und soziale Mobilität* (Munich, 1988), 239–68.

——, 'Die Territorialstruktur des Reiches und die Reformation', in Rainer Postel and Franklin Kopitzsch (eds), *Reformation und Revolution: Beiträge zum politischen Wandel und den sozialen Kräften am Beginn der Neuzeit* (Stuttgart, 1989), 239–68.

——, 'Vorderösterreich in der habsburgischen Reichspolitik des späten Mittelalters und der frühen Neuzeit', in Hans Maier and Volker Press (eds), *Vorderösterreich in der frühen Neuzeit* (Sigmaringen, 1989), 1–41.

——, 'Matthias (1612–1619)', in Anton Schindling and Walter Ziegler (eds), *Die Kaiser der Neuzeit 1519–1918* (Munich, 1990), 112–23.

——, 'The Imperial court of the Habsburgs: From Maximilian I to Ferdinand III, 1493–1657', in Ronald G. Asch and Adolf M. Birke (eds), *Princes, patronage and the nobility: The court at the beginning of the modern age c.1450–1650* (Oxford, 1991), 289–312.

——, 'Kaiser und Reichsritterschaft', in Rudolf Endres (ed.), *Adel in der Frühneuzeit: Ein regionaler Vergleich* (Cologne, 1991), 163–94.

——, *Kriege und Krisen: Deutschland 1600–1715* (Munich, 1991).

——, 'Die Krise des Dreißigjährigen Krieges und die Restauration des Westfälischen Friedens', in Monika Hagenmaier and Sabine Holtz (eds), *Krisenbewußtsein und Krisenbewältigung in der Frühen Neuzeit—Crisis in Early Modern Europe* (Frankfurt a. M., 1992), 61–72.

——, 'Deutsche Adelshöfe des 16. und beginnenden 17. Jahrhunderts', *Opera Historica. Editio Universitatis Bohemiae Meridionalis*, iii (1993), 33–46.

——, 'Die badischen Markgrafen im Reich der frühen Neuzeit', *Zeitschrift für die Geschichte des Oberrheins*, cxlii (1994), 19–57.

——, 'Herzog Christoph von Württemberg (1550–1568) als Reichsfürst', in Wolfang Schmierer (ed.), *Aus südwestdeutscher Geschichte* (Stuttgart, 1994), 367–82.

——, 'Der Reichshofrat im System des frühneuzeitlichen Reiches', in Friedrich Battenberg and Filippo Ranieri (eds), *Geschichte der Zentraljustiz in Mitteleuropa* (Cologne, 1994), 349–63.

——, 'Albrecht von Rosenberg—Reichsritter an der Schwelle der Zeiten' in *idem, Adel im Alten Reich: Gesammelte Vorträge und Aufsätze*, ed. Franz Brendle and Anton Schindling, (Tübingen, 1998), 357–82.

——, 'Franz von Sickingen: Wortführer des Adels, Vorkämpfer der Reformation und Freund Huttens', in *idem, Adel im Alten Reich: Gesammelte Vorträge und Aufsätze*, ed. Franz Brendle and Anton Schindling (Tübingen, 1998), 319–31.

——, 'Götz von Berlichingen (ca. 1480 bis 1562). Vom "Raubritter" zum Reichsritter', in *idem, Adel im Alten Reich: Gesammelte Vorträge und Aufsätze*, ed. Franz Brendle and Anton Schindling (Tübingen, 1998), 333–56.

——, 'Herzog Ulrich von Württemberg (1498–1550)', in *idem, Adel im Alten Reich: Gesammelte Vorträge und Aufsätze*, ed. Franz Brendle and Anton Schindling (Tübingen, 1998), 71–91.

——, 'Reichsgrafenstand und Reich: Zur Sozial- und Verfassungsgeschichte des deutschen Hochadels in der Frühen Neuzeit', in *idem, Adel im Alten Reich: Gesammelte Vorträge und Aufsätze*, ed. Franz Brendle and Anton Schindling (Tübingen, 1998), 113–38.

——, 'Wilhelm von Grumbach und die deutsche Adelskrise der 1560er Jahre', in *idem, Adel im Alten Reich: Gesammelte Vorträge und Aufsätze*, ed. Franz Brendle and Anton Schindling (Tübingen, 1998), 383–421.

——, 'Fürst Christian I. von Anhalt-Bernburg, Statthalter der Oberpfalz, Haupt der evangelischen Bewegungspartei vor dem Dreißigjährigen Krieg, 1580–1630', in Konrad Ackermann and Alois Schmid (eds), *Staat und Verwaltung in Bayern* (Munich, 2003), 193–216.

Price, David H., *Johannes Reuchlin and the campaign to destroy Jewish books* (Oxford, 2011).

Prietzel, Malte, *Das Heilige Römische Reich im Spätmittelalter* (Darmstadt, 2004).

Pursell, Brennan C., *The Winter King: Frederick V of the Palatinate and the coming of the Thirty Years War* (Aldershot, 2003).

Puschner, Uwe, 'Reichsromantik: Erinnerungen an das Alte Reich zwischen den Freiheitskriegen von 1813/14 und den Revolutionen von 1848/49', in Heinz Schilling (ed.), *Heiliges Römisches Reich Deutscher Nation 962 bis 1806: Altes Reich und neue Staaten 1495 bis 1806* (Dresden, 2006), 318–29.

Quarthal, Franz, 'Unterm Krummstab ist's gut leben: Prälaten, Mönche und Bauern im Zeitalter des Barock', in Peter Blickle (ed.), *Politische Kultur in Oberschwaben* (Tübingen, 1993), 269–86.

——, 'Vorderösterreich in der Geschichte Südwestdeutschlands', in Irmgard Christa Necker (ed.), *Vorderösterreich: Nur die Schwanzfeder des Kaiseradlers? Die Habsburger im deutschen Südwesten* (Ulm, 1999), 14–59.

Rabe, Horst, *Der Rat der niederschwäbischen Reichsstädte: Rechtsgeschichtliche Untersuchungen über die Ratsverfassung der Reichsstädte Niederschwabens bis zum Ausgang der Zunftbewegungen im Rahmen der oberdeutschen Reichs- und Bischofsstädte* (Cologne, 1966).

——, *Reichsbund und Interim: Die Verfassungs- und Religionspolitik Karls V. und der Reichstag von Augsburg 1547–8* (Cologne, 1971).

Rabe, Horst, *Deutsche Geschichte 1500–1600: Das Jahrhundert der Glaubensspaltung* (Munich, 1991).

——, 'Zur Interimspolitik Karls V.', in Luise Schorn-Schütte (ed.), *Das Interim 1548/50: Herrschaftskrise und Glaubenskonflikt* (Gütersloh, 2005), 127–46.

Ranieri, Filippo, *Recht und Gesellschaft im Zeitalter der Rezeption: Eine rechts- und sozialgeschichtliche Analyse der Tätigkeit des Reichskammergerichts im 16. Jahrhundert* (Cologne, 1985).

Ranke, Leopold von, *Deutsche Geschichte im Zeitalter der Reformation* (Vienna, 1934).

Rauscher, Peter, 'Kaiser und Reich: Die Reichstürkenhilfen von Ferdinand I. bis zum Beginn des "Langen Türkenkriegs" (1548–1593)', in Friedrich Edelmayer, Maximilian Lanzinner and Pater Rauscher (eds), *Finanzen und Herrschaft: Materielle Grundlagen fürstlicher Politik in den habsburgischen Ländern und im Heiligen Römischen Reich im 16. Jahrhundert* (Munich, 2003), 45–83.

Rebitsch, Robert, *Tirol, Karl V. und der Fürstenaufstand von 1552* (Hamburg, 2000).

Redlich, Fritz, 'Der deutsche fürstliche Unternehmer: Eine typische Erscheinung des 16. Jahrhunderts', *Tradition. Zeitschrift für Firmengeschichte und Unternehmerbiographie*, iii (1958), 17–32, 98–112.

——, *The German military enterpriser and his workforce: A study in European economic and social history*, 2 vols (Wiesbaden, 1964–5).

Reinhard, Wolfgang, 'Zwang zur Konfessionalisierung? Prolegomena zu einer Theorie des konfessionellen Zeitalters', *Zeitschrift für historische Forschung*, x (1983), 257–77.

——, *Geschichte der Staatsgewalt: Eine vergleichende Verfassungsgeschichte Europas von den Anfängen bis zur Gegenwart* (Munich, 1999).

——, 'Frühmoderner Staat und deutsches Monstrum: Die Entstehung des modernen Staates und das Alte Reich', *Zeitschrift für historische Forschung*, xxix (2002), 339–57.

Reinhardt, Volker, 'Der Primat der Innerlichkeit und die Probleme des Reiches: Zum deutschen Nationalgefühl der frühen Neuzeit', in Bernd Martin (ed.), *Deutschland in Europa: Ein historischer Überblick* (Munich, 1992), 88–104.

Rendenbach, Karl Hans, *Die Fehde Franz von Sickingens gegen Trier* (Berlin, 1933).

Repgen, Konrad, 'Ferdinand III. 1637–1657', in Anton Schindling and Walter Ziegler (eds), *Die Kaiser der Neuzeit 1519–1918* (Munich, 1990), 142–67.

——, 'Der Westfälische Friede: Ereignis und Erinnerung', *Historische Zeitschrift*, cclxvii (1998), 615–47.

——, 'Die zollpolitischen Regelungen der Friedensverträge von 1648 mit Frankreich und Schweden', in Franz Bosbach and Christoph Knappmann (eds), *Dreißigjähriger Krieg und Westfälischer Friede* (Munich, 1998), 677–94.

——, 'Die Hauptprobleme der Westfälischen Friedensverhandlungen von 1648 und ihre Lösungen', *Zeitschrift für bayerische Landesgeschichte*, lxii (1999), 399–438.

Rieber, Albrecht, 'Von der Burg zum Schloß', in Hellmuth Rössler (ed.), *Deutscher Adel 1430–1555* (Darmstadt, 1965), 24–38.

Rill, Bernd, *Kaiser Matthias: Bruderzwist und Glaubenskampf* (Graz, 1999).

Ritter, Moriz, *Deutsche Geschichte im Zeitalter der Gegenreformation und des Dreißigjährigen Krieges (1555–1648)*, 3 vols (Stuttgart, 1889–1908).

Roberts, Michael, *Essays in Swedish history* (London, 1967).

——, *The early Vasas: A history of Sweden 1523–1611* (Cambridge, 1968).

——, *The Swedish imperial experience 1560–1718* (Cambridge, 1979).

——, 'Oxenstierna in Germany, 1633–1636', *Scandia*, xlviii (1982), 61–105.

Robisheaux, Thomas, *The last witch of Langenburg: Murder in a German village* (New York, 2009).

Rodríguez-Salgado, M. J., *The changing face of empire: Charles V, Philip II and Habsburg authority, 1551–1559* (Cambridge, 1988).

Roeck, Bernd, *Eine Stadt in Krieg und Frieden: Studien zur Geschichte der Reichsstadt Augsburg zwischen Kalenderstreit und Parität*, 2 vols (Göttingen, 1989).

——, *Außenseiter, Randgruppen, Minderheiten: Fremde im Deutschland der frühen Neuzeit* (Göttingen, 1993).

Roloff, Hans-Gert, 'Der *Arminius* des Ulrich von Hutten', in Rainer Wiegels and Winfried Woesler (eds), *Arminius und die Varusschlacht: Geschichte—Mythos—Literatur* (Paderborn, 1995).

Roll, Christine, *Das zweite Reichsregiment 1521–1530* (Cologne, 1996).

Roper, Lyndal, *Witch craze: Terror and fantasy in baroque Germany* (London, 2004).

Rosa di Simone, Maria, 'Admission', in H. De Ridder-Symoens (ed.), *A History of the university in Europe*. Vol. 2: *Universities in early modern Europe* (Cambridge, 1996), 285–325.

Rösener, Werner, *Agrarwirtschaft, Agrarverfassung und ländliche Gesellschaft im Mittelalter* (Munich 1992).

Rosseaux, Ulrich, *Städte in der Frühen Neuzeit* (Darmstadt, 2006).

Rowan, S. W., 'Imperial taxes and German politics in the fifteenth century: an outline', *Central European History*, xiii (1980), 203–17.

Rublack, Hans-Christoph, *Gescheiterte Reformation: Frühreformatorische und protestantische Bewegungen in süd- und westdeutschen geistlichen Residenzen*, (Stuttgart, 1978).

——, 'Die Reformation in Kitzingen', in Dieter Demandt and Hans-Christoph Rublack (eds), *Stadt und Kirche in Kitzingen: Darstellung und Quellen zu Spätmittelalter und Reformation* (Stuttgart, 1978), 34–96.

——, 'Gravamina und Reformation', in Ingrid Bátori (ed.), *Städtische Gesellschaft und Reformation* (Stuttgart, 1980), 292–313.

Rudersdorf, Manfred, 'Die Generation der lutherischen Landesväter im Reich. Bausteine zu einer Typologie des deutschen Reformationsfürsten', in Anton Schindling and Walter Ziegler (eds), *Die Territorien des Reichs im Zeitalter der Reformation und Konfessionalisierung: Land und Konfession 1500–1650*, 7 vols (Münster, 1989–97), vii, 137–70.

——, 'Maximilian II. (1564–1576)', in Anton Schindling and Walter Ziegler (eds), *Die Kaiser der Neuzeit 1519–1918* (Munich, 1990), 79–97.

——, 'Moritz von Sachsen: Reformationsfürst, Kaisergegner, Anwalt der ständischen Libertät', in Winfried Müller (ed.), *Perspektiven der Reformationsforschung in Sachsen* (Dresden, 2008), 59–72.

Rummel, Erika, *The case against Johann Reuchlin: Religious and social controversy in sixteenth-century Germany* (Toronto, 2002).

Rummel, Walter, '"Weise" Frauen und "weise" Männer im Kampf gegen Hexerei: Die Widerlegung einer modernen Fabel', in Christof Dipper (ed.), *Europäische Sozialgeschichte* (Berlin, 2000), 353–76.

Ruthmann, Bernhard, 'Die Religionsprozesse als Folge der Glaubensspaltung', in Ingrid Scheurmann (ed.), *Frieden durch Recht: Das Reichskammergericht von 1495 bis 1806* (Mainz, 1994), 231–72.

——, *Die Religionsprozesse am Reichskammergericht (1555–1648): Eine Analyse anhand ausgewählter Prozesse* (Cologne, 1996).

Sandl, Marcus, 'Interpretationswelten der Zeitenwende: Protestantische Selbstbeschreibungen im 16. Jahrhundert zwischen Bibelauslegung und Reformationserinnerung', in Joachinm Eibach and Marcus Sandl (eds), *Protestantische Identität und Erinnerung: Von der Reformation bis zur Bürgerrechtsbewegung in der DDR* (Göttingen, 2003), 27–46.

Sante, Georg Wilhelm (ed.), *Geschichte der Deutschen Länder. "Territorien-Ploetz"*. *Band 1: Die Territorien bis zum Ende des alten Reiches* (Würzburg, 1964).

—— (ed.), *Handbuch der historischen Stätten Deutschlands: Hessen*, 3rd edn (Stuttgart, 1976).

Santifaller, Leo, *Zur Geschichte des ottonisch-salischen Reichskirchensystems*, 2nd edn (Vienna, 1964).

Schäufele, Wolf-Friedrich, 'Die Konsequenzen des Westfälischen Friedens für den Umgang mit religiösen Minderheiten in Deutschland', in Günter Frank, Jörg Haustein and Albert de Lange (eds), *Asyl, Toleranz und Religionsfreiheit: Historische Erfahrungen und aktuelle Herausforderungen* (Göttingen 2000), 121–39.

Schefold, Bertram, 'Wirtschaft und Geld im Zeitalter der Reformation', in *idem* (ed.), *Die drei Flugschriften über den Münzstreit der sächsischen Albertiner und Ernestiner* (Düsseldorf, 2000), 5–57.

Schiersner, Dietmar, *Politik, Konfession und Kommunikation: Studien zur katholischen Konfessionalisierung der Markgrafschaft Burgau 1550–1650* (Berlin, 2005).

Schilling, Heinz, 'Bürgerkämpfe in Aachen zu Beginn des 17. Jahrhunderts: Konflikte im Rahmen der alteuropäischen Stadtgesellschaft oder im Umkreis der frühbürgerlichen Revolution?', *Zeitschrift für historische Forschung*, i (1974), 175–231.

——, 'Reformation und Bürgerfreiheit: Emdens Weg zur calvinistischen Stadtrepublik', in Bernd Moeller (ed.), *Stadt und Kirche im 16. Jahrhundert* (Gütersloh, 1978), 128–61.

——, *Konfessionskonflikt und Staatsbildung: Eine Fallstudie über das Verhältnis von religiösem und sozialem Wandel in der Frühneuzeit am Beispiel der Grafschaft Lippe* (Gütersloh, 1981).

——, 'Dortmund im 16. und 17. Jahrhundert: Reichsstädtische Gesellschaft, Reformation und Konfessionalisierung', in *Dortmund: 1100 Jahre Stadtgeschichte* (Dortmund, 1982), 153–201.

——, 'Innovation through migration: The settlements of Calvinistic Netherlanders in sixteenth- and seventeenth-century Central and Western Europe', *Histoire sociale—Social History*, xvi (1983), 7–33.

——, 'The Reformation in the Hanseatic cities', *The Sixteenth Century Journal*, xiv (1983), 443–56.

——, 'The European crisis of the 1590s: The situation in German towns', in Peter Clark (ed.), *The European crisis of the 1590s: Essays in comparative history* (London, 1985), 135–56.

——, *Aufbruch und Krise: Deutschland 1517–1648* (Berlin, 1988).

——, 'Gab es im späten Mittelalter und zu Beginn der Neuzeit in Deutschland einen städtischen "Republikanismus"? Zur politischen Kultur des alteuropäischen Stadtbürgertums', in Helmut Königsberger (ed.), *Republiken und Republikanismus im Europa der Frühen Neuzeit* (Munich, 1988), 101–44.

——, 'Die Konfessionalisierung im Reich: Religiöser und gesellschaftlicher Wandel in Deutschland zwischen 1555 und 1620', *Historische Zeitschrift*, ccxlvi (1988), 1–45.

——, 'Alternatives to the Lutheran Reformation and the rise of Lutheran identity', in A. C. Fix and S. C. Karant-Nunn (eds), *Germania Illustrata: Essays on early Modern Germany Presented to Gerald Strauss* (Kirksville, MO, 1992), 99–120.

——, 'Reformation—Umbruch oder Gipfelpunkt eines Temps des Réformes?', in Bernd Moeller (ed.), *Die frühe Reformation in Deutschland als Umbruch* (Gütersloh, 1998), 13–34.

——, 'Reichs-Staat und frühneuzeitliche Nation der Deutschen oder teilmodernisiertes Reichssystem: Überlegungen zu Charakter und Aktualität des Alten Reiches', *Historische Zeitschrift*, cclxxii (2001), 377–95.

——, *Die Stadt in der Frühen Neuzeit*, 2nd edn (Munich, 2004).

——, 'Das Reich als Verteidigungs- und Friedensorganisation', in *idem* (ed.), *Heiliges Römisches Reich Deutscher Nation 962 bis 1806: Altes Reich und neue Staaten 1495 bis 1806* (Dresden, 2006), 118–33.

——, *Konfessionalisierung und Staatsinteressen: Internationale Beziehungen 1559–1660* (Paderborn, 2007).

—— (ed.), *Konfessioneller Fundamentalismus: Religion als politischer Faktor im europäischen Mächtesystem um 1600* (Munich, 2007).

Schilling, Johannes, 'Hutten und Luther', in Johannes Schilling und Ernst Giese (eds), *Ulrich von Hutten und seine Zeit: Schlüchterner Vorträge zu seinem 500. Geburtstag* (Kassel, 1988), 87–115.

Schindling, Anton, *Humanistische Hochschule und freie Reichsstadt: Gymnasium und Akademie in Strassburg 1538–1621* (Wiesbaden, 1977).

——, 'Reichskirche und Reformation: Zu Glaubensspaltung und Konfessionalisierung in den geistlichen Fürstentümern des Reiches', in Johannes Kunisch, Klaus Luig and Peter Moraw (eds), *Neue Studien zur frühneuzeitlichen Reichsgeschichte* (Berlin, 1987), 81–112.

——, 'Konfessionalisierung und Grenzen von Konfessionalisierbarkeit', in Anton Schindling and Walter Ziegler (eds), *Die Territorien des Reichs im Zeitalter der Reformation und Konfessionalisierung: Land und Konfession 1500–1650*, 7 vols (Münster, 1989–97), vii, 9–44.

—— and Walter Ziegler, (eds), *Die Territorien des Reichs im Zeitalter der Reformation und Konfessionalisierung: Land und Konfession 1500–1650*, 7 vols (Münster, 1989–97).

——, 'Der Passauer Vertrag und die Kirchengüterfrage', in Winfried Becker (ed.), *Der Passauer Vertrag von 1552: Politische Entstehung, reichsrechtliche Bedeutung und konfessionsgeschichtliche Bewertung* (Neustadt an der Aisch, 2003), 105–23.

Schirmer, Uwe, 'Die Finanzen im Kurfürstentum Sachsen (1553–1586)', in Edelmayer, Friedrich and Lanzinner, Maximilian and Rauscher, Peter (eds), *Finanzen und Herrschaft: Materielle Grundlagen fürstlicher Politik in den habsburgischen Ländern und im Heiligen Römischen Reich im 16. Jahrhundert* (Vienna and Munich, 2003), 143–85.

Schlink, Roland, *Hoffmann von Fallerslebens vaterländische und gesellschaftskritische Lyrik*, (Stuttgart 1981).

Schmid, Alois, 'Humanistenbischöfe: Untersuchungen zum vortridentinischen Episkopat in Deutschland', *Römische Quartalschrift für christliche Altertumskunde und Kirchengeschichte*, lxxxvii (1992), 159–92.

——, 'Kurfürst Maximilian I. von Bayern und die Obere Pfalz', in Johannes Laschunger (ed.), *Der Winterkönig: Königlicher Glanz in Amberg* (Amberg, 2004), 116–31.

Schmid, Peter, 'Reichssteuern, Reichsfinanzen und Reichsgewalt in der ersten Hälfte des 16. Jahrhunderts', in Heinz Angermeier (ed.), *Säkulare Aspekte der Reformationszeit* (Munich, 1983), 153–99.

——, *Der gemeine Pfennig von 1495: Vorgeschichte und Entstehung, verfassungsgeschichtliche, politische und finanzielle Bedeutung* (Göttingen, 1989).

Schmidt, Alexander, 'Ein französischer Kaiser? Die Diskussion um die Nationalität des Reichsoberhauptes im 17. Jahrhundert', *Historisches Jahrbuch*, cxxiii (2003), 149–77.

Schmidt, Alexander, *Vaterlandsliebe und Religionskonflikt: Politische Diskurse im Alten Reich (1555–1648)* (Leiden, 2007).

Schmidt, Georg, *Der Städtetag in der Reichsverfassung: Eine Untersuchung zur korporativen Politik der freien und Reichsstädte in der ersten Hälfte des 16. Jahrhunderts* (Stuttgart, 1984).

——, ' "Frühkapitalismus" und Zunftwesen: Monopolbestrebungen und Selbstverwaltung in der frühneuzeitlichen Wirtschaft', in Bernhard Kirchgässner (ed.), *Stadt und wirtschaftliche Selbstverwaltung* (Sigmaringen, 1987), 77–114.

——, 'Des Prinzen Vaterland? Wilhelm I. Von Oranien (1533–1584) zwischen Reich, deutscher Nation und den Niederlanden', in Ralph Melville (ed.), *Deutschland und Europa in der Neuzeit: Festschrift für Karl Otmar Frhr. von Aretin zum 65. Geburtstag*, 2 vols (Stuttgart, 1988), i, 223–39.

——, 'Ulrich von Hutten, der Adel und das Reich um 1500', in Johannes Schilling und Ernst Giese (eds), *Ulrich von Hutten und seine Zeit: Schlüchterner Vorträge zu seinem 500. Geburtstag* (Kassel, 1988), 19–34.

——, 'Die politische Bedeutung der kleineren Reichsstände im 16. Jahrhundert', *Jahrbuch für Geschichte des Feudalismus*, xii (1989), 185–206.

——, *Der Wetterauer Grafenverein: Organisation und Politik einer Reichskorporation zwischen Reformation und Westfälischem Frieden* (Marburg, 1989).

——, 'Städtetag, Städtehanse und frühneuzeitliche Reichsverfassung', in Michael Stolleis (ed.), *Recht, Verfassung und Verwaltung in der frühneuzeitlichen Stadt* (Cologne and Vienna, 1991), 41–61.

——, 'Der Westfälische Frieden: Eine neue Ordnung für das Alte Reich?', in Reinhard Mußgnug (ed.), *Wendemarken in der deutschen Verfassungsgeschichte* (Berlin, 1993), 45–72.

——, 'Integration und Konfessionalisierung: Die Region zwischen Weser und Ems im Deutschland des 16. Jahrhunderts', *Zeitschrift für historische Forschung*, xxi (1994), 1–36.

——, 'Die Städte auf dem frühneuzeitlichen Reichstag', in Bernhard Kirchgässner and Hans-Peter Brecht (eds), *Vom Städtebund zum Zweckverband* (Sigmaringen, 1994), 29–43.

——, 'Deutschland am Beginn der Neuzeit: Reichs-Staat und Kulturnation?', in Christine Roll (ed.), *Recht und Reich im Zeitalter der Reformation* (Frankfurt am Main, 1996), 1–30.

——, 'Schmalkaldischer Bund und "Reichs-Staat" ', in *Der Schmalkaldische Bund und die Stadt Schmalkalden* (Schmalkalden, 1996), 3–18.

——, 'Luther und die frühe Reformation: Ein nationales Ereignis?', in Bernd Möller (ed.), *Die frühe Reformation in Deutschland als Umbruch* (Gütersloh, 1998), 54–75.

——, 'Städtehanse und Reich im 16. und 17. Jahrhundert', in Antjektrin Graßmann (ed.), *Niedergang oder Übergang? Zur Spätzeit der Hanse im 16. und 17. Jahrhundert* (Cologne, 1998), 25–46.

——, *Geschichte des Alten Reiches: Staat und Nation in der Frühen Neuzeit 1495–1806* (Munich, 1999).

——, 'Teutsche Kriege: Nationale Deutungsmuster und integrative Wertvorstellungen im frühneuzeitlichen Reich', in Dieter Langewiesche and Georg Schmidt (eds), *Föderative Nation: Deutschlandkonzepte von der Reformation bis zum Ersten Weltkrieg* (Munich, 2000), 33–61.

——, 'Die "deutsche Freiheit" und der Westfälische Friede', in Klaus Garber (ed.), *Der Frieden: Rekonstruktion einer europäischen Vision* (Munich, 2001), 323–47.

——, 'Die frühneuzeitliche Idee "deutsche Nation": Mehrkonfessionalität und säkulare Werte', in Heinz-Gerhard Haupt and Dieter Langewiesche (eds), *Nation und Religion in der deutschen Geschichte* (Frankfurt am Main, 2001), 33–67.

——, 'Das früneuzeitliche Reich: Komplementärer Staat und föderative Nation', *Historische Zeitschrift*, cclxxiii (2001), 371–99.

——, '"Teutsche Libertät" oder "Hispanische Servitut": Deutungsstrategien im Kampf um den evangelischen Glauben und die Reichsverfassung, 1546–1552', In Luise Schorn-Schütte (ed.), *Das Interim 1548/50:. Herrschaftskrise und Glaubenskonflikt* (Gütersloh, 2005), 166–91.

——, '"Aushandeln" oder "Anordnen": Der komplementäre Reichs-Staat und seine Gesetze im 16. Jahrhundert', in Maximilian Lanzinner (ed.), *Der Reichstag 1486–1613: Kommunikation, Wahrnehmung, Öffentlichkeit* (Göttingen, 2006), 95–116.

Schmidt, Georg, 'Die Idee "deutsche Freiheit": Eine Leitvorstellung der politischen Kultur des Alten Reiches', in Georg Schmidt, Martin van Gelderen, Christopher Snigula (eds), *Kollektive Freiheitsvorstellungen im frühneuzeitlichen Europa, 1400–1850* (Frankfurt a. M., 2006), 159–89.

——, 'Der Kampf um Kursachsen, Luthertum und Reichsverfassung (1546–1553): Ein deutscher Freiheitskrieg?', in Volker Leppin (ed.), *Johann Friedrich I., der lutherische Kurfürst* (Gütersloh, 2006), 55–84.

——, 'Das Reich und die deutsche Kulturnation', in Heinz Schilling (ed.), *Heiliges Römisches Reich Deutscher Nation 962 bis 1806: Altes Reich und neue Staaten 1495 bis 1806* (Dresden, 2006).

——, *Der Dreissigjährige Krieg*, 8th edn (Munich, 2010).

——, 'Die Union und das Heilige Römische Reich deutscher Nation', in Albrecht Ernst and Anton Schindling (eds), *Union und Liga 1608/09: Konfessionelle Bündnisse im Reich: Weichenstellung zum Religionskrieg* (Stuttgart, 2010), 9–28.

Schmidt, Heinrich, *Ostfriesland im Schutze des Deiches* (Leer, 1975).

Schmidt, Heinrich Richard, *Reichsstädte, Reich und Reformation: Korporative Religionspolitik 1521–1529/30* (Stuttgart, 1986).

——, *Konfessionalisierung im 16. Jahrhundert* (Munich, 1992).

——, 'Sozialdisziplinierung? Ein Plädoyer für das Ende des Etatismus in der Konfessionalisierungsforschung', *Historische Zeitschrift*, cclxv (1997), 639–82.

Schmidt, Peer, *Spanische Universalmonarchie oder "teutsche Libertet": Das spanische Imperium in der Propaganda des Dreißigjährigen Krieges* (Stuttgart, 2001).

Schmitz, Walter, *Verfassung und Bekenntnis: Die Aachener Wirren im Spiegel der kaiserlichen Politik (1550–1616)* (Frankfurt a. M., 1983).

Schneider, Berhnard Christian, *Ius reformandi: Die Entwicklung eines Staatskirchenrechts von seinen Anfängen bis zum Ende des Alten Reiches* (Tübingen, 2001).

Schneider, Konrad, *Die Münz- und Währungspolitik des Oberrheinischen Reichskrieges im 18. Jahrhundert* (Koblenz, 1995).

Schnell, Rüdiger, 'Deutsche Literatur und deutsches Nationalbewußtsein im Spätmittelalter und Früher Neuzeit', in Joachim Ehlers (ed.), *Ansätze und Diskontinuität deutscher Nationsbildung im Mittelalter* (Sigmaringen, 1989), 247–319.

Schnettger, Matthias, 'Impero romano—Impero germanico: Italienische Perspektiven auf das Reich in der frühen Neuzeit', in Matthias Schnettger (ed.), *Imperium Romanum—Irregulare Corpus—Teutscher Reichs-Staat: Das Alte Reich im Verständnis der Zeitgenossen und der Historiographie* (Mainz, 2002), 53–75.

——, *'Principe sovrano' oder 'Civitas imperialis'? Die Republik Genua und das Alte Reich in der frühen Neuzeit, 1556–1797* (Mainz, 2006).

Schnettger, Matthias, 'Von der "Kleinstaaterei" zum "komplementären Reichs-Staat". Die Reichsverfassungsgeschichtsschreibung seit dem Zweiten Weltkrieg', in Hans-Christof Kraus (ed.), *Geschichte der Politik: Alte und neue Wege* (Munich, 2007), 129–54.

Schnitter, Helmut, *Volk und Landesdefension: Volksaufgebote, Defensionswerke, Landmilizen in den deutschen Territorien vom 15. bis zum 18. Jahrhundert* (Berlin, 1977).

Schnurr, Eva-Maria, *Religionskonflikt und Öffentlichkeit: Eine Mediengeschichte des Kölner Kriegs (1582 bis 1590)* (Cologne, 2009).

Schobinger, Jean-Pierre (ed.), *Die Philosophie des 17. Jahrhunderts: Allgemeine Themen, Iberische Halbinsel, Italien*, 2 vols (Basle,1998).

Schock-Werner, Barbara, *Die Bauten im Fürstbistum Würzburg unter Julius Echter von Mespelbrunn 1573–1617: Struktur, Organisation, Finanzierung und künstlerische Bewertung* (Regensburg, 2005).

Schoeck, Richard J., 'Agricola and Erasmus. Erasmus' heritage of northern humanism', in Fokke Akkerman and Arie Johan Vanderjagt (eds), *Rodolphus Agricola Phrisius 1444–1485* (Leiden, 1988), 181–8.

——, *Erasmus of Europe: The prince of humanists, 1501–1536* (Edinburgh, 1993).

Scholzen, Reinhard, *Franz von Sickingen: Ein adeliges Leben im Spannungsfeld zwischen Städten und Territorien* (Kaiserslautern, 1996).

Schönemann, Bernd, *Zur Rezeption des Dreißigjährigen Krieges in Literatur und Schule vom Kaiserreich bis zum Nationalsozialismus* (Eichstätt, 2000).

Schönstädt, Hans-Jürgen, *Antichrist, Weltheilsgeschehen und Gottes Werkzeug: Römische Kirche, Reformation und Luther im Spiegel des Reformationsjubiläums 1617* (Wiesbaden, 1978).

Schormann, Gerhard, *Hexenprozesse in Deutschland* (Göttingen, 1981).

——, *Der Dreißigjährige Krieg* (Göttingen, 1985).

——, 'Der Dreißigjährige Krieg 1618–1648', in Wolfgang Reinhard (ed.), *Gebhardt: Handbuch der deutschen Geschichte, Band 10*, 10th edn (Stuttgart, 2001), 207–79.

Schorn-Schütte, Luise, 'Die Drei-Stände-Lehre im reformatorischen Umbruch', in Bernd Moeller (ed.), *Die frühe Reformation in Deutschland als Umbruch* (Gütersloh, 1998), 435–61.

Schröcker, Alfred, *Die Deutsche Nation: Beobachtungen zur politischen Propaganda des ausgehenden 15. Jahrhunderts* (Lübeck, 1974).

Schubert, Ernst, 'Die Stellung der Kurfürsten in der spätmittelalterlichen Reichsverfassung', *Jahrbuch für westdeutsche Landesgeschichte*, i (1975), 97–128.

——, *Arme Leute, Bettler und Gauner im Franken des 18. Jahrhunderts* (Neustadt an der Aisch, 1983).

——, 'Mobilität ohne Chance: Die Ausgrenzung des fahrenden Volkes', in Winfried Schulze (ed), *Ständische Gesellschaft und soziale Mobilität* (Munich, 1988), 113–64.

——, *Einführung in die Grundprobleme der deutschen Geschichte im Spätmittelalter* (Darmstadt, 1992).

Schubert, Friedrich Heinrich, *Die Deutschen Reichstage in der Staatslehre der Frühen Neuzeit* (Göttingen, 1966).

Schubert, Friedrich Hermann, *Ludwig Camerarius, 1573–1651: Eine Biographie* (Kallmünz, 1955).

Schulte, Alois, *Der Adel und die deutsche Kirche im Mittelalter*, 2nd edn (Stuttgart, 1922).

Schultz, Hans, *Die Bestrebungen der Sprachgesellschaften des XVII. Jahrhunderts für Reinigung der deutschen Sprache*, (Göttingen, 1888).

Schultz, Helga, *Soziale und politische Auseinandersetzungen in Rostock im 18. Jahrhundert* (Weimar, 1974).

Schulze, Manfred, *Fürsten und Reformation: Geistliche Reformpolitik weltlicher Fürsten vor der Reformation* (Tübingen, 1991).

Schulze, Winfried, *Landesdefension und Staatsbildung: Studien zum Kriegswesen des innerösterreichischen Territorialstaates, 1564–1619* (Vienna, 1973).

——, 'Die Heeresreform der Oranier', *Zeitschrift für Historische Forschung*, i (1974), 233–9.

——, 'Reichstage und Reichssteuern im späten 16. Jahrhundert', *Zeitschrift für historische Forschung*, ii (1975), 43–58.

——, *Reich und Türkengefahr im späten 16. Jahrhundert: Studien zu den politischen und gesellschaftlichen Auswirkungen einer äußeren Bedrohung* (Munich, 1978).

——, *Bäuerlicher Widerstand und feudale Herrschaft in der frühen Neuzeit* (Stuttgart, 1980).

——, 'Die deutschen Landesdefensionen im 16. und 17. Jahrhundert', in Barbara Stollberg-Rilinger (ed.), *Staatsverfassung und Heeresverfassung in der europäischen Geschichte der frühen Neuzeit* (Berlin, 1986), 129–49.

——, 'Concordia, discordia, tolerantia: Deutsche Politik im konfessionellen Zeitalter', in Johannes Kunisch, Klaus Luig and Peter Moraw (eds), *Neue Studien zur frühneuzeitlichen Reichsgeschichte* (Berlin, 1987), 43–79.

——, *Deutsche Geschichte im 16. Jahrhundert* (Frankfurt am Main, 1987).

——, *Einführung in die Neuere Geschichte* (Stuttgart, 1987).

——, *Deutsche Geschichtswissenschaft nach 1945* (Munich, 1989).

——, 'Untertanenrevolten, Hexenverfolgungen und "kleine Eiszeit": Eine Krisenzeit um 1600?', in Bernd Roeck (ed.), *Venedig und Oberdeutschland in der Renaissance: Beziehungen zwischen Kunst und Wirtschaft* (Sigmaringen, 1993), 289–309.

——, 'Konfessionsfundamentalismus in Europa um 1600: Zwischen *discordia* und *compositio*; Zur Deutung des konfessionellen Konflikts im katholischen Lager', in Heinz Schilling (ed.), *Konfessioneller Fundamentalismus: Religion als politischer Faktor im europäischen Mächtesystem um 1600* (Munich, 2007), 135–48.

Schunka, Alexander, 'Glaubensflucht als Migrationsoption: Konfessionell motivierte Migrationen in der Frühen Neuzeit', *Geschichte in Wissenschaft und Unterricht*, lvi (2005), 547–64.

Schütte, Ulrich, *Das Schloß als Wehranlage: Befestigte Schloßbauten der frühen Neuzeit im alten Reich* (Darmstadt, 1994).

Schwaiger, Georg, *Kardinal Franz Wilhelm von Wartenberg als Bischof von Regensburg (1649–1661)* (Munich, 1954).

Schwennicke, Andreas, *'Ohne Steuer kein Staat': Zur Entwicklung und politischen Funktion des Steuerrechts in den Territorien des Heiligen Römischen Reichs (1500–1800)* (Frankfurt a. M., 1996).

Scott, Tom, *Thomas Müntzer: Theology and revolution in the German Reformation* (London, 1989).

——, 'The common people in the German Reformation', *Historical Journal*, xxxiv (1991), 183–92.

——, 'The communal Reformation between town and country', in Hans R. Guggisberg (ed.), *Die Reformation in Deutschland und Europa: Interpretationen und Debatten* (Gütersloh, 1993), 175–92.

——, 'Economic landscapes', in Bob Scribner (ed.), *Germany: A new social and economic history 1450–1630* (London, 1996), 1–31.

——, *Society and economy in Germany, 1300–1600* (Houndmills, 2002).

Scribner, Robert W., 'Civic unity and the Reformation in Erfurt', *Past and Present*, lxvi (1975), 29-60.

Scribner, Robert W., 'Why was there no Reformation in Cologne?', *Bulletin of the Institute of Historical Research*, xlix (1976), 217–41.
——, 'The Reformation as a social movement', in Wolfgang J. Mommsen (ed.), *Stadtbürgertum und Adel in der Reformation: Studien zur Sozialgeschichte der Reformation in England und Deutschland* (Stuttgart, 1979), 49–79.
——, *The German Reformation* (London, 1986).
——, 'Police and the territorial state in sixteenth-century Württemberg', in E. I. Kouri and Tom Scott (eds), *Politics and society in Reformation Europe* (Houndmills, 1987), 103–20.
—— 'The Reformation movements in Germany', in G. R. Elton (ed.), *The new Cambridge modern history*, Vol. 2, 2nd edn (Cambridge, 1990), 69–93.
——, *For the sake of simple folk: Popular propaganda for the German Reformation*, 2nd edn (Oxford, 1994)
——, 'Communities and the nature of power', in *idem* (ed.), *Germany: A new social and economic history*, Vol, 1: *1450–1630* (London, 1996), 291–326.
——, *Religion and culture in Germany (1400–1800)*, ed. Lyndal Roper (Leiden, 2001).
Seibt, Ferdinand, *Karl V.: Der Kaiser und die Reformation* (Berlin, 1990).
Seidel, Robert, *Späthumanismus in Schlesien: Caspar Dornau (1577–1631): Leben und Werk* (Tübingen, 1994).
Seifert, Arno, 'Der jesuitische Bildungskanon im Lichte zeitgenössischer Kritik', *Zeitschrift für bayerische Landesgeschichte*, xlvii (1984), 43–75.
Selge, Kurt-Viktor, 'Luther und die gesellschaftlichen Kräfte seiner Zeit', in Erwin Iserloh and Gerhard Müller (eds), *Luther und die politische Welt* (Stuttgart, 1984) 219–26.
Shaw, Stanford J., *History of the Ottoman Empire and modern Turkey*, 2 vols (Cambridge, 1976–7).
Sicken, Bernhard, 'Ferdinand I. (1556–1564)', in Anton Schindling and Walter Ziegler (eds), *Die Kaiser der Neuzeit 1519–1918* (Munich, 1990), 55–77.
Sieber-Lehmann, Claudius, '"Teutsche Nation" und Eidgenossenschaft: Der Zusammenhang zwischen Türken- und Burgunderkriegen', *Historische Zeitschrift*, ccliii (1991), 561–602.
Siedschlag, Karl, *Der Einfluß der niederländisch-neustoischen Ethik in der politischen Theorie zur Zeit Sullys und Richelieus* (Berlin, 1978).
Silver, Larry, *Marketing Maximilian: The visual ideology of a Holy Roman Emperor* (Princeton, 2008).
Simon, Thomas, *'Gute Policey': Ordnungsleitbilder und Zielvorstellungen politischen Handelns in der Frühen Neuzeit* (Frankfurt am Main, 2004).
Skinner, Quentin, *The foundations of modern political thought*, 2 vols (Cambridge, 1978).
——, *Liberty before liberalism* (Cambridge, 1998).
Smend, Rudolf, *Das Reichskammergericht* (Weimar, 1911).
Smith, Helmut Walser, *The continuities of German history: Nation, religion, and race across the long nineteenth century* (Cambridge, 2008).
Smolinsky, Heribert, 'Kirchenreform als Bildungsreform im Spätmittelalter und in der frühen Neuzeit', in Harald Dickerhof (ed.), *Bildungs- und schulgeschichtliche Studien zu Spätmittelalter, Reformation und konfessionellem Zeitalter* (Wiesbaden, 1994), 35–51.
Soliday, Gerald L., *A community in conflict: Frankfurt society in the seventeenth and early eighteenth centuries* (Hanover, NH, 1974).
Spierenburg, Pieter, 'The sociogenesis of confinement and its development in early modern Europe', in *idem* (ed.), *The emergence of carceral institutions: prisons, galleys and lunatic asylums 1500–1990* (Rotterdam, 1984), 9–77.

Spindler, Max et al. (eds), *Handbuch der Bayerischen Geschichte*, 4 vols in 6 (Munich, 1967–75).

Spitz, Lewis W., *Conrad Celtis. The German arch-humanist* (Cambridge, MA, 1957).

Spohnholz, Jesse, *The tactics of toleration: A refugee community in the age of religious wars* (Newark, DE and Lanham, MD, 2011).

Stadler, Peter, 'Die Schweiz und das Reich in der Frühen Neuzeit', in Volker Press (ed.), *Alternativen zur Reichsverfassung in der Frühen Neuzeit?* (Munich, 1995), 131–41.

Stadtwald, Kurt, *Roman popes and German patriots: Antipapalism in the politics of the German humanist movement from Gregor Heimburg to Martin Luther* (Geneva, 1996).

Stanelle, Udo, *Die Hildesheimer Stiftsfehde in Berichten und Chroniken des 16. Jahrhunderts: Ein Beitrag zur niedersächsischen Geschichtsschreibung* (Hildesheim, 1982).

Stauber, Reinhard, 'Nationalismus vor dem Nationalismus? Eine Bestandsaufnahme der Forschung zu "Nation" und "Nationalismus" in der Frühen Neuzeit', *Geschichte in Wissenschaft und Unterricht*, xlvii (1996), 139–65.

Stayer, James M., 'The Anabaptists and the sects', in G. R. Elton (ed.), *The new Cambridge modern history*, vol. 2, 2nd edn (Cambridge, 1990), 118–43.

Stein, Leon, 'Religion and patriotism in German peace dramas during the Thirty Years' War', *Central European History*, iv (1971), 131–48.

Stephens, W. P., *Zwingli: An introduction to his thought* (Oxford, 1992).

Stieve, Felix, *Die Politik Baierns, 1591–1607*, 2 vols (Munich, 1878–83).

Stievermann, Dieter, 'Sozial- und verfassungsgeschichtliche Voraussetzungen Martin Luthers und der Reformation: Der landesherrliche Rat in Kursachsen, Kurmainz und Mansfeld', in Volker Press and Dieter Stievermann (eds), *Martin Luther: Probleme seiner Zeit*, (Stuttgart, 1986), 137–76.

——, 'Southern German courts around 1500', in Ronald G. Asch and Adolf M. Birke (eds), *Princes, patronage and the nobility: The court at the beginning of the modern age c.1450–1650* (Oxford, 1991), 157–72.

Stöhr, Ulrich, *Die Verwendung des 'Kleinen' Kirchengutes in der Landgrafschaft Hessen im Zeitalter der Reformation* (Kassel, 1996).

Stoll, Christoph, *Sprachgesellschaften im Deutschland des 17. Jahrhunderts: Fruchtbringende Gesellschaft, Aufrichtige Gesellschaft von der Tannen, Deutschgesinnte Genossenschaft, Hirten- und Blumenorden an der Pegnitz, Elbschwanenorden* (Munich, 1973).

Stollberg-Rilinger, Barbara, *Des Kaisers alte Kleider: Verfassungsgeschichte und Symbolsprache des Alten Reiches* (Munich, 2008).

Stolleis, Michael, *Arcana imperii und Ratio status: Bemerkungen zur politischen Theorie des frühen 17. Jahrhunderts* (Göttingen, 1980).

——, *Pecunia nervus rerum: Zur Staatsfinanzierung in der frühen Neuzeit* (Frankfurt am Main, 1983).

——, *Geschichte des öffentlichen Rechts in Deutschland*, 3 vols (Munich, 1988–99).

Stoob, Heinz, *Geschichte Dithmarschens im Regentenzeitalter* (Heide in Holstein, 1959).

Stone, Daniel, *The Polish-Lithuanian state, 1386–1795* (Seattle and London, 2001).

Strauss, Gerald, *Sixteenth-century Germany: Its topography and topographers* (Madison, 1959).

——, *Nuremberg in the sixteenth century* (Columbus, OH, 1966).

—— (ed.), *Manifestations of discontent in Germany on the eve of the Reformation* (Bloomington, IN and London, 1971).

——, 'Success and failure in the German Reformation', *Past and Present*, lxvii (1975), 30–63.

Strauss, Gerald, *Luther's house of learning: Indoctrination of the young in the German Reformation* (Baltimore, MD, 1978).

——, *Law, resistance and the state: The opposition to Roman law in Reformation Germany* (Princeton, NJ, 1986).

——, 'Ideas of *Reformatio* and *Renovatio* from the Middle Ages to the Reformation', in Thomas A. Brady, Heiko A. Oberman, James D. Tracy (eds), *Handbook of European history, 1400–1600: Late Middle Ages, Renaissance and Reformation*, 2 vols (Leiden, 1994–95), ii, 1–30.

Sugar, Peter F., *Southeastern Europe under Ottoman rule, 1354–1804* (Seattle, 1977).

Suvanto, Pekka, *Die deutsche Politik Oxenstiernas und Wallenstein* (Helsinki, 1979).

Tacitus, Cornelius, *Germania*, ed. and transl. by Gerhard Perl (Darmstadt, 1990).

Taddey, Gerhard, *Lexikon der deutschen Geschichte: Ereignisse—Insitutionen—Personen: Von den Anfängen bis zur Kapitulation 1945*, 3rd edn (Stuttgart, 1998).

Thamer, Hans-Ulrich, 'Das Heilige Römische Reich als politisches Argument im 19. und 20. Jahrhundert', in Heinz Schilling (ed.), *Heiliges Römisches Reich Deutscher Nation 962 bis 1806: Altes Reich und neue Staaten 1495 bis 1806* (Dresden, 2006), 382–95.

Theibault, John, 'The demography of the Thirty Years War re-visited: Günther Franz and his critics', *German History*, xv (1997), 1–21.

Thomas, Heinz, *Deutsche Geschichte des Spätmittelalters 1250–1500* (Stuttgart, 1983).

——, 'Das Identitätsproblem der Deutschen im Mittelalter', *Geschichte in Wissenschaft und Unterricht*, xliii (1992), 135–56.

Tillinghast, Pardon E., 'An aborted reformation: Germans and the papacy in the mid-fifteenth century', *Journal of Medieval History*, ii (1976), 57–79.

Tracy, James D., *Emperor Charles V, impresario of war: Campaign strategy, international finance, and domestic politics* (Cambridge, 2002).

Trapp, Wolfgang, *Kleines Handbuch der Maße, Zahlen, Gewichte und der Zeitrechnung*, 2nd edn (Stuttgart, 1996).

Troßbach, Werner, 'Die Reichsgerichte in der Sicht bäuerlicher Untertanen', in Bernhard Diestelkamp (ed.), *Das Reichskammergericht in der deutschen Geschichte: Stand der Forschung, Forschungsperspektiven* (Cologne, 1990), 129–42.

Trüdinger, Karl, *Luthers Briefe und Gutachten an weltliche Obrigkeiten zur Durchführung der Reformation* (Münster, 1975).

Trunz, Erich, 'Der deutsche Späthumanismus um 1600 als Standeskultur', in Richard Alewyn (ed.), *Deutsche Barockforschung* (Cologne and Berlin, 1965), 147–81.

Tuck, Richard, *Philosophy and government 1572–1651* (Cambridge, 1993).

Ullmann, Sabine, *Geschichte auf der langen Bank: Die Kommissionen des Reichshofrats unter Kaiser Maximilian II. (1564–1576)* (Mainz, 2006).

Ulmer, Rivka, *Turmoil, trauma, and triumph: The Fettmilch uprising in Frankfurt am Main (1612–1616) according to Megillas Vintz: A critical edition of the Yiddish and Hebrew text including an English translation* (New York, 2001).

Ulmschneider, Helgard, *Götz von Berlichingen: Ein adeliges Leben der deutschen Renaissance* (Sigmaringen, 1974).

Urban, William L., *Dithmarschen: A medieval peasant republic* (Lewiston, NY, 1991).

Van Dülmen, Richard, *Reformation als Revolution* (Munich, 1977).

——, *Theater des Schreckens: Gerichtspraxis und Strafrituale in der frühen Neuzeit* (Munich, 1985).

——, *Kultur und Alltag in der frühen Neuzeit*, 3 vols (Munich, 1990–4).

Vasold, Manfred, 'Die deutschen Bevölkerungsverluste während des Dreißigjährigen Krieges', *Zeitschrift für Bayerische Landesgeschichte*, lvi (1993), 147–60.

Verdenhalven, Fritz, *Alte Maße, Münzen und Gewichte aus dem deutschen Sprachgebiet* (Neustadt an der Aisch, 1968).

Vocelka, Karl, *Die politische Propaganda Kaiser Rudolfs II. (1576–1612)* (Vienna, 1981).

Vogler, Günter, 'Der deutsche Bauernkrieg und die Verhandlungen des Reichstags zu Speyer 1526', in Rudolf Vierhaus (ed.), *Herrschaftsverträge, Wahlkapitulationen, Fundamentalgesetze* (Göttingen, 1977), 173–91.

———, 'Reformation, Fürstenmacht und Volksbewegung vom Ende des Bauernkrieges bis zum Augsburger "Religionsfrieden" (1525/26 bis 1555)', in Adolf Laube and Günter Vogler (eds), *Deutsche Geschichte, Band 3: Die Epoche des Übergangs vom Feudalismus zum Kapitalismus von den siebziger Jahren des 15. Jahrhunderts bis 1789* (Berlin, 1983), 189–238.

———, 'Imperial City Nuremberg, 1524–1525: The reform movement in transition', in R. Po-chia Hsia (ed.), *The German people and the Reformation* (Ithaca, 1988), 33–49.

———, 'Ulrich von Hutten—Ritter, Reformer, Rebell?' in *Ulrich von Hutten: Mit Feder und Schwert: Katalog zur Ausstellung seines 500. Geburtstages 1988* (Frankfurt an der Oder, 1988), 7–38.

———, 'Das Konzept "deutsche frühbürgerliche Revolution". Genese—Aspekte—kritische Bilanz'. *Sitzungsberichte der Leibniz-Sozietät*, xlviii (2001), 87–117.

Voigt, Johannes, *Deutsches Hofleben im Zeitalter der Reformation* (Dresden, 1927).

Völker, Klaus, *Faust. Ein deutscher Mann: Die Geburt einer Legende und ihr Fortleben in den Köpfen* (Berlin, 1975).

Voltmer, Rita, '"Germany's first 'superhunt'?" Rezeption und Konstruktion der so genannten Trierer Verfolgungen, 16.–21. Jahrhundert', in Katrin Moeller (ed.), *Realität und Mythos: Hexenverfolgung und Rezeptionsgeschichte* (Hamburg, 2003), 225–58.

Wagner, Helmut, 'Die innerdeutschen Grenzen', in A. Demandt (ed.), *Deutschlands Grenzen in der Geschichte*, 2nd edn (Munich, 1991), 240–84.

Walinski-Kiehl, Robert, 'Reformation history and political mythology in the German Democratic Republic, 1949–89', *European History Quarterly*, xxxiv (2004), 43–67.

Walz, Herbert, *Deutsche Literatur der Reformationszeit: Eine Einführung* (Darmstadt, 1988).

Wandruszka, Adam, *Reichspatriotismus und Reichspolitik zur Zeit des Prager Friedens von 1635* (Graz and Cologne, 1955).

Warmbrunn, Paul, *Zwei Konfessionen in einer Stadt: Das Zusammenleben von Katholiken und Protestanten in den paritätischen Reichsstädten Augsburg, Biberach, Ravensburg und Dinkelsbühl von 1548 bis 1648* (Wiesbaden, 1983).

Wartenberg, Günther, 'Zum "Erasmianismus" am Dresdener Hof Georgs des Bärtigen', *Nederlands Archief voor Kerkgeschiednis*, NS lvi (1986), 2–16.

Watanabe-O'Kelly, Helen, *Triumphall shews: Tournaments at German-speaking courts in their European context 1560–1730* (Berlin, 1992).

———, *Court Culture in Dresden: From Renaissance to Baroque* (Houndmills, 2002).

Weber, Hubert, 'Melchior Goldast von Haiminsfeld und die Anfänge der Walther-Philologie im 17. Jahrhundert. Eine Würdigung', in Robert Luff (ed.), *Mystik, Überlieferung, Naturkunde: Gegenstände und Methoden mediävistischer Forschungspraxis* (Hildesheim, 2002), 17–35.

Weber, Matthias, *Das Verhältnis Schlesiens zum Alten Reich in der frühen Neuzeit* (Cologne, 1992).

———, *Die Reichspolizeiordnungen von 1530, 1548 und 1577. Historische Einführung und Edition* (Frankfurt am Main, 2002).

Wehler, Hans-Ulrich, *Deutsche Gesellschaftsgeschichte*, 5 vols (Munich, 1987–2008).

Wells, C. J., *German: A Linguistic History to 1945* (Oxford, 1985).

Westphal, Siegrid, 'Frauen der Frühen Neuzeit und die deutsche Nation', in Dieter Langewische and Gerog Schmidt (eds), *Föderative Nation: Deutschlandkonzepte von der Reformation bis zum Ersten Weltkrieg* (Munich, 2000), 363–85.

Whaley, Joachim, *Religious toleration and social change in Hamburg 1529–1819* (Cambridge, 1985).

——, 'The Old Reich in modern memory: Recent controversies concerning the "relevance" of early modern German history', in Christian Emden and David Midgley (eds), *German literature, history and the nation* (Frankfurt a. M., 2004), 25–49.

——, '*Reich, Nation, Volk*: Early Modern Perspectives', Modern Languages Review, ci (2006), 442–55.

——, 'Religiöse Toleranz als allgemeines Menschenrecht in der Frühen Neuzeit?', in Georg Schmidt, Martin van Gelderen and Christopher Snigula (eds), *Kollektive Freiheitsvorstellungen im frühneuzeitlichen Europa, 1400–1850* (Frankfurt a. M., 2006), 397–416.

——, 'Kulturelle Toleranz—die deutsche Nation im europäischen Vergleich', in Georg Schmidt (ed.), *Die deutsche Nation im frühneuzeitlichen Europa: Politische Ordnung und kulturelle Identität?* (Munich, 2010), 201–24.

——, 'A German nation? National and confessional identities before the Thirty Years War', in R. J. W. Evans, Michael Schaich, and Peter H. Wilson (eds), *The Holy Roman Empire 1495-1806* (Oxford, 2011) 303–21.

Wiese, Bernd and Norbert Zils, *Deutsche Kulturgeographie: Werden, Wandel und Bewahrung deutscher Kulturlandschaften* (Herford, 1987)

Wiesflecker, Hermann, *Maximilian I.: Die Fundamente des habsburgischen Weltreiches* (Munich and Vienna, 1991).

Wiesflecker-Friedhuber, Inge (ed.), *Quellen zur Geschichte Maximilians I. und seiner Zeit* (Darmstadt, 1996).

Wiesinger, Peter, 'Regionale und überregionale Sprachausformung im Deutschen vom 12. bis 15. Jahrhundert unter dem Aspekt der Nationsbildung', in Joachim Ehlers (ed.), *Ansätze und Diskontinuität deutscher Nationsbildung im Mittelalter* (Sigmaringen, 1989), 321–43.

Williams, Ann, 'Mediterranean conflict', in Metin Kunt and Christine Woodhead (eds), *Suleyman the Magnificent: The Ottoman Empire in the early modern world* (London, 1995), 39–54.

Williams, G. H., *The Radical Reformation*, 3rd edn (Kirksville, MO, 1992).

Willoweit, Dietmar, 'Hermann Conring', in M. Stolleis (ed.), *Staatsdenker im 17. und 18. Jahrhundert: Reichspublizistik, Politik, Naturrecht*, 2nd edn (Frankfurt am Main, 1987), 129–47.

——, *Deutsche Verfassungsgeschichte: Vom Frankenreich bis zur Wiedervereinigung Deutschlands*, 4th edn (Munich, 2001).

Wilson, Peter H., *The Holy Roman Empire 1495–1806* (Houndmills, 1999).

——, *From Reich to revolution: German history, 1558–1806* (Houndmills, 2004).

——, *Europe's tragedy: A history of the Thirty Years War* (London, 2009).

Winkelbauer, Thomas, *Ständefreiheit und Fürstenmacht: Länder und Untertanen des Hauses Habsburg im konfessionllen Zeitalter*, 2 vols (Vienna, 2003).

Winkler, Gerhard B., 'Der Regensburger Konvent (27. Juni–7. Juli 1524) und die deutsche Glaubensspaltung', in Remigius Bäumer (ed.), *Reformatio Ecclesiae: Beiträge zu kirchlichen Reformbemühungen von der Alten Kirche bis zur Neuzeit* (Paderborn, 1980), 413–25.

——, 'Das Regensburger Religionsgespräch 1541', in Dieter Albrecht (ed.), *Regensburg, Stadt der Reichstage: Vom Mittelalter zur Neuzeit* (Regensburg, 1994), 72–87.

Wirsching, Andreas, 'Konfessionalisierung der Außenpolitik: Die Kurpfalz und der Beginn der französischen Religionskriege, 1559–1562', *Historisches Jahrbuch*, cvi (1986), 333–60.

Wohlfeil, Rainer, 'Reformation oder frühbürgerliche Reformation', in *idem* (ed.), *Reformation oder frühbürgerliche Revolution?* (Munich, 1972).

——, *Einführung in die Geschichte der deutschen Reformation* (Munich, 1982).

Wolff, Karl, 'Der Straßburger Kapitelstreit (1584–1604) und der Wetterauer Grafenverein', *Nassauische Annalen*, lxviii (1957), 127–55.

Wolfrum, Edgar, *Krieg und Frieden in der Neuzeit: Vom Westfälischen Frieden bis zum Zweiten Weltkrieg* (Darmstadt, 2003).

Wolgast, Eike, *Hochstift und Reformation: Studien zur Geschichte der Reichskirche zwischen 1517 und 1648* (Stuttgart, 1995).

——, 'Die deutschen Territorialfürsten und die frühe Reformation', in Bernd Moeller (ed.), *Die frühe Reformation in Deutschland als Umbruch* (Gütersloh, 1998), 407–34.

——, 'Die Neuordnung von Kirche und Welt in den deutschen Utopien der Frühreformation (1521–1526/27)', in Karl-Hermann Kästner, Knut Wolfgang Nörr and Klaus Schlaich (eds), *Festschrift für Martin Heckel zum siebzigsten Geburtstag* (Tübingen, 1999), 659–79.

——, 'Geistiges Profil und politische Ziele des Heidelberger Späthumanismus', in Christoph Strohm (ed.), *Späthumanismus und reformierte Konfession: Theologie, Jurisprudenz und Philosophie in Heidelberg an der Wende zum 17. Jahrhundert* (Tübingen, 2006), 1–25.

——, 'Religionsfrieden als politisches Problem der frühen Neuzeit', *Historische Zeitschrift*, cclxxxii (2006), 59–96.

——, 'Konfessionsbestimmte Faktoren der Reichs- und Außenpolitik der Kurpfalz, 1559–1620', in Heinz Schilling (ed.), *Konfessioneller Fundamentalismus: Religion als politischer Faktor im europäischen Mächtesystem um 1600* (Munich, 2007), 167–87.

Wollgast, Siegfried, *Philosophie in Deutschland zwischen Reformation und Aufklärung 1550–1650* (Berlin, 1988).

Wrede, Martin, *Das Reich und seine Feinde: Politische Feindbilder in der reichspatriotischen Publizistik zwischen Westfälischem Frieden und Siebenjährigem Krieg* (Mainz, 2004).

——, 'Der Kaiser, das Reich, die deutsche Nation—und ihre "Feinde": Natiogenese, Reichsidee und der "Durchbruch des Politischen" im Jahrhundert nach dem Westfälischen Frieden', *Historische Zeitschrift*, cclxxx (2005), 83–116.

Wunder, Heide, 'Der samländische Bauernaufstand von 1525: Entwurf für eine sozialgeschichtliche Forschungsstrategie' in Rainer Wohlfeil (ed.), *Der Bauernkrieg 1524–26: Bauernkrieg und Reformation* (Munich, 1975), 143–76.

Yates, Frances A., *The Rosicrucian enlightenment* (London, 1972).

Zagorin, Perez, *Ways of lying: Dissimulation, persecution, and conformity in early modern Europe* (Cambridge, MA, 1990).

Zeeden, Ernst Walter, 'Das Zeitalter der Glaubenskämpfe (1555–1648)', in Herbert Grundmann (ed.), *Gebhardt: Handbuch der Deutschen Geschichte, Band 2*, 9th edn (Stuttgart, 1970), 119–239.

Zeydel, Edwin Hermann, *The Holy Roman Empire in German literature* (New York, 1918).

Ziegler, Walter, 'Reformation und Klosterauflösung: Ein ordensgeschichtlicher Vergleich', in Kapsar Elm (ed.), *Reformbemühungen und Observanzbestrebungen im spätmittelalterlichen Ordenswesen* (Berlin, 1989) 585–614.

——, 'Die Hochstifte des Reiches im konfessionellen Zeitalter 1520–1618', *Römische Quartalschrift*, lxxxvii (1992), 252–81.

Ziegler, Walter, 'Religion und Politik im Umfeld des Regensburger Religionsgesprächs von 1541', in Hans-Martin Barth (ed.), *Das Regensburger Religionsgespräch im Jahr 1541: Rückblick und aktuelle ökumenische Perspektiven* (Regensburg, 1992), 9–30.

Zimmermann, Ludwig (ed.), *Der Ökonomische Staat Landgraf Wilhelms IV., Band 2* (Marburg, 1934).

Zmora, Hillay, *State and nobility in early modern Germany: The knightly feud in Franconia, 1440–1567* (Cambridge 1998).

Zwierlein, Cornel A., 'Heidelberg und "der Westen" um 1600', in Christoph Strohm (ed.), *Späthumanismus und reformierte Konfession: Theologie, Jurisprudenz und Philosophie in Heidelberg an der Wende zum 17. Jahrhundert* (Tübingen, 2006), 27–92.

索 引

（以下页码为原书页码，即本书页边码）

图书在版编目（CIP）数据

德意志与神圣罗马帝国. 第一卷，从马克西米利安一世到《威斯特伐利亚和约》：1493~1648 年：全二册 / （英）乔基姆·惠利（Joachim Whaley）著；李启明译 . --北京：社会科学文献出版社，2024. 11
ISBN 978-7-5228-3438-2

Ⅰ . ①德…　Ⅱ . ①乔…　②李…　Ⅲ . ①神圣罗马帝国（800-1806）-历史　Ⅳ . ①K516. 3

中国国家版本馆 CIP 数据核字（2024）第 066195 号

地图审图号：GS（2024）3509 号（书中地图系原书插附地图）

德意志与神圣罗马帝国（第一卷）（全二册）
从马克西米利安一世到《威斯特伐利亚和约》（1493~1648 年）

著　　者 / 〔英〕乔基姆·惠利（Joachim Whaley）
译　　者 / 李启明

出 版 人 / 冀祥德
组稿编辑 / 董风云
责任编辑 / 成　琳
责任印制 / 王京美

出　　版 / 社会科学文献出版社·甲骨文工作室（分社）（010）59366527
　　　　　　地址：北京市北三环中路甲 29 号院华龙大厦　邮编：100029
　　　　　　网址：www. ssap. com. cn
发　　行 / 社会科学文献出版社（010）59367028
印　　装 / 北京盛通印刷股份有限公司

规　　格 / 开　本：889mm×1194mm　1/32
　　　　　　印　张：36. 625　字　数：808 千字
版　　次 / 2024 年 11 月第 1 版　2024 年 11 月第 1 次印刷
书　　号 / ISBN 978-7-5228-3438-2
著作权合同
登 记 号 / 图字 01-2024-5056 号
定　　价 / 238. 00 元（全二册）

读者服务电话：4008918866